교사교육론

배장오 저

서현사

머리말

사랑은 교사의 생명이며, 연구는 교사의 영양이라는 문구를 많이도 되뇌면서 입으로 말해온 지 어언 45년이 되었다. 초등학교 교사로 교직에 첫발을 내딛은 지 올해로 꼭 마흔 다섯 해이고, 이제 한 학기가 지나고 내년 2월이면 교수로 정년퇴임을 하게 된다.

유난히도 더운 이 여름, 처서(處暑)를 넘겼는데도 열기는 식을 줄을 모른다. 그 염천(炎天) 속에서 원고를 정리하고 교정을 보는 일들이 간단하지는 않았지만, 바깥 기온보다 더 더운 여름을 필자가 느낀 것은 『교사교육론』에 담은 내용에 견줄 때에 스스로 어떤 선생이었는지를 자문(自問)해 본 까닭이다. 좀 더 잘 가르치지 못한 아쉬움과 더욱 정진하지 못한 시간들을 생각하면서 얼굴이 달아오르곤 한 것이 솔직한 고백이다.

필자가 이 『교사교육론』을 엮으면서 생각한 모토는 교사가 되려는 사람에게는 직전교육에서 이해해야 할 것을 제시하고, 이미 교사의 길을 걷고 있는 이에게는 자기성찰과 연찬의 자료가 될 것을 기대한 것이다. 뿐만 아니라, 우리의 학교교육 현장을 걱정스런 눈으로 지켜보면서 자녀사랑을 늘 실천하고 있는 학부모들에게는 자녀교육의 방향성을 정립하고 현장교사에 대한 이해 도모의 자료이기를 바라는 욕심도 부려보았다.

『교사교육론』은 모두 3부 12장으로 구성하였다. 제1부 교육과 교사에서는 제1장 교육과 교직, 제2장 교육의 전문성, 제3장 교사의 역할과 자질 그리고 제4장 현대사회와 교사로 정리하여 인간 행동을 계획적으로 변화시키는 교육활동과 그런 활동을 실제로 담당하는 교사는 어떤 존재인지를 논의함으로써 교사의 역할과 자질에 더하여 오늘날 교사에게 요구되는 덕목에 대해서 안내하였다.

제2부 교사교육에서는 제5장 교원의 양성교육, 제6장 교원의 현직교육, 제7장 교원의 자격과 인사제도 그리고 제8장 교직과 윤리 등 네 개의 장으로 정리하여 교사의 직전교육과 현직교육의 성격은 물론, 이를 뒷받침하는 법과 제도를 확인한 후 교원에게 요구되는 높은 수준의 윤리를 통해 스승존경의 풍토를 조성해야 한다는 점을 역설하였다.

제3부 교직실무에서는 제9장 학생지도, 제10장 학급경영, 제11장 학교 사무관리 그리고 제12장 교직의 발전과제 등으로 설정하여 학습지도와 생활지도의 두 축이 학생지도의 근간이라는 점과 학급경영의 의미와 내용에 이어 학교 사무관리의 영역과 원칙을 명기하였다. 또한 전문직으로서의 교직이 발전하려면 당국의 행·재정적 지원은 물론, 교직에 몸담고 있는 교원들이 해야 할 일은 어떤 것인지를 논구(論究)하였다.

끝으로, 출판업계의 어려운 여건에도 불구하고, 『교사교육론』의 출판을 격려해 준 서현사 조재성 사장님과 김 과장님을 비롯한 편집부 여러분의 수고에 감사를 드린다. 아울러 자료수집과 자료입력 및 교정 등에 품을 덜어 준 큰딸 문주와 교육학과 은진·진실·국희 후배에게도 감사의 마음을 전한다.

2016년 8월 25일
시내산 기슭의 연구실에서
배 장 오

차 례

제2부 교사교육

제3부 교직실무

제1부

교육과 교사

Bernard Barber는 전문직 분류의 한 척도로 특정한 직업이 '고도의 일반적이고 체계적인 지식'을 필요로 하는지 여부를 논의한 바 있는데, 이는 의미 있는 분류 체계라고 여겨진다. 교육활동이 일반적이고도 체계적인 고도의 지식을 필요로 하는 영역이기 때문에 교직을 전문직이라고 한다. 전문직으로서의 교직에 종사하는 교사는 교육활동과 불가분의 관계를 맺고 있다. 어쩌면 바늘과 실과도 같아서 함께하지 않을 때는 그 존재의 가치마저 없어진다.

이에, 제1부에서는 '함께함으로써' 그 빛을 더욱 발하게 되는 "교육"과 "교사"를 동일선상에 놓고 교육과 교직, 교육의 전문성, 교사의 역할과 자질 그리고 현대사회와 교사 등 모두 4개의 장으로 논의하게 된다.

제1장 교육과 교직

1. 교육의 의미

1) 교육의 정의

교육현상을 정의내리는 것은 그렇게 용이한 일이 아니다. 교육의 의미나 개념 그리고 교육의 정의 등은 단순한 약속에 불과하고 학자나 교육현상을 보는 시각에 따라서 다양하게 규정지을 수 있기 때문이다. 교육의 정의를 살펴보면서 특정 학자의 견해나 특정한 시각에서만 조명해 본다면 정의를 내리는 데 있어 오류를 범할 가능성이 크다. 때로는 교육의 제현상을 논의하기에 앞서 교육의 정의 파악을 등한시하거나 회피하는 경향이 있기도 하다. 그러나 교육의 정의를 내리는 작업 없이 교육에 관한 논의를 하게 되면 자칫 방향 감각을 상실하는 현상을 초래할 수 있다. 따라서 교육의 정의를 구명하고 파악해 보는 작업은 교육의 제현상을 연구하기 이전에 거쳐야 할 기본 전제가 된다.

교육에 대한 정의가 교육현상을 어떤 시각에서 보느냐 또는 교육의 본질을 무엇으로 이해하고 있느냐에 따라 다르게 규정될 수 있다고 할 때, 그 각각의 시각을 모두 수렴한 정의 규정은 현실적으로 불가능하다. 그렇기 때문에 여기서는 지금까지 내려진 교육에 대한 정의 중에서 교육현상적 입장에서 접근한 정의만을 고찰(배장오, 1995; 2001)해 보기로 한다.

(1) 기능적 · 수단적 견지에서의 정의

기능적 견지에서 교육을 정의한다는 것은 교육이 수단으로 될 수 있다는 입장이다. 이러한 입장은 교육이 이바지해야 할 '그 무엇'에 해당하는 대상이 있어야 성립될 수 있다. 교육이 '그 무엇'을 위한 수단이라고 할 때 '그 무엇'에 해당하는 것은 다양하게 언급될 수 있다. 이를테면 사회문화일 수도 있고, 국가 · 사회 · 정치 · 경제 · 종교 그리고 인간 자신일 수도 있다. 교육을 기능적 · 수단적으로 정의한 시각이 지난날과 오늘날의 교육현상을 지배해 왔다고 해도 과언은 아닐 것이다.

교육이 이바지해야 할 대상으로 사회문화를 선정한다면 교육은 사회문화의 전승 및 발전의 수단이 되는 것이고, 국가 · 사회를 이바지할 '그 무엇'으로 삼는다면 교육은 국가 · 사회의 발전을 위한 수단이 되는 것이다. 결국 교육을 기능적 · 수단적인 견지에서 정의를 할 때에는 교육이 공헌하고 이바지해야 한다고 생각하는 대상 '그 무엇'의 가지 수만큼이나 다양한 정의를 내릴 수 있다.

이처럼 교육을 기능적 · 수단적 측면에서 정의하게 되면 다양한 정의가 가능하다. 또 대상에 따라 내리는 정의가 당위성을 확보할 수 있다고 해도 교육이 추구하는 본연의 가치 구현에는 미흡할 수 있게 되고, 급기야 다른 분야에 비해 교육의 지체 현상마저 초래하게 된다는 것은 간과할 수 없는 문제점이 된다. 교육을 기능적 · 수단적 견지에서 내리는 정의는 우리에게 교육의 어떤 일면에 대한 이해는 도와주지만 그 실제적 현상과 과정을 분석적 시각에서 파악하는 데는 큰 도움이 되지 않는다.

(2) 목적론적 · 규범적 견지에서의 정의

교육을 목적론적 견지에서 정의한다는 것은 교육을 민주적인 인격의 계발 과정이나 어떤 진리 또는 가치에 접근하는 과정으로 보는 견해이다. 교육을 그 궁극적 목적과 결부시켜 규정하게 되므로 이 경우에도 교육의 궁극적 목적으로 어떤 진리와 가치를 내세우느냐에 따라 수많은 목적론적 또는 규범적 정의가 가능하다. 이 정의는 근본적으로 교육을 인간의 성장 가능성을 최대한으로 신장시키도록 돕는 일이라고 보는 것이므로 교육받는 사람이 최대한의 자아실현을 구가할 수 있게 한다.

'교육은 인간을 인간답게 형성하는 과정이다', '교육은 민주적 시민의 자질 함양 과정이다', '교육은 인간이 갖고 있는 성취지향의 욕구를 충족시키도록 조장해 가는 과정이다' 등의 정의는 목적론적 견지에서 논의한 것이라고 할 수 있다. 이형행(1993)은 이 입장에 대해 교육의 가치실현을 위한 교육 자체의 발전에 더 비중을 두는 것으로 설명하고 있다.

(3) 조작적 · 기술적 견지에서의 정의

교육을 조작적 견지에서 정의하는 것은 기능적 견지에서 보는 정의나 목적론적 견지에서 내린 정의보다는 교육의 과정(process)이라는 관점에서 보았을 때 비교적 합리적인 접근이라고 할 수 있다. 교육의 정의를 조작적으로 접근하는 학자들에 의하면 교육은 '인간 행동을 계획적으로 변화시키려는 과정'으로 본다. 인간 행동을 계획적이고도 의도적인 방향으로 변화시키는 과정으로 보는 조작적 견지에서의 교육에 대한 정의는 그 정의에 인간 행동, 계획 그리고 변화라는 주요 3개념을 내포하고 있는데, 이에 대해 좀 더 자세히 고찰하면 다음과 같다.

첫째, 인간의 행동은 표출적인 행동뿐만 아니라 사고하고 기억하며 상상하거나 지각하는 일 등을 모두 포함하는 것으로서 내면적이고 불가시적인 행동까지 해당된다. 여기에서의 인간 행동은 심리학적 개념의 용어로서 넓은 영역을 포함한다. 다시 말하면 조작적 정의에서 논의되는 인간 행동은 운다 · 뛴다 · 말한다 · 기뻐한다 등의 비교적 관찰하기 쉬운 외현적(外顯的) 행동뿐만 아니라, 지식 · 태도 · 사고력 · 자아개념 등과 같이 안면적(顔面的) 관찰에 의해서는 포착하기 힘든 내면적 행동도 포함된다. 교육은 학생의 이와 같은 모든 행동 특성을 우선 그 대상으로 한다. 더욱이 교육이 보다 더

관심을 갖는 행동 특성은 밖으로 표출되는 현시적(顯示的) 행동보다 포착하기는 어렵지만, 과학적으로나 교육적으로 보다 의의 있는 내면적 행동이다 (이형행, 1993; 배장오, 2001).

둘째, 조작적 정의에서 논의되는 계획 또는 계획적이라는 말은 기르고자 하는 인간 행동에 관해 명백한 의식이 있다는 것과 그것을 기를 수 있는 이론과 실증적 뒷받침이 있는 프로그램이 내재된 개념이다. 이 경우 명백한 의식은 교육목적이 있다는 말이며, 이론과 실증적 뒷받침이 있는 프로그램이란 교육과정(curriculum)이 있다는 말이다. 그러므로 비계획적 성숙이나 성장은 교육의 범위에 포함되지 않는다는 것이다.

셋째, 변화의 개념은 육성, 신장, 발달, 계발, 교정, 개선, 성숙, 함양 그리고 증대 등을 포함하는 포괄적인 개념으로 사용되고 있어 학습이라는 말로 대치해도 될 만큼의 의미가 있다. 행동과학이나 사회과학은 모두 인간 행동에 관심을 갖지만 그 중 교육은 특히 인간 행동의 변화 즉 그 육성이나 교정 또는 개조에 보다 관심을 가지고 있다는 점이다. 따라서 여기서 말하는 변화의 의미는 퇴보적이거나 부정적인 의미는 포함되지 않고, 미숙했던 사고력을 숙달하게 하며, 몰랐던 기술을 몸에 익숙하게 해주고, 이런 "생각"을 저런 "생각"으로 바꾸어 놓으며, 저런 "정신"을 이런 "정신"으로 변화시키는 데에 관심이 있다. 변화의 개념에서 볼 때, 교육은 근본적으로 인간의 생성에 관심을 갖는 역동적인 활동인 것이다.

교육은 인간의 성장·발달·조성 등 변화의 길이 개인에게 선천적으로 결정되어 있지 않다고 전제한다. 교육은 개인에게 있어서는 변화가 그의 운명이나 토정비결 또는 유전에 의해서 미리 결정되어 있는 것이 아니라는 점에서 존립의 의미를 갖기 때문이다. 그러므로 교육은 인간 행동이 자연적으로 변화해 가는 것에 관심이 있는 것이 아니라 그것을 의도적으로 변화시키는 데 관심이 있다.

2) 교육의 형이상학

인간은 많은 가정(假定: hypothesis)을 가지고 산다. 무더운 여름날 땀방울을 흘리면서도 다가올 가을과 겨울을 생각하며 보일러를 손질하는 것을 보면 경험적 사실에 비춰본 가정 속에서 이루어지는 일이라고 할 수 있다. 그러나 가정 중에는 경험적 실증 가능성이 없는 가정, 또는 경험적 실증 여부에 무관하게 형성되어 고집되는 가정도 많다. 예컨대 신이 있느냐 없느냐에 대한 가정은 경험적 실증의 가능성이 없는 것이고, 인간이 환경을 지배하느냐 환경이 인간을 지배하느냐에 대한 가정은 경험과 무관한 가정의 한 예라고 할 수 있다(배장오, 1995; 2001).

그러고 보면 인간형상 및 사회현상으로서 보다 중요한 의의를 가지고 있는 것은 도리어 초경험적(超經驗的)이거나 몰경험적(沒經驗的) 가정들이다. 초경험적·몰경험적이기에 여간해서는 잘 바꾸어지지도 않는다. 이런 가정의 세계를 학문적으로 파고드는 것이 이른바 형이상학을 구성하며, 그것이 사회화된 것을 사상 또는 이상이라고 할 수 있고, 그것이 개인의 특성으로 나타난 것을 우리는 신조, 신념, 관(觀)이라고 부를 수 있기 때문이다.

농사짓는 사람이 봄 다음에 여름이 온다고 가정하고 씨를 뿌리듯이, 교육하는 사람도 일련의 가정을 가지고 있다. 신이 없다고 믿으면서 교회에 갈 수 없듯이-'간다고 해도 어설픈 교인과 같이'-그것 없이는 교육이 성립 안되는-된다고 해도 어설픈 교육밖에 될 수 없는-그런 일련의 가정들이 있다. 이런 가정들을 형이상학이라고 정의(정범모, 1977; 배장오, 2001)한다.

교육과 관련한 일련의 형이상학을 탐구해 나감에 있어 그 출발점은 전술한 바 있는 교육의 조작적 정의 즉 "교육은 인간 행동의 계획적인 변화"에 두어야 한다.

(1) 인간

오늘날 현대 산업사회는 고도의 과학과 기술문명의 발달로 물질적 풍요를 누리고 있다. 그러나 그와 더불어 인간은 물화(物化)되고 소외되어 각종 문제를 야기하고 있다. 개인의 창의성 상실, 거대한 사회조직 체제 내에서 부품화로 전락한 인간, 가능하면 수치화·계량화·객관화하려는 사고 체계, 업적 위주의 사회풍토에 편승한 경쟁의식의 과다한 조장 그리고 빈부격차 등이 그 대표적인 예이다. 이러한 현대사회 속에서 교육은 더욱 출세를 위한 수단화, 입시의 고지 탈환을 위한 몰가치화로 치닫고 있어 인간의 자주성과 존엄성이 위협을 받고 있다.

결국, 교육활동이 인간을 인간답게 잘 기르는 것을 목적으로 하고 있지만 그 목적이 당초 의도대로 달성되고 있는지에 대해서는 모두가 공감하는 것은 아니다. 그러므로 교육활동의 관심 대상인 인간에 대한 올바른 시각 정립이 있어야만 교육의 바른 지평을 열 수 있다고 본다. 교육이 인간에 대한 이해에서 출발하듯이 인간에 대한 깊은 믿음은 여러 측면에서 생각할 수 있다. 이를 테면 인간의 존엄성에 대한 신념, 인간의 주체성에 대한 신념, 인간의 성장 가능성에 대한 신념 그리고 인간의 과학적 이해 가능성에 대한 신념(이형행, 1993; 배장오, 2001) 등이다. 그러나 교육의 형이상학이라는 측면에서 볼 때 가장 우선되는 믿음은 인간이 성장 가능한 존재라는 점을 들 수 있다.

교육은 인간에게 성장 가능성이 내재해 있다는 전제하에 성립된다. 만일 인간이 가지고 있는 성장 가능성을 부정한다면 교육은 벽에 부딪히게 될 것이다. 인간의 신장(身長)이나 기능 등은 유전적으로 결정되기도 하지만 생후의 환경과 경험에 따라서 상당한 영향을 받으며, 의식이나 성격은 더 큰 영향을 받는다고 믿고 있다. 이와 같은 인간의 성장은 후천적 경험이나 환경에 따라서 변화한다는 가능성에 대한 인식이 인간의 잠재 능력이 풍부함을 의미하는 것이다. 인간과 동물과의 근본적인 차이의 하나는 동물은 극대의 현실성과 극소의 가능성을 가지고 태어나는 데 반해, 인간은 극소의 현실성과 무한한 가능성을 가지고 태어난다는 것이다. 인간은 이 무한한 가능성을 하나씩 하나씩 현실성으로 바꾸어 가면서 성장해 간다. 즉 교육은 인간의 가능성을 현실성으로 옮겨 가는 과정이며 그 성장 가능성을 계발하고 신장시키는 것이다. 따라서 교육은 그 바탕에 인간에게는 무한한 잠재력이 있다는 것을 전제하고 성립한다.

(2) 변화

인간 행동을 변화가 가능한 것이라는 토대 위에서 생각해 본다면 개인행동의 변화가 유전이나 운명에 의해 규정되어지는 것이라는 견해는 교육에서의 의미를 상실한다. 따라서 교육에서는 인간의 표출적인 행동뿐만 아니라 내면적이고 불가시적인 행동까지 포함하며, 교육은 인간 행동을 능동적으로 변화시킬 수 있는 것이라는 점이 큰 의미를 갖는다고 하겠다.

변화란 육성·신장·발달·계발·교정·개선 등을 포함하며 학습이라는 말로 대치할 수 있을 정도의 포괄적인 개념이라고 전술한 바 있다. 포괄적 개념으로서의 변화를 인간 행동에 국한시켜 놓고 볼 때, 이 변화와 인간 행동과는 불가분의 관계에 있다. 변화를 전제로 하지 않는 인간 행동이란 교육과의 관계를 지어볼 의미가 없다. 그런데 학문적으로 따져서 정치학·경제학·행정학·문화인류학·심리학 등 이른바 행동과학 또는 사회과학이라고 불리는 학문들은 모두 인간 행동에 관심을 두고 있다. 교육이나 교육학이 인간 행동에 관심을 두는 것은 모든 사회적 사업이나 사회과학과 공통되지만, 교육이 독특한 것은 인간 행동의 변화, 즉 그 육성이나 교정이나 개조에 관심을 가지고 있다는 점이다(정범모, 1977; 배장오, 2001).

육성이나 교정이나 개조된 인간 행동이 원동력이 되어 사회·세계·자연도 변화시킬 수 있다고 믿고 있다. 즉 사회개혁·국가발전·자연개발도 실현 가능하다는 전제가 성립되는데, 이 모두가 인간의 변화로 말미암아 가능한 것이다.

교육은 인간을 육성·개조하고 이를 통해 사회·국가·세계를 계속적으로 개조하려고 한다. 따라서 교육은 변화라는 신념에 바탕을 둘 수밖에 없다. 그러나 교육은 기본적으로 인간을 변화시킬 수 있고, 사회를 변화시킬 수 있다는 전제에서 한 걸음 더 나아가야 할 것이다(이형행, 1993; 배장오, 2001). 변화할 수 있다는 전제는 변화 자체가 발전적일 수도 있고 퇴보적일 수도 있다는 것을 예상해 볼 때 변화의 방향은 당연히 발전적이고 진보적인 변화를 전제해야 한다. 여기에 교육의 생명이 있는 것이다.

(3) 계획

인간 행동의 변화에 반드시 교육의 힘만이 작용하는 것은 아니다. 인간 행동 중 생득적(生得的)인 것, 즉 생후의 경험 여하와는 비교적 관계없이 성장하는 성숙은 교육에 의한 행동의 변화가 아닌 대표적인 예이다. 따라서 '계획'이라는 말에는 성장에 의한 성숙은 배제되는 것이어서 계획 그 자체에 의도성 혹은 뚜렷한 목적이 내재되어 있다.

가만히 있어도 시간의 흐름에 따라 저절로 변화가 일어나는 성숙이라는 현상도 있고, 길거리의 라디오에서 흘러나오는 노래를 흥얼거리다 배우게 되는 학습이라는 변화도 있으며, 학교에서 교수(teaching)를 통해 배우게 되는 수학공식도 있다. 이 중 교육이 계획적이라는 말은 전자의 두 가지 경우, 즉 성숙에 의한 변화와 자연적·무의도적인 경험에 의한 학습은 교육의 범주 속에 넣을 수 없다는 관점을 시사한다. 계획적이라는 말이 뜻하는 의미는 여러 가지 관점에서 논의될 수 있다(이형행, 1993; 배장오, 2001).

첫째, 계획이라는 말 속에는 기르고자 하는 또는 길러야 할 인간 행동에 대해 뚜렷한 목적의식 또는 의도성이 내재되어 있다. 뚜렷한 목적의식이 있다는 말은 교사가 어떤 행동 특성을 기르려고 하는 것이며 그것이 구체적으로 무엇을 의미하는지와 관계되는 말이다. 바꾸어 말하면 명확한 교육목적이 있다는 말이 된다.

둘째, 교육을 투입변인과 산출변인으로 나누어 볼 때에 명확한 이론과 경험적 실증이 뒷받침되어 있음을 의미한다. "이러이러하게 하면 이것은 길러진다"라는 말은 이론과 실증의 뒷받침이 있는 계획과 과정이 있다는 뜻이다. 교육이 인간 행동의 변화를 바람직한 방향으로 의도하고 있는 것이라고 보면 시행착오를 허용할 수 없는 활동인데, 이는 교육이 과학적인 패러다임(paradigm) 속에서 이론과 경험적 실증의 체계화를 이루어야 한다는 것이다. 이러한 과학적 체계의 조직이 없다면 짐작·추측·관례 등에 의한 무계획적인 교육이 될 수밖에 없다.

교육은 철저하게 과학의 경험적 실증에 터해야 한다. '교육한다', '가르친다'라는 것이 철저하게 경험적 실증을 요구하는 것은 교육의 과학적 한계를 규정하려는 것일 뿐, 그 속에서 혹은 그 토대 위에서 교육을 할 때는 교육하는 삶의 기예(技藝)가 허용될 여지는 얼마든지 있다. 이 말은 교육을 보는 시각, 교육에 관한 인식과 의지의 체계는 철저하게 과학적이어야 하지만 '교육한다', '가르친다'라는 실천의 세계 속에서는 가르치는 사람이 개성적·예술적·직관적·상황적 특성이 얼마든지 허용되어져야 함을 의미한다.

셋째, 인간 행동을 계획적으로 변화시키기 위해서는 인간 행동에 대한 과학적인 인식과 이해가 선행되어야 한다. 예컨대 사고력이나 창의력이 어떤 것인지에 대한 뚜렷한 과학적 접근 없이는 사고력과 창의력 신장을 위한 교육은 이루어질 수 없다. 그런데 우리는 과학적이라고 말할 때 산술적인 통계나 첨단과학이 연상되어 강한 거부감을 나타내기도 한다.

사실 교육만큼 과학적 실증의 논리로 설명하기 어려운 것도 없다. 그러나 과학적이라는 말이 결코 인간을 기계나 로봇처럼 혹은 동물처럼 다룬다는 뜻이 아님을 명심해야 한다. 현실적으로 의사의 뇌수술 프로그램과 교육자의 사고력 프로그램을 비교할 때, 의학자가 갖는 논리적 자신과 교육자가 갖는 논리적 자신과는 상당한 차이가 있을 것이라는 것을 쉽게 짐작할 수 있다(정범모, 1977; 배장오, 2001). 교육현상을 과학적으로 보자는 것은 인간의 자유·평등·복지 즉 인간화를 위해 과학의 논리와 과학적 지식의 패러다임을 이용하려는 것에 불과하다. 이는 모든 과학이 갖는 공통된 논리이다.

2. 교직의 의미

1) 교사의 직무

교육의 의미를 조작적인 견지에서 논의할 때 인간 행동의 계획적인 변화로 규정한다. 인간 행동을 계획적으로 변화시킨다고 할 때에 교육활동은 의도적 행위가 된다. 의도적 행위로서의 교육활동을 담당하는 사람이 '교사'라는 전문 직업인이다.

일반적으로 직업은 인간이 살아가는 데 있어 생활을 영위하기 위해 필요불가결한 것이며, 생활의 기본적인 의식주를 해결하기 위해 종사하는 과정이다. 따라서 직업이 생계를 유지하며 발전시키는 근본이라고 한다면 자신이 종사하고 있는 직업을 잠시도 소홀히 취급할 수 없을 뿐만 아니라 오히려 그 직업을 더욱 향상시키고 발전시켜 나가는 데 연구와 노력이 뒤따라야 할 것이다. 특히 교육을 통해 인간의 계획적인 변화를 맡고 있는 교사는 그러한 교육을 담당하는 전문적 직업인이라는 면에서 타 직업에 종사하는 사람보다는 직업에 대한 차원 높은 정신적인 자세와 신념을 가지고 심오한 지식과 근면, 성실의 일념으로 그 직무에 충실할 때 교육의 성과를 기대할 수 있을 것이며, 직무에 대한 만족도가 커질 것이다.

차원 높은 정신적 자세와 신념으로 임해야 하는 것이 교직이며, 이 교직에 종사하는 교사를 법적인 용어로 지칭할 때에는 교원이라고 한다. 교원이란 교사자격증을 소지하고 정규 학교에서 학생들을 대상으로 교육활동에 종사하는 사람을 말한다. 여기에는 초・중등학교와 이들 수준에 준하는 학교의 교장・교감・교사, 대학 및 전문대학과 이들 수준에 준하는 학교의 총장・학장・교수・부교수・조교수・조교 그리고 유치원의 원장・원감・교사 등이 포함된다. 이들의 직업 명칭이 바로 교직(教職)이다. 교육활동에 종사하는 사람들의 직업인 교직이 전문직(profession)이냐 범속직(occupation)이냐는 질문은 많은 논란을 일으켜 왔다. 세상에 있는 모든 직업이 전문직 아니면 범속직으로 양분되는 것은 아니지만 그 구분의 기준을 하나의 연속선상에 두고 볼 때에 어느 점을 차지하는가에 오히려 더 큰 관심을 갖게 되는 상대평가의 결과로 논의되고 있다(이형행, 1993; 배장오, 1996).

전문직과 범속직을 구분하는 기준 가운데 ① 이론적 배경 ② 장기간의 훈련 ③ 엄격한 표준 ④ 표준의 신장(伸張) ⑤ 전문직 단체 등에 비추어 볼 때 교직은 대체로 전문직의 특성을 지녔다고 하겠다. 교직뿐만 아니라 어떤 직업이든지 그것이 단순한 노동이 될 수도 있고 소명이 될 수도 있다. 일하는 사람이 자기가 하는 일에 대해 어떤 태도를 지니고 있는가가 중요한 것이다(이형행, 1993).

노동과 소명을 구별하는 기준 가운데 가장 중요한 것은 비전(vision)이다. 한 그루의 나무를 심는 사람이 그 일을 함으로써 소정의 임금을 받는 것만을 목적으로 한다면, 그것은 단순한 노동에 지나지 않는다. 그러나 만일 그가 나무를 심음으로써 벌거벗은 산을 푸르게 하여 우리 강토를 아름답게 하는 동시에 홍수의 피해를 막고 인명과 재산을 보호하겠다고 생각한다면, 비록 그 일이 얼핏 보면 하찮은 것 같지만 확실히 비전을 가진 애국운동이라고 할 수 있다. 마찬가지로 교직을 단순히 금전적 보수만을 위한 것으로 생각한다면 단순한 노동에 불과한 고역이 될 것이다. 의무감에 못 이겨 맡겨진 하루의 일을 기계적으로 반복함으로써 생계의 수단을 삼는 데 그친다면 교직은 분명히 고역이며, 교직생활은 봉급날만 기다리는 짜증난 일과의 연속이 될 것이다. 오천석(1972)은 이렇게 말하고 있다. "교사가 고매(高邁)한 비전을 높이 들고, 우리가 맡은 어린 생명의 성장을 도움으로써 그의 잠재적 가능성을 개발해서 풍요한 생활을 영위하게 하고, 이를 통해 나라와 겨레와 인류의 발전을 돕는 길이라는 신념을 가진다면, 분명 그의 일은 노동의 영역을 뛰어 넘어 희열의 원천이 될 것이고 이 경우에 그의 일과는 부담이 아니라 보람 있는 성직이 될 것이다."

교직을 성직으로 보는 이러한 견해에 의하면, 전문적 자질에 앞서 교사에게 기본적으로 요구되는 것은 교직으로 부름을 받았다는 소명의식이다. 단순한 노동이 아니라 소명이 되려면 종사하고 있는 일에 헌신이 필요하다. 소명이 요구하는 것은 기계적·형식적 동작이 아니며 시간보내기가 아니다. 거기에는 일에 대한 정열과 성의가 있어야 하고 자기의 몸과 마음을 쏟아 놓는 봉헌이 있어야 한다. 사람의 마음에 공명을 일으키는 감흥이 있어야 한다. 이러한 영감이 없을 때 우리는 상대방의 심금을 울릴 수 없다. 교직은 단순한 직업이나 노동이 아니다. 그에게 소명감을 주는 것은 비전과 헌신이다. 비전과 헌신을 속성으로 하는 소명감에 움직이지 않는 교육은 산 교육이라고 할 수 없다.

소명감이 있으면 교사는 산 스승이 될 수 있고, 어린이의 영(靈)의 성장을 돕는 참된 교육자가 될 수 있다. 요컨대, 교직은 전문직이기 이전에 소명의식이 요구되는 직업이라는 점에서 다른 일반 직업과 구별되는 특수 전문직임을 알 수 있다. 결국 교직은 인간을 가르치고 기르는 성스러운 직업으로서 특별한 자질과 사명감을 가진 사람만이 가져야 하는 전문직이다.

2) 교직이 갖는 특수성

고도로 분화된 현대사회는 직업의 종류도 다양하다. 직업의 현대적 개념은 단순한 생계유지의 범주를 넘어 자아실현의 수단으로까지 발전하였다. 교직은 일반적인 직업과 공통되는 점도 많이 있지만, 다른 직업에 비해 비교적 장기간의 교육과 훈련 그리고 계속적인 연구가 요구되는 직업이기도 하다. 그러므로 교직이 다른 일반적인 직업과 비교할 때 어떤 특수성을 갖고 있는지 그 구체적인 접근을 살펴보기로 한다.

남억우 외 3인(1987)은 교직의 특수성을 다음과 같이 논하고 있다.

첫째, 교직은 인간을 대상으로 이루어지는 직업이다. 기술자나 기능공은 기계나 물자를 대상으로 하여 직업을 수행하고 있지만, 교사는 어디까지나 인간을 대상으로 하는 직업이다. 그러나 인간을 대상으로 한 직업이 교직만은 아니다. 법률가, 의사 그리고 서비스업 등에 종사하는 직업도 모두 사람을 대상으로 한다. 그러나 교직을 제외한 다른 직업들은 인간을 대상으로 하는 경우 인간 그 자체를 주 대상으로 하기보다 법률이나 어떤 작품, 경제 상품 또는 신체적 혹은 정신적인 어떤 기능의 일부만이 취급되는 것이다. 이에 비해 교육이라는 사업에 종사하는 교사가 대상으로 하는 인간이란 사람의 어느 부분적인 기능을 말하는 것이 아니라, 지적・정신적・신체적・정서적・사회적・문화적・정치적 등 전인으로서의 인간을 대상으로 한다. 이것이 바로 교직만이 지니고 있는 특성이며 타 직업과의 차이라고 하겠다. 그러므로 교직은 단순히 지식만을 취급하여 가르치는 일도 중요한 역할 중 하나지만, 전인으로서의 인간 형성자로서의 일을 해야 하는 직업인 것이다.

둘째, 교직은 주로 인간의 정신생활을 대상으로 하는 직업이기에 타 직업과 다르다는 것이다. 의사직이나 법률직도 사람을 상대로 하는 직업이지만 그의 주된 대상은 정신적이 아니라 육체나 법률에 있는 것이다. 물론, 의사직도 분업화되어 정신과가 있어 인간의 정신을 다루는 의학이 발달되고 있지만 그 대상은 역시 병적 증세에 한정된 정신적 기능의 일부분에 지나지 않으며, 의사의 관심초점은 어디까지나 인간신체 면에 있다고 본다. 그러나 교직에서의 교사는 피교육자의 신체적 건강과 발달에 지대한 관심을 가져야 하며 또 갖지 않으면 안 된다. 따라서 교직에 있어 주된 관심사는 역시 정신적인 면과 신체적인 면이라고 하겠다.

셋째, 교직은 미성숙자를 대상으로 하는 직업이다. 그러기에 교사는 대체로 사회생활에 아직 성숙하지 못하였거나 성장발달 과정에도 많은 관심을 가지고 있지만 미성숙자를 대상으로 하는 것이 그 특징이다. 교육을 평생교육이라는 시점에서 광의로 풀이할 때 그 대상은 자라나는 청소년에 한정된 것이 아니다. 그러나 일반 사회교육이나 연수교육을 떠나서 교직을 논할 때는 미성숙한 세대를 대상으로 하여 말하는 것이 일반적인 경향이다. 따라서 교사는 미성숙자를 대상으로 하여 기성세대에 이르기까지 누적된 문화유산이나 가치, 관습, 생활의식, 생활재를 계획적・조직적으로 가르쳐서 전달하고 적응 능력을 길러준다. 또 미래에 대한 지향성을 가지도록 지도하여 문화를 개조·창조하는 능력을 개발해 주는 일은 교직 이외의 어떠한 다른 일반직이나 전문직에서는 찾아볼 수 없는 것이다. 결국 교사는 주어진 현재의 미성숙자인 어린이나 학생으로 하여금 바람직스럽고 이상적인 인간으로서의 성장·발달을 이루어가도록 교육하는 것이 주된 업무이며, 훌륭한 인간상을 이상으로 하는 직업인인 것이다.

넷째, 교직은 봉사직이다. 교직도 인간이 지니고 있는 또 지녀야 할 직업임에는 틀림없다. 그러기에 타직과 같이 직업이 갖는 의의와 상통하는 의·식·주 해결의 한 수단임에는 틀림없으나 교직은 전문직(profession)으로서의 봉사직을 뜻한다. 그리고 다른 여러 종류의 전문직에 비해 봉사직으로서의 사명을 더욱 필요로 한다. 따라서 교사의 사명은 어디까지나 봉사에 있는 것이지 결코 영리나 물질적인 보수를 얻는 데 목적을 둔 직업은 아니다. 교사도 인간인 이상 의식주의 해결 즉 경제적인 조건을 무시할 수 없다. 그렇다고 해서 교직생활이 경제생활의 해결 방편으로 되어서는 안 되고, 교사가 받는 물질적·경제적인 보수는 그가 활동하는 노동의 대가가 아니라 공공에 대한 봉사의 대가에 지나지 않는다. 결국 교사는 물질적인 보수나 경제적인 조건이 교직에 있어서의 궁극적인 목적이 아니라는 점에 대해 분명히 밝혀두는 것이다. 그러고 보면 교직은 한편으로 소명의식과 사회 봉사정신에 의해 부름을 받는 직업으로서, 결코 경제적 조건의 해결이나 물욕을 충족하기 위한 노동이 될 수 없다는 점을 강조한다. 그러기 때문에 교직을 천직 또는 성직이라고 말하고 있으며, 이는 곧 인류사회에 대한 봉사직이며 희생을 감수하는 직업이기도 한 것이다.

다섯째, 교직은 국가와 민족에 대해 지대한 영향을 주는 공공적 사업이다. 교직은 개인적으로 볼 때에는 피교육자와 가장 친근한 사적인 관계에서의 인간관계를 맺는 동시에, 사회적 입장에서 보면 국가나 민족의 장래에 대해 지대한 영향을 미치는 공공사업인 것이다. 다시 말하면 교직은 국가와 민족의 운명과 밀접한 관계를 가지는 전문직이라고 할 수 있다. 물론, 교직을 제외한 여타의 직업들도 직·간접으로 국가사회나 민족의 운명과 관계를 갖지만, 교직은 이와는 달리 민족이나 국민의 정신적 문화의 주역이 되며, 나아가서는 당면한 여러 가지 요청을 가장 효과적으로 해결해 나갈 수 있는 근본 동력을 가지고 있다. 이러한 점에서 교직은 선진국가일수록 국민교육을 공공사업으로 보고 막대한 재정을 교육에 투자하며, 의무교육제도를 강화하고 있는 경향이다. 뿐만 아니라 사학에 대해서도 국가에서 적극적으로 경제적인 후원을 베풀어 나가고 있다는 것은 교육이 곧 국가와 민족의 흥망성쇠와 깊은 관계가 있기 때문이다.

여섯째, 교직은 사회진보에 중대한 역할을 맡고 있는 직업이다. 모름지기 교사는 인류가 이룩해 놓은 문화유산을 다음 세대에 전달해야 하는 임무를 지니고 있는 동시에, 나아가서는 보다 나은 문화 창조의 주역으로 활동해야 한다. 또한 보다 살기 좋은 사회를 건설하는 과업에 주동적 역할을 해야 할 역군이라는 사명을 가지고 있다. 따라서 교직에 종사하는 교사는 현상 유지에 급급하는 보수적 성격이나 무사안일의 소극적 자세가 아니라, 보다 나은 내일을 위해 선도적 입장에서 사회개척과 사회진보를 위한 노력을 경주해야 한다.

한편, 박상호와 김경희(1995)는 교직의 특성을 다음과 같이 제시하였다.

첫째, 교직은 인간의 전면적인 면을 대상으로 하는 직업이다. 의사나 화가나 검사도 인간을 대상으로 하지만, 이들은 인간의 어느 부분만을 다룬다. 그에 비해 교사는 인간의 지적 · 육체적 · 도덕적 · 사회적 · 정서적인 모든 면을 전면적으로 다룬다.

둘째, 교직은 전문직이며 봉사직이다. 교직은 장기간에 걸친 준비교육과 계속적인 연구를 필요로 하며, 가르치는 내용에 대한 지적 능력, 그 내용을 전수하는 특별한 기술, 전인격적인 가르침을 행하는 노력 등이 필요한 전문직이다. 또한 다른 전문직에 비해 경제적 또는 사회적 이해관계를 떠나 헌신적 · 봉사적 사명을 더욱 필요로 하는 전문직이다.

셋째, 교직은 개인은 물론 국가와 민족에 지대한 영향을 미치는 직업이다. 어느 직업이든지 나름대로 개인과 국가와 민족에 영향을 미치지만, 특히 교직은 개인의 변화를 통해 국가와 민족의 근본적인 변화와 발전을 꾀하게 된다. 개인으로 하여금 풍요롭고 자유로우며 가치 있는 삶을 살도록 유도하고 이를 바탕으로 국가와 민족의 정치·경제·사회·문화 등의 발전에 원동력을 제공한다.

넷째, 교직은 안정적이며 여가를 즐길 수 있는 직업이다. 교육활동은 평상시에는 물론, 경기불황이나 전시하에서도 계속되는 활동이므로 교직은 정치·경제적 변화의 영향을 덜 받는다. 더구나 부득이한 경우를 제외하고 정년까지 신분보장이 되어 있어서 다른 직업에 비해 안정적이다. 또한 방학이 있고, 정규업무 이외의 시간을 여유 있게 보낼 수 있어 다른 직업과 좋은 대조를 이룬다.

다섯째, 교직은 끊임없이 자기 갱신을 통해 자기 향상을 도모하는 데 유리한 직업이다. 어느 직업이든지 최고의 경지에 이르면 자기의 능력을 발휘하고 사회의 발전에 기여하며 스스로 보람을 느끼지만, 특히 교직에 적성이 맞는다면 교사는 자기 향상으로 직결될 수 있는 여건이 충분히 갖추어진 직업이라고 할 수 있다. 즉 학생을 지도하는 과정은 교사 자신의 창의와 노력을 필요로 하며, 동시에 자기 수양과 자기 발전의 계기가 된다.

여섯째, 교직은 청빈과 윤리성을 요하는 직업이다. 교직은 경제적 부와 사회적 지위를 추구하며 도전적인 삶에 가치를 부여하는 사람에게는 덜 적합한 직업이다. 이와 함께 교사는 학생의 모범이 되어야 하므로 다른 어느 직업에 종사하는 사람보다도 높은 도덕성과 품위를 유지해야 한다.

이상의 논의를 종합해 보면 교직은 미성숙자를 대상으로 하여 그의 바람직한 이상적 인간의 성장·발달을 조장하고 국가와 민족의 번영을 꾀하는 것이다. 뿐만 아니라, 인류사회의 진보와 발달을 이룩할 수 있는 전문적이고도 봉사적이면서 한편으로는 자기갱신을 도모하고 윤리성이 요구되는 공공직업이라고 할 수 있다.

3. 교직의 자율성

1) 전문직과 자율성

자율성(autonomy)이란 외적인 권위나 통제로부터 영향을 받지 않고 자유로운 입장에서 자치적으로 행위하는 것으로 자기 결정, 자기 통제, 자기 규제 등의 의미를 가진다. 결국 환경으로부터 일종의 독립성을 확보하게 되는 것이다. 일반적인 직업에서는 의사결정권이 감독자나 상부기관의 운영자에게 집중되어 있고, 그 직업에 종사하고 있는 사람들에게는 극히 제한된 한도 내에서 의사를 결정할 수 있는 권한만이 부여되어 있다. 그러나 전문직에 종사하는 사람들에게는 업무수행에 대한 의사반영이 보다 크게 허용된다. 그 이유는 전문직이 고도의 특유한 지식과 기능을 필요로 하고 또 매우 다양한 입장에서 해석해야 되는 것으로 여겨지기 때문이다. 만일 전문직에 종사하는 사람들에게 자율성이 제한된다면 또 전문적 지식이 결여된 사람들로 특정한 전문 직업이 유지된다면, 그 전문직은 새로운 각도에서 분류되어야 하고 이에 따른 역할도 변용되어야 할 것이다.

어떤 과업이든 간에 그것이 전문성을 띠는 것일수록 자율성이 보장되어야 하고 또 장려되어야 할 필요가 있다. 예컨대, 의사의 경우 환자를 자기 전문성이 허락하는 한 자유로이 진단할 수 있고 처방을 내릴 수 있으며 또 치료할 수 있는 것과 마찬가지로 교사에게도 자신의 교육 철학에 의해 학생을 이해하고 학생을 가르치며, 학생을 평가할 수 있는 자율성이 주어진다.

자율성은 과업수행을 위해 자유로운 행위가 보장된다는 의미를 지니고 있지만, 이러한 자유재량이 무한정으로 보장되는 것은 결코 아니다. 교사가 한 시간에 가르쳐야 할 내용을 가장 타당한 방법으로 택했다고 해서 몇 분 동안에 가르치고 그 나머지의 시간을 학생에게 놀게 할 수는 없으며, 또한 학교에서 가르쳐야 하는 내용이 자기의 입장에서 볼 때 타당하지 못하다고 생각해서 단원의 내용과 전혀 다른 내용을 다룰 수도 없다. 결국 현실적으로 볼 때 여러 외부상황에 의해 자유로운 선택의 여지는 커다란 제한을 받게 된다. 물론 교단교사의 자율성 제한이 사회규범이나 공동의 선을 추구하는 가치에 터해 부각된 이론을 바탕으로 이에 합당한 것을 선택함으로써 빚어지는 것이라면 별다른 저항 없이 수용해야 한다. 그러나 교사의 자율성에 대한 제한이 지시나 통제 위주의 획일적인 교육행정에 의한 것이라면 이는 개선되어야 한다.

특히, 상급 행정기관으로부터 일방적으로 내려오는 지시사항은 모든 학교를 탈개성화시키는 중요한 요인으로 작용한다. 지역적 여건과 학교의 특성을 살려 학교마다 개성이 있는 학교경영을 하기 어렵고 또 운영의 독자성을 유지하기란 결코 용이하지 않다. 어떤 특정 지역의 문제 또는 특정 학교 수준에 관련된 사항이 전국의 모든 학교에 획일적으로 시달됨으로써 이에 해당되지 않는 학교에서는 이와 같은 편파주의적 교육행정 형태에 대해 심한 불만과 불신을 가질 수밖에 없다.

더욱이 운영적·기술적 업무 등 세세한 것까지 일선학교에서 시달되기 때문에 학교장의 재량권은 크게 제약을 받지 않을 수 없다. 단위학교에서는 창의성을 발휘할 필요성을 느끼지 않으며, 오히려 상부지시에 따르려는 의존적·수동적 태도가 형성되어 있다. 학교마다 상급기관이나 감독관청의 감사에 대비한 소극적 학교운영 풍토가 만연되어 있는 반면, 자율적·창의적으로 학교운영을 하려는 노력은 매우 미흡한 편이다. 학교장 중심의 학교경영은 구호뿐이고, 학교장으로서의 소신 있는 학교경영을 펴기가 어렵다. 대부분의 학교장들은 상급 행정기관의 지시사항을 맹목적으로 추종하는 데 익숙해져 있으며, 우리의 학교경영 실제에는 형식주의와 무사안일이 팽배해 있음을 부인하기 어려운 실정이다.

또한 확인·점검 중심으로 이루어지는 장학활동에도 문제가 있다. 실적 위주의 형식적 평가를 실시하고 장부 점검, 지시사항에 대한 시행 여부를 확인하는 등 주변문제에 매달리게 됨으로써 학교교육 활동은 위축되고, 학교운영은 경직될 수밖에 없다. 따라서 경직된 학교운영 체제 내에서 학생지도에 임하는 교단교사에게 자율성을 기대하기란 어렵다.

2) 자율성 확보의 당위성

교직을 그 특성상 전문직으로 보는 것이 적절하다는 것은 전술한 바 있다. 전문직에는 고도의 지적인 배경과 숙련 그리고 부단한 자기 연마가 요구 된다. 뿐만 아니라 주어진 권한의 범위 안에서는 자기 자신의 자율성을 절대적으로 행사하게 된다.

전문직으로서의 교직수행에 있어서도 예외는 아니다. 교직수행 과정에서 자율적인 선택과 결단에 의해 그 직무를 수행해야 한다. 예컨대, 학생의 질문처리 방법은 학생의 개성이나 질문의 내용에 따라 달라져야 하며, 어떤 일정한 규칙에 의존할 수가 없다. 이 경우는 교사가 전문적 식견을 바탕으로 하여 자율적으로 처리하도록 해야 한다. 어떤 의미에서 보면 교사는 교실 내에서의 그 직무수행에 있어 무한한 자유를 누리고 있는 셈이다(이형행, 1993). 무엇을 어떻게 가르칠 것인지를 정하는 사람은 장관・교육감・교장이 아니라 교사이다. 따라서 전문직으로서의 교직의 자율성이 얼마나 중요한가를 알 수 있다.

교직에 있어서의 자율성이 학생의 자유와 복지 증진을 저해하지 않고, 국가와 사회가 추구하는 가치에 반하지 않는 범위 안에서는 확보되어야 한다. 그렇게 될 때에만 교사는 창의적으로 학생을 지도할 수 있게 된다. 우리의 교육현실과 이상에 비추어 볼 때 자율성 확보가 왜 그 당위성을 확보하는지 몇몇 학자의 견해를 고찰해 보기로 한다.

교사의 교직수행에 있어 자율성이 확보되어야 할 이유로 김종철(1985)은 다음과 같이 제시하고 있다.

첫째, 자유, 협동, 지성 등의 원리는 민주주의의 기본이며 자율적인 인간의 양성은 민주사회의 건설을 위한 기본 조건이다. 교육이념 면에서 우리는 이와 같은 기본 원리에 역행할 수 없으며, 자율성의 확립은 민주교육의 건설을 위하고 궁극적으로는 민주사회의 실현을 위해 지상의 과업이 아닐 수 없다. 이는 우리의 「헌법」과 각종 교육 관련 법규는 물론 이제까지 표방된 교육이념을 살펴볼 때 피할 수 없는 기본 전제로서 받아들여야 한다.

둘째, 역사를 되돌아봤을 때 시련과 고난의 역경 속에서 우리는 살아남아야 했고, 어려운 처지에서도 시간을 단축하여 발전을 촉진해야만 했다. 험난한 과정을 겪는 동안에 우리는 자율보다도 집권적 통제를 합리화했으며, 능률지상주의를 추구하지 않을 수 없었다. 그러나 이제 그 한계를 뚜렷이 인식하기 시작했고, 궁극적으로 추구하려는 사회상이나 인간상에 비추어 모순점을 내포하고 있음을 깨닫게 됨에 따라 이의 전환의 필요성을 절감하게 되었다.

셋째, 우발성과 충격이 가득한 환경 속에서 범람하는 정보와 지식의 홍수 속에서 그리고 다원적·이질적인 가치관의 병존상황 속에서 합리적 선택과 자율적 결정을 할 수 있는 능력의 필요성이 커지고 있다. 보다 폭넓은 선택의 기회가 주어지고 스스로의 책임하에 결정을 내려야 할 시대가 온 것이다. 미래사회의 필요에 대비하기 위해 자율화는 피할 수 없는 대세이다.

넷째, 역사의 흐름과 세계의 추세가 통제화에서 자율화로 전환되고 있다. 국제 경쟁에서 살아남기 위해서는 자율화의 길을 선택하지 않으면 안 되고, 이것이 곧 삶과 번영에의 길이다.

다섯째, 자유 속에서 창의가 계발되며, 창의의 계발을 통해 인간의 잠재력이 무한한 발전 가능성을 실현하게 된다. 교육력을 극대화하기 위해서는 자율화의 길을 통해 집단이 갖는 무한한 가능성을 더욱 개발해 나가야 한다.

또한 교직수행에 있어서의 자율성을 하나의 실천 원리로 규정하고 추진되어야 한다고 주장한 김창걸(1986)은 교육의 다양성, 전문성 그리고 공공성을 들면서 다음과 같이 설명하고 있다.

첫째, 교육은 인간의 무한한 잠재력을 계발·발전시키는 본질적 기능을 가지고 있다. 교육 자체가 창의성과 다양성, 전문성을 가지고 이루어지는 고도의 지적 활동이다. 이들 교육의 본질적 속성은 자율성의 토대 위에서 신장될 수 있으며, 자율성은 교육 그 자체를 성립시키는 중요한 요건이 된다.

둘째, 교육은 전문적인 지식과 기술 그리고 경험을 가진 인력을 갖춘 전문인들에 의해서 운영된다. 이 인격적 전문인들은 자기 통제와 자기 지시 능력을 갖춘 성숙한 자율인이다. 교육의 전문성을 전제로 할 때 전문인들은 스스로 결정하고 실행하며 평가하고 책임질 줄 아는 자율인이다. 따라서 외부의 통제나 지나친 관여보다는 자기 통제에 의한 교육운영을 보장하는 것이 보다 바람직하다.

셋째, 교육은 고도의 공공적 활동으로서 사회 전체의 공익에 봉사한다. 따라서 교육은 그 본래의 목적에 기초하여 자주적으로 운영되어야 한다. 교육의 정치적 중립성이 보장되어야 하고, 지역 실정에 맞게 교육이 이루어질 수 있도록 자주성을 확보해야 한다.

한편, 강영삼(1988)은 교직수행에 있어서 자율성이 보장되어야 할 이유를 학생, 교사, 학교 그리고 교육행정 조직의 측면에서 논의한 바 있다.

첫째, 교육의 자율성은 자라나는 세대에게 자유와 책임을 알게 하고, 자율적 질서 속에서 사고하고 행동함으로써 성숙된 시민으로서의 자질을 갖추게 할 뿐만 아니라 학습자로서의 학습효과를 높이고 또 높은 수준의 창의력과 독창성을 키워 줄 수 있는 데 의의가 있다.

둘째, 교육에서의 자율은 교육의 주체인 교사로 하여금 가르치는 일에 학문적 자유를 보장해 주고, 교사가 전문인임을 확실히 해 주며, 성숙된 조직인으로서 역할을 다할 수 있도록 해 주는 것이기 때문에 그 중요성이 강조된다.

셋째, 교육에서의 자율은 교육기관의 운영에 있어 정치적·종교적 중립이 요구되며, 행정책임자의 책임 있는 민주적·자주적 경영이 요구되기 때문에 학원에서 보장되어야 한다.

넷째, 교육에서의 자율은 교육행정의 민주화·분권화·자주화를 위해 보장되어야 한다. 민주화는 교육행정이 권위주의에서 탈피하여 지방의 민의에 따라 자주적으로 교육 본래의 목적을 달성하기 위해 지원·봉사할 수 있도록 하는 것이다. 교육행정의 분권화는 과도한 중앙집권 체제에서 하급기관의 재량권을 회복시켜 줌으로써 교육행정의 타당성·적합성·능률성을 확보하는 것이다. 교육행정의 자주화는 교육행정을 일반행정으로부터 분리·독립시켜 이의 간섭과 통제에서 벗어나게 하는 것이다.

이상에서 교직에의 자율성 확보 당위성에 대해 몇몇 주장들을 고찰해 보았다. 교육활동이 교육수혜자의 개별성을 고려하여 다양성이 요구되기 때문에 외부의 부당한 간섭이나 획일성이 배제되어야 한다는 측면에서 자율성 확보는 절실히 요구된다.

제2장 교육의 전문성

1. 전문직의 의미

1) 전문직의 특성

전문직을 어떻게 이해할 것인가에 대해서 아직 정설이 있지는 않다. '전문직이란 무엇인가'에 대한 논의가 학자에 따라 각양각색이기 때문이다. M. L. Cogan(1953)이 그의 논문에서 전문직에 대한 각종 정의를 광범위하게 검토하고, 오늘날의 전문직에 대한 다양한 이해를 명시하고 있다는 점이 주목을 받고 있긴 하지만, 그래도 한마디로 축약된 정의를 내리는 것은 용이하지 않다. 그 중에서도 몇몇 학자는 전문직의 특성을 다음과 같이 제시하고 있다(이철국 역, 1993. 재인용).

첫째, B. Barber는 전문직의 속성을 ① 고도의 일반적 · 체계적인 지식 ② 사회적 이익을 우선적으로 지향 ③ 행동에 대한 고도의 자기 통제 ④ 보수의 체계 등을 들고 있다.

둘째, B. J. Horton은 ① 불가결한 사회적 필요를 충족시키고 그가 하는 일이 사회적으로 승인될 만한 과학적 원리에 입각한 것이며 ② 충분한 전문적 · 문화적인 훈련 ③ 전문적 · 체계적인 지식체계를 갖고 ④ 일반인이 가지지 않은 필요한 기능을 갖고 있다. ⑤ 실험 결과에 따라 과학적 기술을 발전시킨다. ⑥ 직무수행의 시기 · 방법에 대한 자유재량과 판단의 집행 ⑦ 표준화할 수 없는 형태의 유용노동(有用勞動) ⑧ 과학적 지식을 확충하기 위한 집단의식 ⑨ 성원을 평생 붙잡아 두기 위한 충분한 자기 추진력을 갖는다.

⑩ 확립·승인된 윤리강령에 의거한 사회적 의무의 승인 등을 들고 있다.

셋째, A. Flexner는 ① 전문직 활동은 본질적으로 지적이며 개인적 책임하에 수행된다. ② 학습되는 것이고 지식에 의거하는 것이지 단순히 고정된 활동이 아니다. ③ 실천적이되 학문적·이론적이지는 않다. 그 기술은 습득되는 것이므로 전문인의 양성이 가능하게 된다. ④ 내부적으로 강하게 조직되어 있다. ⑤ 이타주의에 의해서 동기를 부여받는 것으로 전문직의 특성을 설명하고 있다.

넷째, E. Greenwood는 ① 전문직적 기술의 기초가 될 만한 이론적 지식체계 ② 전문직으로서 우월한 지식을 갖고 있음으로 해서 의뢰인의 행동 방식을 정할 수 있는 권한 ③ 지역주민에 의한 권한 주장의 승인 ④ 의뢰인을 보호하거나 지역 주민에게 서비스를 제공하거나 반윤리적 행위자를 배제하는 기준이 되는 윤리강령 ⑤ 가치나 규범으로 이루어진 전문직의 문화형 등으로 전문직의 특성을 규정하였다.

다섯째, W. L. Slocum은 ① 이론의 지적 기초 ② 전문직의 가치와 행동규범 ③ 공공복리에의 기여 ④ 의뢰인과의 관계 ⑤ 전문직의 자율성 ⑥ 전문직 단체 ⑦ 경력 등이 전문직의 특성이라고 설명하고 있다.

여섯째, S. Dorros는 ① 전문직 구성원의 개인적 이익을 넘어서 사회복지에 관심을 둔다. ② 전문적·계통적인 지식·기능 체계의 지배와 적용 ③ 전문직으로의 취업, 준비 기준, 구성원의 직무 수행 등에 관한 행위자 자신의 통제 ④ 노동 수행방식 결정에서의 고도의 자율성 ⑤ 집단 구성원을 이러한 기준에 적합하게 하거나 충분한 노동 조건을 달성하거나 구성원의 복지를 향상 또는 보호하기 위한 강력한 전문직 조직 등으로 열거하였다.

일곱째, P. W. Musgrave는 ① 지식 ② 취업 통제 ③ 전문직 조직 ④ 근무조건 ⑤ 공공의 승인이 전문직의 특성이라고 하였다.

여덟째, D. A. Myers는 ① 과학적 이론에 의거한 지식 ② 서비스 지향 ③ 직능 ④ 교육·훈련의 기준 ⑤ 장기간의 성인 사회화 ⑥ 면허 ⑦ 면허·취업위원회 ⑧ 입법 ⑨ 수입, 권력, 명성, 유능한 학생 ⑩ 문외한에 의한 평가나 통제의 거부 ⑪ 규범 ⑫ 전문인과의 동일시·결합 ⑬ 평생직업 등으로 구분하였다.

이상에서 전문직의 특성에 대한 선행논의를 고찰해 보았다. 각각의 주장들은 서로 다른 것이라기보다는 오히려 많은 공통점을 지니고 있음을 발견할 수 있다. 우선 모든 직업은 어느 정도의 지식을 필요로 한다는 속성을 가지고 있다. 즉, 모든 직종의 노동에는 많든 적든 간에 전문성이 나름대로는 있게 마련인데 전문직의 경우에는 고도의 일반적이고 체계적인 지식이 요구되는 것이다. 일반 범속직의 사회적 통제는 일반적으로 통제되는 행동에 대한 이해에 의존한다. 반면, 전문직에 종사하는 사람의 지식으로 특징지어지는 행동의 경우에 필요한 이해는 그 지식으로 자기 자신을 훈련하여 그 지식을 적용하는 사람에게만 충분히 이용될 수 있다. 그럼으로써 내면화된 윤리강령과 임의 집단에 의한 어떠한 자기 통제가 필요하다는 결론이 도출된다. 이는 전문인 자신에 의한 전문인의 통제, 즉 자주적 통제가 필요함을 의미하는 것이다. 전문직종이 전문적인 지식 체계의 습득과 적용이 필요한 일이라는 것을 전제로 할 때, 전문적 지식 체계를 습득하고 그것을 자신의 일에 적용하는 자기 통제, 즉 자율성이 요구된다.

전문인이 담당하는 노동이 고도의 일반적·체계적인 지식과 사회적 이익에 대한 우선적인 지향을 요구하는 노동이라는 것에 기초하여 행동의 고도한 자기 통제라는 전문직에 종사하는 직업인이 자기 일에 필요한 일반적·체계적인 지식과 사회적 이익에 대한 우선적인 배려를 요구하는 특성을 지녀야 한다고 할 때 자율성은 전문직의 필요불가결한 특성으로 규정할 수 있다.

2) 전문직의 준거

전문직은 그 특성상 고도의 자율성 확보가 중요하다는 점을 앞서 논의한 바 있다. 교직이 단순히 낱알 지식만을 전수하는 일이 아님은 재론의 여지가 없다. 교과내용의 단순한 전달이 교육활동의 모두라고 생각한다면 초등학교 3학년에게는 1년 전에 그 과정을 거친 4학년이 가장 잘 가르칠 수 있다는 생각을 할 수도 있다. 그러나 교육받는 대상인 학생이 각기 다른 능력과 특성을 가지고 있기 때문에 실제 지도과정에서 온갖 상황을 만나게 된다. 각양각색의 상황에 적절히 대처하면서 교육의 성과를 거양해야 하는 점이 교직의 전문성을 확보하는 관건이 되는 것이다. 그러므로 전문직으로서의 교직에 대한 이해를 돕기 위해 전문직을 분류하는 준거의 틀을 학자들의 주장(윤종건 · 전하찬, 1994)을 토대로 살펴보고자 한다.

① Lieberman의 기준

- 독특하고 명백하며 본질적인 사회 · 봉사적 기능 수행
- 봉사적 기능 수행에 있어 지적 기술 강조
- 장기간의 특수훈련 필요
- 개인적 또는 집단적으로 광범한 자율권 행사
- 자율권 행사에 있어 개인의 책임성 강조
- 전문직 집단활동은 개인의 경제적 이익보다 봉사를 강조
- 광범위한 자치조직 형성
- 명확한 행동방향을 제시하는 윤리강령을 가짐

② Horton의 기준

- 정교하고 사회적으로 용인된 과학적 원리를 바탕으로 하며 필수적인 사회적 요구를 만족시켜야 한다.
- 적절한 전문적 · 문화적 훈련을 필요로 한다.
- 특별하고 체계적인 지식을 보유해야 한다.
- 일반인이 지니지 못한—한편으로는 선천적이고 또 한편으로는 습득된—필요한 기술의 증거를 제시할 수 있어야 한다.
- 검증된 경험의 결과로 얻어진 과학적 기술을 개발해야 한다.
- 임무를 수행할 때는 자율성과 판단력을 행사할 것이 요구된다.

- 수행한 일에 국한되거나 일을 처리할 당시의 일시적인 것에 국한되는 것이 아니라 일종의 공익사업으로 간주되어야 한다.
- 과학적 지식을 기술에 적용할 때 집단의식을 바탕으로 해야 한다.
- 일시적 또는 징검다리와 같은 직업이 아닌 생애직으로서의 강력한 유인가가 있어야 한다.
- 윤리강령 속에서 그를 실천하면서 살아가는 사회적 책임성을 인식해야 한다.

③ Greenwood의 기준

- 내면적으로 일관된 이론의 체계를 바탕으로 한 기술
- 고도의 이론적 지식을 바탕으로 한 권위
- 사회적 공인 아래 자격조건을 전문직 단체가 통제
- 윤리강령을 준수
- 독특한 집단문화권을 형성

④ Rugg & Brooks의 기준

- 전문직은 일생의 생업으로 인정된다.
- 개인보다 민중의 복지, 공중의 봉사를 요구하고 법에 요구된 이상의 의를 가지고 있다.
- 인격과 능력의 최고도를 지향한다.
- 직업의 평가를 업무 자체에 두고 근무연한과 같은 외형적인 것에 두지 않는다.
- 조직체와 대변 기관을 가진다.
- 업무와 행동을 지배하는 윤리강령을 가진다.
- 고도로 발전된 철학적 · 과학적 지식에 의존한다.
- 장기간의 전문적 교육과 실습기간을 요구한다.
- 사회에 대해 진정한 지도성을 발휘한다.

• 성문화된 법률적 지위를 가진다.

⑤ Myers의 기준

• 전문직은 과학적 이론에 바탕을 둔 지식을 활용한다.
• 전문직은 봉사지향적인 일을 수행한다.
• 전문직은 사회발전을 위해 유능한 기능을 발휘한다.
• 전문직은 자신들의 일의 수준을 정하고 이에 따라 교육 정도의 기준을 마련한다.
• 전문직은 비교적 오랜 세월에 걸쳐 해당 직분의 문화를 익히게 된다.
• 전문직은 임무를 수행하는 데 공적인 인정서를 갖게 된다.
• 전문직은 면허제가 발달되어 있다.
• 전문직은 전문직화가 심할수록 수입, 권력 및 사회적 위신도 커진다.
• 전문직은 자율성이 보장된다.
• 전문직은 법적 규제 외에 자체가 운용되는 규범을 갖는다.
• 전문직은 소속인들로 구성된 조직체를 가지고 있다.
• 전문직은 전생애를 통한 직업이다.
• 전문직은 법적 보장을 받는다.

⑥ 미국교육연합회(NEA)의 교육정책위원회의 기준

• 전문지식의 모체에 기초를 둔다.
• 자격증을 요구한다.
• 가입 요원의 복지와 전문적 성장을 위해 봉사한다.
• 윤리강령을 갖는다.
• 해당 분야의 공공정책에 영향력을 행사한다.
• 집단응집력이 있어야 한다.

⑦ 全미국사범대학연합회(The American Association of College for Teacher Education)의 기준

- 전문직은 개인과 사회에 봉사하는 직업이다.
- 전문직은 신체적 및 감정적 건강 유지, 권리와 자유의 보존, 교육기회의 증대를 위해 기능하는 영역과 관련된다.
- 전문직이나 전문인은 실제에 필요한 축적된 지식・행동・기술을 가지고 있다.
- 전문직 종사자는 가능한 범위 내에서 이론과 원리의 배경을 가지고 고객에게 어떻게 봉사할 것인지를 결정할 때 이것이 가능하다고 확실한 지식에 따라 결정해야 한다.
- 전문직은 필요한 통찰력이나 응용 지식 및 기술을 얻기 위해 하나 이상의 주변 학문 분야에 기초하고 있다.
- 전문직은 하나 이상의 전문인으로 구성된 연합회를 조직하고 있다. 이 연합회는 자격, 교육수준, 시험과 면허, 윤리, 실적, 전문적 훈련 등의 실무와 조건을 통제하기 위한 자율권을 갖고 있다.
- 전문직은 처음에 전문직으로 인정받을 수 있고 또 계속 전문직으로 유지될 수 있는 공인된 실적 표준을 가지고 있다.
- 전문직을 위한 준비 프로그램이나 전문직으로 유도하는 양성 프로그램은 보통 대학이나 대학교에서 마련한다.
- 전문직과 그 종사자는 높은 수준의 공신력과 신념이 있다.
- 전문직 종사자는 봉사하려는 동기가 강해야 하고 평생토록 능력을 발휘하는 것이 특징이다.
- 전문인의 권위는 고객이나 그가 소속된 조직에서부터 나온다.
- 전문직에 종사하는 사람들은 비교적 철저한 감독을 받지 않고 공개적인 평가를 받지 않는다. 전문인은 그 전문성의 이름으로 책임을 받아들이고 또 그의 전문성을 통해 사회에 책임을 진다.

⑧ Ornstein의 기준

- 보통 사람이 갖는 이상의 지식체
- 실제에서 인간 문제에 대한 연구와 이론의 적용
- 면허기준과 전문직 가입요건의 통제
- 업무에 대한 의견결정 시의 자율성
- 봉사성
- 행정가는 전문인의 일을 돕고, 행정가의 기능은 부차적인 것으로 생각하는 것
- 전문적 연합회와 엘리트 집단이 개인적 성취를 인정
- 불명확한 일이나 의심스러운 점을 명백히 해 줄 윤리강령
- 높은 수준의 위신과 경제적 처지

이상에서 몇몇 학자들이 주장한 전문직 분류의 준거를 살펴본 결과, 표현의 차이는 있으나 몇 가지 공통점을 발견할 수 있다. 전문직은 고차원적 지식과 이론을 바탕으로 하고 있기 때문에 장기간의 교육을 통해 종사할 수 있는 자격이 부여된다는 점이다. 뿐만 아니라, 고차원적인 지식과 이론을 요구하는 일 때문에 아무나 가질 수 있는 직업도 아니며, 그로 인해 그만큼 사회적 지위가 높고 권위를 가지게 된다는 것이다. 또, 직종 나름대로 윤리강령을 제정하여 사회적 책무성과 그에 따르는 고도의 자율성도 확보하고 있다는 점이 전문직 분류의 준거라고 할 수 있다.

2. 전문직으로서의 교직

1) 전문직의 특성에 조명한 교직

현대의 사회학 이론이 크게 3가지로 논의되고 있음은 주지의 사실이다. 사회를 구조적·기능적 입장에서 분석하려는 입장, 자연적 갈등현상을 기반으로 하여 사회현상을 분석하려는 입장 그리고 인간의 상호작용과 요구를 바탕으로 사회를 분석하려는 입장이 그것이다. 이 중에서 사회 현상을 상징적 상호작용 또는 사회심리학적 입장에서 분석하려는 사람들은 전문직의 개념을 구명함에 있어서도 인간관계에 바탕을 둔 특성을 주장하고 있다. 대인적인 관계를 전문직 분류의 기준으로 삼고 있는 이들은 자율성, 권위 및 위신 등을 그 주요 내용으로 삼고 있는데, 이를 좀 더 자세히 살펴보면 다음(정우현, 1995)과 같다.

(1) 자율성

전문직종에 종사하는 사람이 자신의 일을 하자 없이 수행하기 위해서는 그들에게 용인된 권한과 더불어 책임이 뒤따른다. 다시 말하면 전문직에서 요구되는 자율성은 자치성과 외부의 조정 배제 외에 책임성을 동시에 수반한다는 것이다. 자치성과 책임성을 포함하는 개념의 자율성을 설명하는 데 있어 교직이 갖는 자율성도 역시 일방적인 자치성에서 한걸음 더 나아가 능력 발휘의 책임성이 따른다고 하겠다. 그리고 이 자율성의 발휘는 언제나 대상인과의 인간관계에서 성립된다. 대상인이 전문직 종사자의 자율성을 인정하고 순응하는 한편, 전문직 종사자는 책임감을 가지고 자율적 행위를 나타내게 된다.

전문직 종사자가 대상인과의 관계에서 자율성을 발휘할 수 있다면 사실 비전문직에서도 대상인이 있다. 그러나 두 집단이 갖는 차이는 전문직의 대상인은 의뢰인(client)인 데 반해 비전문직 대상은 고객(customer)이라는 점이다.

그리고 전자의 경우에 선악의 판단 또는 처방의 최후 결정이 전문직인에게 주어지는 데 반해, 후자의 경우는 어떠한 봉사를 받을 것인가 또는 자기에게 필요한 것이 무엇인가를 고객 자신이 결정하는 데에 둔다.

교직은 이와 같은 자율성을 바탕으로 하고 있지만 교사와 학생 사이의 인간관계는 타전문직에 비할 수 없는 특수성을 가지고 있기도 하다. 바로 이러한 특수성 때문에 교직을 준전문직으로 보는 이도 있다.

한편, Washington(정우현, 1995. 재인용)은 대인관계성을 중심으로 한 교직과 타전문직의 특성 비교를 시도하고 있는데, 교직은 ① 동시에 많은 의뢰인과 상대하고 ② 의뢰인이 어린이이며 ③ 규정에 의해서 의뢰인이 할당되며 ④ 의뢰인 자신이 전문가를 바꿀 수 없는 등의 특성을 지닌다. 따라서 의뢰인들은 대상 교사들이 행하는 일의 처리에 대해서 어딘지 모르게 불만이 있게 되고, 이러한 불만은 자율성을 침해하게 된다.

교사에게 보다 많은 자율성이 부여되어야 한다는 말은 교사가 타 전문직보다 자율성 인정의 정도가 낮은 대인관계를 가졌다는 데에서 기인하기도 한다.

(2) 권위

전문직이 특정 전문성 발휘의 경우에 최종 결정권을 가지고 있고 이에 의뢰인들이 순종하게 된다는 것을 다른 말로 표현하며 권위라고 바꾸어 말할 수 있다. 사실 권위에 대해서는 여러 사람들에 의해 각각 다른 입장에서 정의가 내려지고 있는데, 그것을 종합해 보면 다음과 같다.

즉 권위란 첫째, 상급자는 하급자에게 명령을 내릴 것으로 알고 있고, 하급자는 상급자의 말에 순응하도록 하는 의무감, 둘째, 명확하게 정의된 계급 조직에서의 역할, 예컨대 부모와 자녀, 교사와 학생, 고용자와 피고용자 사이의 유대성, 셋째, 형식적 지위를 북돋워 주게 하는 요인 중의 하나라고 할 수 있다. 따라서 전문직에 있는 사람들은 그들에게 주어진 전문성을 발휘하는 데 있어서 권위가 나타나야 하고 또 권위가 보장되어야 한다. 그런데, 이 권위의 표현은 관료제에서 보는 것과 전문직에서 보는 것이 매우 다르게 나타난다. Corwin(정우현, 1995. 재인용)은 권위가 관료제에서나 전문직인 사이에서 비슷하나 그 근본적인 상황에 있어서는 서로 다름을 알 수 있다고 했다. 즉 관료제에 있어서는 관청이나 조직을 배경으로 한 권위라면, 전문직인에게 나타나는 권위는 개인이 갖는 전문성 발휘 능력으로부터 나오는 권위라고 할 수 있다. 전문직은 가능한 한 관료체제의 영향권에서 벗어날 때 보다 돋보이게 된다. 그러나 실제에 있어 전문직은 많은 경우 관료체제와 혼재하게 마련이다. 예컨대, 법관이나 검사직은 오히려 관료적 위계성이 보다 강하면서도 전문직으로 인정받고 있는 직종이기도 하다.

한편, 교직은 가장 권위가 크게 부각되어야 하면서도 관료체제의 조직 속에 있기 때문에 전문직성에 회의를 갖게 하는 직종이 되고 있다. 교직 속에서도 행정을 맡는 직은 엄밀한 의미에서 전문직이라기보다 관직에 가깝다.

(3) 위신

위신(prestige)이란 사람들로 하여금 개인 또는 집단에 주어지는 사회적이고도 문화적인 높은 가치 부여를 말한다. 다시 말하면, 타인으로부터 승인된 차별적 평가기준에 의한 사회적 영향력을 뜻한다. 그리고 위신의 가장 중요한 기능은 자기의 의사를 다른 사람에게 심어주는 지배적 상태이다. 권력과 위신의 다른 점은 위신이 다른 사람의 존경, 우러러봄 등 감정적 반응을 기반으로 하는 반면, 권력은 강제성을 띤 외적 세력에 기반을 둔다는 데 있다. 특정 직업인에게 주어지는 위신은 그 특정 직업군이 지니고 있는 존경도의 반영이라고 본다.

일반적으로 위신의 정도를 알기 위해 사회적 지위를 알아보는 수가 많다. 전문직은 비전문직에 비해 위신의 정도가 높이 나타나며, 또 같은 전문직에 있어서도 위신의 차이를 볼 수 있다.

2) 전문직으로서의 교직이 갖는 특수성

전문직의 준거를 논의할 때에 여러 학자들이 규정한 전문직의 특징을 살펴본 바 있다. 그 중에서 Myers는 13개의 기준을 제시했는데, 이 기준에 따라 교직을 보다 구체적으로 조망하여 전문직으로서의 교직이 갖는 특수성을 살펴보면 다음(D. A. Myers, 1973; 정우현, 1995. 재인용)과 같다.

(1) 과학적 지식의 활용

거의 모든 전문직들은 그들이 수행하는 주임무를 과학적 지식에 바탕을 두고 있다. 의사가 환자를 진단할 때, 경험만 가지고는 진단을 행하지 않는다. 노련한 경험도 중요하지만 그 바탕이 되는 것은 체계가 있고 과학성이 있는 이론에 근거를 둔다. 교사직도 많은 경우 과학적 지식에 바탕을 둔다. 학급을 구분하는 일, 교육과정을 편성하는 일, 학급에서 학생을 다루는 일들은 많은 경우 체계화된 이론에 바탕을 두고 시행되어 왔다. 그리고 상당히 많은 부분이 여러 학교의 과정에서 비슷한 과정과 방법을 사용하고 있는데, 그 이유가 과학적 지식 때문이라고 볼 수 있다. 그러나 근래에 들어 교사직에 있는 사람이나 교사직을 판단하는 사람들이 교직은 특수한 과학적 지식이 필요 없고, 다만 선천적 자질과 풍부한 경험에 의해 교직임무가 이루어질 수 있다고 여기고 있다. 미루어 짐작하건대, 원래 교직의 특성이 되는 과학적 지식의 활용을 무시하여 전문직화를 해롭게 하는 경향이 크다는 것을 볼 수 있다.

(2) 봉사지향적 임무

의사, 교사 및 법조인 등 전통적으로 전문직화되어 있는 직업들은 모두 사회인을 위한 봉사의 임무를 수행한다. 마찬가지로 교직도 전적으로 봉사지향적이다.

(3) 사회를 위한 기능 발휘

교직이 사회 발전을 위해 유능한 기능을 발휘하느냐에 대해서는 여러 가지 의견을 내세우게 된다. 어떤 학부모는 교육은 대학 입시에 합격할 수 있도록 지식을 넣어주는 것이라고 보기도 하고, 또 어떤 학부모는 인격의 형성에 두기도 한다. 즉 교직은 철학적 입장에 따라, 또는 사회변동의 상황에 따라 그 기능이 크게 달라질 수 있다. 예컨대 이와 같은 경우가 의사직에서는 없다. 즉 철학적 입장에 따라 환자치료의 방법이나 내용이 달라질 수 없기 때문이다.

(4) 특정 기간의 교육 정도 요구

대체로 전문직은 교육의 정도와 상관이 된다. 높은 교육연한을 가진 직종은 보다 확고한 전문직의 위치를 가지고 있다고 말할 수 있다. 예컨대 의사직은 6년이라는 긴 세월 동안에 집중적인 교육을 받고 있고, 또 법조계도 마찬가지다. 단, 법조인의 경우 사법시험(2017년 폐지 예정)과 합격자 연수를 거치거나 법학전문대학원 이수 후 변호사시험을 통과해야 한다. 이에 반해 우리나라의 교사양성 기간은 초·중등학교 교사가 각각 4년으로 되어 있는데, 중등교사 양성기간의 일부는 집중적인 교사교육이라기보다는 자기 전공에 부수적으로 교직자격을 따도록 되어 있다. 전문직 교육으로서는 커다란 문제점을 던져주고 있다. 더욱이 특정 영역은 교육에 관한 이수과목 없이도 준교사 자격을 주고 있다.

또 교사직을 위한 양성과정에 있어서도 그 내용을 분석해 보면, 실제로 전문직으로서 요구되는 내용보다는 실무에서 불필요한 내용이 제시되고 있다는 말도 있어 역시 하나의 문제점으로 부각된다.

(5) 해당 전문직의 문화수용을 위한 장기간의 소요

의사직은 완전한 자격을 갖추기 위해서는 6년간의 학교교육에다 인턴 및 레지던트 등 오랜 세월이 소요된다. 이는 법조인의 경우도 마찬가지이고, 대학교수도 비슷하다. 이에 비하면 교사직은 초·중등학교 교사는 4년의 수학과 일정시험을 거쳐 바로 2급 정교사로 임용된다. 따라서 여러 가지 전문직 중에서 교직은 특정한 문화습득에 비교적 짧은 세월을 소요하는 것으로 보이며, 그로 인해 특수문화가 크게 나타나지 않는다고 할 수 있다.

(6) 공적인 인정서

전문직을 위한 교육의 결과로 각 전문직에서는 인정서를 부여한다. 그리고 간혹 이 인정서는 졸업장과 동시에 수여되는 것도 있고 또 어떤 전문직에서는 졸업장을 받는 자에게 특별한 전형을 거쳐 새로운 인정서를 주는 경우도 있다. 교사의 경우는 졸업장과 별도로 교사자격증을 수여하고 있으나, 형식상에 있어서만 별도일 뿐, 그 내용은 동일하다. 따라서 교직은 인정서가 타전문직보다 쉽게 수여된다고 하겠다.

(7) 입법에 의한 보장

전문직이 위치가 확고하게 정립되어 있는 직종은 법적으로 그 구성원의 모든 보장이 입법화되어 있다. 법조인의 자격이나 의사의 자격 등은 단순히 대학이나 전문직 자체의 조직체에서 인정해 주는 것이 아니라, 그 인정에 대해 국가·사회적 보장을 받게 된다. 이와 같은 경우는 교직에 있어서도 마찬가지이고, 오히려 우리나라에서의 교직은 그 보장이 더욱 크다고 본다.

(8) 수입 · 권력 및 위신의 우위

그 사회에 임하는 전문직의 위치가 확고하고 또 높은 전문직으로 인정을 받을수록 그 전문직에 종사하는 사람들은 보다 많은 보수를 받게 되고, 권력을 갖게 되며, 또 사회적 위신을 세우게 된다. 그러나 수입과 권력, 수입과 위신 그리고 권력과 위신 사이에 정(正)의 상관관계가 있다는 것은 결코 아니다.

의사직은 수입이 비교적 많고 권력도 가지며 사회적 위신도 누릴 수 있다. 반면에 교직은 수입도 타전문직에 비하면 현저히 낮고 권력도 없으며 따라서 위신도 적은 것으로 알려져 있다. 이에 비해 같은 교직 중에서도 교수는 수입과 권력의 면에서는 그다지 월등하지 못하나 위신은 상당히 높다. 만일 전문직이라고 일컬어지면서도 수입도 적고 권력도 적으며 위신도 없다면, 이는 전문직으로서 재고되어야 할 사항으로 문제시된다고 하겠다.

(9) 자율성

자율성의 발휘는 전문직의 가장 중요한 특성 중의 하나가 된다. 자율성은 맡은 바 임무를 수행하는 데 있어 상부의 간섭이 적다는 것을 뜻하며, 특정 문제를 해결하는 데 있어서는 최대의 권위를 가지고 자유로이 처리할 수 있음을 뜻한다.

의사가 환자를 치료할 때 그 판단은 전적으로 그 진단한 의사에게 있다. 이 때 다른 의사들과의 관계는 수평적이다. 교사가 권위가 있다는 말도 그 문제에 관한 한 타의 추종을 불허하고, 그만큼 신빙성을 가지고 처리한다는 점을 타인으로부터 인정받고 있음을 뜻한다. 이에 비추어 볼 때 교사는 자율성을 극도로 제한받고 있다. 교사에게 자율성이 제한되고 의사결정의 자유가 없는 것은 학교교육의 조직이 너무나 굳게 제도화되어 있고, 또 관료화되어 있다는 데 기인한다.

적어도 교사들끼리의 사이에서는 자율성 발휘에 큰 영향을 끼치지 않고 있다. 그러나 그것이 행정적인 선에 적용될 때 즉 부장교사, 교감, 교장, 장학관(사), 교육장 및 교육감 등의 상사와 접촉이 이루어질 때는 각각의 상사가 자기의 의사를 하달방식으로 전달하려고 하므로 교직은 자율성을 잃고 있다. 이처럼 교사가 자율성을 박탈당하다 보니 전문직으로서의 사회적 인정도 흐리게 되고 말았는데, 그 일차적인 책임은 무엇보다도 교사 조직의 관료화와 소위 상사들의 교사에 대한 불신과 명령에 있다고 보아야 한다.

(10) 전문직 자체의 규범

전문직에 소속된 사람들은 자신들이 행하는 불문율의 규범을 갖고 있어 그에 따라 새로운 신입교원을 평가하게 된다. 이와 같은 경우는 마치 사회에서 적용되는 관행이나 인습의 효용과 비슷하다고 하겠다.

교직에 있어서도 교직자 자체가 세운 불문의 규율이 있다. 그러나 자격증을 발부하는 과정에서부터 교직 조직체의 영향력이 미약하게 작용하여 그 효과를 발휘하지 못하고 있는 실정이다.

(11) 전문직의 조직체

거의 모든 전문직은 자체 소속인의 동일성을 나타내기 위해 하나의 조직체를 가지고 있다. 그리고 이 조직체에서는 특정 전문직의 위치를 확고히 해 주고, 사회적 인정의 정도를 높이는 데 공헌한다. 때에 따라서는 전문직이 요청하는 교육 정도를 알리기 위해서 상급 교육과정에 이러이러한 과목을 넣어 달라는 압력도 가하게 되고, 이렇게 함으로써 특성 있는 전문교육을 이끌어가기도 한다. 일례로 경영대학원, 교육대학원 등 전문직과 관련된 대학원의 교육내용은 상당히 많은 부분이 조직체로부터의 압력을 반영하고 있는 것으로 안다. 이러한 뜻에서 볼 때, 우리나라의 교직과 관련된 조직체는 아직 그 점을 충분히 발휘하지 못하고 있다고 보아야 할 것이다.

(12) 전(全)생애로의 직업

전문직에 종사하는 사람들은 거의가 자기가 속한 직업을 전(全)생애의 직업으로 여기고 있다. 이러한 경우는 고도의 전문직화가 이루어질수록 더욱 그러하다. 왜냐하면 특정 전문직의 일원이 되려면 적어도 18~20년의 세월을 교육으로 보냈고, 반생이 넘어 그 직에 들어오게 되기 때문이다.

교직의 경우는 전문직 중 가장 이직율이 심한 직종이라고 할 수 있다. 그것은 양성과정에서 특성이 나타나지 않는 내용을 교습시키고 있고, 전문직으로서의 보장을 확신시키지 못하고 있으며, 또 자격증을 부여할 때 지정된 교과의 학점취득만을 요건으로 삼고 있는 데에 기인한다고 하겠다.

전문직을 자기의 전생애에 걸친 직업으로 여기게 하기 위해서는 소명의식의 부여가 중요한데, 교직에 있어서는 그가 수행하는 일의 성질상 소명의식이 크게 부각된다고 하겠으나, 교사들이 일단 소명의식을 가졌다고 해도 이를 지속시켜 줄 만한 계속적인 사회보장이 뒤따르지 못하고 있어서 이 소명의식은 오래 지속되지 못하는 실정이다.

(13) 면허제

면허제는 특정 작업을 수행하는 데 있어서 이를 성공적으로 이끌 수 있다는 인정을 말한다. 그러나 실제적으로 전문직에서의 면허란 여러 지원자 중에 골라잡는다는 뜻이 내포되어 있다. 이 면허는 증명과 비슷한 내용이지만, 둘 사이에 다른 점이 있다면 면허는 경찰의 힘이 동원될 수 있고, 증명은 교육의 권위와 관여된다는 것이다.

3. 교사의 전문성 제고

1) 교원과 연구활동

연구는 교사의 영양이라는 말이 있다. 이는 연구하지 않는 교사에게서 질 높은 교육활동을 기대하기는 어렵다는 의미로 받아들일 수 있다. 더러는 교육활동에 관한 연구는 교육을 이론적으로 연구하는 학자들의 전유물인 것처럼 생각하고, 교사는 일선 교육현장에서 가르치는 일만 해야 하는 것처럼 말하지만 이는 올바르지 못한 주장이다. 일선 교사와 연구활동이 불가분의 관계에 있다는 것은 다음과 같은 몇 가지 점에서 그 설득력을 갖는다.

첫째, 전문직과 연구활동은 동전의 양면과 같다. 교직에는 고도의 지적 능력을 필요로 하며 교직수행을 위해 계속적으로 연구해야 한다. 만일 교직에서 '연구'를 배제한다면 교직은 '전문직'의 분류에 해당되지 않을 것이다. 성장하는 청소년을 지도하기 위해 교원들이 부딪치는 문제는 너무나 많다. 이러한 문제들을 상식적인 방법으로 해결한다면 교직은 누구나 할 수 있는 직업으로 되고 말 것이다. 온정과 확고한 신념으로 지도에 임하되 부딪치는 제반 문제를 과학적 방법으로 해결할 수 있는 지적 능력과 태도가 요구된다(김종철 외 6, 1992; 배장오, 1996). 특히 급변하는 사회에서 자라고 있는 오늘날 청소년의 올바른 교육을 위해서는 교사의 연구가 뒷받침되어야 한다.

둘째, 급속히 팽창하는 지식과 정보사회에 대처하기 위해서는 직전교육은 전문인으로서의 입문이며 전문성 제고를 위해서도 계속 노력해야 한다. 학교교육이라는 공간 및 시간적 한계성은 급속히 발달하는 지식과 기술을 제공하는 데 불충분하다. 4년간의 직전교육으로도 계속적으로 증가되는 지식이나 정보에 충분히 대처할 수 있으며, 교원자격이 잘 갖추어질 수 있다는 가정 자체가 잘못이다. 따라서 교원의 연구활동은 직전교육과 현직교육을 연속적인 과정으로 보아야 할 것이다.

현직에서의 부단한 연구활동은 방대한 지식, 정보 그리고 기술 중에서 전이가가 높은 것을 자기 경신의 내용으로 취사선택하는 노력으로 영글게 될 것이다. 더욱이 오늘날의 지식·정보에는 사실적인 지식과 원리적인 지식이 있다. 전자는 전이가가 낮을 뿐 아니라 1년에 약 반 정도가 쓸모없는 지식으로 된다. 따라서 학교교육에서는 전이가가 높은 기본 원리적인 지식을 강조하며 지도해야 하는데, 이러한 일은 교사의 꾸준한 연구결과에 의해서만 이루어질 수 있다.

셋째, 학자들의 흥미와 교육실천가들의 흥미가 각각 다르기 때문에 교원의 연구가 중요시된다. 학자들의 연구태도는 극단적인 경우는 가치 배제적이다. '무엇 때문에', '무엇을 위해서'와 같은 현실적인 필요는 아랑곳없이 '연구하는 자체가 재미있으므로' 연구를 추진하는 경우가 있다. 즉, '연구를 위한 연구'를 연구자들의 지상 가치로 삼으려는 경향마저 있다. 그러나 교육실천가들의 흥미와 관심은 다르다. 그들의 관심은 자기가 담당하고 있는 학생들의 올바른 성장 발달에 집중되고 있다. 즉, 교육을 실천하는 과정에서 부딪치는 현실적인 문제를 해결코자 하는 의욕에 차 있다.

따라서 교육실천가들에게 심각한 문제로 부각되는 것도 학자들에게는 학문적 관심이나 고려의 대상조차 안 되는 수가 있다. 반면에 학자들의 지적 호기심을 강하게 자극하는 문제도 교육실천가들의 눈에는 관념의 유희로 비치는 수가 있다. 즉, 학자들은 그들의 연구가 다른 학자들에게 어떻게 평가되느냐 하는 데 보다 많은 관심이 있기 때문에 많은 경우 학자들과 교육실천가 간의 대화가 통하지 않는 수가 있다. 이 점에 대해 Borg의 주장을 빌린 김재은(1981)은 "교육에 있어서의 문제들은 교육연구가와 일선 교사 간의 의사소통의 결핍에 기인한다. 그리고 이 의사소통의 결핍은 일부는 연구자의 책임이다. 왜냐하면 그들은 그들이 찾아낸 것을 다른 연구 전문가들의 소비에 알맞도록 꾸미는 데 있기 때문이다. 또한 부분적으로는 교사들이 그들 자신의 학교에 연구결과를 어떻게 이해하고 반영할 것인지에 대한 교육을 못 받았기 때문이다"라고 말하고 있다.

이와 같이 학자들은 지적 호기심에 관심이 쏠리고 교육실천가들은 실천 개선에 흥미가 있으므로 경우에 따라서는 양자 간 합의를 찾지 못하는 경우가 있다. 설령, 흥미의 방향이 일치한다고 해도 학자들이 내놓은 연구보고서는 난해하여 일선 교육자가 이해하기 어려우며, 특히 연구에 있어 통계적 처리방법이 비전문가인 교사들에게 쉽게 이해될 리 없다. 따라서 학자들의 연구에 기대할 것이 아니라 실천 개선이라는 범위 안에서 일선 교사들이 직접적으로 연구를 추진할 필요가 있다.

넷째, 교사는 인간을 대상으로 하는 전문직 종사자이다. 그렇기 때문에 교사는 전인적 인격형성을 교육의 최대목표로 삼아야 하고 이를 위해서는 연구활동이 필수요건이다. 인간을 대상으로 하는 데는 인간관계의 기교가 필요하다. 교사가 별 생각 없이 던지는 한 마디의 말이 어떤 학생에게는 일생을 좌우할 만큼 큰 의미를 가질 수도 있다. 교사에게 말을 골라서 하라는 격언도 이러한 일들을 염두에 두고 하는 말이다.

전문직으로서의 임무를 다하는 교사는 인간을 다루는 특출한 기교를 끊임없이 터득하고 이를 실천에 옮겨야 할 것이다.

H. G. Ginott(1990)는 새로운 학생과 교사의 인간관계에 대한 기교를 풀이해서 말하기를 "말보다는 감정이, 일방적인 지시보다는 상호 소통이, 심층적 분석보다는 현상적이고 상황에 대한 솔직한 표현이 교사가 필요로 하는 바람직한 기교이다"라고 지적하고 있다. 그리고 이러한 기준에 따라 학교에서 교사와 학생 사이에 일어나는 실제적 예화를 중심으로 한 설명을 하고 있다. 그리고 마지막으로 "셈하고 읽고 쓰기는 인간다울 때만이 유용하다"라고 단언하고 있다(정우현, 1993). 전문직으로서의 교사에게 요구하는 기교는 "인간다운 인간"을 만드는 데 있고, 이와 같이 인간다운 인간을 만드는 데에는 의사소통의 기교가 크게 요구된다는 것이다.

2) 평생교육

지식과 정보의 폭발적인 팽창에 따라 교사가 그 전문성을 확보하기 위해서는 평생토록 배우며 가르친다는 평생교육의 개념과 자세를 교직 사회에 도입함이 옳다. 익히 알듯이 평생교육은 요람에서 무덤까지 이르는 모든 교육(형식, 비형식)의 종적·횡적 연계성과 통합성을 뜻하기 때문에 가정교육, 학교교육, 사회교육의 측면과 유아교육, 청소년교육, 성인교육, 노인교육의 측면을 모두 포함한다. 바로 이러한 평생교육의 개념을 교직에 도입하자는 것이다. 그렇게 될 때 교직사회는 전문직으로서의 확실한 자리 매김을 하게 될 것이 자명하다. 교직사회의 평생교육 개념 도입과 그로 인한 전문직으로 발돋움하기 위해서는 다음과 같은 사항들이 고려되어야 한다.

첫째, 현대사회에서 보는 교사의 전문직적 활동영역의 범위는 증가되고 있다. 따라서 교사는 급증되는 활동영역 속에서 전문직적 역할을 수행하도록 자기 조정을 해야 하는데, 그러기 위해서는 항상 배우는 자세를 견지해야 한다.

옛날에는 교사의 임무가 대단히 광범위했다고 인식되고 있다. 그러나 이를 자세히 살펴보면 당시 교사의 임무는 그 역할의 한계성이 모호하여 오히려 부분적인 일만을 수행했다고 볼 수 있다. 반대로 현대의 교사는 전문직이어야 한다고 말하고 있다. 얼핏 보기에는 가르치는 과목에 있어 자기 전공에 대한 세분화된 과목만을 지칭하는 것과 같아서 마치 임무가 줄어든 것으로 보이는 수가 많다. 그러나 실제에 있어서는 근대 분업화된 사회에서는 교육에 대한 요청이 보다 많아지고 교사의 교육에 대한 책임성 역시 커지고 있다는 것을 알아야 한다.

근대 교육의 이러한 모든 상황을 교육철학자 Whitehead(1929)는 "다양성 속에서의 획일성"이라고 말하고 있다. 즉, 현대사회에서 바라는 전문성이란 인간이 관여하는 능력의 한계 때문에 특정 기술의 공헌을 바라는 것이지 결코 참여자들의 주체 목적에 대한 무관심 또는 부분적인 참여만을 뜻하는 것은 아니다.

교사의 임무는 인간으로 하여금 참다운 삶을 누리도록 도와주는 데 있다. 그런데 주체에 대해서는 무관심하면서 부분적인 공헌만을 하면 된다는 것은 결국 교사 자신이 인간이 아니라 기계적 노예가 된다는 것을 뜻한다. 만일 교사가 과외지도를 하는 데 있어 인간 발달에 도움을 준다는 이념 없이 상부에서 시키니까 한다는 태도라면 학생들을 위해서도 과외활동을 하지 않는 것이 오히려 득이 된다고 본다.

흔히 사회에서는 실력 있는 교사를 갖는 방법에 대해 열을 올리는 수가 있다. 이런 생각은 그 교사를 기계적으로 사용하려는 속셈이 있어서이다. 진정 전문직적 교사를 바란다면 소신과 철학이 없는 지식적 우등 교사보다는 소신과 철학이 뚜렷한 지식적 열등 교사가 훨씬 가치 있다고 본다.

둘째, 현대사회에서 교사의 기능은 매우 복잡해지고 있다. 복잡해지는 기능 수행을 위해서도 평생교육을 위한 노력은 필수적이다. 산업사회의 특징으로서 모든 사회가 전문화됨에 따라 각 전문직이 관여하는 기능은 세분화되고 또 많은 내용을 연쇄적으로 받아들이게 되었다. 그러나 한편 이러한 기능을 충족시키기 위한 전문직적 역할은 점점 그 범위가 좁아지고 급기야는 기능 속에서 전문직적 역할이 감추어지고 기능만이 남게 된다.

실제로 교육은 사회적 기능의 하나이고 그러한 기능은 사회의 역동적 힘과 구조로부터 생성된다. 따라서 교사는 그의 능력이 미치는 한에서 한정된 기능을 갖게 된다. 근래에 많이 거론되고 있는 교사의 역할도 사실은 이 기능과 같은 뜻으로 보아야 할 것이다. 그러나 우리가 여기서 생각해야 할 점은 이 기능은 이론으로서 추출된 하나의 사실이지 사회적 생활 자체는 아니라는 것이다. 즉, 기능은 다양하고 융통성을 내포한다. 바로 이것이 교사로 하여금 맡겨진 기능뿐만 아니라 또 다른 사회 생활적인 요구가 나타나게 된다는 것을 말해 준다.

교사가 할 일은 일정한 서식 또는 구두로 규정지어지는 내용 외에 재정의된 새로운 여건들을 받아들이지 않으면 안 된다. 그러기에 교사의 기능이란 어느 곳에 가나 비슷한 양상을 띠게 된다. 그러나 그 기능을 수행하는 역할은 현존하는 역할 구조에 따라 각각 다르게 나타난다는 것이다. 즉, 역할은 사회인이 보는 기대와 관련을 맺게 된다. 이는 같은 기능을 발휘하면서도 교사의 역할은 개인마다 각기 다르다는 말이 된다. 현재 학교가 수행해야 할 기능은 거의 고정화 되어 있다. 이 기능을 발휘하는 교사는 각기 다른 역할을 파지하면서 새로 첨가하게 된다.

현대의 학교는 젊은 교사가 새로 들어오고, 여교사의 수가 증가일로에 있다. 이로 말미암아 기능의 변화는 없을지언정 이를 수행할 교사의 역할은 다양하게 나타난다. 따라서 교사양성과정에 있어서도 교사 역할의 문제는 크게 다루어지지 않으면 안 된다고 본다. 특히 오늘날 여교사의 수가 증가일로에 있다는 것은 교사직에 대한 사회적 인식이나 교육체제의 유지를 위해서도 문제점이 있음을 인식해야 한다.

여교사들도 남교사와 같이 한 명의 인간임에 틀림없다. 그러나 전문직적 구성원으로서 남자 교사와는 여러모로 다르다. 그들이 수행하는 기능은 같다고 할 수 있지만 그들의 역할은 다르다는 의미이다. 확실히 여교사와 남교사는 학생 사회나 학부모 또는 교육행정가에게나 구분되어 반영된다. 여교사의 수적 비율이 증가된다는 사회적 추세를 감안할 때 교원양성과정에서나 교육적 제도 면에서 어떤 방안으로든지 여교사 문제해결을 위한 변화가 모색되어야 할 것이다.

우리나라의 교육적 체제에서는 교사가 지향해야 할 전문직적 기능과 역할이 정립되지 못했었다. 이러한 기능과 역할의 정립을 이룩하는 일은 모든 사회인과 협동적 관심 속에서 이루어져야 할 것이고 특히 교사 자신의 부단한 자기역할 정립 연구가 요청되고 있다.

셋째, 교육의 대상인 청소년의 이해는 교육활동의 선행조건이다. 사회의 급격한 변화에 발맞추기라도 하듯 오늘날의 청소년 문화는 점점 이해하기 어려운 모습으로 변하고 있고, 이에 대한 이해를 위해서 평생교육의 자세를 견지해야 한다.

오늘날의 청소년은 지금의 성인이 자라던 시대의 생태환경과 똑같은 환경에서 살고 있지 않다. 따라서 성인들이 청소년 시절에 경험한 내용, 인생관, 사회관, 세계관으로 오늘의 청소년을 이해하고 지도한다면, 양자 간에는 갈등이 생기게 마련이다. 즉 공간적으로 병존하는 것을 시간적인 전후 관계(연소자와 성인)로 파악하지 말고 상대적인 가치를 존중할 때 비로소 교육의 효과를 올릴 수 있다. 종래의 청소년 이해는 주로 발달심리학적인 측면이었으나 앞으로의 청소년 이해를 위해서는 심리학적 측면, 문화적 측면(청소년 문화를 중심으로), 역사적 측면(청소년 가치관 및 역할의 변천) 등에서 다양하게 다루어져야 하며, 특히 교사는 기성세대와 청소년 간의 생활양식과 가치관의 격차에 관심을 기울여야 할 것이다.

유능한 교사는 청소년들의 심리를 제대로 파악할 줄 알아야 하며, 그들의 욕구·관심·흥미가 어느 방향으로 흐르고 있고, 그들의 능력 수준이 어느 정도인지를 정확하게 파악할 줄 알아야 한다. 유능한 교사는 교과지도나 생활지도의 방법과 기술에도 조예가 깊어야 하며, 급변하는 사회에 발맞추어 지금의 교육을 보다 실제적으로 개선하고 개혁하는 선봉자가 되어야 한다.

제3장 교사의 역할과 자질

1. 교사의 역할

1) 교사에 대한 역할 기대

학교의 교육활동은 교사에 의해 이루어진다. 그러므로 교육활동에 있어 교사의 중요성은 아무리 강조해도 지나치지 않다. 아무리 좋은 교육내용과 방법을 동원하고 양질의 교수매체가 확보되어 있더라도 정작 이를 학생에게 적용·지도하는 교사가 제대로 하지 못하면 소기의 성과거양을 기대하기 어렵게 된다. 그래서 교육활동에서의 교사변인이 늘 강조되는 것이다.

교육활동의 질 제고에 절대적인 영향을 미치는 교사가 할 일은 무엇인가, 훌륭한 교사는 어떤 사람인가 등의 교사 역할에 관한 문제는 교육을 담당하고 있는 교사뿐만 아니라 교사와 직·간접적으로 관련한 모든 사람들의 관심사이다. 역할이란 사회의 어떤 지위에 있는 사람에게 사회구성원으로부터 공통적으로 기대되는 행동유형을 말하는 것(중앙교육연구소, 1961)으로 그 속에는 ① 신분적 지위 ② 지위에 관련된 행동의 ③ 기대되는 직업적 활동의 세 가지 요소를 포함하게 된다.

역할 개념 속에 포함하는 세 가지 요소를 교사집단에 적용해 보면 교사는 일반사회에서 특정 신분을 가지는 한편, 그 신분에 따른 임무와 관련해서 또 다른 몇 개의 사회적 관계를 갖는다(남억우 외 3, 1989). 예컨대, 초·중·고등학교 교사의 신분은 담임교사로서 훈육자로서, 지역사회의 일꾼으로서 학생의 지도교사로서 또는 평가자로서 인식된다. R. Linton(1970)은 이러한 다양한 역할을 역할군(role set)이라고 말했다.

한 사람이 교사라는 신분을 갖게 되면 지역사회의 주민이나 동료교사나 교육행정가 그리고 학생들은 교사에게 신분에 합당한 직무를 어떻게 수행할 것이라는 기대를 자기 나름대로 가지게 된다. 또한 교사 자신도 자기가 수행해야 할 역할의 내용을 직·간접적으로 터득하고 이를 나름대로 행동에 옮기게 된다. 즉 교사는 외부에서의 기대와 자기 나름의 주관을 종합해 역할을 수행하게 된다.

역할과 관련하여 요구되는 역할 기대(role expectation)는 교사에 대해 사회에서 '교사라는 지위에 있는 사람은 이러이러한 일을 할 것이다'라는 기대를 갖는 것을 의미한다. 이때 어떤 기대는 고정화되고 규범화된 사회적인 것도 있을 것이고 또 어떤 기대는 막연하게 기대자의 입장에 따라 달라지는 개인적인 것도 있을 수 있다. 예컨대 '교사는 학교에서 학생들을 가르치는 사람이다'라는 말은 규범화된 사회적인 기대이고 '교사는 우리 아이를 상급학교에 진학시키기 위해 존재하는 사람이다'라는 말은 막연한 개인적 기대이다.

또 역할 기대는 ① 공식적이고 임무수행에 중점을 두는 것과 ② 역할 수행자의 몸가짐·사상·참여도 등에 중점을 두는 것이 있다.

뿐만 아니라 교사의 역할을 ① 전문직의 입장에서 보는 경우 ② 교사의 역할을 성직의 입장에서 보는 경우 ③ 교사의 역할을 노동자 또는 단순한 직업인으로 보는 경우도 있다. 교사의 역할을 말할 때 어떤 사람은 이 세 가지 경우를 공통으로 다루는 때도 있고 또 어떤 때는 성직만을, 또 어떤 때는 전문직만을 따로 구분하는 경우가 있다.

2) 교사의 일반적 역할

김종철 외 5인(1995)에 의하면, 교사가 주어진 지위에 따라 수행하는 역할은 대체로 두 가지로 구분할 수 있다. 그 하나는 학교에서의 공식적인 교육과 관련된 역할이고, 다른 하나는 인간 됨됨이에 관한 역할이다. 전자를 형식적 역할(formal role)이라고 하고 후자를 비형식적 역할(informal role)이라고 하는데, 이를 좀 더 자세히 살펴보면 다음과 같다.

첫째, 형식적 역할은 가르치는 사람, 학생의 사회화를 돕는 사람 그리고 교육의 수준과 능력의 가능성을 판단하고 평가해 주는 사람으로의 역할이다.

가르치는 사람으로서의 역할은 학생들의 능력과 필요성을 참작하여 이에 맞는 내용을 가르치는 데 대한 모든 준비를 시켜주는 것에 중점을 두게 된다. 교사가 학교에 부임하면 맡은 과목을 얼마나 성의 있게 잘 가르치는가에 많은 신경을 쓰게 되는 것도 이 기능을 중요하게 여기기 때문이다. 그러므로 교사는 무엇보다 먼저 무엇을 어떻게 가르쳐야 하는가를 올바르게 이해해야 한다. 이때 어떤 교사는 직접적인 학습방법을 사용하기도 하고 또 어떤 교사는 간접적인 학습방법을 사용하기도 한다.

학생의 사회화를 돕는 사람으로서의 역할은 근대사회에서 보다 크게 부각된 것으로서 학생들이 사회의 생활방식에 참여하도록 준비시키는 기능을 발휘해야 한다. 사실 이와 같은 역할은 실제로 교사가 담당해야 하는 역할이며 또 학부모들도 교사들에게 이러한 역할을 강하게 요구하고 있다. 그러나 이와 같은 기대는 교사에게 있어서 커다란 부담이 될 뿐만 아니라, 교사의 전문직적 기능을 흐리게 하는 요인이 되기도 한다. 앞에서 언급했지만, 사회화의 과정은 교사들이 합심하여 수행할 공동적 임무이기도 하다. 그런데 사회에서는 그들이 동등하게 나누어 짊어져야 할 사회화의 역할을 회피한 채 교사에게만 그 책임을 전가하기 때문에 교사는 오히려 사회화에 대한 역할을 도외시하는 경향을 나타내고 있다.

교사들은 '우리의 역할은 가르치는 데에만 있다. 가르치는 것만 해도 힘이 들어 죽을 지경인데 우리에게 무엇을 더 바라느냐'고 푸념을 늘어놓는다. 그러나 이러한 푸념은 교사 자신이 성심성의껏 사회화를 위해 노력해도 소기의 목적을 달성하지 못하기 때문에 내뱉는 말에 불과해야 할 것이다. 아무리 그 사회가 책임을 회피한다고 해도 교사의 역할이 학생의 사회화를 돕는 데 있다는 것을 잊어서는 안 될 것이다.

교육의 수준과 능력의 가능성을 판단하고 평가해 주는 사람으로서의 역할은 아이들이 장래에 갖게 될 사회적이고도 직업적 역할을 지적 능력에 기준하여 판가름해 주는 역할을 한다는 것이다. 여기에는 두 가지의 기능이 포함된다. 하나는 선별의 기능이요, 또 하나는 성취평가의 기능이다. 이 두 기능은 교사에게 주어진 학교조직체 내에서의 특권이기도 하다.

선별의 기능이란 교사가 맡은 학생을 판단하여 다각화된 산업사회의 특정 분야로 구분해 주는 일이다. 가령 학급의 학생들 중에서 A와 B는 문학적 소질이 있으니 문과계로 가고, C와 D는 수학에 소질이 있으니 이학계로 가며, E와 F는 공학계로 가라든지 하는 기능이다. 한편, 성취평가의 기능이란 학교사회에서 위임해 준 권한 내에서 학생의 능력을 바탕으로 차상급 과정으로 끌어올리기도 하고 머물게도 하며 낙오시키기도 하는 기능이다.

사회에서는 이러한 교사의 기능을 대체적으로 수긍하고 교사의 판단에 따르게 된다. 여기서 교사는 주어진 막중한 권한에 대한 책임성을 인식하지 않으면 안 된다. 교사의 평가기준이 잘못되어 한 학생이 희생을 당하였다면 교사는 후회와 가책만으로 그 순간을 모면할 수는 있으나 희생된 학생은 그 인생 전체를 망치게 되는 셈이다.

둘째, 비형식적 역할은 성품적 유형을 말하는 것으로서 정우현(1975)은 9가지로 설명하고 있다.

- 탐정형: 학생의 집안에 문제점이 있는 사람이 누구인지를 알아내어 이러한 정보를 동료에게 알린다. 학생이나 교직원의 숨긴 이야기를 알고 있고 이를 폭로시킬 준비가 되어 있다.
- 중매쟁이 형: 사람들이 서로 알기를 바라며, 꼭 사귀어야 할 사람을 안다. 또 교외에서 일어난 연애 사건 등을 안다.
- 자아지지자 형: 상대자가 얼마나 훌륭한 일을 하고 있는지 말해주며, 그가 하고 있는 일이 훌륭하다는 것을 타인들이 알고 있을지라도 말해준다.

- 중재자 형: 언쟁 속에서 뛰어 들어와 타협을 시켜주고 사건을 무마시키기 위한 노력을 한다. 가끔 개인문제가 일어날 때에 자기에게 조언을 받으러 오기를 기대한다.
- 견습의학도 형: 얼굴색이 좋지 않다고 걱정해주며 어떤 영양제를 섭취하는 것이 좋다든지 의사를 찾아가 보라고 일러준다. 필요하다면 간단한 치료약 등을 공급해 주기도 한다.
- 불평가 형: 모든 사람과 모든 일에 대해 끊임없이 불평을 한다. 왜 그가 첫째나 둘째의 지위에 놓여 있지 못하고 그 자리에 있는가 하는 의심을 가지게 된다.
- 친구 형: 상대방의 기분을 진정시키도록 도와주어 희망을 가지도록 돕는다. 상대방이 직면하고 있는 문제는 그 뿐만 아니라 모든 교사에게도 있는 일반적인 문제라고 말해 준다. 신중하게 말하고 다시 되풀이하지 않는다. 긴장감을 해소시켜 준다.
- 로미오 형: 쓸데없이 남을 희롱하고 이성에게 늘 장난을 건다. 그는 계속해서 무엇인지 일을 만들려고 한다. 모든 사람이 그에게 매혹되어 있다고 생각한다.
- 밀고자 형: 모든 일에 이유를 붙인다. 복음주의는 아주 속히 전파시킨다. 자기 문제에 남이 관여해 주기를 바란다. 새로운 사명감을 가시고 매일 아침에 일어난다.

3) 학교사회에서의 교사의 역할

학교사회 내에서 교사가 수행하는 역할 중에서 가장 주된 역할은 가르치는 일이다. 정우현은 교사의 주된 역할을 충실히 수행하기 위해 가르치는 내용에 대해서 '무엇을', '어떻게' 해야 할 것인지를 잘 알고 있어야 한다(김종철 외 5, 1995)라고 지적하면서 이에 대해 다음과 같이 논의하고 있다.

영국의 학교에서는 가르치는 내용을 상세하게 규정하고 있지 않기 때문에 교사들은 학습계획의 수립이나 가르치는 방법에 있어 비교적 많은 자율성을 발휘할 수 있다. 또한 미국에서도 교과내용의 채택 권한이 각 지방 교육장에 부여되어 지역사회에 알맞은 교과내용을 도입할 수 있고, 교사에게 어느 정도의 융통성이 주어진다. 다시 말하면 구미 선진국의 교사는 가르칠 내용의 채택이나 그 방법에 있어서 개인적 의견을 많이 반영할 수 있도록 되어 있다. 따라서 교사의 역할도 비교적 다양하게 나타난다. 반면, 우리나라의 경우 교육이념의 신장에 있어서는 이와 같은 자유가 보장되어 있으나, 실제에 있어서는 교과서의 획일적인 채택, 외부에서 바라는 교육방법에의 압력으로 인해 교사는 알게 모르게 상당한 규제를 받고 있다.

그러나 학교 내에서 수행하는 교사의 역할은 근본 원리에 있어 범세계적인 공통점을 가진다. 그 공통 역할은 교사의 방법적 역할과 규범적 역할로 대별할 수 있다. 방법적 역할은 가르치는 일, 사회화시키는 일 그리고 평가하는 일을 가리키며, 규범적 역할은 학생들을 인도하고 통제하며 또 배울 수 있는 환경을 만들어 주는 일이다. 이들 두 가지 역할은 때때로 독립적으로 작용하기도 하고, 때로는 연관지어 작용하기도 한다.

예컨대, 어느 교사가 한 단원을 준비하여 교실로 들어섰을 때 학생들이 떠들면 조용히 하라거나 자세를 올바르게 하라고 하며, 이에 부가해서 훈육적인 여러 가지 말을 하기도 한다. 사실 이러한 행위는 한 단원을 전수하는데 있어 직접 필요한 것은 아니다. 그러나 교사는 교육적 임무를 띠고 있기에 이러한 규범적 역할을 방법적 역할과 병행해서 수행하게 된다. 어떤 교사는 방법적 역할이 규범적 역할보다 중요하다고 생각하여 학생들의 몸가짐이나 마음가짐에 대해서는 개의치 않고 자기수업만 충실히 마치고 나오기도 하며 또 어떤 교사는 이를 반반씩 조화롭게 배합시키기도 한다. 이 세 가지 경우는 모두 교사에게 맡겨진 역할의 일부이기 때문에 그 우열을 가릴 수는 없다. 다만 학생이나 지역사회인 또는 학교행정가들이 어떤 쪽의 역할 수행을 크게 기대하느냐에 따라 그 평가의 기준이 달라질 수 있다.

현대사회는 그 구조가 더욱 복잡해지고 각 직업들은 전문화의 특성을 띠고 있다. 따라서 교사직도 하나의 특성 있는 전문직적 내용을 교사의 역할로 제시하여 사회에 부각시켜야 한다. 그러기에 교사의 규범적 자질만으로 또는 방법적 역할만으로는 전문직적 요건이 성립되지 못한다. 교사는 단순한 기능인이 아니기 때문이다. 따라서 규범과 방법의 조화는 전문직적 교사의 역할 중에서 가장 주요한 임무가 된다. 그리고 이와 같은 조화는 교사의 자질에 따라 다양하게 나타날 것이다. 다양한 교사의 역할은 다음 두 가지의 상황이 고려되어져야 한다.

첫째, 학교에 있어서 교사의 지도자적 행위는 집단의 성질과 그가 맡은 일 자체와의 관계 속에서 반영된다. 교사는 교사로서의 권위를 유지하면서 인격적으로 학생집단의 문제에 대한 개입 여부와 그러한 상호작용 속에서 양자 간의 사회적 거리감을 좁히는 문제에 유의해야 한다. 소위 제도적인 지도성과 개인적인 지도성 간의 교사의 역할이 요구된다.

둘째, 교사의 지도성 유형은 일반화된 것이 없다. 따라서 유능한 교사가 되려면 자기 나름의 행동 유형이 정립되어야 하겠고, 이 행동 유형은 최대한의 융통성을 가져야 한다. W. Waller(1969)는 유능한 교사를 '자기 자신을 마치 고무줄처럼 늘였다 줄였다 할 수 있는 사람'에 비유하고 있다. 오직 개별 교사들이 자기 나름대로 교사로서의 자신의 역할을 정립할 따름이다. 다만 주의해야 할 것은 교사들이 편견이나 독선에 빠져 편협한 사람이 되어서는 안 된다는 점이다.

4) 학급 내에서의 교사의 역할

교사의 역할은 학교라는 사회에서 뿐만 아니라 학급이라는 실질적인 교육의 장에서도 큰 역할을 하게 된다. 사회가 교사에게 기대하는 역할이 교육력 제고이며, 교육력 제고를 위해서는 교사의 학급조직 내 역할이 크게 부각된다는 점 그리고 교사가 교육활동의 역할을 수행하는 데 가장 기본적이고 가장 핵심적인 단위가 학급이라는 점이 이를 잘 뒷받침하고 있다.

학급에서의 교사의 역할은 개인적인 교육관에 따라 여러 가지로 구분할 수 있다. 어떤 교사는 권위로서 학생을 다스리려고 하고, 어떤 교사는 훈화에 중점을 두기도 하며, 또 어떤 교사는 평점을 매기는 데 온 정력을 쏟기도 한다. 이와 같은 역할수행은 학급에서 비공식적인 말이나 행동으로 자주 나타나게 된다. 권위를 보이려는 교사는 몸가짐이 근엄하고 학생을 위압함으로써 그들을 통제시키기도 한다. 사회화의 과정을 중시하는 교사는 몸가짐도 비교적 자유롭고 가끔 사회문제를 특정 과목에 언급하기도 한다. 평가에 관심을 두는 교사는 시험의 중요함을 학생에게 알리며, 얼마나 엄하게 성적을 매겼는가에 대해 수시로 학생에게 알려준다. 이러한 교사의 역할 특성을 K. W. Prichard는 네 가지로 크게 구분하고, 이를 각각 다음과 같이 설명하고 있다(정우현 역, 1976. 재인용).

(1) 형식화된 지식 전달만을 강요하는 교사

이 유형의 교사는 '학생이란 배우는 자이고 배우러 학교에 왔다'라고 믿기 때문에 학생을 아주 엄하게 다룬다. 교사는 지식에 있어 학생을 능가하고 있다고 믿고 있어서 자부심 또한 크다. 이들이 자부심을 크게 느낄 때는 자기가 가르친 학생들이 다른 교사가 가르친 학생보다 대학에 입학한 수가 많거나 학력경시대회에서 입상한 경우이다. 따라서 이들은 그 경시대회의 트로피나 상장, 대학 입학자의 비교 그래프 등을 소중히 여긴다. 또한 이들은 맡은 과목을 가르치는 데 있어서도 지식을 전달하는 데 온 힘을 기울이므로 잡담이란 있을 수 없다. 그리고 시간에 대해서도 정확하다. 그들에게서 학생이 지각한다는 것은 권위에 대한 도전일 뿐만 아니라 학습의욕이 없는 나태한 학생임을 뜻한다. 이들이 드는 매는 권위의 상징이고 나아가서는 교육을 올바르게 보는 교사의 필연적 소유물이다. 이러한 역할을 파지하고 있는 교사는 대부분 자기 실력의 향상과 교육열에 대해 무한한 자부심과 열성을 가지고 있다. 이들이 제일 싫어하는 사람은 교사의 권위를 빙자하고 내용은 없으면서 매와 위신만을 내세우는 자이다. 따라서 이런 유형에 있는 사람은 질적으로 아주 우수하거나 또는 아주 엉터리라고 볼 수 있다.

(2) 사회화를 중재하는 데 있다고 보는 교사

이들 교사는 형식화된 지식의 전수를 배격하고 학생들의 삶에 대한 환경 마련에 도움을 주어야 한다고 본다. 그들의 옷차림은 가끔 정장을 기피한다. 또 그들은 수시로 책상 위에 올라 앉아 가르치기도 하고 정규 과제에서 벗어난 주제를 통해 인생의 복잡한 경험을 이야기해 주기도 한다. 그는 이러한 과정을 통해서 학생이 자기 나름대로의 생을 창조해 나가기를 바란다. 때때로 그들이 가르치는 과목에 대해 요약하여 넘기는 수가 많아서 학생들에게 당혹감을 주기도 한다. 이때 그런 교사는 수업을 위해 즉각적으로 필요한 공부는 집에 가서 복습과 예습으로 충당하라고 말하기도 한다.

또한 그들은 교육이란 생생한 삶의 경험을 직접 학생과 소통함으로써 이루어 질 수 있다고 믿기 때문에 교사는 이를 가장 큰 역할로 인식해야 한다고 본다. 학생을 자주 직원실이나 기타 장소로 불러 삶의 문제에 대해 곧잘 얘기한다. 그래서 그들은 항상 바쁘다. 학생의 과외활동도 적극 권장하며 이에 자신도 참여한다. 그래서 그는 항상 남들로부터 학업에 가망이 없다고 버림받은 아이나 또 성취의 가능성이 보이지만 방향을 잡지 못하고 있는 학생을 발견, 이들을 도움으로써 교사로서의 보람을 느낀다. 그러므로 이들은 친한 학생이 비교적 많고 이로 인해 타교사의 질시를 받는 때가 많다. 이 유형에 속하는 교사는 아주 총명한 사람이거나 아니면 좀 부족하다.

(3) 학생들이 창의적이고 혁신적인 행동을 터득하게끔 해 주는 데 있다고 보는 교사

이들 교사는 극도로 자유주의적이며 개인적인 입장에 있다. 자기가 가르쳐야 할 교과서의 내용에 대해서도 다분히 비판적이다. 학생에게 교과 내용대로 인도하게 되면 형식화되고 사고의 범위가 좁아진다고 여긴다. 그래서 독창적인 교육방법을 고안해 내어 이를 실천에 옮긴다. 예컨대, 일반사회 과목에 도시생활이라는 단원이 나오면, 그 단원을 주제로 하여 직접 학생을 도시로 데리고 가서 견학시킬 충동을 일으키거나 이를 실천에 옮긴다. 작문 시간이 되면 감정을 불어넣기 위해 Beethoven의 '운명'을 들려주거나 뭉게구름을 쳐다보게 하기도 한다. 그들의 이러한 모든 행동을 어떤 이는 진정한 의미에서의 교육이라고 보는 반면, 이를 이해하지 못하는 사람들은 국어과 시간에 음악소리가 나고 사회과 시간에 소풍이 행해지는 것을 보고 머리를 갸우뚱하거나 비웃기도 한다.

이들의 사고방식은 가끔 학급 내로부터 학교의 문제까지로 옮겨가 대체적으로 전통적 사상을 가지고 있는 교장과 커다란 갈등을 빚기도 한다. 더욱 대부분의 교장들이 못마땅하게 여기는 것은 이들이 수행하는 행정처리와 수업지도안 작성, 기존의 지식 및 가치관에 대한 거부, 제멋대로 차리고 나오는 옷차림 등이다. 이들은 마치 외화 '죽은 시인의 사회'에 나오는 키팅(John Keating) 선생님과 같이 판에 박힌 듯한 설명을 거부하거나 기존의 관념을 깨뜨리는 데에 중점을 두기도 한다. 또한 어떤 이는 청바지를 입고 가죽점퍼를 걸치고 학교에 나오는 수도 있고 머리 모양을 유행하는 연예인처럼 하고 나오는 수도 있다. 그러나 그들의 입장에서 볼 때, 교육열은 대단하다. 틀에 박힌 준비물 외의 자료를 준비하다 보니 시간도 많이 걸릴뿐더러 시행착오를 범하는 수도 있다.

(4) 학생을 올바르게 평가하는 데 있다고 보는 교사

이런 유형의 교사들은 학교교육이 조직사회와 밀접한 관련이 있고, 학교에서의 평가가 개인적으로 사회 진출에 큰 영향을 미친다고 본다. 따라서 학생의 평가야말로 학급을 운영하는 데 우선적 임무라고 여긴다. 그들은 올바른 시험문제를 만드느라 많은 시간을 보내고, 그 평가방법에 대한 여러 이론을 잘 터득하고 있다. 그들에게는 학생평가에 필요한 여러 자료가 준비되어 있을 뿐만 아니라 평가의 결과를 나타내는 도표나 일람표가 정연하게 마련되어 있다. 가끔 낮은 수준에서의 통계적 처리를 신봉하여 평가의 개념을 이해한 나머지 59점과 60점 그리고 89점과 90점 등 1점 차이가 무한한 구분을 결정짓는 기준치가 된다고 믿기도 한다. 그들에게 비치는 학생의 성취는 오직 평가의 결과에 따른다. 이들 교사는 현대사회가 보다 행동과학적 입장을 취하게 됨으로써 이들은 과학적 자질을 갖춘 교사라는 평을 받게 되기도 한다.

2. 교사의 자질

1) 교사의 일반적 자질

교사의 자질이란 바람직한 교사의 조건이 어떤 것인지와 일치하는 문제이다. 바람직한 교사의 조건을 가시적으로 규정하여 제시하기 어려운 것은 교사를 에워싸고 있는 주변인들의 시각의 차이 때문이다. 이를테면 학생의 입장에서 생각하는 바람직한 교사의 조건이 다르고, 학부모나 학교행정가가 보는 바람직한 교사의 자질이 다를 수밖에 없다. 따라서 교사를 에워싸고 있는 이들 집단들이 바람직한 교사의 자질로 공통적으로 요구하고 있는 일반적인 사항을 제시하면 다음(남억우 외 3, 1987)과 같다.

첫째, 올바른 교육관을 가진 사람이다. 교사로서 갖춰야 할 조건은 많지만 가장 먼저 요구되는 것은 올바른 교육관을 가져야 한다는 것이다. 교육하는 그 사람부터가 교육이 무엇인지를 모른다면, 그리고 어떤 방향으로 학생을 교육할 것인지에 대해 확고한 신념이 없다면, 또한 어떠한 방법으로 교육해야 한다는 데 대한 정확한 생각을 가지지 못했다면 그는 교육자로서의 자격이 없는 것이다.

가르치라는 교과서를 떼기만 하며, 지식과 기능의 습득에 능률적이고 효과적인 방법이라면 무조건 받아들여 그 방법이 학생을 어떠한 인격으로 만들어 가는지는 전혀 생각하지도 않는 교사는 교사로서의 자격이 없는 것이다. 이처럼 사람을 교육하려는 사람은 우선 정당한 교육관이 있어야 한다. 이 교육관의 수립은 사회관, 국가관, 인생관, 세계관의 수립과 밀접한 관계가 있다. 올바른 교육관을 가지려고 노력하는 사람은 올바른 사회관, 국가관, 인생관, 세계관을 갖도록 힘쓰는 사람일 것이다.

둘째, 사람과의 접촉을 즐기는 사람이다. 누구나 다 아는 바와 같이 초등학교의 교사는 다른 어느 직업에 종사하는 사람보다도 많은 학생들과 접촉하고 있으니, 조용히 혼자 있기를 좋아하는 사람이나 많은 사람들과 접촉만 하면 쉽사리 싫증이 나거나 지나친 피로를 느껴 실제로 학생들과 접촉하기를 싫어하는 사람은 교사로서 맡은 바 일을 잘해 나갈 수가 없는 것이다.

교사에게는 접촉해야 할 사람이 학생들뿐이 아니다. 학생들의 교육을 잘해 나가려면 가끔은 학생 성장에 관한 문제를 학부모와 서로 의논해야 한다. 뿐만 아니라 교장이나 동료교사들과의 접촉도 쉴 새 없이 이루어지며 나아가 장학사와도 접촉을 해야 한다. 이와 같이 사람과의 접촉을 떠나서는 교사로서의 사명을 완수할 수 없다. 따라서 학생과 더불어 생활을 할 때 무한한 기쁨을 느끼고 사람과 더불어 생활하기를 즐거움으로 여길 줄 아는 교사가 되어야 할 것이다.

셋째, 교육적 사명에 불타는 사람이다. 교사도 다른 직업과 마찬가지로 한 직업인임에 틀림이 없지만, 단지 생활비를 얻는 수단으로 생각하는 데 그친다면, 그러한 교사에게서 훌륭한 교육적 성과를 기대하기란 어려울 것이다. 가르쳐야 하는 것만을 가르치고, 하라는 일만 하며, 근무하라는 시간만 근무하면 내 할 일은 다 했다고 생각하는 교사는 결코 기대할만한 좋은 교사는 될 수 없는 것이다.

훌륭한 교사는 어머니와 같은 교사라는 말도 있거니와 어머니가 자녀를 사랑으로 기르듯 교사도 학생을 사랑으로 길러야 한다. 또 학생의 훌륭한 성장에 도움이 되는 일이라면 때와 장소를 가리지 않고 보수와 체면을 생각하지 않고 무엇이든지 서둘러서 하는 어머니와 같은 마음의 교사가 되어야 할 것이다. 교육적 사명 그것에 불타는 교사만이 훌륭한 교사가 될 수 있는 것이다.

넷째, 설명력·분석력·종합력을 가진 사람이다. 지식만 많다고 해서 교사가 될 수 있는 것은 아니다. 알고 있는 것을 학생이 잘 알아듣도록 똑똑히 설명할 수 있어야 한다. 설명을 떠나서 가르치는 것은 생각할 수 없으므로 교사가 되려는 사람은 이 설명력을 기르도록 노력해야 할 것이다. 그리고 설명을 하되, 애매하고 앞뒤 말이 맞지 않으며 간결하지 못하고 오래 끄는 말솜씨라면 듣는 사람으로서는 싫증이 날 뿐이다. 싫증나는 곳에 교육의 성과는 없는 것이다.

다음에는 분석하는 힘과 종합하는 힘인데, 만약 교사가 학생이 한 일에 대해서 잘 하고 못한 것만 막연히 알 뿐, 그 결과를 분석해서 잘못된 점과 잘못된 원인을 지적하여 어떻게 하면 잘 될 것인가를 올바르게 가르쳐 주지 못한다면, 그 학생의 원만한 지도는 기대하기 어려운 것이다. 헤엄치기를 학생에게 지도하는 경우를 생각해보자. 헤엄을 잘 치지 못하는 학생을 보고서도 그 잘못된 점을 곧 알아내지 못하고 다만 연습에만 중점을 두는 교사와, 머리의 각도에 잘못이 있다거나 왼쪽발이 덜 움직인다거나 숨을 코로만 쉬고 있는 것을 발견하고 바로 지적해서 그 잘못을 고치도록 종합적으로 지도하는 교사와는 그 성과에 있어 큰 차이가 있다.

다섯째, 건전한 몸을 가진 사람이다. 어느 직업치고 건전한 몸이 필요하지 않은 것이 없겠지만 교사의 하는 일을 자세히 살펴보면, 노동량이 상당히 많은 직업이라고 할 수 있다. 마음속으로는 아무리 교육열에 불타고 있는 사람일지라도 몸이 건강하지 못하고 허약하다면 교사생활을 끝까지 계속해서 소기의 목적을 달성하지 못할 것이다. 건강한 사람만이 교사로서 적당하다고 하겠다.

신체에 관련된 것으로서 또 하나의 조건은 풍부한 성량이다. 누구나 다 알다시피, 교사는 하루에 적어도 대여섯 시간 말을 하지 않고서는 맡은 바 직능을 다할 수 없다. 목소리에 관해서 좀 더 욕심을 부린다면 따뜻한 음성을 가지는 것이 가장 바람직하다. 다정한 목소리로 가르치는 교사에게는 그 만큼 학생들이 따를 것이며, 학생이 선생을 무서워하지 않고 따르는 데서 교육은 잘 되어 간다는 것을 잊어서는 안 된다.

다음에는 튼튼하고 굳은 정신력이 필요하다. 교사는 매일 몇 시간 동안 학생들의 끊임없는 질문에 응해야 하고 교장이나 교감의 지시를 받아야 하며, 학습지도안도 써야 하는데, 이처럼 신경을 많이 쓰는 직업도 그리 흔하지 않다. 신경이 약해서 많은 자극에 견디지 못하고 짜증을 내고 신경질을 부린다면 그 아래 교육을 받고 있는 학생들이 충분히 성장을 못하게 될 것인 바, 교사는 튼튼하고도 굳은 정신력을 가져야 한다.

여섯째, 사무를 즐기는 사람이다. "나는 가르치는 시간보다 사무를 보는 시간이 많다"라고까지 할 만큼 교사는 많은 사무를 보고 있는 것이 일반적이다. 시·도교육청 및 교육지원청에 보내야 하는 수많은 보고서를 비롯해서 교장에게 제출해야 하는 학급사무, 그 외 학부모에게 연락해야 할 여러 가지 교육내용, 그 밖에 학생들의 성장기록, 성적기록 등 이루 헤아릴 수 없을 만큼 많은 사무가 있다. 그런데 이 사무는 어느 것 하나 빼놓을 수 없고 모두 학생을 교육시키는 데 꼭 필요한 사항들이다. 이러한 잔일들을 등한시하지 않고 꾸준히 그리고 꼼꼼히 처리해 나가는 사람이 교사로서 더 알맞은 사람이다.

2) 교사의 자질 향상

교사의 자질 향상이란 바람직한 교사가 갖추어야 할 제반 요건들을 완비하는 일이라고 하겠다. 1949년 12월 31일 법률 제86호로 제정된 당시의 「교육법」 제74조에 명시하여 오늘날까지 지속되고 있는 교원의 자질에 관한 법률적 정의는 '사표(師表)가 될 품성과 자질 향상에 힘씀'이나 '교육의 원리와 방법을 탐구 연마'해서 사명감을 가지고 국민교육에 전심전력해야 한다고 규정하고 있지만 이것은 교원자질의 질적 속성이나 기능을 명시하기에 미흡한 점이 많다는 지적(윤형원, 1991)이다. 그러므로 다음과 같은 몇 가지 접근은 교사의 자질 향상에 직접적으로 기여할 수 있을 것이다.

첫째, 교원 자질의 표준화 문제이다. 교사도 교원이기 이전에 한 인간인 점을 고려할 때 그 자질을 표준화한다는 것이 어려울지 모르지만, 교원의 자질은 개념 그 자체만으로 무의미하며 교원의 현장 직무수행 능력으로 구체화되어야 한다. 교사가 꼭 해야 할 직무나 역할수행 능력이 밝혀졌다고 할 경우에 교원교육기관의 표준화된 교육내용과 방법의 구상이란 그렇게 어려운 일이 아니며, 이 경우 자질 수준의 정도는 명확해지기 마련이다.

그러나 우리의 교원교육 체계는 그 내용이나 방법의 기준도 모호하고 어떻게 보면 해방 직후나 1950년대보다 지금이 개선되었다는 증거가 없다. 그것은 교직과목이 사범교육기관에서 차지하는 교육과정 구정상의 비율이 줄곧 평균 12% 정도(원칙상으로는 30% 정도여야 함)를 맴돌아왔고, 또 그 명칭과 내용도 다양하게 변질되어 왔을 뿐 아니라, 교원교육을 담당할 교수요원을 체계적으로 양성하지도 못해왔다. 그리하여 아직도 사범교육에서는 전공이라고 할 수 있는 교과교육의 변칙적 운영이 존속되고 있는 실정이다. 결국, 오늘날의 교원교육은 교원의 자질과 무관하게 교육의 내용과 방법이 구성되고 시행되어 가는 타성에 빠져 버린 것이다.

현직교육 또한 마찬가지이다. 오늘날의 그것은 1953년과 1954년에 공포된 「교육공무원 자격검정령」과 「동 시행세칙」에 나타나 있는 1급 정교사 자격 강습보다 교육내용이나 시간 수에서 나아진 것이 없다. 그것은 1960년대의 교육공무원 연수기관설치령에서 교원연수령과 교원교육원령을 거쳐 1970년대의 교원연수원령을 거치는 동안 계속하여 그 기능상의 퇴화를 거듭해 온 점을 부인할 수 없다.

둘째, 교사의 질 관리 체제 강화이다. 교직이 전문직으로서 그 자리를 굳히기 위해서는 무엇보다도 교육을 담당하고 있는 교사들이 높은 자질과 윤리 의식을 유지하는 일이 필수적이다. 다른 전문직이 그러하듯, 교직에서도 교사 후보생의 선발에서부터 시작해서 양성, 자격 수여, 연수에 이르기까지

각 단계마다 교사의 질적 관리를 위한 제도적 장치가 더욱 강화되어야 한다(곽병선, 1986).

교사 후보생을 선발할 때는 지적인 능력뿐만 아니라 교직 적성, 인성, 내신 등을 종합적으로 고려하는 방식을 더욱 강화해야 한다. 교육과정이 끝난 후에도 국가 수준에서 일정한 시험을 부과하여 자격을 수여함으로써 교사 자격의 대외 공신력을 높이도록 한다. 늘어나는 교사 수요에 몰려 그간 벌려놓았던 다원적 양성체제는 이제는 교사교육의 질을 고도화하는 방향으로 재정비해야 하고, 특히 일반대학 교직과정에 대한 질적 통제는 더 한층 철저를 기해야 할 것이다. 뿐만 아니라 시보교사제를 도입하여 교직에 처음 들어오는 사람에 대해 일정 기간 동안 시보교사로 근무토록 해야 한다. 시보기간 동안 교육자로서의 적격 여부도 평가하고 또 다른 한편으로 이를 현직교육의 일환으로 활용토록 한다. 현재의 자격취득 위주의 교사연수를 지양하고 평생교육의 관점에서 30년이 넘는 전(全)교직 생애에 걸쳐 적어도 몇 차례의 공식적인 연수를 단계적으로 이수케 하는 것이다.

셋째, 전문적 위계의 자격 세분화이다. 잘 알고 있는 바와 같이 교사의 상위 자격은 2급 정교사-1급 정교사-교감-교장으로 연결되어 있다. 이러한 자격체계는 평교사들로 하여금 최종적인 교직생애 목표를 교장이 되는 데 두도록 제도적으로 묶어 놓고 있는 셈이다. 여기서 평교사가 최고의 상위 자격을 취득한다는 것은 '가르치는 일'과는 거의 직접적인 관련을 가지지 않는 '관리 · 운영'하는 일로 자리를 바꾸어 앉는다는 말이다. 이러한 자격 단계는 교사의 전문성을 생명으로 하는 전문직적 시각에서 보면, 교사의 전문성을 구조적으로 방해하고 있는 것이다.

사실상 교감 · 교장으로의 승진통로는 학교급별로 차이가 있으나 대체로 전체 교사의 6~11% 밖에는 되지 않기 때문에 모든 교사들이 이 통로를 다 거쳐 갈 수도 없고 그럴 필요도 없다. 한평생 성실하게 교단을 지켜야 할 대부분의 평교사들이 결코 무능교사로 천시를 받아서는 안 된다. 이러한 관점에서 볼 때 교사들의 상위 자격은 그들의 전교직 생애를 통해 자신의 전문성을 신뢰·발전시키기에 적절한 것이 되어야 한다. 다른 말로 바꾸면, 교사 자격을 관료적 위계로서가 아니라 전문적 위계로 구성함으로써 교사들의 전문성 향상을 위한 노력을 지속적으로 유도·촉진할 수 있어야 한다. 교사의 상위 자격이 학교행정직으로 이어지도록 되어 있는 현행 자격제도는 마땅히 재검토되어야 할 필요가 있다.

Education Week지에 소개된 바 있는 미국의 교육위기에 관한 보고서에서도 교사를 초임교사(beginning instructor), 중견교사(experienced teacher), 수석교사(master teacher)로 단계화하여 차등대우를 해야 한다고 강력히 권고하고 있다(Education Week, 1983). 또한 Kappan호에서도 미국 테네시주(州)의 유인급여 체제(incentive pay system)를 소개하면서 수습교사(apprentice teacher)와 수석교사(master teacher)로 구분하고 있다(Parish, 1983). 이러한 예들은 우리의 교사 자격제도를 개선하는 데에도 참고가 될 수 있다.

3. 교사의 역할 갈등

1) 교사와 정신위생

정신위생(Mental Hygiene)에는 넓은 의미와 좁은 의미 두 가지 뜻이 있다. 그 중 넓은 뜻의 정신 위생은 정신적 건강의 유지와 증진을 취급하는 것으로 전인적 발달을 도모하는 현대의 교육목적과 같은 의미로 받아들여지고 있다(김병옥, 1976). 교사의 정신적 건강의 유지와 증진은 학생지도와 직결된다는 점에서 매우 중요한 것으로 사료된다.

교사가 학생집단을 지도할 때에 이 집단을 결합시키는 친근한 분위기 조성이 필요하다. 즉, 교사는 학생과 교사, 학생과 학생 간의 관계를 결합시키는 데 필요로 하는 특별한 흥미와 기본적 태도가 구비되어야 하는데, 이는 교사의 정신건강에 의해 크게 좌우될 수 있는 성질의 문제이다.

학생이 발달단계를 거쳐 성장하여 인격을 형성해 나가는 것과 같이 교사 역시 집단의 지도자로서 심적인 기본자세가 이루어져야 한다. 즉 교사와 학생의 바람직한 관계는 양자 간에 적당한 심리적 소통 또는 교육적 거리를 유지하고, 이에 따라 교사의 지도에 대한 학생들의 수용이 촉진되는 것이다. 이를 교사와 학생 간의 인간관계라고도 말할 수 있는데, 교사와 학생 간의 인간관계의 양상 즉 적응적 관계인가 부적응적 관계인가의 차이에 따라서 학생의 성격 형성이나 지식·기술 등의 학업 성취도가 달라진다. 따라서 교사와 학생의 인간관계적 요소는 교육의 목표달성에 중대한 영향을 미치고 있으며, 학습활동의 기초가 되므로 매우 중요시 되어야 한다.

더욱이 교사는 학생에게 필요한 기본적인 정서 욕구를 충족시킬 임무를 지니고 있다. 즉, 인정해 주고 수용해 주며 안정성을 찾게 해 주고 자아존중감을 신장시켜 주며 소속감을 갖게 하고 또 애정을 불어넣어 주어야 한다. 이러한 정서적 기본 욕구가 교사 자신에게 필요함과 같이 학생에게도 똑같이 필요하다는 것을 인식해야 할 것이다.

또한 교사는 학생들이 학교교육을 통해 자기실현을 이루는 것처럼 교사 자신도 한 인간으로서 여러 가지 욕구와 사회환경에의 적응을 인식하면서 자기실현을 이루려 노력하게 된다. 이때 교사가 갖는 가장 큰 문제점은 한 인간으로서의 기본적 욕구 신장과 교육자로서 해야 할 임무인 환경과의 갈등 속에서 이의 조화를 잘 이루어 자기 자신을 재발견해야 하는 일이다.

인간으로서 한 인격을 갖는다는 것이 일반 사회인의 경우에는 사회와의 적응이나 사회와의 조화를 이루어 나가는 것으로 보다 광범위하게 처리될 수 있으나, 인격이란 말을 교사에게 적용할 때에는 교육자다운 사람이어야 한다는 조건이 따른다. 그리고 교사로서의 인격을 갖춘다는 것은 교사 자신으로 볼 때 큰 제약이 뒤따르는 것이고 이 제약들은 교사로서의 고민을 유발하게 된다. 교사들이 안고 있는 고민을 대체로 종합해 보면 학교의 제도나 재정문제, 시간문제, 가정문제, 사회에서의 교사에 대한 몰이해 문제 등 광범위하다. 이러한 문제가 바람직한 방향에서 해결되면 탈이 없으나 문제가 심각해지고 해결이 어려우면 교사의 불만과 갈등이 극대화되고, 나아가서는 교사의 교직에 대한 부적응 행동이 발생하게 된다.

교사의 교직에 대한 부적응은 교사 개인에게 인격적으로 흠집을 내는 것으로 끝나지 않고 학생에게까지 나쁜 영향을 미칠 수 있다는 점에서 문제의 심각성이 있다. 따라서 교사의 정신 위생은 올바르고 정상적인 교육활동을 위해 늘 염두에 두고 고려되어야 할 문제라고 본다.

2) 교사의 역할에 대한 갈등유발 상황

교사가 자신의 지위와 관련하여 역할을 수행함에 있어 주위의 기대와 자신의 역할 지각(role perception)이 동일한 것일 수도 있고 그렇지 않을 수도 있다. 이때 주위의 기대와 자신의 역할지각이 불일치하는 경우를 역할 갈등(role conflict)이라고 한다. 많은 사람들이 일상에서 갈등에 직면하게 마련이지만 유독 교사의 역할 갈등은 최대한 해소되어야 한다. 그 이유는 교사의 역할 갈등이 교사 개인의 문제에 그치는 것이 아니라 외부에 즉각적인 영향을 미치기 때문이다. 따라서 교사들이 겪는 역할 갈등이 어떤 상황에서 일어나는지를 좀 더 자세히 알아보는 것이 의미 있는 일이라고 사료된다. 이에, 정우현(1993)이 제시한 내용을 토대로 교사의 역할 갈등이 어떤 상황에서 일어나는 것인지를 살펴보기로 한다.

첫째, 교사의 역할 갈등은 교육의 내용이 구체적이라기보다 상황적이며 확산적이라는 데에서 일어난다. 교사에게 주어지는 통념적인 임무는 학생을 사회화시키고 동기를 유발시키며 깨우쳐 주고 자신감을 갖게 하며 가치를 전수하고 어떤 사실에 대한 과학적 태도를 갖게 하며 문화를 익히게 하는 등 구체적이라기보다는 관념적인 것이 더 많다. 교사들은 '법관은 재판하는 일을 하고 의사는 환자를 고치는 일을 하는 것과 같이, 우리에게도 구체적인 일감을 주시오'라고 말한다. 사실, 교사가 전문직이라면 마땅히 의사나 법관처럼 구체적인 일감을 추출해 내어 제시해야 할 것이다. 그러나 불행히도 교사의 역할에는 학과목 전수라는 구체적 내용 외에 알파(α)가 붙는다. 예컨대, 영국의 교사들은 지역사회와의 관계가 적고 학교 내의 일만 하도록 되어있어 전문화의 양상이 크게 부각되고 있는 것처럼 보이나, 오히려 그들은 지역사회와의 유대가 희박해짐으로 인해 사회에서의 교사지위에 대한 인식이 점점 낮아지고 있다는 푸념을 늘어놓고 있기도 했다.

교사에게 주어지는 구체성 없는 여러 가지 역할은 교직만이 갖는 하나의 특성으로 받아들여야 할 것이다. 그러나 이와 같은 현실은 교사의 내재적인 역할 갈등을 크게 일으키게 하고, 이에 따라 사회적 인식도 애매한 상황에서 반영되며, 그들 자신도 교사에 대한 갈등을 일으키게 마련이다. 이러한 경우를 A. S. Neill(1937)은 "교사의 역할은 마치 퍼붓는 우중에서 어느 비를 찾아야 할지 모르는 것과 같으며, 또 끝없는 빗물 속에 있어 지쳐 버리는 상태"라고 말하고 있다. 이 문제는 교육에 뜻을 두고 교직에 들어온 많은 의욕적인 교사에게 커다란 실망을 줄 수 있는 요인이 되는 데에서 구체적으로 이루어져야 한다. 그러나 이 문제를 어떻게 해결해야 하느냐에 대한 연구는 아직까지 진행형이라고 봐야 한다.

둘째, 교사의 역할 갈등은 다양한 역할 속에서 일어난다. 어느 직업에 못지않게 교사직은 그 역할속(役割束)이 다양하다. 학교에서의 역할, 학급에서의 역할, 지역사회에서의 역할이 있고 가르치는 일, 연구하는 일, 사무정리의 일 등이 있으며 또 교실 내에서의 권위자로서, 사회화의 중재자로서, 창조성을 계발시키는 인도자로서, 또 평가자로서의 역할 등이 있다. 이 중에서 교사는 그 상황이 변할 때마다 그 중 어느 하나를 자기의 역할 수행의 표본으로 삼아야 한다. 이에 덧붙여 이론과 실제의 괴리현상을 감수하지 않으면 안 된다.

교사양성 과정에서는 미래를 지향하는 내용의 이론이 전수되지만, 현장에서는 현재 부딪치는 문제해결에만 급급하여 실제로 양성과정에서 배운 이론이 적용되지 못하고 있다. 따라서 원대한 포부를 갖고 새로 부임한 교사들은 그들의 이상과 현실과의 갈등에 부딪치게 된다.

특히, 과거 우리나라는 이념에 대한 전환기에 처해 있었다. 이 이념 전환은 역할 기대를 보다 다양한 측면에서 요구하고 그럼으로써 우리나라 교사들은 보다 큰 역할 갈등의 시련을 겪지 않으면 안 되었다. 이러한 증거로 Musgrove는 영국의 고등학교 교사에 대한 역할 갈등을 연구한 결과, 전통적인 고등학교 교사보다 신규 학교의 교사가 보다 큰 역할 갈등을 느끼고 있음을 확인했다. 즉, 학교체제가 자유로우면 자유로울수록 교사의 역할수행에 있어 갈등은 심해지는데, 우리나라 교육계에서 갈등이 심하다는 것은 그만큼 교직의 자율성이 허용되고 있음을 뜻한다고 보겠다. 더욱이 학교교육은 다양한 역할속을 받아들여야 하는 특성을 지니고 있다. 이 역할속 중 하나의 가치 지향성을 찾아야 하는 입장에서 보면, 그 갈등은 복합적으로 가중되기 마련이다.

셋째, 교사의 역할 갈등은 학교의 특성에서도 나타난다. L. G. Wilson(1897)은 학교만큼 교사의 역할에 대해 사회적 압력과 비난을 받기 쉬운 곳은 없다고 했는데, 그 이유는 학교 자체가 사회기관이나 교사의 역할내용 모두를 사회에 즉각적으로 드러내 놓고 있는 특성을 가지고 있기 때문이라는 것이다. 즉, 교육의 모든 요구는 사회로부터 나오고 그러한 요구의 이행 여부에 대한 내용이 결과를 보기 전에 대중에게 공개되고 있는 것이다. 따라서 교사의 역할도 하루를 기다리는 것이 아니라 그 시간시간마다 공개되고, 성급한 판단자들은 순간을 마치 최종의 결과인 양 비판한다는 점에서 교사의 역할 갈등은 더욱 심하게 일어난다.

그러나 불행히도 이러한 문제를 구체적으로 분석한 연구는 드물다. 다만, 비난의 대상이 되고 있는 학교체제와 이에 따른 교사의 역할 수행에 대한 갈등에 대해서는 Charters 등의 연구가 있다. 이 연구에 따르면, 미국이나 영국의 교사는 사회적 압력에 대응하여 교사들의 사회적 신분에 대한 불만이 가장 큰 갈등으로 나타난다고 한다. 이와 같은 신분적 지위에 대한 갈등은 특히 미국의 교사들에게서 크게 나타나고 있는데, 교사가 한 지역사회에서 어떠한 지위에 있고 그 서열이 어디에 있느냐 하는 데 기인하기보다는 오히려 교사직 자체가 포용하고 있는 자율성이 어느 정도 보장되고 있으며 또 교육 기관으로서의 학교의 위치가 사회적으로 어느 수준에 있느냐 하는 문제에서 기인한다.

넷째, 교사의 역할 갈등은 자발적 노력에 대한 보상 한계가 애매한 부분에서 일어난다. 학생들에게 '내가 보기에 너는 교사가 되면 참 좋다고 생각하는데 왜 교사를 지망하지 않느냐?'하고 물었을 때, 그들은 일반적으로 '어떻게 그리고 누가 나를 알아준다는 말입니까'라는 대답을 한다. 확실히 교사직은 그 평가의 기준이 모호하다. 아무리 열심히 일해도 무능한 교사라는 낙인이 찍히거나 그다지 성실히 일을 하지 않아도 훌륭한 교사라는 평가를 받는다.

교사들은 이와 같은 모호한 평가기준에 의해 그들 나름대로 교육 의욕을 상실하게 되고 거기에서 갈등을 느끼게 된다. 사회체제가 보다 조직화되어 교사에 대한 여러 가지 역할수행이 그 상황에 비추어 평가될 수 있을 때, 교사의 갈등이 경감되고 성취의욕이 생길 것이다. 예로써, 교사는 그 임무의 중대함에 비추어 볼 때 여느 타 직업에 비해 높은 평가를 받고 있으나, 경제적 보상에 있어서는 월등히 낮은 대우를 받고 있다는 것도 사회체제적 조직화의 미비에 기인하는 일면이라고 하겠다.

제4장 현대사회와 교사

1. 현대사회에서의 교직관

1) 현대사회의 특징

급변하는 현대사회의 특징을 요약하는 것은 용이하지 않다. 사회의 변화 추세와 미래사회에 대해 관심을 가진 많은 사람들이 사회변동의 추세를 규명하고 미래의 방향에 대해 예측해 보는 노력을 하지만, 현실을 정확히 짚어보는 인식도 나름대로는 어려운 일이다. G. Orwell, A. Huxley 그리고 A. Toffler 등의 진단과 예측들이 우리의 관심을 끌고 있다. 하지만 이들의 다양한 예측과 표현은 전통사회에서 현대사회로의 변화과정에서 작용하게 된 변인이 한두 가지가 아니며, 이들 변인의 작용에 있어서 경중이나 순위가 복잡하기 때문에 보는 관점이나 시야에 따라 해석이 달라지는 데 기인한다고 할 수 있다.

현대사회의 변화는 과학기술의 발달이 선행되어 다른 부분의 변화를 연쇄적으로 유발시켰다고 보는 것이 일반적인 견해이다. 곧 과학기술의 발달은 의식주를 포함하는 우리의 기본적인 생활양식을 크게 변화시킴과 아울러 생태적 구조, 인구구조, 경제구조, 계층구조 등을 포함하는 사회구조의 전반과 인간관계의 구조 및 가치관과 규범의식까지도 변화하게 했다(남억우 외 3, 1987).

현대사회에 나타난 이런 변화 중에서 다른 시대와 구분되는 두드러진 몇 가지 특징을 남억우 외 3인(1987)은 과학 · 기술사회, 조직사회, 대중사회, 학습사회, 도시화 그리고 세계화 등으로 규정하고 있는데, 이를 좀 더 자세히 고찰하면 다음과 같다.

(1) 과학 · 기술사회

앞에서도 언급한 바와 같이 현대사회를 특징짓는 가장 두드러진 것이 과학·기술의 발달이다. 근세에 와서 특히 근래 100년, 과학과 이를 바탕으로 한 공업기술은 급속도로 팽창·발전해 왔다. 과학·기술이 현대사회와 그 문화의 면모를 근본적으로 바꾸게 하는 역할을 했고 또 그 모든 종류의 변화를 촉진해 온 가장 중요하고 원천적인 원인이었음에도 불구하고, 그 발전은 아직도 미래를 향해 엄청난 속도로 진행되고 있다.

과학자들에 의해 제시된 과학·기술의 발전에 관한 몇 가지 전망을 제시하면, 먼저 손꼽을 만한 것으로 인간 활동의 에너지인 동력의 발달을 들 수 있다. 동력의 가장 중요한 자원은 지금으로서는 원자력이지만 그 원료가 희귀하고 생산가도 높은 데 비해, 앞으로는 무진장한 태양의 광에너지 또는 물속에 있는 중수소를 사용하여 생산되는 동력을 활용할 날도 머잖아 다가올 것이다. 그렇게 되면 헤아릴 수 없을 정도의 거대한 힘을 지닌 동력이 교통, 통신 및 각종 산업 분야에 공급되어 과학·기술의 발달을 촉진시킬 것임은 두말할 여지가 없다. 뿐만 아니라 전자산업 분야에서 전자뇌라고 일컬어지는 컴퓨터의 발달 속도는 실로 놀라운 것이다. 컴퓨터가 발명된 지 100년이 채 못 되는데 그 발달 속도는 벌써 몇 세대를 진화한 것이다. 용량이 계속 늘어가고 속도도 빨라져서 모든 기계의 자동화뿐만 아니라 인간의 여러 가지 정신작용까지도 인공지능이 대행하고 있다.

특히, 2016년 3월 세기의 대결로 주목받은 '이세돌 9단과 알파고의 대국' 역시 컴퓨터의 A.I.(Artificial Intelligence, 인공지능)가 비약적 발전을 이루었음을 확인하는 계기가 되었다. 컴퓨터의 발달과 함께 통신 및 정보산업의 비약적 발전으로 인해 오늘날 정부·기업체·학교·연구기관 등은 물론, 여러 사회단체들이 광범위하게 사용하고 있을 뿐 아니라, 개인이 컴퓨터 하나를 가지고 세계의 모든 지식과 정보를 활용할 수 있게 되었다. 또한, 유전자를 직접 조작해서 경제성 있는 공학적 산물을 생산하는 데 목적을 두고 출발한 유전공학은 현재 유전자재조합식품(Genetically Modified Organism: GMO), 인간 게놈(genome, 유전정보) 연구, 줄기세포 연구, 수명 및 노화 연구 등에서 활발하게 응용되고 있다.

이 밖에도 화학기술, 우주개발, 교통 등 현대사회를 특정 짓는 과학·기술의 측면은 헤아리기 어려울 정도이다. 그러나 이러한 과학·기술이 우리의 생활에 편익을 도모해 주는 만큼 새로운 문제를 야기하고 있음을 간과해서는 안 된다. 과학·기술에 바탕을 둔 전쟁무기의 발명, 지구의 생태 질서를 파괴하는 공해 등은 인류 역사상 새로운 번영이냐 또는 몰락이냐의 분기점에 와 있음을 실감케 하고 있다. 한편, 과학·기술의 발달은 지식과 정보를 폭발적으로 증대시켜 현대를 사는 우리에게 지식의 홍수 속에서 선택의 혼란을 초래하고 있다. 따라서 우리 자신을 재정립하지 않는 한 자칫하면 인간 자신이 만든 과학·기술의 노예로 전락할 우려마저 자아낸다.

(2) 조직사회

현대사회의 다른 특징으로는 조직이 강화된 사회를 들 수 있다. 조직이란 어떠한 공동목표를 달성하기 위해 노력하고 그 속에서 목표달성을 위해 분업하는 체계를 의미한다. 조직의 강화는 현대인으로 하여금 공동의 사회적 목표를 달성하는 데 효율적인 측면도 있으나 병리적인 측면도 없지 않다. G. Orwell의 『1984(1949)』 또는 A. Huxley의 『멋진 신세계(Brave New World, 1932)』에서 묘사된 것과 같은 비정의 세계를 우리는 주시할 필요가 있다.

조직의 강화나 조직규모의 확대는 필연적으로 관료제를 출현시킨다. 이 현상은 조직의 목표를 효율적으로 달성하기 위해서 불가피한 것이다. 조직사회에서는 조직구성원들로 하여금 각자 맡은 바 책임과 역할을 수행할 수 있도록 여러 가지 규정을 설정하고 그것을 제도화하여 엄격한 형식적 절차를 요구하도록 되어 있다. 이와 같이 조직생활에서 요구하는 것은 규칙과 공식적인 절차를 중시하는 형식적 인간관계이며 개인적인 욕구와 감정에 따른 사적인 행위나 사사로운 친근감은 허용되지 않는다. 따라서 조직사회에서는 개인의 자유와 독립보다도 조직체와 조직구성원 간의 단결과 융화, 공동목표의 협동적 수행이 강조되어 D. Liesman이 지적한 타인지향적 성격이 등장하게 된다. 그리고 인류가 오랜 역사를 통해 추구해 왔던 자유의 문제는 E. Fromm이 『자유로부터의 도피(Escape From Freedom, 1941)』에서 묘사한 것처럼 개인적 자유를 버리고 전체주의의 권위를 추종하려는 경향마저 낳게 하고 있다.

한편, 조직의 세계는 공식적일수록 비정(impersonality)을 강조한다. 그것은 원래 공정성의 원리를 세우기 위한 조건으로서 모든 조직 구성원에게 적용될 수 있는 규범을 확립하려는 데 그 의의가 있다. 그러나 조직의 규범이 조직구성원의 행위를 규제하고 개개인이 지닌 욕구와 흥미를 무시 또는 등한시함으로써 인간성을 상실하고 인간 소외의 현상을 가져올 우려도 있다. 우리 사회에서 인간성 회복이나 인간관계를 강조하는 갖가지 주장이 대두되고 있는 것은 바로 이와 같은 관점에서 이해해야 할 것이다.

(3) 대중사회

현대사회의 또 다른 특징으로는 대중사회(mass society)의 지향을 들 수 있다. 대중사회란 소수의 특권층에 의해 사회가 지배받는 것이 아니라 대중이 사회를 이끌어 나가며 대중의 사회적 역할이 증대되는 사회를 의미한다. 이러한 사회가 지닌 두드러진 특징으로는 정치의 대중화, 대량생산의 산업 체제, 대중교육 그리고 대중문화 등을 들 수 있다.

오늘날의 정치체제는 국가에 따라 정도의 차이는 있으나 모두 참여문화를 바탕으로 하고 있다는 점은 동일하다. 즉 민주주의를 표방하는 국가든지 공산주의를 표방하는 국가든지 혹은 제3세력을 표방하는 국가든지 간에, 대중이 광범위하게 정치활동에 참여하고 있는 것이다. 선거와 집회, 여론과 시위 등이 바로 대중이 정치에 참여하는 통로와 방법이 되고 있다.

대량생산은 과학기술 발달의 소산이라고 할 수 있으나 그것은 생산양식의 근본적 혁신을 의미하며, 이로 인해 우리 사회는 바야흐로 풍요의 시대로 접어들게 되었다. 이러한 풍요의 세계는 W. W. Rostow가 말한 것처럼 1700년 이래 경제성장의 과정이 전통사회에서 선행조건 단계를 거치고, 다시 도약단계를 지나 드디어 고도의 대중 소비단계 등의 순서로 진행되어 종래는 대중소비의 시대에 진입하였다.

특수층만이 교육을 향유했던 과거와는 달리 현대사회는 모든 국민에게 교육은 개방되어 있다. 공교육의 발전과 더불어 오늘날에는 선진국을 위시한 대부분의 국가가 초등교육에서 중등교육에 이르기까지 의무교육을 실시하고 있으며 고등교육도 보편화되고 있다. 또한 평생교육 및 평생학습이 강조됨으로써 성인교육이나 사회교육의 역할이 증대되고 있다.

TV, 라디오, 인쇄술 등의 기존 매스미디어뿐만 아니라 소셜미디어의 급속한 발달이 문화의 보급을 촉진시키는 한편, 문화자체를 대중화시키는 데도 크게 기여하고 있는 것이 오늘의 우리 사회이다. 문화의 대중화는 문화의 순수성 곧 초경험적 세계의 추구나 형이상학적인 세계에서의 가치 추구보다 감각적이고 현실세계를 추구하는 경향이 있어, 아폴로(Apollo) 또는 프로메테우스(Prometheus)적 인생관보다 디오니소스(Dionysos) 또는 에피쿠로스(Epikuros)적 인생관이 강조되는 사회가 되어 오락문화가 사회 도처에서 판을 치고 있다.

결론적으로 대중화는 우리의 생활을 편리하게 하고 다양한 문화생활을 통해 선택의 범위와 자유의 한계를 폭넓게 하지만, 한편으로는 생활이 획일화될 가능성도 있다. 또 생활의 다양화로 인해 가치관이 단일화되고 생활적응 양식 또한 다양해지며 이러한 현상이 곧 개인의 선택과 적응을 어렵게 하고 불안과 갈등을 유발할 수 있음을 간과해서는 안 될 것이다.

(4) 학습사회

현대사회의 또 하나의 중요한 특징은 학습하는 사회(learning society)라는 점이다. 곧 모든 사람이 죽을 때까지 계속 배우지 않으면 안 되는 사회, 그리고 배움이 사회의 중요한 전반적인 특징이 되는 사회이다. 학습하는 사회가 출현하는 데 따른 필연성은 다음의 몇 가지 근거로 설명이 가능하다.

첫째로 급격한 사회변화에 따른 새로운 지식·정보·도구·제도·가치관 등이 폭발적으로 증대되고 있으며 현대인은 이것들을 계속 흡수 및 소화하지 않으면 안 된다. 과거에는 한 가지 지식이나 기술만으로도 일생 동안 쓸 수 있었으나 현대사회에서는 지식과 기술의 폭발적 증가뿐만 아니라 그 수명도 매우 단축되고 있어서 변화하는 지식세계, 기술세계 그리고 제도의 세계에서 살아 나가기 위해서는 문자 그대로 죽을 때까지 다시 배우고 또 다시 배워야 한다.

둘째로는 현대사회의 산업구조 속에서 이른바 4차 산업이라고 일컫는 지식산업·교육산업·경험산업이 날로 팽창하는 데서 그 근거를 찾을 수 있다. 4차 산업이란 인간의 비물질적인 욕구에 응하는 산업으로서 이를테면 의식주와 관계없이 그저 꽃꽂이를 하고 싶은 사람에게 꽃꽂이를 경험할 수 있는 기회를, 서예를 원하는 사람에게 그 기회를, 피아노를 치고 싶은 사람에게 그 기능을 배울 수 있는 기회를 제공하는 산업을 의미한다. 우리 사회에서 각종 학원이나 강습소가 곳곳에 있는 것은 바로 이와 같은 4차 산업이 급속하게 팽창하고 있음을 나타낸다고 하겠다.

이러한 상황은 교육을 학교교육 그리고 학교 외 교육을 막론하고 범사회적인 사업으로 몰아넣고 있다. 학교교육은 수직으로 그리고 수평으로 엄청나게 팽창하고 있다. 위로는 고등교육이 대학으로 끝나는 것이 아니라 대학원 이상의 교육제도가 생겨나고, 아래로는 6세 이하의 교육을 담당하는 교육이 체계화 및 제도화되었으며, 옆으로는 각급학교의 진학률이 계속해서 높아가고 있다. 학교교육뿐만 아니라 학교 외 교육도 급속도로 팽창하고 있다. 학교교육을 마친 성인들도 사회발전에 따른 새로운 지식·기술·제도를 계속적으로 배워야 할 현실적 필요도 있지만, 급속히 변화해 가는 현대사회 속에서 학교교육에서 다루지 못하는 지식 · 기술 · 방법 · 제도 등을 배울 필요가 있다.

(5) 도시화

현대사회는 도시화(urbanization)를 지향하는 또 하나의 특징이 있다. 도시화란 인구의 도시 집중에 수반되는 일련의 광범위한 사회변화를 통틀어서 말한다.

한국사회의 도시화 경향을 살펴보면, 해방되기 바로 전 해인 1944년에 도시인구 비율은 불과 13%정도였으나 약 10년이 지난 1955년에는 25%, 그리고 약 10년이 지난 1966년에는 전 인구의 약 1/3나 되는 34%가 도시인구였다. 또한 1979년에는 도시인구가 전체 인구의 반이 넘는 53%였다. 2000년을 전후하여 인구 4명 중 3명이 도시인구였고, 드디어 2015년에는 도시지역 인구비율 91.6%로 역대 최고수치에 이르렀다.

인구가 도시에 집중하는 요인을 배출 요인(push factor)과 흡인 요인(pull factor)으로 나누어 설명하는 것이 일반적이다. 인구가 정치 · 경제 · 문화활동의 중심지인 도시에 집중하는 것은 자연스러운 현상으로 볼 수도 있으나, 도시의 흡인 요인보다도 농촌의 배출 요인이 강력히 작용하는 경우가 많다고 할 수 있으며 그 구체적인 양상은 사회마다 동일하지 않다. 우리나라에서 1960년대 중반까지는 농촌생활의 낙후성이 농촌인구를 도시로 모이게 하는 배출 요인으로 크게 작용했다고 보고 있다. 그 후 차차 공업화에 의한 도시지역에서의 고용기회 증대와 도시생활의 전시효과, 도시 문화시설의 유인 등이 흡인 요인으로 작용했을 것으로 보인다. 그러나 1960년대 후반기에 접어들 때까지는 공업화에 의해서 생겨난 취업 기회가 농촌인구를 도시로 끌어내는 데 크게 영향을 미쳤다고 보기는 어렵다.

전술한 바와 같이 도시화는 단순히 인구의 도시 집중만을 초래하는 것이 아니라 가족구조, 가치관, 생활양식 등 광범위한 영역에 걸쳐 문화 수용을 가져온다. 가족의 소규모화와 핵가족화, 개인주의의 발전, 다수로 즐길 수 있는 대중문화의 형성, 제2차 집단의 득세, 사회심리적 기동성 등은 도시화를 통해 일어나는 사회변화라고 할 수 있다.

그러나 도시화는 현대인에게 해결해야 할 많은 문제를 안겨주고 있다. 개인주의의 발전이 자칫하면 현금주의나 상업주의 등을 앞세우는 약삭빠른 개인을 배출할 수도 있으며, 사회문화 변동의 빠른 속도에 비례하여 외래문화의 흡수가 빨라져 가치관의 혼란을 빚어내고 사회적 통합을 약화시킬 우려가 있다. 또한 도시화는 여러 가지 병리적 현상을 수반할 수도 있다. 범죄, 소년비행, 알코올 및 마약중독, 매음(賣淫), 가정붕괴, 정신질환 등 현대의 모든 나라가 공통으로 지니고 있는 사회문제들은 도시화로 인해 빚어진 병리적 현상이라고 할 수 있다. 그 외 주택부족, 교통난, 대기오염, 빈민굴의 출현 등도 현대사회에서 심각한 문제이다.

(6) 세계화

끝으로 현대사회는 세계화를 지향하고 있다. 신속하고 대량화된 교통·통신 수단의 발달 그리고 이에 따른 대량화된 문물과 신속한 정보의 교환은 이 세계를 하나의 세계로 만들고 있다. 특히 2016년에 개최된 리우 올림픽의 각종 경기 실황을 TV나 컴퓨터, 스마트폰을 통해 전 세계에서 함께 볼 수 있었던 것은 곧 세계가 하나임을 실감케 하는 것이라고 하겠다.

매스 미디어를 통해 우리에게 전달되는 여러 가지의 정보를 보면 그 정보원이 그야말로 세계의 각처에서 온 것임을 알 수 있다. 안방에서 세계의 각처를 듣고 볼 수 있다는 것은 곧 세계의 모든 것이 서로 지척에 있음을 뜻한다. 이렇게 세계가 점점 작아진다는 사실은 한편으로는 세계에 사는 사람들의 생활공간, 심리공간 또는 문화공간이 광역화되어가고 있음을 의미한다. 그리고 이와 같은 광역생활권의 출현은 필연적으로 국제 간 교류를 활발하게 하기 위한 국제기구를 등장시키고 있다. 국제연합(UN)과 그 산하의 스포츠 기구, 학술 기구, 문화 기구 등 일일이 열거하기 어려울 만큼 많은 기구가 생겨나서 정치·경제·사회·문화의 교류를 활발히 진행시키고 국제 간 이해를 증진시키고 있다.

세계화 현상은 또한 우리나라를 세계 안의 대한민국으로 변모시키고 있다. 비록 대한민국이 지리적으로는 작은 한반도에 자리 잡고 있을지라도 그 생활공간과 의식공간은 세계를 포함해야 한다. 정치·경제·사회·문화뿐만 아니라 학술·외교·군사·교육 등 모든 분야의 활동에서 한국인의 의식공간은 세계적이어야 한다는 것이다. 세계화는 우리에게 이질문화의 끊임없는 소화와 주체성의 확립이란 점에서 문제를 던져주고 있다. 세계에서 일어나는 모든 사항이 즉각적으로 또 동시에 세계에 전파되고 있는 현대사회에서는 세계 각처에서 발생하고 있는 지식·기술·조직·제도·주의·가치관·사상 등이 빠른 속도로 상호 접촉하고 침투하게 된다. 그리하여 현대인으로 하여금 계속적으로 이를 흡수 및 소화하며 이에 적응하기를 요구한다.

사실상 오늘날의 세계는 좁은 의미에서 순수하게 민속문화를 온전히 보존하고 있는 사회는 하나도 없다고 해도 과언이 아니다. 전 세계의 모든 나라가 이질 문화와의 상용이라는 역사적 과정을 통해 복합적으로 이루어진 문화를 가지고 있다. 그리고 문화상용의 과정은 필연적으로 이질 문화를 흡수·소화해야 할 현대인에게 여러 가지 갈등과 고뇌를 주게 된다. 그것은 계속적으로 밀어닥치는 이질문화 속에서 주체의식을 상실할 우려가 있고 반대로 주체의식을 너무 고집하고 이질문화에 대해 배타적인 입장에 서게 되면 시대착오적인 아집과 쇄국성에 빠질 우려가 있기 때문이다.

결론적으로 위에서 지적한 문제들은 현대사회의 세계화가 궁극적으로 인류 공동사회의 복지를 증진시키고 공공의 이익을 추구한다는 목표 아래 국제적 이해 증진과 인류의 공동유대감을 강화한다는 입장에서 해결되어야 할 것이다.

2) 현대사회와 교직관

가르치는 사람으로서의 교원의 존재는 인류의 역사 속에서 교육이 있음과 동시에 생겼다고 할 수 있다. 인류 역사가 문화의 계승 및 발전에 의해 면면이 이어져 왔음을 감안할 때에 조상들이 일구고 향유한 문화는 사회화(socialization)를 통해 다음 세대에 이어지기도 한다. 그러므로 사회화 기능으로서의 광의의 교육 기능은 인류의 역사와 함께 먼 옛날부터 모든 사회에 존재해 왔으며 따라서 교원의 존재도 교육의 역사와 함께해 왔다는 것은 당연한 논리이다. 그러나 오늘에 이르기까지 교육의 발전과정에서 교원의 직무와 역할은 시대와 사회를 배경으로 계속적인 변화를 겪어 왔다.

근대사회 출연 이전만 해도 교직은 특정계급, 대개는 지배계급만을 위한 직업이었다고 해도 과언이 아니다. 그러나 근대사회의 출현과 함께 교직 교육인구의 급격한 증가와 더불어 근대사회의 중요한 직업계층을 형성하고 교직의 본질에 대한 논의도 활발하게 이루어졌다. 따라서 현대사회에서의 교원이라는 직업 또는 교원의 직무는 학교교육제도의 출현과 함께 생겼다고 할 수 있다. 학교교육의 출현과 더불어 생겨난 '교직에 어떤 사람이 적합한가'의 문제는 직업세계에서 매우 중요한 문제가 되고 있다. 다시 말해 현대사회에서 어떤 사람이 교원이 되느냐 하는 문제는 교직관과 밀접한 관련을 갖는다. 그것은 교원의 직무가 무엇이냐에 따라 요구되는 교원으로서의 조건이 다를 것이며 교원으로서의 조건을 결정하는 것은 교직관이기 때문이다.

교직관이란 교직이라는 직업의 본질과 교직이라는 직무의 기본성격을 어떻게 보느냐와 관련된 개념이다. 교직관은 교직에 대한 지각을 의미하지만, 여기에는 인지적 측면만이 아니라 교직에 대한 태도나 가치관도 함께 수반되는 개념이라고 할 수 있다.

교직관은 일반적으로 크게 세 가지 유형으로 구분된다. 그 하나는 성직관이요, 두 번째는 노동직관이며 다른 또 하나는 전문직관이다. 각각의 유형마다 교원으로서의 직무와 역할을 뚜렷하게 구분할 수 있는 의미를 내포하고 있다. 성직관은 교직을 목사직이나 승려직과 같이 인간의 영혼과 정신을 다루는 정신적 활동을 하는 직업으로 보고 세속적인 것을 멀리 하면서 오로지 사랑과 헌신, 희생과 봉사로서 교육에 전념해야 한다는 것이다. 교직을 성직으로 보는 입장은 오랜 역사 속에서 시대와 사회를 초월하여 이상적인 교사상을 이룩하는 데 절대적인 역할을 해 왔다고 할 수 있다. 노동직관은 성직관과 극히 대조적인 입장을 취하는 것으로, 교직도 하나의 노동직이며 교육활동의 대가로서 당연한 보수를 받고 근무조건의 개선을 위한 노동 3권의 행사도 정당화하려는 노력을 하고 있다. 우리나라에서는 1963년에 개정된 「교육공무원법」에 의해 교원이 노동권을 행사할 수 없게 되어 있으나 일부 국가(예: 미국의 교원조합, 일본의 교원조합 등)에서는 이를 용인하고 있다. 전문직관은 교직을 일반직과 구분하여 그 전문성을 인정하고 교직종사자의 자격을 엄격히 하며 교육활동에 대한 윤리성을 강조하고 전문성 신장을 위한 계속적 노력을 해야 한다고 본다. 이와 같은 전문직관은 성직관과 이에 대조되는 노동직관을 통합하여 보다 높은 차원에서 일원화한 것이라고 할 수 있다.

교직의 본질은 단순히 성직이나 그와는 대조적인 노동직으로 보는 입장을 초월하여 그것을 전문직으로 규정하려는 견해는 오늘날 광범위하게 받아들여지고 있다(김종철 외 6, 1992). 그것은 성직관과 노동직관의 변증법적 통합이요 그 장점을 통합하려는 관점이며 입장이라고 할 수 있다. 교직을 단순한 노동직이 아니라 지성적 · 정신적 활동을 위주로 하는 직업으로 보는 점에 있어서나 그것을 이기적 활동이 아니라 이타적 동기에서 출발한 봉사활동으로 규정짓는 점 그리고 고도의 자율성과 윤리성을 강조하는 점 등에 있어서 그것은 성직관에 접근한다. 그러나 전문직관에 있어서는 교원의 자질 향상과 교권 확립, 사회 · 경제적 지위향상을 위해 교직단체를 구성하고 보다 적극적이고 진취적으로 교원의 권리 신장과 지위 향상을 쟁취해야 한다고 주장한다. 다만 일부 국가를 제외하고 대부분의 경우에 있어 교원의 단체행동권, 즉 동맹파업권에 대해서는 이를 부인하거나 유보하는 것을 전제로 하고 있다는 점에 있어 노동직관의 입장과 상이하다.

전문직관에서 본 교직관은 첫째, 그 전문성을 확보하기 위해 장기간에 걸친 교육과 훈련을 받을 뿐만 아니라 지식과 기술의 폭발적 증대와 사회변화에 대비하여 계속 연구해야 한다. 둘째, 교원에게는 엄격한 자격기준이 적용되어야 하며 부적격한 자는 도태되어야 한다. 셋째, 교원은 고도의 자율성과 더불어 사회적 책임성을 지녀야 하며 이를 위해 교원윤리의 정립 및 교권의 확립이 전제되어야 한다. 넷째, 교원은 전문직 단체를 통해 자질의 향상, 지위의 향상 및 교육정책에의 참여를 보장받아야 한다. 예컨대 전문직에 대한 인식이 그러하듯이 전문직관의 입장에서 본 교직관은 성직관이나 노동직관에서 본 교직관을 통합하여 보다 높은 차원에서 일원화한 것이나 다름없다고 할 것이다. 다만, 세 가지 유형이 저마다 독특한 강조점을 갖는 것과 마찬가지로 각 입장에서 본 교직관 또한 서로 의미를 달리하는 특색을 가지고 있으며, 국가에 따라 또는 단일국가 내에서도 교직단체의 종류에 따라 그리고 궁극적으로는 교원 개개인에 따라 서로 견해와 관점을 달리하여 기대하는 바도 다르다고 하겠다.

2. 현대사회에서의 교원의 위상

1) 현대사회와 교육의 중요성

현대사회의 대체적인 특징은 전술한 바 있지만 교육과 관련하여 그 특징을 논한다면 교육 경쟁의 시대, 교육 폭발의 시대, 지식정보의 시대이며 교육의 위기가 도처에서 고조되기도 하는 독특한 시기(김종철 외 6, 1992)라고 규정할 수 있다. 따라서 이러한 제현상이 복합적으로 혼재하고 있는 현대사회에서의 교육의 중요성을 몇 가지로 제시하면, 그 내용은 다음과 같다.

첫째, 사회적 기대의 상승을 빼놓을 수 없다. 오늘의 사회성원들은 옛날의 정적인 사회에서의 조상들과는 근본적으로 다른 심리적 동기화의 계기를 다양하게 가지고 있다. 우선 매스미디어를 접하면서 나도 남들과 같이 잘 살아야겠다는 의욕이 넘쳐 있다. 교육의 보급은 그러한 과정을 더욱 가속화시키고 있을 뿐만 아니라, 그 결과가 다시 원인이 되어 인간의 기대 수준을 향상시키는 요인으로 작용하고 있다. 격동하는 사회변화의 와중에서 인간의 욕망이 팽창되고 청빈에 안주하거나 세상만사를 운수소관으로 돌려 안분하는 따위는 어리석은 자만의 길, 낙오자의 길이라고 생각하는 경향이 팽배하게 되었다. 이와 같은 경향은 욕망의 빈곤을 극복하고 발전과 개척을 촉진하는 촉매로서 중요한 역할을 하고 있는 일면도 있다. 반면, 지나친 욕망과 상승된 기대의 충족이 미흡함으로써 갖가지 사회적 불안을 조성하는 경우도 허다하게 되었다. 아무튼 그와 같은 욕망과 기대수준의 상승이 일어남으로써 인간으로 하여금 보다 나은 교육을 받도록 동기화하는 데 중요한 역할을 하게 되었음은 부인할 수 없다.

둘째, 교육의 기회균등 사조의 보편화를 들 수 있다. 『민주주의 교육(Democratic Education)』의 저자인 J. S. Coleman은 "기회균등은 현대사회의 모든 국면에 침투되어 있는 윤리적 지상 과업(ethical imperatives)"임을 강조하였다. 사실 오늘날과 같이 인간이 기회균등의 원리를 강조했던 때는 일찍이 없었다. 교육에 있어서도 「세계인권공동선언(1948)」 제26조의 교육조항이나 대한민국 「헌법」 제31조의 교육조항에서 볼 수 있듯이, 이 원리는 엄연히 살아있으며 당위의 규범으로서 사회적 이상으로서 강력한 영향력을 행사하고 있다. 의무교육의 연장, 중등교육의 보편화, 고등교육의 대중화, 사회교육의 진흥, 특수·유아교육의 발전 등 모든 교육의 발전과 성장이 이와 같은 원리와 이념에 직결되어 있음을 간과할 수 없다.

셋째, 교육은 개인의 자기실현과 복지향상의 수단을 넘어서 국가발전의 원동력이 된다는 사조가 크게 대두되고 있다는 사실이다. 19세기까지만 해도 교육은 주로 개인의 자기완성과 자기발전이라는 관점에서 고찰되었다. 그러나 오늘날 교육은 국가와 사회의 보존과 발전을 위한 원동력으로서 더욱 그 중요성이 인식되고 있다. 교육은 개인적 목적보다는 경제성장, 사회개혁, 문화창달 등을 위한 강력한 수단으로 인식되고 있으며 국가나 사회가 교육에 대해 보다 깊은 관심과 배려를 쏟고 있는 것은 이와 같은 관점에 기인하는 것이다. 이와 같은 인식은 국가와 사회로 하여금 교육에 대해 보다 깊은 정책적 배려를 가하도록 촉구하고 있는 셈이다.

넷째, 우리는 국제화·개방화와 인력의 교류 증대가 교육을 촉진시키는 작용을 하고 있음을 주목해야 한다. 세계는 정보통신과 교통의 발달을 비롯해 과학기술의 진전을 촉매로 하여 유례없이 시간과 공간을 단축시키고 있으며 교육과 인력 면에서도 교류가 활발해지고 있다.

특히, 우리나라는 2014년 현재 세계 각국에 730만 명의 재외동포들이 있다. 세계 각국으로부터 관광 및 기타의 목적으로 우리나라를 방문하는 외국인의 수는 지난 2010년 880만 명에서 2015년에는 1천324만 명으로 나타났다. 특히 우리나라에 유학을 온 외국인 학생 수는 2004년 16,832명에서 2014년에는 84,801명으로 증가했다. 이와 같이 국제화·개방화가 촉진되고 교류가 확대됨에 따라 우리는 교육의 발전 면에서 끊임없이 자극받을 뿐만 아니라 교육경쟁을 촉진할 수밖에 없는 처지에 진입하게 되었음은 주지의 사실이다. 그리고 이와 같은 추세는 최근에 이르러 날로 가속화되고 있음을 간과할 수 없다.

끝으로 평생교육의 이념과 사조가 교육의 폭발을 가속화시키고 교육의 중요성을 가일층 깨닫게 하고 있음을 지적하고자 한다. 평생교육의 개념은 1960년대 중엽부터 P. H. Coombs와 P. Lengland 등 선구적 학자들에 의해 강조되기 시작했고, 1970년 세계교육의 해(International Educational Year)를 기해 전세계적으로 번져 나갔다. 현행 우리나라 「헌법」에서도 '국가는 평생교육을 진흥하여야 한다'라고 명시되어 있다. 이에 앞서 1970년대 UNESCO 주관으로 『내일의 교육(Learning to Be, 1972)』, 『움직이는 교육'(Education on the Move, 1975)』 등 세계적 석학들의 편저로 이루어진 책들은 물론 갖가지 방법으로 평생교육을 제창하고 사회의 교육화를 강조하여 이른바 학습사회

(Learning Society)의 개념을 크게 창도했음도 주목할 만한 사실이다. 우리나라에서도 학교에서의 계속교육 기능의 강화, 직장연수 체제의 정비, 매스미디어의 활용을 통한 방송통신교육의 정비와 교육활동의 강화, 사회교육 및 성인교육의 진흥 그리고 인터넷을 통한 사이버학습 등 평생교육이 자리 잡고 성장해가고 있다.

이밖에도 더 많은 이유를 열거할 수 있다. 교육에 대한 사회 수요와 인력수요가 급격히 증대되고 사회의 격동과 불확실성의 시대에 직면하여 교육을 받는 것보다도 더 확실한 대비책이 없다는 개인적·사회적 인식이 점차 높아져가고 있음을 지적할 수 있다. 어느 사회, 어느 시대를 막론하고 교육은 그 나름대로의 중요성을 인정 받아왔다고 볼 수 있다. 그러나 일부 소수정예 또는 엘리트만을 위한 교육이 아니고 국민 전체와 대중의 교육기회를 확대시키고 전체사회, 전국민의 교육력을 극대화시켜야 한다는 사회적 인식이 팽배한 것은 오늘에 이르러서야 비로소 나타난 새로운 양상이고, 새 시대의 정신이라고 할 수 있다.

2) 교직에 대한 도전

교육활동의 주체인 교사가 담당하는 학생지도 영역은 크게 학습지도와 생활지도로 구분할 수 있다. 이 두 영역 중 어느 하나도 소홀히 다룰 수 없는 것은 재론의 여지가 없다. 그만큼 교원의 책임은 중차대한 것이어서 어느 시대든지 교원에 대한 기대는 컸다. 더욱이 현대사회는 교육활동 자체가 그 규모의 방대함과 기능의 복잡성 등으로 미루어 볼 때 교원의 역할이 만만하지 않다. 뿐만 아니라 한국의 교원들은 우리 사회가 안고 있는 각종 병리현상과 맞물려 더더욱 어려운 처지에 놓여 있다. 이러한 현실상황을 견주어 볼 때 총체적으로 교원 또는 교직에 대한 도전적인 시대상황이라고 할 수 있다.

교직사회에 대한 도전의 세계적 추세와 한국사회의 교원들이 안고 있는 특수한 도전 등을 고려하여 김종철 외 5인(1995)은 교직에 대한 도전을 다음과 같이 논의하고 있다.

첫째, 학생의 이질화가 커다란 문제로 등장하고 있다. 이는 중요한 도전으로 받아들여져야 한다. 대중화·보편화가 학생의 능력, 성격, 가정배경, 동기유발, 기타 학습 및 생활지도에 관련된 모든 면에서 이질화를 초래하고 있음은 논리적으로 수긍할 수 있다. 문제는 그와 같이 이질화된 학생들을 대상으로 어떻게 하면 학습지도와 생활지도 면에서 실효성 있는 교육효과를 나타낼 수 있느냐의 문제이다.

또한 어떻게 해서 이질화·대중화의 추세 속에서 교육의 수월성을 추구할 수 있느냐 하는 문제이다. 특히 우리나라의 경우 평준화 시책의 추진에 따라 한국교육에 있어서의 이질화 현상은 중등단계에까지 확대되고 있다. 그것은 나름대로 정책목표 달성에 기여한 바 있고 그 나름대로 장점을 가지고 있다. 그럼에도 불구하고 학생의 이질화 심화가 교육에 있어 새로운 문제점이 수반·제기되었으며 중대한 도전이 되고 있음을 부인하기는 어렵다. 그것은 학습지도상에 있어 새로운 창의를 필요로 하게 되었고 학생문제의 증대에 대비하여 새로운 지도방법의 창출을 촉구하고 있다는 점만으로도 힘겨운 도전이 아닐 수 없다.

둘째, 학부모의 지식 수준이 향상되고 그들과 학생 및 사회일반의 기대수준도 상승하고 있다. 뿐만 아니라 그들의 기대 사이에 갈등까지 심하기 때문에 어느 장단에 맞춰 춤을 춰야 할지 분간하기 어려움 점이 있다. 오늘날 학부모와 사회일반은 교육·문화의 향상 보급, 매스미디어의 역할 증대 등으로 인해 때로는 교사를 앞지르는 전문적 지식과 기술을 갖게 되었다. 낡은 지식 교육만 가지고서는 그들의 기대수준에 부응하기란 어렵다. 끊임없이 자기연찬과 자질 향상이 요청되는 까닭도 이러한 사실에 귀착된다.

뿐만 아니라 학부모와 사회는 그 자체가 다양한 구성원으로 되어 있으며 다원화된 가치관을 가지고 있다. 그들 사이의 갈등은 물론, 그들의 기대와 교육 본연의 이념 사이에도 현실적인 갈등이 있다. 예컨대 많은 학부모는 일류

학교에의 입학에만 집중하고 전인적 교육에 대해서는 형식화된 주장을 내세우고 있는 경우가 허다하다. 교원으로서 그들의 기대에 부응하면서도 교육 본연의 길을 굳건히 지켜 나가기란 용이한 일이 아니다.

셋째, 가장 심각한 문제 중 하나는 교권의 확립이 미흡하다는 점이다. 교권은 교육자로서 교육을 위해 학생에 대해 가지는 교육권을 의미하는 경우도 있고 보다 넓게 교원의 자질과 능력, 교원에 대한 학생과 학부모 및 사회의 존경과 대우 등을 포함하여 교사가 가지는 권위로 생각할 수 있다. 그것은 법적으로 보장되고 사회적으로 유지되고 있을 뿐만 아니라 교원 자신의 능력과 노력에 의해 유지·발전되고 있다. 교권은 교원이 학생지도에 있어 불가결의 조건이며 그 책임완수를 위한 기본 요인이다. 그러나 그것은 학생은 물론 학부모나 사회가 그것을 인정해 주는 한도 내에서만 권위로서 성립되며 이른바 수락의 한계(area of acceptance)를 가지고 있다.

근래에 여러 가지 이유로 말미암아 교권의 확립이 미흡함은 교육발전의 중대한 저해 요인으로 간주되고 있다. 따라서 교권의 확립은 교원에 대한 중대한 과제요 도전이 아닐 수 없다. 교권의 확립은 소극적으로 교권침해 사건을 처리하여 교원의 피해를 극소화하는 데 그치지 않는다. 오히려 교권을 적극 신장함으로써 교권침해를 예방하고 모든 학생과 그 주위에 있는 인사들로 하여금 교원을 존중하고 신뢰하는 풍토를 조성하는 데 역점을 두어야 한다는 것이 정설이다. 그러나 그것은 교원들 자신의 윤리의식 확립과 능력 향상은 물론 교원에 대한 사회·경제적 지위의 향상을 도모함으로써 가능한 일이다. 이는 앞으로의 중요한 과제요, 새로운 도전이 아닐 수 없다.

3. 현대사회에서의 교사의 과제

1) 현대사회에서의 교사의 지위

한 개인이 사회 속에서 다른 사람과의 관계에 의해 형성되는 사회적 위치를 지위라고 한다. 그러므로 사회적 지위는 개인과 개인 간의 관계를 나타내기도 하고, 또 사회 구조적인 측면에서 볼 때에는 개인이 전체 사회의 구조적인 틀 속에서 어디에 위치하고 있는가를 나타내게 된다(정우현, 1995). 현대사회의 구조적인 틀 속에서 교사는 어디에 위치하고 있는가의 문제는 매우 중요하다. 외부에서 교사에 대한 지위매김이나 교직에 몸담고 있는 교사 자신이 교사의 지위를 어느 정도라고 인식하고 있는지 등은 교육활동의 성패 가늠에 중요한 변인이 되기 때문이다.

일반적으로 교사의 지위를 논할 때 사회·경제적 지위로 구분해서 이야기한다. 그런데 이 두 측면에서 보는 교사의 지위는 크게 높은 위치를 점하지 못하고 있다는 점과 교사의 사회적 지위가 점차 낮은 것으로 인식되어 가는 추세라는 데 문제의 심각성이 있다. 사실 사회참여의 입장에서 볼 때, 교사의 사회적 지위는 가늠하기가 매우 어려운 것이 사실이다. 왜냐하면 교사는 흔히 사회계층적 측면에서 보면 사회계층을 구성하는 직업군(職業群) 가운데서도 분명히 중류층에 속해 있는 데 반해 교사의 사회적 출신, 가르치는 지역사회의 특성, 교사의 사회적 접촉의 범위, 지역사회의 행사참여 방식에 따라서도 사회적 지위가 크게 달라질 수 있기 때문이다. 따라서 현대사회에서 주어지는 교사의 사회적 지위는 한 마디로 꼬집어 말할 수는 없고, 다만 일반적인 통념으로 가늠할 수 있는 몇 가지 요인을 통해 살펴볼 수밖에 없는 실정이다.

그런데 일반적으로 오늘날 교사의 사회적 지위는 그것이 경제적 측면이든 아니면 사회적인 측면이든 간에 낮게 평가되는 경향이다. 교원의 사회·경제적 지위를 비교하면 대학교수, 중등교사, 초등교사 모두 사회·경제적 지위가 낮은 것으로 인식되고 있다. 이에, 교원의 사회·경제적 지위가 점점 낮아지고 있는 점을 감안하여 그 원인을 살펴보는 일 역시 매우 중요한 작업이다. 교원의 지위는 여러 가지 요인이 복합적으로 작용하는데, 그 중에서도 교직이 지니고 있는 속성과 교직이 처해있는 환경적 측면에서 정우현(1995)은 다음과 같이 지적하고 있다.

첫째, 교직이 지니고 있는 주변성(marginality)과 관련된 문제인데, 계급적인 질시현상(嫉視現像)과 교직 자체가 지니고 있는 주변성과 관련된 문제도 포함된다고 볼 수 있다.

교사의 출신배경을 살펴보면, 역사적으로 교사는 상류층이라기보다 오히려 중(中) 또는 중하(中下)출신 계층의 사람들이 교육적 성취에 의해 교직에 진출한 경우가 많은 것으로 나타나고 있다. 이는 우리나라만의 현상이 아니고 전세계적인 현상이기도 하다. 교직이 성취에 의해 이루어졌음은 교직에 종사하고 있는 자들이 교직보다 낮게 평가되는 계층의 출신자들로 구성되고 있다는 점을 반증한다. 대부분의 사람들이 개인이나 집단을 평가함에 있어 과거에 그가 어떤 일을 했고, 그 집단이 어떠했는가를 중심으로 평가하는 경우가 많다. 따라서 교직이 아무리 그 임무에 있어서 전문직의 대열에 속한다고 해도 출신배경에 있어서 그와 배경을 지닌 계층에 대해 기성사회는 이를 용납하지 않으려는 경향을 음성적으로 보이게 됨으로써 일종의 계급적인 질시현상을 나타내게 된다. 이에 따라 일반인 특히 사회적으로 높은 계층에 속해 있는 사람들은 자기 자녀의 장래를 위해 교사와 대면할 때는 상당한 예우를 하면서도, 뒤돌아서면 마치 자기와의 겸연쩍은 관계를 무마시키려는 듯이 교사를 보다 비하시켜 말하게 된다. 이는 W. Waller가 교사에 대한 상반된 관념을 지적한 바와 같다.

Waller(1932)는 일반인의 교사에 대한 관념을 상반된 두 가지 차원에서 언급하고 있다. 그것은 희화화(戱畵化)된 비호의적인 교사상과 이상화(理想化)된 호의적인 교사상이다. 즉, 교직은 한편으로는 존경되기도 하고 다른 한편으로는 경시되고 있다는 것이다. 교직은 성직(dedicated service)이라는 차원에서 명예롭게 여기기도 하며, 다른 차원에서는 누구나 다 할 수 있는 손쉬운 일(easy work)로 평가절하하기도 한다. 바로 이러한 점에서 교직은 주변성을 지니게 되고 사회적으로도 낮은 평가를 받게 된다.

또한 교직은 권위의 원천과 관련하여 주변성을 지니게 된다고 지적되고 있다. Webb(정우현, 1995. 재인용)은 M. Weber의 권위의 유형에 근거하여, 교직의 권위를 지위적 권위(positional authority)와 개인의 인간적 권위(personal authority)의 두 가지로 나누어 설명하고 있다. 전자는 학교조직상의 지위에 의해 부여되는 권위로서 단지 교사라는 이유만으로 학생에게 교사에 대한 존경이 요구된다는 것이다. 이에 반해 후자는 제도적으로 부여되는 것이 아니라 교사가 지니고 있거나 행하고 있는 판단·경험·전문적 지식에 대한 신뢰로부터 우러나오는 권위이다. 여기에서 교사는 학생과의 관계로서 생각해야 하고, 다른 한편으로는 학생과의 대면관계를 유지해 나가야 한다는 점에 있어서 어떠한 갈등의 문제에 휩싸이게 된다. 말하자면 교육관료제와 전문직 사이의 갈등문제에 봉착할 수 있다는 것이다. 이러한 점뿐만 아니라 교사의 전문성이라는 것도 성인에 의해 판단되는 것이 아니라 아직 형성기에 있는 학생들에 의해 판단된다는 점에서 또한 교직의 전문성에 이의를 제기하는 경우가 있다. 이 때문에 교직은 전문직과 관료제 사이의 주변성을 면할 수 없으며 이것이 교사의 사회적 지위형성에 영향을 미친다고 볼 수 있다.

둘째, 경제적인 처우 및 심리적 보상문제와 관련하여 교직이 낮게 평가되고 있고 이것이 교사의 사회적 지위형성에 영향을 미친다는 점이다. 경제적 측면에서 교사의 처우문제는 입직(入職) 시에는 대체로 일반직 공무원, 군 공무원, 대기업 사원 등과 비슷한 수준을 유지하고 있는 것으로 나타나고 있다. 그러나 근무연한을 중심으로 보면 타직 종사자들의 보수액이 근속연한이 길어질수록 급격하게 높아지는 데 비해 교사의 경우 매우 완만한 수준으로 밖에 증대되지 못하고 있어 교사의 경제적 지위를 낮게 만들고 있다는 것이다. 이는 교사의 승진문제와도 깊이 관여되고 있다.

교직에 들어오게 되면 그가 교감이나 교장으로 승진하지 않는 한 교직 경력이 30년이 넘어도 평교사인 채로 교단에 서게 된다. 이는 이제 갓 들어온 신임교사와도 동일선상에서 교사를 평가하게 됨에 따라 교직에 대한 사회적 지위형성에 있어 부정적 영향을 미친다는 것이다. F. Herzberg가 강조한 바와 같이 조직 내에서 인간의 만족 요인은 책임감의 증대, 성취도, 성취에 대한 인정, 지식 및 능력의 증대 그리고 승진 등이 있는데, 교직에 있어서 특히 승진 등이 제한되고 있기 때문에 오늘날의 관료제사회에서는 서열 중심으로 사회적 지위를 평가하는 경향이 있다. 바로 이 같은 관점에 따라 교직도 영향을 받을 수밖에 없게 된다.

셋째, 교직의 여성화 경향과 관련하여 낮게 평가된다는 점이다. 남성 중심의 전통적 사회에서 여성의 지위는 상대적으로 낮게 평가되어 왔다. 이와 같은 경향에 따라 과거에 남성 중심으로 운영되던 직업이 여성으로 충원되는 직업은 거의 예외 없이 그에 대한 사회적 평가가 낮아지는 경향이 있다. 이는 직업사회학의 관련 연구물에서 이미 밝혀지고 있는 사실이다. 여성의 교직진출이 한편으로는 여성의 사회진출 측면에서 바람직한 것으로 인식되고 있다. 양성평등을 부르짖고 있기는 하나, 사회·경제적 지위가 높은 직종의 남성 비율이 현저히 높은 남성 중심 사회에서는 이러한 경향이 오히려 교직의 지위를 일반인들이 낮게 인식하는 근거로 작용했다고 추론해 볼 수 있다. 이는 교직이 여성에게 있어 매력적인 직업으로 자리매겨지고 있는 현상과도 밀접한 관련이 있다고 본다.

사회인들이 교직을 바라보는 태도에 따라 교사의 사회적 지위가 좌우된다는 것을 감안할 때, 교직의 여성화 경향은 그것이 비록 직접적인 것은 아닐지라도 어떤 영향을 미쳤다는 것은 부인할 수 없다고 판단된다.

2) 교원문화의 창출

현대사회의 교사는 두 가지의 큰 양면성 속에서 방황하고 있다고 해도 지나치지 않다. 모든 교육활동의 성패는 교사의 손에 달려 있어서 질 높은 교육을 실천해 달라는 사회적 욕구와 다른 한편으로는 그런 요구에 걸맞은 사회·경제적 지위 확보나 대우는 받지 못하고 있음을 교원 자신이 잘 인식하고 있다. 교원 스스로가 교직에 대한 자긍심을 갖도록 사회·경제적 여건이 조성되지 못하고, 사회의 인식마저 교원의 어깨를 처지게 한다고 해서 가만히 앉아서 이런 문제를 그저 수동적으로 대처할 수도 없는 일이다. 그러므로 교직에 몸담고 있는 교원 모두가 돌파구를 찾아나서는 적극성을 보여야 하겠다. 그러기 위해서는 우선 바람직한 교원문화의 창출이 선결과제라고 보고 이에 관한 몇 가지 논의를 해 보고자 한다.

첫째, 역사적 안목과 사회통찰력을 가져야 한다. 현대인들은 급격하게 변화하는 사회에서 생활하고 있다. 우리는 지금 이 순간에도 일상생활에서 큰 변화가 일어나고 있음을 피부로 느낄 수 있다. 따라서 현대의 교사는 우리의 과거·현재·미래를 제대로 내다볼 줄 아는 역사적 안목과 변화무쌍한 미래사회를 객관적으로 분석하고 통찰할 수 있는 능력을 지니고 있어야 한다. 이것을 한기언(1973)은 역사적 감각 또는 역사의식이라고 지적했다. 더욱이 교사는 남의 사표가 되는 사람인만큼 그가 지니고 있는 예민한 역사적 안목 여하가 그에게 가르침을 받는 수많은 피교육자에게 지대한 영향을 미치기 때문에 더욱 그러하다.

무릇 지도자가 되는 사람은 올바른 방향 감각을 지니고 있어야 한다. Napoleon의 침공으로 조국이 위기에 처했을 때 프러시아의 장래를 걱정한 J. G. Fichte는 교육의 힘으로 무참하게 무너진 독일인의 도의적 재건과 애국적인 인간 배양을 외침으로써 마침내 독일을 통일로 이끄는 길잡이 역할을 했다. Fichte의 예리하고 투철한 역사적 안목은 유명한 그의 연설 「독일 국민에게 고함(Reden an die deutschen Nation, 1808)」에 잘 나타나 있다.

한편, 현대의 새로운 교육사조는 변천하는 사회의 앞길에 서서 오늘의 교육을 바르게 정하자는 것이다. 이것은 과거부터 내려온 교육을 있는 그대로 받아들이는 것이 아니라, 오늘의 정치·경제적 상황과 여러 사회·문화적 문제를 진지하게 분석해 봄으로써 내일의 사회를 전망해 보고 새로운 교육계획을 세워 나가자는 것이다. 이렇게 할 때 우리는 '백년지대계'로서의 교육을 세울 수 있는 것이다.

둘째, 교권신장을 위해 함께 나서야 한다. 교사가 교육을 행하는 데 있어 자기의 권위를 보장받지 못할 때 교육이 제대로 올바르게 행해지기를 기대할 수 없다. 권위는 주위 사람들이 인정하는 범위 내에서만 존재하며 교육에 관한 한 학생들이나 학부모 그리고 사회가 교사의 막중한 임무를 인식하고 그를 존경하며 교사의 교육 행위에 관한 결정에 기꺼이 따를 때에 비로소 교권이 서는 것임은 분명하다.

그러나 오늘날 교육현실을 살펴보면 교권이 침해당하는 경우가 많으며, 불행히도 법정에까지 번지는 사례가 허다하다. 이런 현실에 대한 책임은 교사 자신뿐만 아니라 사회 전체의 책임이라고 할 수 있다. 따라서 교육풍토를 바로 잡아 교사들의 권위를 인정하며 그들의 자율성을 존중해 주는 건전한 분위기를 조성해야 한다. 이러한 풍토가 조성되었을 때 교사들은 그들의 자율성과 그에 따른 책임을 느껴 올바른 교육을 하려고 스스로 노력하게 된다. 앞으로의 과제는 교사, 학생, 학부모 및 사회의 모든 단체들이 교권을 존중해주는 노력을 해야 하며 특히 행정 당국의 책임이 막중함을 인정하지 않을 수 없다.

셋째, 인성의 통합성을 지닌 교사가 되어야 한다. 교사는 교사이기 전에 한 인간이 되어야 한다. 인간답게 살고 인간답게 즐기며 인간답게 사랑하고 인간답게 인생의 뜻을 발견하며 스스로 인간임을 알고 지낼 수 있는 인간이어야 한다는 것이다. 더구나 교사는 항상 자라나는 청소년들과 생활을 같이 해야 하므로 원만한 인성의 소유자가 되어야 한다. 교사로서의 참된 인간성은 그의 사람됨에서 풍겨 나는 것이므로 교사는 먼저 자신의 인격부터 수양하지 않으면 안 된다.

앞에서도 지적했듯이 교육이 단순히 지식을 전달하는 데에서 끝나는 것이 아니라면, 그리고 참된 교육이 교사가 학생들에게 부지불식간에 주는 인격의 감호라고 한다면, 이 인성의 통합성은 교사가 갖추어야 할 조건으로서 가장 중요하다고 하겠다.

교사의 바람직한 인성적 특성에 대해서 몇 가지 부연하면 다음과 같다.

- 인성의 통합성을 지닌 교사는 본질적으로 제자를 사랑한다.
- 인성의 통합성을 지닌 교사는 제자를 극진히 사랑하면서도 인정에 휩쓸리거나 정실에 빠지는 것을 크게 경계한다.
- 인성의 통합성을 지닌 교사는 제자에 대해 솔선수범하는 동시에 사제동행하는 자세를 견지한다.
- 인성의 통합성을 지닌 교사는 학교사회에서는 물론, 그가 속해 있는 사회조직체 내에서 협동과 화합의 선도자가 되는 동시에 실천자가 된다.

넷째, 폭넓은 교양과 전공분야에 탁월한 실력자가 되어야 한다. 유능한 교사는 우물 안의 개구리로 만족할 수 없다. 유능한 교사는 모름지기 문화의식이 높은 교양인이라야 한다. 왜냐하면 그는 단순히 교과서의 지식만을 전달하는 데 그치는 것이 아니라, 전인(全人)으로서의 여러 측면을 골고루 발전시키는 참된 의미의 교양인을 길러 내는 것을 사명으로 하기 때문이다. 그러므로 교사는 언제나 젊은이들로 하여금 보다 풍부한 생활을 할 수 있도록 이끌어 주어야 한다. 그는 학생들에게 단순한 지식의 안내자로 그쳐서는 안 되며, 보다 나은 생활과 보다 풍부하고 뜻있는 생활에의 안내자 구실을 다해야 한다. 그러기 위해서 역사를 비롯해 문학・종교・철학・음악・미술 등의 세계를 폭 넓게 이해해야 하고, 인생과 문화의 본질도 보다 폭 넓게 파악하여 마침내 삶의 의미를 바르게 깨닫도록 인도해 나가야 한다.

다음으로 교사는 자기가 담당하는 어느 특정한 분야(과목)에 대해 자신있게 가르칠 수 있어야 한다. 특히, 중등학교 이상의 교육기관에 종사하는 교사들은 그의 전공 분야에 대한 준비가 철저해야 한다. 훌륭한 교사는 그들이 맡은 전공과 관련되는 기술 분야에서 탁월한 실력자가 되어야 하며, 더 나아가 문화의 전달자가 아니라 '문화의 재창조자'가 되어 기존의 문화재에 새로운 생명을 불어넣는 전문가가 되어야 하는 것이다. 그리고 유능한 교사는 학생들의 과학적 탐구력을 길러주는 데에도 각별히 노력해야 한다. 말하자면, 지식의 원천 역할을 해야 한다는 것이다. 그러기 위해서 교사는 항상 학생들의 사고력을 자극함으로써 생각하는 인간이 되도록 격려해 주어야 한다.

다섯째, 신체적 건강과 정신적 안정을 이뤄야 한다. 어떤 직업을 막론하고 건강한 신체를 요구하지 않는 직업이 없지만, 그 중에서도 교사에게는 신체건강을 필수적으로 요구하게 된다. 그 이유는 가르치는 활동이 거의 중노동에 가깝게 힘이 들기 때문이다. 그리고 교사가 건강하지 못하면 그 영향이 학생들에게 그대로 미치게 되기 때문이다. 그런데 최근에 와서 교사의 정신건강 문제가 신체건강 못지않게 중요한 조건으로 등장하고 있다. 늘 불안해하는 교사, 감정의 동요가 심한 교사, 학생을 다루는 데 있어 감상과 엄격이 교차하는 교사, 무엇에나 적의를 품고 비판·반항하는 교사, 교직에 있으면서도 학생들을 싫어하는 교사 등 이들은 모두 정신적으로 건강하지 못한 상태에 있는 것이다.

고대 로마의 시인 D. J. Juvenalis의 '건강한 신체에 건강한 정신이 깃든다(A healthy mind in a healthy body)'라는 명언처럼, 이 양자는 상호 밀접한 유기적인 관계에 있다. 정신적으로 건강하고 정서적으로 안정되어 있는 교사는 자신이 처해 있는 위치를 바로 볼 줄 알며, 그 토대 위에서 학생들과의 관계를 비롯한 모든 사회관계를 원만하게 처리할 수 있는 것이다.

이상과 같은 사실로 미루어 보아 교사의 신체 건강과 정신 건강이 교사 자신에게는 물론, 그들의 영향권에 있는 학생들에게 얼마나 큰 영향을 미칠 것인가를 손쉽게 예견할 수 있다. 더구나 미래 사회와 미래의 학교를 예측해 볼 때 교사의 건강은 가장 중요한 문제라고 할 수 있다.

제2부

교사교육

현대사회에서 교직을 전문직이라고 보는 견해가 지배적인 점을 감안하면, 교원은 전문직 종사자로서 그에 상응하는 전문교육을 받아야 한다. 교사가 자기에게 맡겨지는 임무와 역할을 성공적으로 수행하기 위해서는 전문적이고 체계적인 지식을 습득하면서 학생지도를 감당할 수 있는 고도의 지도방법을 익히는 양성교육을 필한 뒤에 임용되어 실제로 학생지도에 임하게 된다. 뿐만 아니라 임용 이전의 직전교육만으로 끝나는 것이 아니라 현직에 있으면서도 끝없는 연구와 연찬활동을 통해 교육의 질적 수월성을 제고하는 데 노력을 경주하게 된다. 교원의 양성제도와 승진제도에 경쟁원리를 도입하고 있는 현실을 감안할 때에 교사교육의 중요성은 그 어느 때보다도 더 부각되고 있다.

교육활동의 경쟁력 제고를 위해 질 높은 교사교육이 요구되고 있음을 전제로 구성되는 제2부에서는 교원의 양성교육, 교원의 현직교육, 교원의 자격과 인사제도에 이어 교직과 윤리 등 모두 4개의 장으로 나누어 논의하게 된다.

제5장 교원의 양성교육

1. 교사교육의 의미

1) 교사교육의 시작

교사교육은 직전교육(pre-service education)과 현직교육(in-service education)으로 분류된다. 직전교육은 대체로 양성교육이라고 불리며 교사들에게 필요한 기본적인 지식과 기술을 익히는 과정이다. 반면, 현직교육은 교원자격증을 갖추고 정식으로 교사로 임용된 자들이 그들의 직무를 효과적으로 수행하기 위해서 자신을 연마하고 자기 성장을 계속하는 교육과정이다. 모든 전문직이 그러하듯이 교직도 자율성과 그에 따르는 책임이 강조되는 직업이다. 따라서 끊임없는 자기 수련이 요청되며 이를 위해 현직교육은 반드시 필요하다. 직전교육이든 현직교육이든 간에 교사교육은 '교사는 만들어 지는 것이지 태어나는 것이 아니다(Teachers are made, not born)'라는 생각에 입각한 것이라고 볼 수 있다. 만들어지고 길러지는 교사의 의미가 부각될 때 교사교육의 시작을 찾는 것은 그렇게 어렵지 않다.

교사교육이 국가적 과제 또는 국민적 과제가 된 시점은 근대국가가 성립된 이후라고 할 수 있다. 선진국의 경우 대체로 19세기를 전후해서 근대국가가 성립되었고 그 때부터 학생들이 교육을 받을 수 있는 공교육 기관이 제도화되어 공교육을 담당해야 할 교사가 대량으로 필요하게 된 데에 근원한다. 정우현(1995)은 교사교육의 시작을 좀 더 자세히 설명하고 있는데, 역사적으로 볼 때 사범학교는 1685년 프랑스의 Rheims이라는 곳에 천주교를 중심으로 생겼으며, 13년 후에 독일의 교육자인 A. H. Franke가 Halle라는 곳에 유명한 교사양성기관을 세우게 되는데, 이들이 정규적인 교사양성기관으로는 처음인 것으로 알려지고 있다. 중세에 이미 교사를 양성하는 사범학교가 생겼음에도 불구하고 여기서는 가르치는 활동 그 자체보다는 과목에 대한 지식을 익히고 전수하는 데만 총력을 기울였다. 왜냐하면 그 시기에는 강의를 통해 가르치는 방법이 최상이고 또 유일한 방법이었기 때문에 교사양성과정에서 강의 이외의 것은 중요시하지 않았으며 오히려 이 과정에서 교사의 권위를 세우는 여러 방도가 강구되곤 했다. 물론 그 당시에도 강의 중심의 교육에 대해 반대하는 사람이 많이 나왔지만, 이는 빛을 보지 못했다. 프랑스의 사상가 · 철학자인 M. E. de Montaigne는 "교사는 언어도 교사다운 언어를 사용해야 하고, 행동도 교사다운 행동을 해야 하며, 또 일거수일투족을 모두 교사답게 움직여야 한다"라고 부르짖었다. 이러한 영향을 받아 한 때 교사들은 일반인과 다른 언어를 쓰는 것이 유행되어, 교사들만이 쓰는 용어가 많이 생겨났다. 이와 같이 비록 중세에 크게 부각되기 시작한 교사양성제도가 체계화되지는 못했지만, 교사를 양성기관에서 길러내기 시작했다는 점은 커다란 전환이 아닐 수 없다.

1794년 프랑스에서 처음으로 국가 관리하에 사범학교가 생기게 되었다. 흥미롭게도 처음 생긴 이 국립사범학교에서는 교과목을 중심으로 가르쳐왔던 여태까지와는 달리 '아동은 날 때부터 선하며 아동의 그 선함으로 그대로 잘 길러주어야 한다'라는 J. J. Rousseau의 사상을 반영시켰다. 학교에서 루소의 사상을 크게 반영시키게 되자 자연히 가르치는 사람도 심리적 · 육체적으로 아동을 이해하는 데에 강조점을 두게 되었다.

그 후 19세기 초 프러시아 제국에서도 국가관리 체제의 교사양성기관을 설립하게 되었는데, 이 때 지도자들은 사범교육의 내용에 J. H. Pestalozzi의 사상을 받아들여 '아동의 본성을 이해하고 학습하는 장에서 학생이 어떻게 반영하느냐를 관찰'하는 내용을 교사양성과정에서 중요한 부분으로 부각시키게 되었다. 이렇게 Pestalozzi의 사상을 받아들이자, 교사가 교육한다는 일이 점점 어려워지고 복잡성을 띠게 되었다. 왜냐하면 교육하는 데 있어서 교과목만 알면 되는 것은 단순하고도 쉬운 일이었으나 거기에 덧붙여 학생을 이해한다는 문제, 교과목을 잘 전수시키는 방법 그리고 전수시킬 때 일어나는 과정을 분석한다는 여러 가지 문제까지도 알아야 하는 것이 교사의 임무이기 때문이다.

또 프러시아 제국에서는 교사에 대한 긍지를 높여 주는 데 온 힘을 기울였다. 그래서 교사를 관리직으로 임하게도 하였고 또 교사가 자신의 자질향상을 도모했을 때는 이에 대해 응분의 대우를 해주기도 하였다. 프러시아의 교사에 관한 이러한 정책은 교사직을 전문화로 이끄는 데 커다란 공헌을 하였다. 또한, 프러시아의 교사양성과정에서는 J. F. Herbart의 이론까지 받아들이게 되었는데, 바로 이것이 사범학교에서 심리학이 중요한 위치를 차지하게 되는 계기가 되었다. 미국만 하더라도 J. Dewey의 실용적 사상이 받아들여지기 전까지는 교사양성과정에서 이 Herbart식 교육내용이 크게 각광을 받았다.

그렇다고 해서 교사양성과정이 순탄하게 대학과 같은 수준에 올라선 것은 아니다. 처음 서양에 교사양성을 위한 사범학교가 생겼을 때는 대학(college 또는 university)이라는 명칭을 붙이지 못하고 사범학교, 즉 normal school이라는 이름을 붙였고, 대학에서도 이를 하나의 선문적 양성기관으로 인정해주는 데 한해서 눈감아 주었다. 그러나 이 normal school의 위치가 점점 커지면서 이것이 대학의 수준으로 올라서게 되고 학사학위를 수여하게 되자, 기존대학에서는 이에 큰 반발을 일으켰다. 그 한 예로서 영국에서는 한 때 사범대학 출신자에게 학위도 수여하지 않았을 뿐만 아니라 이들이 교사가 된다고 해도 정규대학인 university 출신자보다 낮은 지위와 봉급을 주었다.

교육학(education) 또는 교수학(pedagogy)의 중요성이 점차 높아짐에 따라 대학에서 이를 하나의 학문 분야로 인정해서 학과를 개설했고, 이와 더불어 교사양성의 문제가 대학에서 정규 학위과정으로 대두되었다. 그래서 지금은 교사양성과정, 특히 중등교사양성은 대학과정의 하나로 통일되어 가고 있는 것이 세계적 추세이다.

현재 우리나라에서 교사양성기관에 사범이라는 이름을 쓰는 것은 유럽의 영향을 크게 받은 것이다. 그리고 교사양성기관이 따로 필요 없이 가르칠 교과목에 대한 지식만 있어야 한다는 것은 중세 이전의 사상을 그대로 모방한 것이다. 또한 교사양성기관을 일반 대학과 구분하자는 것은 19세기와 20세기 초 유럽에서 논쟁을 벌였던 그 전철을 다시 고집하는 것으로 해석될 수 있다.

2) 교사양성교육의 발전 과제

교사양성교육은 프랑스의 Rheims에서 천주교를 중심으로 시작되었는데, 중세의 교사양성기관에서는 가르치는 기술보다는 교과 영역의 내용전수에 더 치중했었던 것으로 고찰하였다. 우리나라의 경우에도 그동안 교사양성체제에 대한 개혁과 변화는 지속되어 왔다. 교사양성체제의 개혁은 우수한 학생을 유치하고 이들을 훌륭한 교사로 양성하는 교육 프로그램을 어떻게 향상시킬 것이냐에 초점을 맞추어 진행되어 왔다고 할 것이다. 그러나 아직까지도 만족한 수준에 이르지 못하고 있는 점을 감안하여 신극범(1996)은 교사양성교육의 발전 과제를 논의하고 있는데, 그 중 몇 가지를 고찰하면 다음과 같다.

첫째, 교사양성 교육과정 운영의 전문성 향상과 교육실습의 충실화이다. 교사의 질을 높이기 위해서는 양성과정에서 교육과정이 충실해야 한다. 그러나 현재의 사범대학 교육과정은 이미 많은 보고에서 지적한 바와 같이, 교사로서의 전문성 확보에 극히 미흡한 일반 대학의 교직과정과 크게 차이가 없다는 점이다.

외국의 예를 보면 이것이 더 타당한지도 모른다. 한 종합대학에서 사범대학과 물리과계 대학이 서로 연관성 없이 별개로 운영되는 곳은 없다. 문자 그대로 종합대학 내의 사범대학의 명칭이 college of education으로 교육학이 주가 되고 내용은 문리과 대학에서 제공한다. 그러나 우리나라의 경우는 일반 대학의 교직과정에 적용되고 있는 교직과목이 사범대학에도 그대로 준용되고 있고, 전공과목의 경우도 사범대학의 특수성을 살리지 못한 채 순수학문 중심 체계를 따르고 있어 문리과 대학과의 차이가 무엇이냐는 질문을 받게 된다. 이러한 질문에 대해 사범대학 측에서는 사범대학 지망생이 교사로서의 사명감, 교직을 선호하여 지원했기 때문에 그 긍지와 소명의식이 높다고 설명해 왔다. 그러나 이 설명이 오늘의 시점에서 설득력이 있는지 그리고 타당한 설명인지 재고할 여지가 있다.

교육실습의 운영에 있어서도 학생지도 능력을 기르기에는 시간상으로나 여건상으로 많은 제약을 받고 있는 것이 사실이다. 4주 동안의 현장실습을 수십 명의 집단으로, 그것도 각 사범대학의 부속학교도 없이 일반 학교에 가서 교육실습을 구걸하는 것이 우리 교원양성기관이 처한 현실이 아닌가 싶다. 실습학교의 인적·물적 조건이 충분하지 못한 데다 실습지도교사의 업무과다와 열의부족 등으로 교육실습이 형식적이고 부실할 수밖에 없다. 뿐만 아니라 예비교사들에게 학습지도 능력을 제공하기에는 어려운 일이다. 설령 부속학교가 있다고 해도 그 학교들이 실험학교로서의 기능을 양성대학과 연계하여 전개하지 못하고 있다. 사범대학이나 교육대학의 시설도 일반 대학에 비해 열악한 편이다. 교사양성대학의 교육과정을 대폭 강화하여 학문적으로도 일반 대학생에게 뒤지지 않고 교사로서의 전문성도 동시에 갖춘 교사를 길러내야 된다는 명제를 안고 있다. 이를 위해 교사교육을 위한 정부의 과감한 지원이 앞서야 할 것이다.

둘째, 교사자격제도와 질 관리의 철저이다. 우수교원의 양성제도는 자격제도와 연계하여 검토되어야 한다. 교원자격의 질적 통제가 미흡하다는 지적이 많다. 현재 교원양성대학에서 소정의 학점만 취득하면 모든 학생들에게 자동적으로 졸업과 동시에 자격증이 수여되고 졸업장과 자격증이 자동적으로 연계됨으로써 교원자격증의 공신력이 문제가 되고 있다. 사범대학의 교육력을 대폭 강화하여 졸업자의 질적 수준을 높일 수 있도록 교사 자격의 평가방법 검토와 아울러 학제변화에도 대비해야 한다.

그리고 현재의 유치원교사, 초등교사 및 중등교사로의 구분은 교과의 특성에 따라 재검토되어야 한다. 다양성 있는 학제운영이 가능하도록 유치원교사와 초등교사 자격을 통합하고 교과 특성에 따라 유치원, 초등 및 중등학교에 이르기까지 유효한 복수자격 제도를 도입할 필요가 있다. 미국의 경우 음악이나 미술교과는 유치원에서부터 고등학교까지 지도할 수 있게 제도화되어 있다. 초등학교에서의 외국어 조기교육의 실시와 어린이의 성장·발달 정도가 크게 바뀌고 있는 오늘의 현실에서 유치원교사와 초등교사가 완전히 분리되어 있는 것은 비합리적이다. 물론 학교급간의 벽을 허무는 데는 교육과정이 다양화되어야 할 것이다.

다음으로 중학교 교사와 고등학교 교사의 자격을 현재와 같이 동일하게 중등교사 자격증으로 유지할 것이냐 또는 중학교와 고등학교를 일본이나 다른 나라처럼 분리할 것이냐의 문제가 있다. 중·고등학교 교사의 자격도 교과의 특성에 따라 통합·분리할 수가 있을 것이다. 중학교 교육과정이 사회계열 학과나 과학 분야가 통합교과로 되어 있고, 고등학교 전공이 세분되어 있기 때문에 양성 프로그램에 있어서도 달리해야 할 것이다. 중등교사 양성에 있어 수업연한을 대학원 수준으로 상향 조정하는 방안도 교사의 자질을 높이기 위해 적극 검토해야 한다.

현재의 자격 기준은 모두 초·중등교사(유치원교사의 경우 2002년부터 전문대학 유아교육과의 수업연한이 3년으로 개편)의 교육연한을 4년으로 규정하고 있다. 초등교사의 경우 1980년대 초에 2년제에서 4년제 학위과정 대학으로 격상시켰으나, 중등교사의 경우는 당초의 4년 과정을 변함없이 유지해 왔다. 앞에서 지적한 대로 중·고등학교 교사 자격을 분리한다고 할 때 고등학교 교사의 경우는 대학원 수준으로 자격 기준을 향상시키는 것이 바람직할 것이다. 또 국가 재정이 허락한다면 중학교 교사의 양성과정도 4년 과정에서 1년간의 보수과정을 거쳐 자격증을 부여하는 제도를 검토해 봄직하다. 중등교사의 학력 상향 조정은 세계적인 추세이며 교사의 전문성 확보에 필수적이라고 할 수 있다.

셋째, 교원양성기관의 기능조정 문제이다. 현재 초등의 경우는 교육대학에서, 중등의 경우는 사범대학에서 일반대학의 교직과정으로 분리된 교원양성기관의 기능 조절을 어떻게 할 것이냐의 문제이다.

교육대학의 경우는 모두가 국립이고, 수급에 있어서도 중등과는 입장이 다르다. 그러나 1980년대에 4년제 대학으로, 또 그 후 대학교로 승진・개편하였다. 그러나 교수・시설 등 모든 여건을 그대로 두고 수학연한의 연장이나 명칭 변경만으로 교사의 질과 교육의 질이 높아질 리 없다. 따라서 명실상부한 대학교로 발전할 수 있도록 행・재정적 지원을 통해 우수한 초등교사가 배출되도록 해야 한다. 중등의 경우는 여러 독립된 사범대학으로 출발했던 많은 대학들이 종합대학으로 개편되었고, 1991년 공주사범대학이 종합화됨으로써 모든 사범대학이 종합대학으로 개편되었다. 더욱이 초등학교 교원양성을 위한 기관으로는 한국교원대학교와 이화여자대학교 초등교육과 그리고 10개교의 교육대학교뿐이다.

교사의 질적 고도화와 교원양성의 효율화를 위해 초등교원과 중등교원을 같은 기관에서 양성할 수 있는 방안이 강구될 수 있다. 이를 위해서는 중등교원양성을 목표로 하는 사범대학과 초등교원만을 양성하는 두 개의 목적대학들이 제휴하는 체제가 구축되어야 할 것이다. 실제로 일본의 교육대학은 일부 교과의 중・고교 교사양성이 가능하도록 제도화되어 있다. 또한 완전한 독립기관으로 운영되고 있는 프랑스의 고등사범학교 학위과정을 살펴보면, 파리대학 교수들이 강의를 많이 담당하고 있고 학위는 파리대학 학위를 준다. 우리나라도 대학이 설립 목적이나 규모에 따라 기능을 가지되 적어도 국립 양성기관 상호 간의 협력체제가 법적・제도적으로 이루어질 수 있도록 제도화할 필요가 있다.

다음으로 생각할 것은 일반대학의 교직과정 운영의 개선에 관한 문제이다. 사범대학이 있는 종합대학의 교직과정은 위에 제시한 방향으로 나간다면 통합 운영이 가능할 것으로 보이나, 현재 사범대학과 일반대학의 교직과정을 동일시하는 것은 교사의 공급이 부족할 때의 제도이므로 사범교육의 전문성 측면을 고려하여 자격 면에서 구분할 필요가 있다. 사범대학 출신에게는 정교사 자격을 주고, 일반대학 교직과정 이수자에게는 준교사 자격을 부여하는 방안이 고려될 수 있다.

교원양성 체제에 대해 국립과 사립의 기능을 어떻게 조정·분화해야 할 것인가에 대해서도 고려해야 한다. 우리나라가 다른 나라와 달리 중등교육에 있어서는 40% 가까이 사학이 점유하고 있고, 교육법상으로 국·공립과 사립을 구분하지 않는다. 우리나라의 교원교육 발전에 있어서 지난 1950년대 초반까지 100% 국립 양성기관밖에 없었으나 1960~70년대에 교육인구의 팽창과 더불어 많은 사립대학들이 교원양성에 참여한 것은 불가피하고 당연한 순리라고 생각한다. 그러나 오늘날처럼 임용이 안 되는 수천 명의 졸업생을 양성·배출하는 데 쏟는 국가적 에너지는 국·공립과 사립할 것 없이 그 진로를 모색해야 될 문제이다. 사립 사범대학들도 그 대학의 수준에 따라 교원연수나 연구기능에 국립대학과 같이 참여·제휴토록 기능을 부여할 수 있을 것이다.

넷째, 임용고사제도의 탄력적 운영이 요구된다. 기회균등과 우수교원의 확보라는 차원에서 여러 자격증 소지자 중에서 시험을 통한 선발을 공평성에 있어서는 이의를 제기할 수 없다. 그러나 지난 1992년부터 국·공립과 사립의 차이 없이 공개임용제도를 택한 이후, 교육대학이나 국립 사범대학(사립대 역시 동일할 것임) 교사지망 신입생들에게 나타나는 학력 수준의 급격한 저하는 이 제도가 우수 교원양성 측면에서 크게 퇴보하고 있음을 입증하고 있다.

임용고사제도는 두 가지 점에서 재검토되어야 한다. 하나는 이전보다는 다소 다면적 평가가 이루어지고 있지만, 현재와 같은 평가만으로 교사자질의 우수성을 심도 있게 평가할 수 있느냐 하는 것이다. 교사의 자질은 교과내용을 아는 것이 중요하지만 더 나아가서 교수방법, 교사로서 지녀야 할 지도적 품성, 그가 가지고 있는 교육철학과 소명의식 등 종합적인 평가를 필요로 하기 때문에 몇 시간의 단편적인 필답시험이나 면접성적으로 선발한다고 하는 것은 그 타당성이 결여된다고 볼 수 있다.

다른 하나는 임용고사가 그 동안의 무시험으로 임용되던 교육대학과 사범대학의 졸업생에게 치명적인 좌절감과 불안감을 갖게 하여 우수한 학생들을 유치하는 데 방해 요인이 된 점이다. 양성대학의 교육과정이 시험준비로 인해 정상적으로 운영되기 어렵다. 물론 우수교원의 확보는 입학한 학생들을 잘 가르침으로써 가능할 수 있겠지만, 교육 특히 대학교육에서의 우수성은 선발과정에서 우수한 학생을 유치하는 것이 필수임은 주지의 사실이다. 이러한 문제점을 개선하기 위해 공평성도 유지되면서 우수교원 확보에도 공헌할 수 있는 방안을 모색해야 할 것이다. 그 방안으로는 특정 목적대학을 선정하여 제한적으로 임용고사의 예외 조치를 취하고 이들에 대해서는 사전에 수요를 교육청 당국과 조절하여 임용이 보장되도록 해야 할 것이다. 이렇게 된다면 우수학생 유치에 큰 도움이 될 것이다. 한편 기타 대학 졸업생에 대해서는 현행과 같이 공개전형을 실시하되, 그 시험방법에 대해서는 개선이 이루어져야 할 것이다. 이러한 제도가 받아들여지기 위해서는 기존 대학들의 인내와 이해를 필요로 하며 교사교육에 대한 사고의 전환을 필요로 할 것이다.

2. 한국의 교사양성제도

1) 한국의 교사양성교육

(1) 초등학교 교사의 양성제도

초등학교 교사의 양성은 구한말 설립된 한성사범학교를 시작으로 관립과 사립의 사범학교를 통해 이루어졌다. 일제시대 초기에는 별도의 교사양성기관 없이 고등보통학교에 사범과와 교원속성과를 부설하여 교사를 양성했으며, 중기 이후에는 전국에 사범학교를 독립적으로 설립하여 초등학교 교사를 양성했다(조연순, 1994). 광복 직후에는 일제시대부터 남한지역에 있었던 10개의 사범학교 중 경성·경성여자·대구사범학교 등 중등교사 양성기관으로 개편된 3개교를 제외한 나머지 7교와 미군정하에서 신설된 10개의 사범학교에서 초등학교 교사를 양성하였다. 이후 1951년에 사범학교 1개교가 증설되어 이후에는 총 18개의 사범학교에서 초등학교 교사를 양성하게 되었다.

그러나 이러한 사범학교만으로는 광복과 더불어 폭발적으로 증대된 교육 수요와 그에 따른 교사 수요를 담당하기에는 역부족이었다. 이에 따라 사범학교에 초등교원 임시양성소를 부설하여 부족한 교사를 단기적으로 양성하여 충원하였다. 이러한 임시적인 교사양성은 좋지 못한 선례만을 남기고 교사 수급 상황의 호전에 따라 1958년에 폐지되었으며, 교사양성의 전문성과 관련하여 많은 논란을 일으키는 계기가 되었다. 이에 체계적인 교사양성과정을 통해 교육의 질을 높여야 한다는 여론이 높아져 1957년에 교직교육심의회를 중심으로 사범학교를 2년제 대학으로 승격시키는 방안을 연구하고, 1961년에 마침내 「교육에 관한 임시특례법」(법률 제708호, 1961.09.01, 제정 및 법률 제1466호, 1963.12.05, 폐지)을 통해 사범학교를 2년제 교육대학으로 개편하였다. 이에 따라 1962년부터 각 사범학교는 교육대학으로 승격되어 대학교육 체계를 갖추고 초등교사를 본격적으로 양성하기 시작했다.

교육대학은 1960년대 폭발적인 초등교사의 수요 증가로 크게 발전하여 16개교까지 늘어났으나, 1970년대 이후에는 오히려 초등교사의 과잉 공급으로 큰 어려움에 직면했다. 이에 정부에서는 1977년 시·도당 1개교를 둔다는 통·폐합계획을 수립하여 전국에 11개 교육대학만 남기고 나머지 5개교를 일반대학으로 전환했다. 그 후 1980년 7·30 교육개혁 조치의 일환으로 이루어진 교육대학의 4년제 대학 개편 방침에 따라 1981년에 서울·부산·광주교육대학, 1982년에 대구·인천·공주교육대학, 1983년에 춘천·전주·진주교육대학 그리고 1984년에는 청주·제주교육대학이 연차적으로 4년제

대학으로 승격되어 오늘에 이르고 있다. 또한 2003년 3월 1일 인천교육대학교를 경인교육대학교로 교명 변경하고, 2년 후인 2005년 3월 1일에는 경기도 안양시에 경기캠퍼스를 개교하였다. 그 밖에도 1950년대부터 초등교사를 배출해 온 이화여자대학교 사범대학 초등교육과와 1985년에 설립된 한국교원대학교 초등교육과에서도 초등교사를 양성하고 있다.

(2) 중등학교 교사의 양성제도

우리나라에 근대적 의미의 중등교육은 19세기 말부터 시작되었으나, 중등학교 교사를 양성하는 교사양성기관은 광복 이후에 설립되었다. 구한말에는 대체로 정규의 교사양성과정을 이수하지 않은 지식인이나 한학자 등이 중등학교 교사로 임용되었으며, 일제하에서는 일본인 또는 일본의 교사양성기관 졸업자, 국내 단기 교사양성과정을 이수한 사람들이 중등학교 교사로 임용되었다. 광복 이후에도 1950년까지는 중등교원양성소, 중등교원양성과, 중등교원양성강습회, 임시중등교원양성소, 국어교사양성소 등 다양한 형태의 단기 교사양성과정을 통해 양성된 사람들이 중등학교 교사로 임용(김영우, 1989)되었으나, 1945년 10월부터 중등교사 양성기관인 사범대학이 설치됨에 따라 중등학교 교사를 본격적으로 양성하기 시작했다.

최초의 정규 중등교사 양성기관인 사범대학은 일제시대의 사범학교를 개편하여 설치된 것이다. 1945년 10월 경성사범학교와 경성여자사범학교가 각각 경성사범대학과 경성여자사범대학으로 개편되었으며, 1946년 10월에는 대구사범학교가 대구사범대학으로 개편되었고, 1948년 11월에는 공주사범대학이 2년제 공립 초급대학으로 신설되었다. 이들은 이후 각 도 단위에 설치된 국·공립대학교 사범대학의 선구가 되었다.

국립 사범대학과 함께 사립 사범대학도 종합대학의 테두리 안에서 혹은 독립된 단독 대학으로서 설립·발족되었다. 1951년에 이화여자대학교에 사범대학이 설치되었으며, 1954년에는 수도여자사범대학이 설립되었다. 수도여자사범대학은 1955년에 2부 대학이 증설되고, 1961년에 4년제 대학으로 승격되어 지금의 세종대학교로 발전되었다. 또 1956년에는 서울문리사범대학이 2년제로 발족되어 중등학교 교사를 양성하다가, 1962년 4년제의 명지대학교로 개편되었다. 이들은 사립 사범대학의 선구가 되었다.

한편, 사범대학과 함께 1955년에는 일반대학에 교직과정을 설치하여 부족한 교사를 충원했다. 이에 따라 중등학교 교사양성은 보다 개방화되고 다양화된 체제를 갖추게 되었다. 교직과정은 원래 사범대학에서 양성되지 않는 교과목 교사에 한해 일반대학에서 교양 및 전공의 이수 외에 소정의 교직과목을 이수하면 교원이 될 수 있도록 한 것이었다. 그러나 이후에 교사수요 부족을 해소하기 위해 확대되면서 사범대학과 함께 중등학교 교사양성의 한 축을 담당하게 되었다.

이러한 이원적인 중등교사 양성체제는 새로운 중등교사 양성기관의 출현으로 보다 복잡한 양상을 띠게 되었다. 우선 1947~1956년 사이에 중등학교 교사의 부족 현상을 해결하기 위해 전국 12개교에 중등교원 임시양성소가 설치되었다. 그러나 이 임시양성소는 임시양성에 따른 교사의 질 문제가 제기됨에 따라 1958년에 폐지되고, 일반대학의 교직과정을 통한 교사양성체제로 전환되었다. 이러한 과정에서 교사의 공급이 크게 확대되어 1950년대 말부터는 교사양성체제 조정의 필요성이 제기되어 '사범대학 중심의 교사양성이냐' 혹은 '일반대학 중심의 교사양성이냐'에 대한 논쟁이 가열되었고, '사범대학 무용론'까지 등장하는 상황에 이르게 되었다. 급기야 5·16 군사정부의 대학정비 과정에서 사범대학은 일반대학과 중복되는 학과를 폐지하고, 이들 학과의 교사양성은 문리과 대학을 마친 후, 서울대학교 사범대학에 부설된 교원연수원에서 1년간 연수를 실시하여 자격을 주되, 일반대학의 교직과는 폐지하는 방향으로 교사양성체제가 전환되었다. 그러나 군정말기에 대학정비 계획이 백지화되고 교원연수원은 운영상의 부실을 면치 못해 폐지됨에 따라 사범대학의 폐지된 학과가 다시 부활되고 일반대학의 교직과도 부활됨으로써 다시 이원적인 중등교사 양성체제가 성립되었다.

이러한 우여곡절을 거치면서 사범대학 중심의 교사양성체제의 필요성이 강하게 부각됨에 따라 1960년대 중반부터는 사범대학의 설립이 크게 확대되었다. 여러 국립대학뿐 아니라 사립대학에도 광범위하게 사범대학이 설치되었는데, 1960년대 이후 사범대학은 1970년까지 8개, 1970~1980년 사이에 14개, 1981~1982년 사이에 9개가 증설되는 등 크게 확대되었다(김종철, 1989).

사범대학의 확대와 함께 예·체능계나 실업계 교사 등 사범대학에서 양성되지 않는 교사를 양성하는 일반대학의 교직과 역시 크게 확대되었다. 이에 따라 1963년부터는 이들 교직과 졸업자에게도 사범대학 졸업자와 동등한 대우를 하도록 규정했다. 1966년부터는 부족한 교사의 해소 방안으로 일반대학에 사범계 학과와 교과교육과의 설치를 적극적으로 장려하여 사범대학이 없는 일반 대학의 교과교육과가 크게 발전했다. 그러나 교직과의 점진적인 확대에 따라 사범대학과 중복되는 학과가 설치되고, 기능 또한 사범대학과 중복됨으로써 기능의 중복, 교사수급의 문제가 발생되기도 했다.

이와 함께 1965년부터 설치되기 시작한 교육대학원이 중등학교 교사의 양성기능까지 담당하고, 1985년부터는 한국교원대학교가 설립되어 교사의 양성과 연수를 담당함으로써 교사수급의 불균형 현상이 더욱 심화되었다. 물론, 이들은 교사 부족이나 그 질을 보완하기 위한 방안으로 설치되었고 실제로 그 기능을 훌륭하게 발휘한 적도 있었다. 그러나 교사수급에 대한 장기적인 예측 없이 무계획하게 교사양성기관을 확대함으로써 심각한 교사수급의 불균형 문제를 야기했다. 이에 따라 교원자격증을 갖고도 교사임용을 기약할 수 없는 예비교사들이 배출됨으로써 미발령 교사 적체의 문제가 사회문제로 대두되었다. 이에, 우여곡절을 거쳐 국립사범대 우선 임용원칙과 수급조절 정책을 포기하고 임용시험이라는 공개전형을 통해 교사를 임용하는 방식으로 전환되어 현재에 이르고 있다.

(3) 교사양성의 주요 현황

현재 교사양성은 대체로 초등교사는 교육대학에서, 중등학교 교사는 사범대학과 일반대학교의 교직과정의 이원적 체제로 이루어지고 있다. 이들 교사양성 대학은 다양한 선발전형제도와 장학제도를 통해 우수한 교사후보자를 유치하고 전문화된 교육 프로그램을 통해 교사를 양성하고 있다. 교사양성교육을 이수한 사람에게는 각급학교의 1·2급 정교사 자격증이 부여되며, 이들은 교원임용후보자 공개경쟁시험인 임용고사를 통해 교사로 임용된다. 여기에서는 이러한 교사의 양성과 관련된 주요 현황을 구체적으로 살펴보기로 한다.

① 초등학교 교사의 양성기관

초등학교 교사의 양성은 목적형 대학으로 설치된 교육대학교를 중심으로 이루어지고 있다. 현재 교육대학교는 전국적으로 10개교가 설치되어 있으며, 이들 대학에서는 2016년 현재 매년 3,583명의 신입생을 선발하여 양성하고 있다. 교육대학교 외에도 한국교원대학교의 제1대학 초등교육과에서 매년 111명의 신입생을 선발·교육하고 있으며, 제주교육대학교를 합병한 제주대학교에서 115명을 선발·교육하고 있다. 또한 사립대학에서는 유일하게 이화여자대학교의 초등교육과에서도 매년 신입생을 선발하여 교육하고 있다. 교사양성기관의 현황과 입학정원을 살펴보면 <표 5-1>과 같다.

〈표 5-1〉 초등학교 교사양성기관의 현황

양성기관	기관수	입학정원(명)			
		2016년 입학	2015년 입학	2014년 입학	2013년 입학
교육대학	10	3,583	3,583	3,583	3,583
교원대	1	111	111	111	111
일반대학	1	115	115	115	115
이화여대	1	39	39	39	39
소계	13	3,848	3,848	3,848	3,848

*출처: 교육부 2016년 통계자료를 저자가 재구성함.

② 중등학교 교사의 양성기관

중등학교 교사양성은 초등학교의 교사양성에 비해 다소 복잡한 편이다. 현재 중등학교 교사의 양성은 국립과 사립의 대학교에 단과대학의 형태로 설치되어 있는 사범대학과 함께 일반대학의 사범계학과, 일반대학의 교직과정 그리고 교육대학원 등을 통해 이루어지고 있다. 중등학교 교사양성기관의 현황을 표로 제시하면 다음 <표 5-2>와 같다.

〈표 5-2〉 중등학교 교사양성기관의 현황

양성기관	기관수	편제정원(명)			
		2016년도	2015년도	2014년도	2013년도
사범대학	46	9,500	9,579	9,727	9,780
교육과	5	784	774	789	789
교직과정	152	·	8,707	9,147	9,770
교육대학원	108	13,887	14,118	14,342	14,732
소계	311	24,171	33,178	34,005	35,071

1) 교직과정 부분 수치는 승인정원임.
2) 교육대학원의 정원수치는 자격증 발급정원이 아니라 총 입학정원임(재교육과정 포함).

*출처: 교육부 2016년 통계자료를 저자가 재구성함.

• 사범대학

중등교사 양성을 목적으로 설치된 사범대학은 중등교원의 양성과 공급에 중추적 역할을 수행해 왔으며, 여전히 그 역할을 수행하고 있다. 2016년 현재 사범대학은 국·공·사립을 포함하여 46개 대학에 설치되어 있는데, 사립대학이 기관 수나 학생 수에서 다수를 차지하고 있다.

• 일반대학의 교육과

이는 원래 실업계 교사의 확보를 위해 농업·공업·수산계 등 대학에 실업교육과를 설치한 데서 비롯되었으나, 1970년대 이후 실업계 대학 외의 인문·사회·자연과학 계열의 대학에도 교과교육과를 설치할 수 있도록 함으로써 사범대학과 중복되는 일반교과의 중등학교 교사를 양성하기도 한다. 일반대학의 교육과는 2016년 현재 국립과 사립을 포함하여 15개 기관에 설치되어 있으며, 학생 수는 상대적으로 적은 편이다.

• 일반대학의 교직과정

교직과정은 일반대학 학생 중 교직을 희망하는 학생을 위해 설치된 교사양성과정으로, 2학년 중에 교직 인·적성과 학업성적 등을 고려하여 당해 학년의 학과별 입학정원의 10% 범위 내에서 적격자를 선발하여 교직과목을 이수하도록 하고 교사자격을 부여하는 과정이다. 이 과정은 2016년 현재 152개 기관(국·공립, 사립 및 사립산업대 포함)에 설치되어 있는데, 현재 가장 많은 중등학교 교사자격 소지자가 배출되고 있다.

• 교육대학원

이는 교원의 현직교육을 위해 설치된 특수대학원이다. 그러나 일부 교육대학원은 교사자격증을 소지하지 않은 자가 입학하여 소정의 과정을 이수하면 교사자격증이 부여되기 때문에 교사양성기능도 병행하고 있다. 2016년 현재 교육대학원은 국·공립과 사립을 포함하여 총 108개 기관(교원양성과정 개설기관 75개)에 설치되어 있으나, 실제 재학생의 대부분이 현직교원이라서 신규로 교사자격증을 받는 사람은 제한되어 있다.

• 기타

이외에도 전문대학에서 실과계나 예·체능계의 기능을 이수한 자에게는 실기교사 자격증을 부여하고, 간호계 대학이나 전문대학 졸업자에게는 정원의 50% 이내에서 보건교사 자격증을 부여하고 있다. 또 특수교사, 사서교사 및 양호교사 역시 대학의 해당학과에서 교직과정을 이수하면 자격을 부여하고 있다. 다만 전문상담교사 자격은 현직교원 중 자격연수를 받은 교사 또는 교육대학원에서 상담을 전공한 교사에게 부여하고 있다.

③ 교육과정

현재 교사양성대학의 교육과정에 관한 법적인 규정은 별도로 존재하지 않는다. 이에 따라 교사양성대학은 다양한 교육과정을 자율적으로 편성·운영하고 있으며, 다만 교직과정의 경우만 교사자격증 취득을 위해 규정된 교직과정을 포함시켜 교육과정을 운영하고 있다. 교육대학교, 사범대학, 교직과정의 교육과정을 구체적으로 살펴보면 다음과 같다.

• 교육대학교

교육대학교의 교육과정은 4년제 학사과정으로 개편되면서 종전의 문교부에서 마련한 교육과정 준칙을 토대로 하여 대학별로 유사한 교육과정을 편성·운영했으나, 현재는 특별한 제한 없이 각 대학이 자율적으로 교육과정을 편성·운영하고 있다. 그러나 전국 10개 교육대학교는 교육과정의 체제와 편제, 교과목 구성에서 대체로 유사한 특성을 보이고 있다.

교육대학교 교육과정은 크게 교양과정, 전공과정, 심화과정 그리고 교육실습 등으로 구분된다. 학사과정 이수에 필요한 학점은 대체로 140학점이며, 대부분의 대학에서 교육실습과 졸업논문을 필수로 부과하고 있다(조동섭 외 3, 2005).

교양과정은 교사로서의 지도적 인격과 폭넓은 교양을 갖추도록 하기 위한 과정으로 인간, 사회, 우주에 관한 폭넓은 이해를 위한 교과와 후속되는 전공과정의 기초적 성격을 가진 교과들로 구성되어 있다. 교양과정 이수학점은 대체로 30학점 이상 48학점 이하로 규정하고 있다.

전공과정은 학교교육의 이념과 내용 그리고 그 실천방법의 함양에 필요한 교과목을 이수하는 과정으로 크게 교육학, 교과교육, 교과실기, 심화과정, 교육실습 그리고 졸업논문 등으로 이루어져 있다. 이수학점은 교육학 16~20학점, 교과교육 43~63학점, 교과실기 6~16학점, 심화과정 15~30학점, 교육실습 3~5학점, 졸업논문 P/F로 규정하고 있다.

심화과정은 현재의 10개 교과를 모두 가르칠 수 있는 기본교과 교육과정 외에 특정한 한두 개의 교과를 심화학습할 수 있도록 한 것인데, 현재 이 심화과정은 일종의 전공과정이라고 할 수 있는 학과체제하에서 해당 학과의 학문에 대한 전문적 지식과 기술을 습득하기 위한 교과전공 교과목으로 구성되어 있다.

• 사범대학

사범대학의 교육과정은 비교적 동질성을 유지하고 있는 교육대학교와는 달리 국·사립 사범대학은 물론 일반대학의 교육과 모두 자체적으로 결정한 교육과정을 운영하고 있어서 일괄적으로 설명하기가 매우 어렵다. 다만 대부분의 사범대학이 각 대학의 교육과정 운영에 관한 사항을 규정한 「고등교육법」(법률 제14148호, 2016.05.29, 일부개정) 제21조와 더불어 교직과정에 관한 사항을 규정한 「교원자격검정령 시행규칙」(교육부령 제96호, 2016. 04.20, 일부개정) 제12조의 규정을 준용하여 교육과정을 편성·운영하고 있기 때문에 이수학점의 기본구조나 편제는 어느 정도 비슷한 체제를 유지하고 있다. 그렇기는 해도 그 세부사항에 있어서는 전국의 46개 사범대학의 교육과정이 모두 다 다르다고 할 정도로 큰 차이를 보이고 있다.

사범대학의 교육과정은 크게 일반교양과정, 전공과정, 일반선택과정으로 구분되는데, 일부 사범대학에서는 여기에 별도로 교직과정을 규정하여 운영하기도 한다. 대체로 총 이수학점은 130~150학점까지 많은 편차를 보이고 있다(유균상·홍영란, 2003).

교양과목은 지도적 인격도야에 필요한 교과로서, 일반대학의 교양과목과 특별한 구분 없이 학과가 속한 학문계열에 따라 선택과목 이수학점이 조금씩 달라지는 방식으로 운영되고 있다. 교양과정 이수학점은 평균 30학점 수준이지만, 대학별로 최소 6학점에서 최대 60학점까지 큰 편차를 보인다.

전공과목은 학과의 전문 학술연구에 필요한 교과로서, 표시과목이 부여되는 교과에 대한 전문지식을 습득할 수 있는 교과목들로 이루어져 있다. 일부 대학의 교직과목 경우는 「교원자격검정령 시행규칙」에서 규정한 교직과정의 교과목을 이수하는 것으로, 사범대학에 속한 다른 학과 학생을 위해 교육학과 혹은 교직과에서 개설·운영하고 있다. 전공과정의 이수 학점은 대체로 일반교육학 6~21학점을 포함하여 52~120학점 정도로 되어 있다.

• 교직과정

일반대학의 교직과정은 일반대학의 교육과정의 적용을 받으면서 별도로 교직과정의 과목을 이수해야 하는 교사양성과정이다. 일반대학에서 교직과목을 설치하기 위해서는 교육부령으로 규정된 교직과목과 학점, 기타 설치기준을 충족시켜 교육부장관의 승인을 받아야 한다(교원자격검정령 제20조). 한편, 교직과정 이수자가 이수해야 할 교직과목은 「유치원 및 초등·중등·특수학교 등의 교사자격 취득을 위한 세부기준」(교육부고시 제2015-73호, 2015.10.01, 일부개정)에 규정되어 있는데, 교직과정의 교과목과 최소 이수학점은 다음과 같다.

〈표 5-3〉 교직과목의 세부 이수기준(2013학년도 이후 입학자)

구분	최저 이수기준		
	정교사(2급) 및 교사(2급)	준교사	실기교사
교직이론	○12학점 이상 (6과목 이상) -교육학개론 -교육철학 및 교육사 -교육과정 -교육평가 -교육방법 및 교육공학 -교육심리 -교육사회	○10학점 이상 (5과목 이상) -교육학개론 -교육철학 및 교육사 -교육과정 -교육평가 -교육방법 및 교육공학 -교육심리 -교육사회	○4학점 이상 (2과목 이상) -교육학개론 -실기교육방법론

교직이론 (계속)	-교육행정 및 교육경영 -생활지도 및 상담 -그 밖의 교직이론에 관한 과목	-교육행정 및 교육경영 -생활지도 및 상담 -그 밖의 교직이론에 관한 과목	–
교과교육	○6학점 이상 -특수교육학 개론 (2학점 이상, 영재교육 영역 포함) -교직실무(2학점 이상) -학교폭력예방의 이론과 실제(2학점 이상)	–	–
교육실습	○4학점 이상 -학교현장실습 (2학점 이상) -교육봉사활동(2학점 이내 포함 가능)	–	–
계	총 22학점	총 10학점	총 4학점

*비고: '학교폭력예방의 이론 및 실제'는 '생활지도 및 상담'과목으로 대체하여 교직소양 영역으로 인정 가능하다. 다만, 이 경우 '생활지도 및 상담' 과목의 교수요목에 학교폭력의 이해, 예방 및 대처방안 등을 50% 이상 반영하여야 한다.

*출처: 「유치원 및 초등·중등·특수학교 등의 교사자격 취득을 위한 세부기준」 [2015.10.01, 일부개정], [별표2].

2) 교사양성과정의 문제점

현재 교사양성과 관련하여 여러 가지 문제점들이 지적되고 있다. 그러한 문제점들은 현재의 제도를 유지하면서 점차적으로 수정·보완해야 할 것들도 있으나, 현행의 체제 자체를 전면적으로 개편하여 새롭게 혁신해야 할 것도 많기 때문에 그에 대한 많은 논란이 계속되고 있다. 교사양성과 관련된 주요 문제점들을 살펴보면 다음과 같다(윤정일 외 3, 2005; 정진곤·황규호·조동섭, 2005).

(1) 교사양성교육의 질적 수월성 미흡

지식기반사회에서 인적 자원은 국가 경쟁력의 가장 중요한 지표 중 하나이다. 국가 경쟁력의 지표인 우수한 인적 자원은 교육을 통해 확보할 수 있기 때문에 교사양성교육은 미래의 국가 경쟁력의 초석이라고 할 수 있다. 그러나 현재 우리나라 교사양성교육은 신규교사로서 갖춰야 할 자질과 능력을 효과적으로 함양하는 데 여러 가지 문제점을 가지고 있어서 경쟁력이 미흡하다는 지적이 많다. 교사양성을 위한 교육과정에 대한 특별한 기준도 없이 대학의 자율에 맡김으로써 교사양성교육의 공신력이 저하되어 있다는 것이다. 특히 교사양성기관 간에 교육과정이나 교수 및 시설 확보 등에 있어 격차가 심하고 부실하다고 평가할 수 있는 측면이 많아(유균상 · 홍영란, 2003) 교사양성 교육과정에 대한 신뢰 문제가 제기되고 있다.

(2) 교사양성 프로그램의 전문성 미흡

교사양성과정이 일선 교육현장과 유리되어 있고, 형식적인 교육실습과 열악한 교육여건 등으로 문제점이 많다는 지적이 끊임없이 제기되고 있다. 특히 교사를 양성할 수 있는 기본적인 교육여건조차 갖추지 못한 대학에서도 상당수의 교원을 양성하는 문제를 지니고 있다는 지적이 계속적으로 제기되고 있다(정진곤 · 황규호 · 조동섭, 2005). 최근 교원양성기관의 평가를 통해 교사양성기관들이 교사양성에 필수적인 교과교육의 비중을 확대하고 교육여건을 확충하고는 있다. 그러나 아직도 이에 대한 투자와 관심이 저조하여 교사양성 프로그램으로서의 전문성이 매우 미흡한 것이 현실이다.

(3) 학교 교육과정과 교원양성 교육과정의 연계성 부족

교사양성교육의 전문성 미흡과 함께 교사양성교육과 관련된 또 하나의 문제는 교사양성기관의 교육과정이 일선 학교의 교육과정과 유리되어 있다는 점이다. 교사양성기관의 교육은 초등학교와 중등학교에서 교과내용을 잘 지도할 수 있는 지식과 기능을 연마하는 데 일차적인 목적이 있다. 그러한 지식과 기능은 그 대상이 되는 일선학교의 교육과정에 대한 직접적이고도 심도 있는 교육을 통해 함양할 수 있다. 그러나 현재 교사양성기관의 교육과정의 편제구조와 내용은 초·중등학교의 교육과정과 상당히 유리되어 있어 교육전문가로서의 교사양성을 어렵게 하고 있다.

(4) 교육실습의 형식적 운영

교육실습은 교사양성기관의 특성이 가장 잘 드러나는 핵심적인 교육과정이다. 그러나 현재 교육실습은 단순한 통과의례로 인식되고 있을 정도로 그 의미를 제대로 살리지 못하고 있다. 사실 교사의 자격을 부여할 때에는 그 자격을 부여받는 사람이 교사로서 충분한 교수 능력과 자질을 가지고 있고 현장교사로서 교수행위를 원활하게 수행할 수 있는 경험과 능력을 축적했다는 것을 전제하고 있다. 그러나 현재 배출되는 교사는 양성과정에서 교수 경험과 능력을 배양할 유일한 실천학습 기회인 교육실습을 제대로 이수하지 못하고 있는 사례가 보고된다는 점에서 교사자격에 합당한 기준의 충족 여부 자체를 의심받고 있는 것이다.

(5) 교사수급 불균형에 따른 자원의 낭비

현재 초등학교 교사는 목적형의 폐쇄적 체제하에서 적정 인원을 선발·양성함으로써 어느 정도 수급 균형이 이루어지고 있는 반면, 중등학교 교사는 목적형과 개방형을 병행하는 혼합형 체제하에서 수요를 초과하는 인원을 방만하게 양성하고 있다. 46개의 사범대학, 15개의 일반대학 교육과, 152개의 일반대학의 교직과정, 75개의 교육대학원에서 매년 65종에 이르는 연간 약 3만5천여 명의 교사자격증 소지자를 배출하고 있는 것이다. 이에 따라 중등학교 교사의 경우, 양성 자원의 과다로 인적 자원을 낭비하고 있으며 과다한 임용시험 경쟁으로 교사양성 교육과정의 비정상화를 초래하는 문제를 낳고 있다.

(6) 교직 입직기회의 제한

현행 우리나라 체제에서는 교직에의 입직 여부가 사실상 고등학교 시기에 결정되는 구조이기 때문에 대학졸업 이후 교직 입직기회가 극히 제한되어 있다. 이에 따라 다양한 전문가 집단이 교직에 들어와 창의적·전문적인 교육을 하기 어렵다는 지적이 제기되고 있다. 지식과 정보가 급속하게 변화되고, 그 내용이 다양화·심층화되어가는 미래사회에 필요한 지식 인재를 육성할 수 있는 우수한 전문가 집단을 교직에 유인하지 못하고 있는 점이 양성체제 자체의 문제로 제기되고 있다.

3. 외국의 교사양성제도

1) 주요국의 교사양성교육

세계 주요 국가에서는 교사양성교육이 어떻게 이루어지고 있는지를 알아보는 것도 중요하므로 미국, 영국, 일본, 독일, 프랑스 그리고 스웨덴의 교사양성교육에 관해 고찰해 보기로 한다(권이종, 1988; 윤종건·전하찬, 1994).

(1) 미국

미국의 교원양성교육은 지방분권주의가 확립되어 주정부 단위의 교육행정 체제하에서 행해지고 있어 국가적으로 통일된 교원양성제도를 찾아보기 어렵다. 교원양성제도는 독자적인 단선형 학제 속에서 이루어지는데, 교원을 양성하는 기관·제도로는 교육대학(사범대학, teacher's college), 일반 교양대학(Liberal Arts College), 종합대학교(Comprehensive Colleges and University)의 교육학부나 교육대학원 그리고 마지막으로 새로 생긴 학사 후 과정(Post-baccalaureate Course)이 있다.

사범대학은 교사양성을 주 목적으로 하는 고등교육기관으로서 학부뿐만 아니라 대부분 석사학위 또는 박사학위 취득과정까지 두고 있다. 사범대학에서는 초등교사, 중등교사 및 특수교사를 양성하고 있으며, 일부에서는 대학교수를 양성하기 위한 교육도 실시하고 있다. 근래에 와서는 교육과정을 개정하여 일반교육 또는 교양교육을 포함시켜 다목적대학 또는 종합대학이 되어가고 있어 폭넓은 전문 직업교육 운동의 일면을 볼 수 있다.

종합대학교 내에서 교사양성의 기획 운영은 단과대학 중의 하나인 교육대학 또는 교육대학원에서 관장하고 있다. 초등교사는 4년제 교육대학에서 그리고 중등교사는 교육대학원에서 양성되고 있으며, 종합대학교 내의 교육대학은 초·중등교사 양성뿐만 아니라 교장·장학사·교육장 등의 관리직 및 교육조사·특수교육 담당의 교육전문직 양성까지도 담당하고 있다.

교원양성을 위한 교육과정은 교양교육, 전공교육 그리고 교직교육으로 구성되는데, 이 세 과정의 조화·균형이 문제가 된다. 미국 교원양성기관의 신입생 선발을 살펴보면, 그 자격은 고등학교 졸업자로서 성적 수준이 상위 1/2, 1/3, 1/4 등으로 규정한 대학이 적지 않고 하위 1/4인 사람은 응시할 수 없는 대학이 많다.

(2) 영국

영국에서 교사자격증을 취득하는 길은 두 가지가 있다. 그 중 하나는 교육대학(college of education), 종합기술대학 교육학과(polytechnics department of education) 또는 종합기술대학에서 3년간의 교원과정이나 교육학사 코스를 이수하는 방법이고, 다른 하나는 대학에서 학사학위 취득 후 대학 또는 종합기술대학 교육학과에 설치되어 있는 1년간의 교원양성과정에 진학하는 방법이다. 각 교육기관에서는 유치원, 초·중등교사를 함께 양성하고 있으며 수업연한도 동일하다.

입학자격은 대체로 만 18세 이상의 중등학교 졸업자로 영문학을 포함한 5과목의 G.C.E.O(General Certificate of Education Ordinary) 합격이나 1과목의 G.C.E.A(General Certificate of Education Advanced) 합격과 3과목의 G.C.E.O 합격

혹은 3과목의 G.C.E.A 합격을 기준으로 좋은 성적, 건강, 적성 등이 고려된다. 수학연한은 3년제이나 4년제 학위과정도 병설되어 있으며, 종합대학의 교육학과는 대학졸업자를 대상으로 1년의 단기과정이 개설되어 있다.

교육대학은 영국의 초·중등교원의 대부분을 양성하는 기관이다. 교육과정이 전국적으로 거의 균일하며 수업료가 면제된다. 교육과정은 교직교육·전문교육·교과연구 등 3분야로 나뉜다. 교직교육은 교직과목 이외에 보건·체육·국어를 다룬다. 국어와 같은 소위 수단과목을 필수과목으로 포함시키는 것은 교원으로서 국어의 능력 특히 구두표현력의 훈련을 중시하기 때문이다. 교육실습 기간도 15주나 된다.

(3) 일본

일본의 교사양성은 학예대학, 학예학부 그리고 교육학부에서 이루어지고 있다. 학예대학은 교사양성을 주목적으로 하는 국립 단과대학으로서 유치원, 초등학교 및 중등학교 교사양성과정을 두고 있다. 종합대학 내에 있는 학예학부는 조직과 목적에서는 학예대학과 같으나 종합대학 내 타 학부의 일반교육 및 교직교육을 담당한다는 점에서 다르다. 종합대학 내의 교육학부는 대체로 초·중등교사의 양성을 목적으로 하고, 타 학부학생의 교직교육을 담당하고 있다.

일본의 교사교육제도의 특징은 제2차 세계대전 이후 전쟁 전의 사범학교를 개혁하여 학예대학으로 개편하고 유치원 및 초·중등교사를 모두 4년제 대학에서 양성하고자 한 점이다. 이러한 개혁의 방향은 교육기간을 연장하여 교사의 질을 향상시키고 교직의 전문성을 높이려는 데 있었다. 일본에서는 질 높은 교원을 양성하기 위해 교육 장학금 제도를 실시하고 있는데, 졸업 후 의무복무 기간을 근무하지 않으면 장학금을 반납해야 한다. 선발방법은 고등학교 졸업자로 학력고사의 성적을 중심으로 하는 시험제를 채택하고 있다.

교원양성기관을 졸업한 후 자격증 취득에 필요한 요건이 갖추어지면 무시험으로 자격증을 받을 수 있다. 교원자격증에는 유효기간이 없는 보통면허장과 유효기간이 정해져 있는 임시면허장이 있다. 면허장 교부는 국·공립학교 교원은 도도부현(都道府縣)의 교육위원회에서 그리고 사립학교 교원은 도도부현의 지사가 한다.

(4) 독일

독일의 교원양성과정을 살펴보면 기초학교, 주요학교, 중등Ⅰ과정, 중등Ⅱ과정, 직업학교 그리고 특수학교과정이 있다. 기초·주요학교의 교사양성과정은 교원대학에서 3년 이상의 이론교육과 2년간의 현장실무수업 등 총 5년 이상의 교육기간을 거쳐야 한다. 모든 중등교사 양성과 특수교사 양성과정은 대학에서 4년간의 이론과 2년간의 현장실무수업 등 총 6년 이상으로 되어 있다. 그러나 모든 교사양성과정을 5~6년 내에 마치는 경우는 거의 없고, 대부분 7~8년에서 10년 정도 공부하는 학생이 많다.

입학자격을 살펴보면, 중등학교 상급과정을 마치고 대학입학 자격시험인 ABITUR 시험에 합격한 학생은 누구나 교사양성대학에 입학할 수 있도록 되어 있다. 이수과목 및 이수시간을 살펴보면, 기초학교 교사가 되기 위한 과정은 교직과목, 독일어·수학, 전공교과과목으로 총 128시간 이상 이수해야 한다. 또한 중등교사는 교직과목, 2개의 전공과목을 총 160시간 이상 이수해야 한다.

시험 및 평가를 보면, 모든 교사양성과정에서 제1차로 대학에서의 학문능력이 있는가에 대한 중간평가를 4학기가 지나면 실시하는데, 무능한 학생은 이 평가에서 탈락된다. 제2차 평가는 대학의 모든 과정을 마친 자에게 실시되는 제1차 국가시험으로서 졸업논문, 필기시험, 구두시험 순으로 치른다. 제3차 평가는 제2차 국가시험으로서 제1차 국가시험 합격자가 2년간의 수습과정을 거친 후 치르는데, 제1차 국가고시와 같이 논문, 필기, 구두시험을 보아 합격하면 비로소 교사자격을 갖게 된다. 특히, 구두시험은 다른 나라에서는 찾아볼 수 없는 엄격한 평가제도이다.

교육과정을 살펴보면, 기초학교 교사는 교육학 전공, 교과1, 교과2를 이수하고, 독어와 수학은 필수로 이수해야 한다. 또한 모든 중등교사 양성과정은 교육학, 제1전공, 제2전공을 이수해야 하며, 교과교육학을 필수로 이수해야 한다.

(5) 프랑스

프랑스의 교사교육제도는 어느 나라보다도 일찍 확립되었다. 1810년에 이미 국가관리의 사범학교가 탄생했으며 오늘날까지도 교사교육의 중심 기관 구실을 하고 있다.

프랑스의 조직적인 교원양성기관은 초등교원 양성의 사범학교, 중등교원 양성의 고등사범학교, 기타 각종의 양성과정으로 대별할 수 있다. 그러나 사범학교 지원 학생들의 질적 저하와 교사교육체제에 대한 세계적 개혁 동향의 영향을 받아 1979년에는 일대 개혁이 단행되었다. 즉, 신임 문교장관에 의해 초등교원 양성은 대학 수준으로 끌어 오르게 된 것이다. 그래서 종래의 1년 혹은 2년의 교육기관이 3년으로 연장되었으며 이 3년간의 양성기간 가운데 후반의 2년은 대학이 수여하는 자격증에 의해 인정되는 과정을 이수하게 된다.

3년간의 학습은 제1학년 8학점, 제2 · 3학년 20학점의 합계 28학점으로 구성된다. 각 학년의 학점은 연간 70일간의 수업을 원칙으로 한다. 즉 연간 35주로 해서 매주 2시간이 1학점이 된다. 우선 제1학년 제1학기는 모든 교육 단계에서의 관찰에 충당되어, 유치원과 초등학교, 중등학교의 제1학년의 각각에서의 경험을 쌓게 된다. 그리고 제2 · 3학기는 교원으로서의 활동을 수행하기 위한 기초지식의 습득에 충당되며, 수료하는 여름방학에는 여가활동에 대한 실습이 예정되어 있다. 특히, 제2 · 3학년의 이수에 대해서는 대학과 부분적인 협력이 이루어지며 그에 따라 교육과정이 새로 편성된다. 요컨대, 사범학교에서 교직과정을 받고 대학에서 선택과정을 받는 형태로 되어 있다.

각 과정은 이론과 실습을 포함하며 강조점은 첫째, 학습에 있어서 어느 정도의 개별화를 도입하고, 둘째, 이론적인 습득과 구체적인 경험과의 조화를 이루며, 셋째, 지방의 특수성을 고려한 유연한 학습조직으로 한다는 점을 들 수 있다. 특기할 점은 모든 교원양성기관의 학생들이 무료로 공부를 한다는 점이며 사립학교 교사에 대해서는 규제를 하지 않는다는 점이다.

(6) 스웨덴

스웨덴은 교사가 사회적으로 높은 지위를 차지하고 있는 대표적인 나라인데, 근본적인 이유가 교원양성제도에 있다.

스웨덴의 교원양성은 1830년에 스톡홀름 사범학교를 시발점으로 한다. 현재의 교사양성제도는 1977년의 대학 개혁과 더불어 새롭게 변모된 것이다. 이 개혁에 의해서 특히 달라진 것은 교사교육이 다른 전문직의 양성과 마찬가지로 보통의 대학교육에 통합된 점이다. 그리고 취학 전 교육에서부터 중등교육까지의 교사양성체제가 일원화·종합화된 점이다.

저학년 교원교육과정을 예로 들면, 정원제로 고등학교 졸업 후 직접 진학하는 자를 20%로 제한하고 있다. 따라서 나머지는 1년 이상의 직장 경험을 가진 자들로 충당된다. 고등학교 교사의 경우 석사학위 소지자가 최저 자격으로 되어 있으며, 1년간의 교육학 공부와 1년간의 교육실습을 거쳐 국가시험에 합격해야 하는 까다로운 절차가 필요하다.

수학과 물리 교사는 독립된 공과대학에서도 양성된다. 즉, 공학 석사학위를 가지고 있고 사범대학에 와서 1년간 교육학적 훈련을 받으면 통합 고등학교의 교사에 대한 대우가 공장이나 회사에서 일하는 대학 출신의 기술자와 조금도 손색이 없고 방학이라는 특전이 교사에게 주어짐으로써 우수한 공과대학 출신자들이 교직을 희망하는 경향이 있다.

앞서 언급한 것과 같이 스웨덴에서는 교과교사가 되기 위해 사범대학에 입학하려면 반드시 학사학위를 가지고 있어야 한다. 일반적으로 실천적인 교사교육을 받는 기간은 1년이다. 이 기간 동안 학생들은 대학을 수료하고 회사나 은행에 취직한 사람들이 받는 정도의 보수를 월급으로 받는다. 사범대학에 입학한 첫 학기는 교육학적인 이론을 학습하게 된다. 교육실습은 그 다음 학기에 실시되는데, 유능하고 경험이 풍부한 교사의 지도하에 14~16시간 동안 실습한다. 교육실습을 성공적으로 끝마치고 교육이론에 관한 시험에 합격하면 교과교사의 자격증이 수여된다.

2) 주요국의 교사양성제도가 주는 시사점

세계 주요국의 교사양성교육에 관한 고찰 결과, 교직이 갖는 전문성 확보를 위해 나름대로 개혁의 의지를 담은 정책을 구현하고 있음을 발견할 수 있다. 이에, 세계 주요국의 교사양성교육에 대한 추세(정우현, 1995)를 점검함으로써 각국의 교사양성제도가 주는 시사점을 논의하고자 한다.

첫째, 교사교육의 조직을 그 발달과정에서 보면, 초등교사와 중등교사를 구분하여 초등교사는 고교졸업 수준, 중등교사는 대학졸업 수준으로 해 왔으나, 미국·영국·일본 등에서는 학교별 수준에 따른 교사양성을 지양하고 대학졸업 이상으로 통합시키고 있다.

영국에서는 1996년 교사양성대학 과정을 2년에서 일반대학 과정과 같은 3년제로 연장시키는 데 합의를 보고, 일부 학생이 학사학위를 받을 수 있도록 하였다. 또 덴마크에서는 1969년에 중등교육 자격취득 후 3년 동안 요하던 초등교사 양성과정을 3년 반에서 4년으로 올렸고, 프랑스에서도 현행의 4년에서 5~6년으로 연장시켜 초급대학 수준으로 전환하고 있는 실정이다.

전술한 바와 같이 미국·일본 등에서는 초등교사도 대학 수준에서 양성하고 있지만, 1950~1960년대에는 한걸음 더 발전하여 1년의 대학원 과정을 요구하는 쪽으로 발전해 왔다.

중등학교 교사의 양성과정에 있어서는 미국·영국·서독과 같이 종합대학에서 양성하는 형태와 프랑스와 벨기에처럼 대학과 동등하거나 이에 준하는 수준의 중등교사 양성기관을 일반대학과 병행시켜 놓고 여기서 교사를 양성하는 형태가 있다. 또한 스웨덴이나 스코틀랜드와 같이 일반대학에서 학사학위를 취득한 자를 교육대학의 1~2년 과정을 통해 훈련시키고 있는 형태가 있는가 하면, 영국에서와 같이 학사학위 취득자를 대학교육과에 진학케 하여 1년의 교직 전문교육을 이수하도록 하는 형태도 있다. 그러나 아직까지 중등교사를 초급대학 수준에서 양성하고 있는 나라도 많은데, 우리나라의 경우 일반대학교의 사범대학, 4년제 단독 사범대학, 일반대학 교직과정, 교육대학원 2년 과정 등 다양한 양성 기회가 부여되고 있다.

둘째, 교사양성의 목표 선정에 있어서 각국은 아직도 그 기준을 찾지 못하고 있다. 통상적으로 교사를 양성하는 목적에 있어서 4가지 방향을 생각할 수 있는데, 첫째는 과목 중심의 교사, 둘째는 조직 중심의 교사, 셋째는 학생 중심의 교사 그리고 넷째는 지역사회 중심의 교사이다.

과목 중심 교사는 사회계층을 초월하여 발달한 교사의 역할에 대한 위계성을 나타낸 것으로서, 이는 교육이 지향하는 근본 목표를 미리 정하고, 그 목표를 전수하기에 합당한 교사를 양성하는 방안이다. 이러한 방안은 과거 영국이나 프랑스 및 독일에서 크게 각광을 받아왔다. 이와 같은 과정을 통해 양성된 교사는 언제나 기준에 의해 움직이는 교육감·교육장·교장 및 장학관 등이 요구하는 내용을 교사의 역할로써 터득하도록 강요당한다.

조직 중심의 교사는 산업사회와 도시화로 인해 생겨난 형태로, 이는 경제적 효율성과 상관관계를 가진다. 따라서 교사는 실제로 조직사회가 요구하는 내용을 터득해야 하고, 교사가 가르치는 내용 또한 실제로 활용될 수 있는 것이어야 한다. 그러므로 이들에게 교과 중심의 전문적인 내용을 중점적으로 가르쳐야 하는 한편, 그 내용이 실제 지도하는 데 쓰일 수 있는 것이어야 하며, 더욱이 광범위한 백과사전식 지식을 터득해야 한다. 또한 이러한 관점에서의 교사양성과정에서는 교사교육의 내용이 시대성을 민감하게 반영해야 한다.

학생 중심의 교사는 민주주의의 이념에서 점차 발달된 것으로서, 교사는 일방적인 지식의 전수자라기보다는 학생의 편에 서서 그 지식이 학생에게 어떻게 적용될 것인가에 관심을 두게 한다. 따라서 교사양성과정에서는 지식도 중요하지만 교육을 위한 새로운 자료와 새로운 방법이 크게 부각된다.

지역사회 중심의 교사는 사회발전의 목표가 다양화됨에 따라 부각되는 하나의 접근이다. 교사는 변화하는 사회의 요구에 따라 그 공격의 대상이 되어 왔다. 사회현상에 문제점이 발생할 때마다 그 책임을 교육에 돌리게 되고, 그 공격은 필연적으로 교육을 전문적으로 대행하고 있는 학교와 교사에게 주어지는 것이 사실이다. 따라서 이를 극복할 수 있는 내용을 교사양성과정에서 터득시키자는 주장이다.

현대사회에서 교사에게 주어지는 기대는 그가 전통적인 가치에 준해 사회화에 공헌하는 것, 산업사회에서 야기되는 변화를 무마하는 책임을 지는 것, 또 어느 지역사회에 뒤떨어지지 않도록 새로운 문화를 창조하는 것 등이다. 하지만 이러한 기대는 산업화와 도시화의 특성이 말해 주듯이 공통적이고 일관적인 것이 아니다. 이는 곧 교사양성의 과정에서 교사에게 지역단위로 주어지는 문제를 분석케 함으로써 교사 자신들이 해야 할 임무를 알게 하는 데 있다.

셋째, 교사교육과정에 포함시켜야 할 내용에 대해 국제적 합의가 이루어지고 있는데, 여기에는 일반교육, 교과전문교육 및 교육실습을 포함하는 교직전문교육의 3가지가 있다.

세계 각국이 거의 공통적으로 이 3가지 요소를 받아들이고 있지만, 그 내용을 어떠한 수준에 두어야 하느냐에 대해서는 각각 상이한 견해를 보이고 있다. 예컨대, 초등교원의 양성을 중등학교 졸업 수준으로 제한하고 있는 나라에서는 일반교육의 내용이 고교졸업 수준을 넘지 못하지만, 초·중등학교 교사를 초급대학 또는 4년제 대학의 수준에서 양성하고 있는 나라에서는 고등교육의 성격에 따라 일반교육 수준도 보다 높아지고 있다. 또한 일반 교양교육을 크게 내세우는 미국의 대학에서는 교양교육이 그 과목에 따라 1~4년 동안 골고루 분산·이수토록 되어 있어 수준이 비교적 높지만, 교양교육을 고교 수준에서 이수시키고 전문교육을 중시하는 유럽의 대학 3년

과정에서는 그 교양 수준의 교과목 수가 미국보다 적다. 교양교육과 전문교육을 이론적으로 구분하고 있기는 하나, 사실상 내용 면에서 볼 때 그 구분이란 애매모호하다.

교사양성과정에서 또 한 가지 크게 문제가 되는 것은 교과전문교육과 교직전문교육의 배치방법이다. 미국과 영국에서는 초등교사 양성과 중등교사 양성의 교직전문교육은 큰 차이가 없고, 또 이 차이를 더욱 좁히려는 경향을 보인다. 영국의 경우, 초·중등의 교직전문교육은 그 차이가 없이 둘 다 1년간의 교직전문 교육과정을 이수하도록 권고하고 있다. 특히, 교직과정 전반에 걸쳐 이를 교육현실에 접근시켜보려는 시도가 강하게 나타나고 있는데, 그 중 하나가 교육실습의 강화 방안이다.

유럽의 여러 나라에서는 교육실습을 학교뿐만 아니라 기타 교육기관이나 사회시설에까지도 넓혀가고 있는 추세이며, 이를 강력히 시행하도록 하는 것이 교사교육 개선의 한 목표가 되고 있다. 교육실습 시간은 통상 1개월 또는 2개월을 할애하고 있는데, 이는 교사양성과정 중 가장 핵심적이고 기본적인 과정으로 부각되고 있다.

직전교육의 최종단계로서 시보제도를 채택하고 있는 나라도 있다. 영국·독일·프랑스 등이 이에 해당되는데, 그 운영에 있어 자못 상식화되는 폐단이 있기 때문에 영국의 「제임스보고서(James Report, 1971)」에서는 대학졸업 후 교육대학에서 1년 동안 교직과정을 이수하는 외에 다시 1년 동안의 시보제를 학교 당국에서 관리토록 하는 통합방안을 제안한 바 있다.

넷째, 교사교육과 교육행정의 형태 역시 나라마다 다소 다르긴 하지만, 이는 각국의 행정적 조직과 밀접한 관계가 있다. 여기서 중요시되는 것은 중앙행정 당국과 양성대학과의 관계이다. 미국과 같이 연방정부로 구성된 나라에서는 각 주정부가 따로 교사양성기관을 설치하고, 각 주정부에서 자격증을 교부하고 있는 반면, 일본이나 우리나라와 같이 행정적 분화가 이루어지지 않은 나라에서는 정부가 이를 통할하고 있다.

오늘날 대체적인 추세로 볼 때 지방분권의 국가로 간주되는 나라에서도 교사교육에 있어서는 중앙 수준에서 계획·조정하려는 움직임이 보이고 있다. 예컨대, 통일 전 서독에서는 1969년 「연방기본법」을 개정하여 연방정부가 각 방(方)과 협력하여 전 연방의 교육개혁을 세우게 하고, 이에 따라 각 방의 교육개혁에 영향을 미칠 수 있게 되었다. 1970년 교육과학부의 보고서에 의하면, 교사교육에 관해서는 모든 교사가 종합대학에서 양성되어야 하며, 교사교육을 위한 양성과정이 재편성되어야 한다는 것과 현직교육도 제도화되어야 한다는 것 등이 나타나고 있다.

영국에서도 잉글랜드의 중앙정부에 의해 임명된 제임스 위원의 보고서가 일부 수정되어 1965년 정부의 교육백서로 채택되었는데, 이 중 교사양성 권한은 대폭 지방에 이양하면서도 교사의 공급과 양성의 계획은 중앙정부가 담당토록 하고 있음을 엿볼 수 있다. 또한 정도는 다르지만 비슷한 경우가 미국에서도 보이는데, 1965년 「초·중등교육법」 및 「고등교육법」에 나타난 바에 따르면 연방정부의 자금으로 교원의 연수교육을 촉진하도록 하고, 또 연방교육국 내에 교사교육을 위한 정보 또는 연구센터를 마련하여 여기서 각 주의 교사교육 계획으로 진행시키고 있다.

결국, 교사양성의 세계적 추세를 볼 때 교사교육은 다음과 같은 특성을 보이고 있다. 첫째, 교사교육은 교사의 지위와 밀접한 관계가 있는 바, 그 방향은 대체로 국제적 합의로써 이루어진 권고서의 내용에 가까워지고 있다. 둘째, 교사교육의 형태는 국가의 발전도와 관련해서 다양하게 나타나고 있으나 초·중등교사의 양성과정이 구분 없이 대학 교육과정에서 이루어지고 있다. 셋째, 교사교육의 내용은 교과전문교육과 교직교육 그리고 일반교육의 3개 분야로 나누어지고 있다. 넷째, 교사교육은 직전교육만이 주가 아니라 계속교육인 현직연수와 밀접한 관계하에 이루어지고 있다. 다섯째, 교사교육 행정에 있어 수급과 계획은 중앙정부에서 다루어지며 교직단체를 포함한 교원양성대학의 권한이 인정되고 있다. 여섯째, 교사교육은 변화하는 사회에 부응하여 항상 개혁이 이루어지고 있다.

제6장 교원의 현직교육

1. 현직교육의 의미

1) 현직교육의 의미

현직교육은 전문직이 그 전문성을 확보함은 물론, 한 걸음 더 나아가서 전문성을 신장함으로써 그들의 사회적 지위를 높이는 수단이라고 할 수 있다. 그러므로 교사교육에 있어서의 현직교육은 이미 교사로 임용되어 각급 학교에 근무 중인 교사들의 직무능력의 향상을 위해 실시되는 모든 종류의 교육을 말하는 것(윤종건 · 전하찬, 1994)이라고 단적으로 말할 수 있다.

각급학교 교원들의 직무능력 향상을 위해 실시하는 현직교육의 경우 교사들이 자발적으로 참여하는 교육이 있을 수 있고, 교사들에게 의무적으로 부과되는 교육도 있게 마련이다. 교사들에게 의무적으로 부과되는 현직교육은 대체로 연수라는 이름으로 행해지는데, 각급 교육행정기관이 대학이나 연수기관에 의뢰하여 실시하거나 아니면 직접 주관하여 실시하고 있다.

교원을 대상으로 하는 현직교육이 어떤 성격을 띠고 어떤 형태로 이루어지든지 그 궁극적 목적은 교원의 직무능력 향상에 두고 있는데, 이런 목적으로 이루어지는 교원 현직교육의 의미를 남억우 외 3인(1987)은 다음과 같이 자세히 설명하고 있다.

현직교육이란 현장의 교원이 교직의 전문적 성장을 목적으로 교직에 관한 지식과 기술을 습득하기 위해 그들에게 실시되는 일련의 계속교육을 뜻한다. 직전교육은 교원후보자를 위한 양성교육인 데 비해 현직교육은 일정한 자격과 경험을 가진 현직교사들의 연수교육 및 재교육이다. 직전교육이 교직전문가로서의 최소한의 자질을 갖추게 하기 위한 것이라면, 현직교육은 현직의 경험을 바탕으로 교사로서의 자질을 향상·발전·심화시키는 것을 뜻한다. 의사가 환자를 진단, 처방, 치료하는 과정에서 병리학적 이론과 임상적 실험, 치료의 경험을 토대로 꾸준한 연구를 통해 전문의의 자질을 유지하듯이, 교사 역시 교육문제 상황을 개선시킬 수 있는 전문적 자질을 갖추기 위해 꾸준히 연구·연수하는 것이 현직교육이다. 그러므로 현직교육은 교사 개개인의 자발적 필요와 요구에 의해 출발해야 한다.

이와 같이 현직교육의 기본입장인 자발성의 원리는 현행 「교육공무원법」(법률 제13936호, 2016.02.03, 일부개정)에도 명시되어 있다. 즉 동법 제38조에 "교육공무원은 그 직책을 수행하기 위하여 끊임없이 연구와 수양에 힘써야 한다"라고 규정하고 있다. 이와 같이 교사가 학생을 지도하기 위해 새로운 지식과 기술을 습득해야 함은 당연한 책무라고 하겠으나, 의사나 다른 전문직에 있어서처럼 현직연수나 연구가 그렇게 긴박한 문제로 받아들여지지 않고 있는 실정이다.

전술한 바와 같이 현직교육이 '현장의 교원이 교직의 전문적 성장을 목적으로 교직에 관한 지식과 기술 및 태도 등을 높이기 위해 실시되는 일련의 계속교육'이라는 것은 연수기관이나 제도에 의해 피동적으로 '받는 교육'이 아니라 스스로 연구·노력을 '하는 교육'으로 인식되어야 함을 의미한다. 그럼에도 교사들은 일반적으로 자격연수나 공식적인 강습만을 현직교육으로 오인하고 있고 계속교육과 자기연수라는 자발성의 원리를 잊어버리는 경향이 짙다.

현직교육이 교직적 성장 및 교원의 자질 향상의 교사발달을 목적으로 하고 연수의 효율성이나 실험의 작용 면에 있어 현직교원의 자발성을 근간으로 이루어져야 하되, 이의 접근방법으로는 여러 가지 형태를 취할 수 있다. 즉 교원연수기관에서 비교적 집중적이고 체계적으로 실시하는 각종 자격연수와 특수한 목적으로 필요에 따라 실시되는 일반연수가 있고, 단위학교별로 연구수업, 교내연구 발표회, 개인별 연구과제 수행, 초청강연회 등을 통한 연수활동과 개인별로 직무와 관련된 대학에 진학한다거나 독서 혹은 문헌연구 및 현장연구를 통해 개인적 성장을 기하는 연수활동 등이 있다.

이상과 같이 현직교육이란 교육행정기관이 정책적으로 시행하는 각종 자격연수와 일반연수 및 교내연수와 교사들이 자발적으로 행한 소위 자기연수까지를 포함한 광의의 개념이다. 현직교육이 교육행정기관의 정책적 필요에서나 자격취득을 위한 수단으로 오인되어서는 안 된다. 현직교육은 오직 교원 스스로의 교직적 자각과 의욕에서 나온 자기연수에서부터 출발해야 하고 자기발전과 교직적 성장을 목적으로 한 복합적인 의미를 가지고 있다.

2) 현직교육의 필요성

교사교육으로서의 직전교육이 질적으로 그 수월성을 확보하여 훌륭히 이루어졌다고 해도 결국은 초임교사 배출까지의 책임성을 벗어나지는 못한다. 일단 교직에 발을 들여놓고 나면 그때부터는 직전교육과는 별개의 개념으로 현직교육을 접하게 마련이다. 생각하기에 따라서는 훌륭한 직전교육으로 교직에 임하게 되면 그 이상의 연구나 연찬 또는 재교육의 기회가 불필요한 것으로 여겨질 수도 있지만, 교직수행에 있어 직무내용 자체가 점점 고도화하고 전문화해 가는 교직적 요구에 적응하기 위해서는 끊임없는 학습기회를 가질 필요가 있다.

사회가 급변하고 새로운 지식과 기술이 폭증하는 현대사회에서는 어떤 직업에서나 그 직업의 능률을 향상시키기 위해 현직교육이 필요하다. 그 중에서도 전문적으로서의 교직에서는 다른 직종보다 현직교육의 필요성이 절실하다고 하겠다. 그 이유는 국가 발전의 근간이 교육의 발전에서부터 비롯되기 때문이다. 교원에게 현직교육이 필요한 까닭은 여러 가지가 있겠지만, 그 중에서 중요한 몇 가지를 살펴보면 다음(남억우 외 3, 1987)과 같다.

첫째, 교사가 직전교육에서 수득(修得)한 지식과 기술은 계속해서 활용될 수 없고 쓸모없는 것으로 인식되는 경우가 많기 때문에 현직교육은 불가피하다. 사회가 변화되고 이 변화에 대처하기 위한 새로운 지식과 기술이 개발되며, 이와 더불어 교육내용이나 방법도 변화하기 때문에 직전교육에서 아무리 철저한 교육을 받았다고 해도 급속도로 개발되는 새로운 지식과 기술에 익숙하지 못한다면 교직임무 수행은 비능률적이고 때로는 교사가 시대착오적인 과오를 범하게 되고 말 것이다. 이와 같이 과거의 지식은 낡아 쓸모없는 것이 되는 반면, 새로운 지식과 기술이 급진적으로 개발되기 때문에 교원은 연수활동을 게을리 할 수 없다.

둘째, 교직은 전문직이기 때문에 계속적인 자기성장을 기하기 위해 현직교육이 필요하다. 전문직과 다른 직업을 구분하는 기준은 여러 가지 있을 수 있으나 전문직은 계속적인 자기성장을 이룩할 수 있도록 장기간의 교육을 필요로 하는 직업이다. 따라서 교사가 계속적인 자기성장을 위한 노력을 하지 않는다면 교직은 전문성을 상실하게 될 것이며, 그로 인해 교원의 사회적 지위의 하락은 물론 교육의 질적 발전은 둔화되고 말 것이다.

셋째, 교육개혁 및 교육개혁의 보급을 기하고자 할 때 현직교육은 그 선행요건이며 전제가 된다. 어떠한 교육개혁을 시도하든지 간에 교원에게 계속교육 또는 현직교육을 실시하지 않고는 그 개혁은 생각할 수도 없는 문제이다. 아무리 새로운 이론이나 기술이 개발되고 이것이 교육과정 속에 들어온다고 해도 이를 최종적으로 지도하는 자는 교사이다. 따라서 교사의 올바른 이해와 기술의 습득 없이는 불가능하기 때문에 교육개혁의 보급을 위해서도 현직교육은 불가피하다.

넷째, 교육과정의 개편이나 교육내용을 수정, 보완할 때에도 현직교육이 선행되어야 한다. 시대적 요청이나 국가적 필요에 의해 교육과정을 개편했다고 해도 이를 최종적으로 운영하는 현직교사가 그 내용을 모른다면 아무 효과가 없을 것이다. 즉 교육과정의 내용이 달라지면 교사도 이에 따라 새로운 연수교육을 받아 그 내용을 파악하고 지도기술을 익혀야 소기의 성과를 가져올 수 있다.

다섯째, 교원교육은 직전교육에 의해 완성될 수 없으며 현직교육이 강화되고 계속될 때 비로소 효과를 올릴 수 있기 때문에 꼭 필요하다. 교원양성교육은 교사로서 갖추어야 할 자질을 함양하기 위한 목적 교육으로 영위되지만 '교원의 자질'이란 일정한 수준과 한계가 없는 개념이다. 또한 교육의 상황 변화에 따라 교사의 특성도 변화되어야 하는 가변적 속성이기 때문에 양성교육을 통해 교사로서 갖추어야 할 기본적인 자질을 함양하고, 이를 기반으로 계속적인 현직교육을 받음으로써 자질향상을 기할 수 있게 된다. 즉 직전교육의 보전책으로서도 현직교육은 필요하다.

이상에서 살펴본 바와 같이 현직교육은 교사의 자질 향상을 위해 양성교육 못지않게 중요하며 교육의 발전을 위해 계속교육(further education)으로서의 현직교육은 절실히 요청된다고 하겠다.

2. 한국의 교사 현직교육

1) 교원 현직교육의 변천 과정

교원의 현직교육은 자격강습이든지 아니면 자격 부여와는 무관한 단순 재교육 강습이 연수기관에서 이루어질 수도 있고 교내의 자체연수, 개인연수 그리고 특별연수 등으로 구분하여 실시되고 있다. 교직의 전문성 제고를 위해 교직사회에 나름대로 정착되어가고 있는 현직연수의 발전 과정을 교원 현직교육의 역사(김종철 외 5, 1995)를 통해 살펴본다.

교원을 대상으로 한 현직교육은 우리나라의 경우 대한제국시대부터 실시되었다. 즉, 한국 최초의 교원 현직교육은 1905년 7월에 당시의 '학부'가 개설한 '교육학 · 심리학강습소'에서 실시되었다. 이 강습소에서는 소학교 교사와 관립중학교 · 외국어학교 그리고 한성사범학교의 교원들에게 교육학과 심리학 그리고 윤리학 등에 관한 재교육을 실시하였다. 1906년에서 1911년 사이에는 주로 보통학교 교사를 대상으로 한 재교육 강습이 실시되었다. 관립학교 및 공립학교의 교사는 학부와 부·도 등에서 개설한 강습회에서 주로 실시하고, 사립학교의 교사는 사설 강습소에서 재교육을 받았다.

일제 강점기초인 1910년대에는 보통학교에 배치되는 일본인 교장, 교감, 훈도 등을 대상으로 한 강습회가 매년 경성에서 실시되었고, 1912년 이후에는 '공립보통학교교원강습회'가 경성고등보통학교에서 매년 개설되어 보통학교의 한국인 부훈도(副訓導)를 대상으로 한 강습이 실시되었다. 각 도에서도 여름마다 강습회를 개설하여 사립학교 교사를 대상으로 한 강습을 실시하였다. 한편, 1914년부터 1916년까지 농업학교와 간이농업학교의 실과 담당교사 그리고 보통학교와 고등보통학교의 실과 담당교사 등을 대상으로 하는 실업교육 강습이 실시되었다. 또 1919년에는 '경성고등보통학교 부설 임시교원양성소'의 졸업자를 대상으로 하는 보습강습회가 경성고등보통학교에서 열렸다.

1920년대에는 초등학교 교사만을 대상으로 하는 재교육이 한국인 교사와 일본인 교사로 나누어 실시되었다. 한국인 교사를 대상으로 한 재교육은 공립보통학교 조선인교원강습회, 공립보통학교 조선인여교원강습회 등의 명칭으로 개설된 강습회에서 실시되었다. 이밖에 실과교원강습회가 개설되어 실과 교사의 재교육강습이 실시되었고, 경성사범학교에서는 졸업한 교사를 대상으로 한 강습회가 별도로 실시되었다.

일제 강점중기인 1930년대의 교사 재교육은 강습회·연구회·시찰 등의 형태로 실시되었다. 교사 재교육을 위한 강습회는 경성과 각 도에서 또 군별로도 실시되고 강습회의 주최자는 도와 부 또는 조선교육회였다. 교원 재교육의 대상은 주로 보통학교의 한국인 교사였고, 중등학교 교사의 재교육도 교과별 연구회의 형태로 부분적으로 실시되었다. 재교육 강습의 내용은 정신교육을 비롯하여 시사와 교양·일본어·산술·체육·실과 등의 교과교육과, 직업교육·복식교수법·간이과학 기계제작법 등이었다.

일제 강점후기인 1939년 4월에는 독립된 상설 교사 재교육기관으로 '조선총독부교학연수소'가 경성에 개설되어 4주간을 1기로 하여 교사들에게 주로 일본식의 정신교육을 실시하였다. 1943년에 교학연수소는 조선총독부지도자연성소의 '교학연수부'로 개편되어 계속해서 교사의 재교육을 담당하였다. 1942년 3월에는 각 남자 사범학교에 4개월 과정의 임시강습소를 설치하여 초등학교 교사 가운데 사범학교의 특설강습과를 수료한 자를 대상으로 한 학력보충교육을 실시하였다. 1943년에 사범학교의 임시강습과를 특설연구과로 개편하여 주로 사범학교 출신이 초등학교 교사에게 필요한 강습을 실시하고 자격미달 교사에게 자격을 부여하기 위한 강습을 실시하였다.

광복 後 1945년 12월에는 전국 초·중등학교 교사의 재교육 강습이 실시되었고, 1946년 6월에도 교사 재교육 강습회가 실시되었다.

한편, 정부수립 후인 1950년대에 이르러 교사의 재교육이 법적 근거에 의거하여 실시되기 시작했다. 즉, 1953년 4월 「교원의 양성과 재교육에 관한 임시기관설치령」(대통령령 제781호, 1953.04.20 제정 및 국무원령 제186호, 1961.01.16, 폐지)이 공포되었고, 1954년 11월에 「교육공무원 자격검정령 시행세칙」(문교부령 제39호, 1954.11.11, 제정 및 제143호, 1964.04.16, 폐지)이 제정됨으로써 교사의 재교육에 관한 법적 근거가 마련되어 상급 자격의 취득을 위한 갑종(甲種)강습회, 자격증의 효력갱신을 위한 을종(乙種)강습회, 일반적 자질의 향상을 위한 일반강습회 등이 초등학교 교사와 중등학교 교사별로 각 시·도에서 실시되었다.

1960년 10월에는 서울대학교 사범대학에 교육행정연수원이 부설되어 교사 재교육의 상설기관으로서 교육행정 담당자를 대상으로 한 연수강습을 실시했다. 1961년 1월 「교육공무원 연수기관설치령」(국무원령 제186호, 1961.01.16, 제정 및 대통령령 제1642호, 1964.02.21, 폐지)이 제정되어 교육대학에 초등교원연수원을 설치하고, 국립 사범대학에 중등교원연수원을 각각 설치하여 행정반(교장반, 교감반)과 정규반(2급 정교사반, 1급 정교사반)에서 상급자격 취득을 위한 강습 및 일반연수를 실시하였다. 1964년 2월 「교원연수령」(대통령령 제1642호, 1964.02.21, 제정 및 대통령령 제6515호, 1973.02.24, 폐지)이 제정됨에 따라 교사연수는 교육대학의 초등교원연수원과 사범대학의 중등교원 연수원 그리고 서울대학교 사범대학의 교육행정연수원에서 각각 실시하게 되었다. 1968년 6월에 「교원교육원령」(대통령령 제3483호, 1968.06.14, 제정 및 대통령령 제6515호, 1973.02.24, 폐지)이 제정되었고, 동년 9월에는 서울대학교 사범대학에 '교원교육원'이 설치되어 현직교사 가운데 학력미달 교사를 대상으로 한 재교육이 이루어졌다.

1972년에는 「교원연수령」이 「교원연수원령」(문교부령 제307호, 1972.12.29, 제정)으로 개정되고 이에 따라 중앙교육행정연수원이 신설되었으며, 1974년에 다시 「교원연수원령」을 개정함으로써 현행 교원연수제도가 확립되었다. 특히 1972년 개정된 「교원연수원령」은 교육법상의 교원 재교육기관과 교육공무원법상의 연수기관의 성격을 통합하여 교육대학에는 초등교원연수원을, 사범대학 또는 일반대학에는 중등교원연수원을 그리고 문교부장관(현, 교육부장관) 소속하에는 교육행정연수원을 두기로 했다. 이 시기의 교원연수는 첫째, 자격연수와 일반연수가 분리되었고, 둘째, 연수의 유형이 보다 다양화되었다는 특징이 있다. 그럼으로써 연수원 중심의 기관연수가 양적인 면에서 발전할 수 있도록 노력하였고, 현행 연수과정의 핵심인 자격연수에 대한 규정이 확고하게 정립되었으며, 여러 유형의 연수가 실시됨으로써 교원들로 하여금 다양한 방면의 소양을 제고할 수 있도록 노력하였다.

교원 재교육은 1980년도 교육개혁 추진에 따라 새로운 전기를 맞이하여 더욱 활기와 적극성을 띠었으며 자격연수, 일반연수 및 각종 자율연수는 물론 해외연수에 이르기까지 재교육의 범위를 확대하였다. 또한 현직교원에 대한 연수기회의 확대와 함께 각종 연수과정에서 정신교육을 강화했는데, 1981년부터는 정신교육의 기본과정인 이념교육을 보강하여 전교원을 2년 주기로 반복교육의 실시를 목표로 정한 바 있다.

한편, 「교원연수원령」은 1987년 2월 28일 종합교원연수원 설치를 위한 법적 근거마련을 위해 대통령령 제12087호로 개정되었다. 이 개정안의 주된 내용은 종합교원연수원을 별도로 설치하고, 대학부설 연수원장을 학장 당연직에서 별도의 임명제로 전환하며, 자격연수기간을 40일 이상(240시간)에서 30일 이상(180시간)으로 감축·조정하는 것을 골자로 하였다. 이 개정안에 의해 교원연수기관은 초등교원연수원, 중등교원연수원, 교육행정연수원의 3종에서 종합교원연수원이 추가되어 4가지 종류가 되었다. 이 시기의 교원연수의 특징은 첫째, 지방분권적 연수제도가 정착되었고, 둘째, 특수분야에 대한 연수 프로그램이 활발히 운영되었다는 점을 들 수 있다.

「교원연수원령」은 이후 1989년 「교원연수에 관한 규정」(대통령령 제12891호, 1989.12.30, 전문개정)으로 그 명칭이 변경되었다. 또한 종전의 「교육법」 제52조에 의거 지방자치단체의 조례가 정하는 바에 따라 설치된 각 시·도교원연수원은 1991년에 「교육자치에 관한 법률」(법률 제4347호, 1991.03.08, 제정)이 발효됨에 따라 이에 법적 근거를 두고 운영되게 되었다. 뿐만 아니라 법적 근거를 통해 설치된 연수기관에서 다룰 수 없는 연수의 경우, 관련 기관에 위탁하거나 특정 기관에 대해 교육부장관의 인정하에 지정 연수를 실시하도록 함으로써, 전반적으로 연수제도의 정착이 이루어졌다.

2000년 2월 28일에는 대통령령 제16733호로 「교원 등의 연수에 관한 규정」으로의 명칭변경과 일부 개정을 통해 21세기 지식기반사회의 새로운 연수 수요에 부응하기 위해 원격교육연수원의 설립에 관한 근거 규정을 마련하고, 특수분야 연수기관의 지정권한을 교육감에게 이양함으로써 지방교육자치를 활성화하는 등 연수기관의 운영상 나타나는 일부 미비점을 보완하였다. 특히, 이 개정령 제2조에 의해 연수기관의 종류는 초등교육연수원, 중등교육연수원, 교육행정연수원, 종합교육연수원 및 원격교육연수원으로 좀 더 다양화되었다.

「교원 등의 연수에 관한 규정」은 2016년 현재까지 10여 차례 일부 개정을 통해 계속 보완하면서 「유아교육법」 제22조, 「초·중등교육법」 제21조, 「고등교육법」 제46조 및 「교육공무원법」 제37조부터 제42조의 규정에 의해 연수기관의 설치·운영과 교원 등의 연수에 관한 사항을 규정하고 있다.

2) 현직교육의 문제점

교육 수혜자로서의 학생과 학부모의 질적 변화는 교원교육이 직전교육에 의해서만 완성될 수 없음을 발견케 하는 한 요인이다. 그러므로 교육활동이 소기의 성과나 목적을 달성하기 위해서는 교원의 현직교육이 직전교육 수준만큼의 비중으로 다루어져야 함은 재론의 여지가 없다(문교부, 1983). 이렇듯 중요한 교원 현직교육은 근래에 와서 많은 노력과 투자를 통해 개선 및 향상되기도 했으나, 연수를 담당한 독립 연수기관이 설치되지 못하고, 연수기관에서의 전임교수 및 전임직원의 미확보, 여름방학과 겨울방학을 이용한 집중 연수로 인한 연수대상 인원의 과다 및 행정과 재정지원의 제약으로 인한 연수 여건의 미비 등 아직도 넘어야 할 과제가 산적해 있다. 따라서 이러한 몇 가지 문제점을 중심으로 우리나라의 교원 현직교육의 문제점을 정재철(1995)은 다음과 같이 6가지로 논의한 바 있다.

첫째는 연수 교육과정의 문제를 들 수 있다. '교원연수원령'에는 자격별 연수과정에 관해서 연수내용의 수준과 수업시간 수만이 명시되어 있어, 동일한 연수과정이라고 해도 연수기관이나 연수담당자에 따라 연수내용이 각각 다르게 운영되어 왔다. 교육부가 연수 교육과정을 편성하고 교재를 편집하여 시달했지만 문제는 남아 있다. 예컨대 양성교육과의 연계 문제, 연수내용의 중복 문제, 이론 중심의 연수내용 등이 문제점으로 지적되고 있다.

둘째는 현직연수의 기회가 제한되어 있다는 점이다. 대체로 교원의 연수기회가 제한되어 있어 적절한 시기에 필요한 현직연수가 이루어지지 않고 있다. 구체적으로 국·공립학교의 교사보다는 사립학교의 교사에게 연수의 기회가 적게 주어지고 있고, 교과목에 따라서도 연수의 기회가 다르게 주어지고 있어 교원들에게 불공평한 연수가 실시되고 있는 형편이다.

셋째는 장학직과 연구직 종사자의 현직연수가 소홀히 취급되고 있는 점이다. 처음으로 장학직이나 교육연구직에 임용되는 이들에게는 그 직무의 성격으로 보아 사전교육이 절실히 요청되고 있어서 이들에 대한 사전교육은 일정기간 이루어지고 있다. 그러나 직무수행 중의 연수교육은 거의 실시되지 않고 있어서 이의 보완이 필요하다.

넷째는 교육행정 담당 사무직 종사자에 대한 현직교육이 실시되어야 한다는 점이다. 학교나 교육행정기관에 종사하고 있는 사무직 종사자도 교육에 관계된 사항을 담당하고 있으므로 이들에게도 교육에 대한 기본적인 소양이 필요하고, 학교교육에 대한 이해가 필요하다. 그러므로 이들에게도 교육활동 전반에 관한 사항과 교육현장에 대해 이해를 돕는 현직교육이 요청된다고 하겠다.

다섯째는 대부분의 현직연수가 형식화되어 있다는 점이다. 현직연수가 주로 여름방학 동안에 집중적으로 실시되는 반면, 교원연수원의 시설이 미비하고 연수담당자들의 과중한 부담으로 현직연수에 규정된 시간만을 채우는 형식적인 방향으로 치우치고 있다는 여론이 있다.

여섯째는 연수성적 평가기준이 일정하지 않다는 점이다. 즉 연수교육기관에 따라 상이한 평가를 하고 있어서 문제가 되고 있다. 특히 자격연수 등은 연수성적이 승진에 영향을 미치기 때문에 통일된 기준에 따라 연수성적이 평가되어야 할 필요가 있다.

다음으로 곽병선(1986)은 교원 현직교육의 주요 문제점을 다음과 같이 논의하고 있다.

첫째, 연수기관의 교육여건 미비를 들 수 있다. 1, 2급 정교사 자격연수 및 교감 자격연수는 초·중등교원 연수원에서, 교장 자격연수는 교육행정연수원에서 이루어지고 있다. 그러나 이들 연수원은 독자적인 연수기관으로 존립하는 것이 아니라, 모두 특정 대학(교)에 부설되어 있다. 따라서 원장과 부원장은 소속 대학의 학장과 교수가 겸임하고 있으며, 연수에 필요한 시설과 설비도 소속 대학의 그것을 겸용하고 있는 실정이다. 따라서 이들이 교원연수를 위해 책임과 성의를 다하는 데 제한점이 있게 되며, 시설·설비의 활용에도 애로점이 많다. 뿐만 아니라 전임교수도 거의 확보되어 있지 않으며, 다만 조교나 사무원이 배치되어 있는 정도에 불과하다.

또한 자격연수에 활용되는 강사들이 대부분 소속 대학의 교수들로 충원되고 있지만, 실제적으로 그 수가 부족한 데다 적절한 강사마저 구하기가 쉽지 않아 과도한 양의 강의를 떠맡는 경우가 많다.

둘째, 현직 교육과정의 체계성이 부족하다. 현직 교육과정은 직전 교육과정과의 관계, 연수과정 간의 관계 그리고 교육현장의 필요와의 관련하에서 분석될 수 있다. 직전 교육과정과의 관계 및 연수과정 간의 관계는 연계성의 측면에서 그리고 교육현장 요구와의 관계는 적합성의 측면에서 논의될 수 있다.

- 현직 교육과정의 교과목과 직전 교육과정의 그것 간에 다소의 중복이 있다. 1982년도에 문교부에서 개발한 중등학교 교원자격 연수교육과정에 의하면 1급 정교사 자격연수 교직과정에 9개 과목을 이수하도록 되어 있다. 이들 교과목을 S사범대학의 교직과정과 비교해 보면 9개 과정 중 5, 6과목이 동일 과목이거나 유사 과목임을 알 수 있다.
- 자격연수 과정 간에 교과목이 중복되고 있다. 2급 정교사 자격연수 교직 과정과 1급 정교사 자격연수 교직과정은 그 교과목과 이수시간이 완전히 일치하고 있다. 이러한 교과목 편성을 자격 상승에 따른 연수내용의 수직적 심화나 수평적 확대를 보장해 주기 어려우며, 같은 내용의 반복에 그칠 가능성이 높음을 시사한다. 강사의 폭이 좁은 우리 현실에서는 심지어 강사까지 겹치는 경우도 있을 수 있다. 결국 2급 정교사 자격연수를 받은 교사는 원칙적으로 3년 이내에 1급 정교사 자격 연수를 이수함으로써 동일한 과목과 내용을 반복하게 된다.
- 현직교육내용이 교육현장의 요구를 반영하지 못하고 있다. 교사들은 현직교육을 통해 현장에서 당면하는 문제들을 해결하는 데 필요한 '무엇인가'를 얻을 수 있을 것으로 기대한다. 이러한 점에서 '현직교사'를 대상으로 하는 현직교육의 내용은 직전교육의 그것과 큰 차이를 가지게 된다. 그러나 대부분의 연수내용이 현장과 유리된 이론적·개념적 강의의 수준을 벗어나지 못하고 있기 때문에 교사들의 현실적 요구가 충족

되지 못하고 있다.

셋째, 운영방법의 적절성이 미흡하다. 연수과정의 목표가 아무리 잘 설정되어 있고 연수내용이 적합하게 구성되어 있다고 해도 그 운영방법이 적절하지 못한다면 소기의 성과를 거두기 어려울 것이다. 설정된 목표를 성공적으로 달성하기 위해서는 연수과정의 합리적 계획과 이의 효율적 운영이 전제되어야 한다. 여기서는 연수가 실시되는 시기와 기간, 수업방법에 국한하여 논의하고자 한다.

- 연수의 실시 시기와 기간이 적절하지 못하다. 1982년도 문교부의 「유치원과 초·중등학교 교원연수지침」에 의하면 1, 2급 정교사 자격연수와 유치원 겸직교사의 일반연수 등을 제외한 거의 모든 연수가 여름방학 기간 중에 이루어지도록 되어 있다. 따라서 교사들의 연수 참여로 인한 수업결손을 최대한 막을 수는 있으나 혹서기에 냉방시설이 다소 불비한 강의실에서 집단연수를 받아야 한다. 더욱이 1일 평균 6시간씩 딱딱한 의자에 앉아 연속적으로 연수를 받아야 하는 '성인'으로서의 신체적 고통을 수반한다. 이러한 교육 여건은 연수효과를 올리는 데 큰 장애요인이 된다. 한편, 이념교육 등 학기 중에 실시되는 연수의 경우도 연수 참여에 따른 수업공백을 메워 줄 대치교사가 없는 실정이어서 수업결손의 문제를 안고 있다. 특히 1, 2급 정교사 자격연수의 경우는 그 기간이 1학기말과 2학기초 또는 2학기말과 신학기초에 걸치게 됨으로써 교사의 부재에 따른 학사운영에 큰 차질을 빚고 있다.
- 수업방법이 적절하지 못하다. 대부분의 연수가 '경험 있는 현직교사'라는 대상의 특성이나 그들의 요구가 고려되지 않은 채 일방적인 강의에 주로 의존하는 경우가 많다. 강의식 수업이 많이 사용되는 이유는 연수내용이 강의식 수업에 적합하기 때문이라기보다는 시설·설비의 미비, 다인수 학급 편성, 강사의 부족 등 현실적인 여건과 강사들의 소극적인 연수 자세에도 그 이유가 있다.

넷째, 현직교육 기회의 부족을 들 수 있다. 교원들의 전문적 자질을 향상 및 유지시키기 위해서도 이들에게 지속적·단계적인 현직교육이 요구된다. 직전교육에서 습득한 지식과 기술을 현장경험을 통해 심화시키고 교육현장에서 필요한 자질을 발전시켜 나가기 위해서는 연수기회가 적절하게 부여되어야 한다. 여기서는 자격연수 및 일반연수와 관련하여 문제점을 논하고자 한다.

- 자격연수의 기회가 부족하다. 자격 획득에 필요한 법적 연수에 비해 교육기회는 전반적으로 부족한 편이다. 즉 준교사가 2급 정교사 자격연수를 받는 데에는 2년, 2급 정교사가 1급 정교사 자격연수를 받는 데에는 3년이 걸린다. 1급 정교사가 교감 자격연수를 받으려면 교직경력이 20년이 되어야 경력점수가 만점이 되므로 개인차가 있게 마련이다. 그리고 교감이 교장 자격연수를 받는 데 3년으로 규정되어 있지만 실제로 해당 자격연수를 받기까지는 이보다 시간이 훨씬 더 소요된다.
  특히, 상위 자격취득 기간은 법적 연수에 비해 교장·교감이 약 5년 정도 소요되며, 1,2급 정교사는 약 3년 정도 지체되고 있다. 이 중 1급 정교사가 교감자격을 획득하는 데에는 전체 근무연수가 20년이 되어야 경력점수가 만점이 되어 연수차출이 가능한 점을 보면 가장 긴 기간이 소요되는 것이다. 또한 준교사에서 시작하여 교장자격을 취득하는 데 소요되는 평균기간은 28년 3개월이며, 2급 정교사에서 출발하면 평균 22년 4개월이 소요된다.
- 일반연수 기회가 교과별로 편중되어 있다. 일반연수의 과정이 각 교과별로 균등하게 개설되어 있지 않고 일부 교과에 치중되어 있다. 1982년도 각 시·도 교육위원회의 연수계획을 근거로 하여 일반연수과정을 9개 교과별로 그 유형을 분류할 수 있다. 초등교원을 대상으로 설치된 일반연수 과정 가운데 과학, 예·체능, 양호 등의 교과와 관련되는 과정은 각 시·도에 따라 1~2과정이 설치되어 있다. 그러나 사회나 윤리 교과와 관련되는 연수과정은 전혀 설치되어 있지 않다. 한편, 중등교원을 대상으로 설치된 일반연수과정 가운데 외국어, 윤리, 실업, 예·체

능, 교련, 양호 등의 과정은 다양한 데 비해 국어, 수학, 사회, 과학 등의 관련 연수과정은 미미한 형편이다.

자격연수의 기회가 상당한 기간 동안 지연되고 있는데다가 일반연수의 기회마저 교과별로 균등하게 부여되지 않는다면, 교원들은 자신의 교과와 관련된 연수를 주기적으로 받을 기회를 갖지 못하게 된다. 특히 1급 정교사 자격연수를 이수한 교원은 또 다른 자격연수를 통해 담당교과에 관한 체계적인 연수를 받을 기회가 적기 때문에 교과별 일반연수의 기회가 주어지지 않으면 담당교과의 새로운 지식을 습득할 기회가 없게 된다.

이상에서 논의된 우리나라 교원의 현직교육의 문제점을 종합해 보면, 현직교육과정의 내용 면에서 교육현장의 요구를 반영하지 못하고 있다는 점을 들 수 있다. 또 추진방법에 있어서도 시기나 연수대상 인원에 대한 고려가 있어야 한다는 문제점을 제기할 수 있다. 또한 교원 현직교육의 여건에 관한 문제점을 들 수 있는데, 현직연수를 담당할 전문요원 확보가 되어 있지 못하다는 인적 여건과 현직교육 담당 전문기관의 부재 등 물적 여건이 총체적으로 미흡하다는 점을 들 수 있다. 뿐만 아니라 현직교육 대상자인 교사의 입장에서 보면 학기 중에는 학생지도 및 교육과정 운영의 정상화라는 명분에 밀려 교내에서의 간단한 직무연수에만 일관할 수밖에 없는 현실적 제약이 따른다. 따라서 이수시간이 몇 십 시간이라도 되는 연수의 경우 휴가기간을 이용할 수밖에 없는데, 이 기간에는 혹한과 혹서로 인해 연수의 성과거양 면에서 기대한 것만큼 도달되지 못하고 있는 실정이다.

3) 현직교육제도의 개선 방안

전문직에 있어 지속적인 전문성 신장은 성취해야 할 지상 최대의 과제이며, 전생애에 걸친 꾸준한 연수활동을 통해서만 이의 달성이 가능하다. 교사 역시 전문직 종사자로서 전교직 생애를 통해 끊임없이 배움을 게을리해서는 안 될 학습자이다. 전문직 종사자들이 그들의 전문성을 지속적으로 유지 및 발전시키기 위해 부단한 노력을 경주하는 것은 곧 그들의 전문적 책임이요 의무이기도 하다. 교사가 주어진 전문적 책임을 다하는 데 있어 단순히 상위자격을 따기 위한 한두 차례의 단절적 연수만으로 충분하지 못함은 너무도 당연한 일이다. 이에, 앞서 제기된 현직교육의 문제점을 개선할 수 있는 방법적 접근이 요구된다고 하겠다.

따라서 선행연구자(곽병선, 1986; 정재철, 1995)들의 견해를 토대로 자격연수를 포함하여 교원의 현직교육 개선을 위한 일반적 측면, 교내에서의 연수활동 측면 그리고 개인 연수활동 측면 등으로 나누어 고찰해 보기로 한다.

(1) 일반적 측면

현행 교원연수제도는 연수의 질적 심화와 연수기회의 확대 그리고 연수의 효율성 등이 극대화될 수 있는 방향으로 개선되어야 한다. 이를 위한 구체적인 방안을 들어보면 다음과 같다.

첫째, 연수과정을 체계화시켜야 한다. 현행의 자격연수과정은 연수시간 수와 분야별 연수내용의 수준만 명시되어 있기 때문에 연수가 체계적으로 이루어지지 못하고, 중복과 누락이 생기고 있다. 그러므로 연수교육의 내실을 기하기 위해서는 연수과정을 개선하여 양성교육과정과는 물론 연수종별이나 자격증 갱신문제와도 연계성이 있도록 해야 한다. 교원교육과정은 양성교육에서 현직교육으로 발전적으로 심화될 수 있도록 연수종별에 따라 보다 세부적으로 체계화되어야 한다. 그리고 교원연수내용은 사범대학이나 교육대학의 교육과정에 준해서 편성하기보다는 교육현장에서 직면하는 여러 문제를 적절히 해결해 나갈 수 있도록 편성되어야 한다.

둘째, 현직교육의 기회를 확대시켜 모든 교원들에게 언제나 주어질 수 있도록 개방되어야 한다. 특히 사립학교 교원들은 그들이 원하는 경우 언제라도 재교육을 받을 수 있도록 그 기회가 충분히 보장되어야 한다.

셋째, 방송통신 교육체제를 적절하게 활용해야 한다. 연수경비를 줄이고 연수자의 경제적 부담을 경감시키며, 연수기회를 확대시킬 수 있는 방안의 하나가 방송통신교육에 의한 재교육이라고 할 수 있다. 통신에 의한 교원의 재교육은 현행법상으로도 가능하고 또한 실시에 별 문제가 없다. 방송통신에 의한 교원연수가 실시될 때 형식화된 현행의 연수교육의 여러 문제가 어느 정도 해결될 수 있을 것이다.

넷째, 현직교육을 교원양성대학과 일원화시켜 양성교육과 통합적으로 운영해야 한다. 현직교육기관을 교원양성대학에 부설하여 양성교육과 현직교육이 통합·운영되도록 하는 것이 재교육의 동질성을 유지하고 체계적인 교육을 위해서 필요한 조치이다. 동일 기관에서 양성교육과 현직교육을 실시할 때 교사교육 프로그램을 교육현장과 유기적으로 연결시킬 수 있어서 보다 더 교사교육의 실효를 거둘 수 있게 될 것이다.

다섯째, 현직교육에 학점제를 도입하는 일이다. 현직교육을 내실화하는 방안의 하나로 현행의 시간수별 교육과정 운영을 학점제로 하는 것이 바람직하다. 양성교육과 현직교육과의 연계성을 살리고, 현직교육의 질적 수준을 보장하기 위해 현직교육을 학점제로 실시하여 이를 학력과 연결짓는 방안이 강구될 필요가 있다. 교원의 현직교육은 교원양성기관에서만 실시하고 현직교육에서 취득한 학점을 학위과정의 학점으로 인정하여 교원의 자발적인 연수의욕을 유도해야 한다. 계절학기를 교원양성대학에 개설하여 교사들로 하여금 자유롭게 등록하여 소정의 학점을 취득하도록 하는 것이 바람직하다. 교원연수를 학점화할 때 계통성 있는 연수가 이루어지고 상위 학위과정과의 연계성으로 수강자의 학습의욕을 높일 수 있으며, 재교육을 통한 교원의 전문성 신장이 가능해질 것이다. 교육대학원 연구과정을 교원의 연수과정으로 활용하는 것도 바람직한 방안이 될 수 있을 것이다.

여섯째, 장학직·연구직·행정직 등의 직원을 사전에 교육함과 동시에 재교육을 실시하는 제도적 장치가 마련되어야 한다.

일곱째, 자격연수와 일반연수를 분리하는 일이다. 자격연수와 일반연수는 그 목적이나 성격 및 내용에 있어 엄연한 차이가 있다. 따라서 교원연수의 효과를 크게 거양하기 위해서는 자격연수와 일반연수를 분리해야 하고 그 결과의 처리도 다르게 하는 것이 바람직하다.

(2) 교내에서의 연수활동 측면

첫째, 지도교사제의 도입을 시도해 볼 수 있다. 최근에 세계적으로 강조되고 있는 새로운 연수모형의 하나인 학교에 초점을 둔 연수체제의 기반을 조성하기 위한 하나의 방안으로, 교내연수의 핵심적 역할을 맡아 수행할 지도교사를 육성할 필요가 있다. 특히, 교과교육 이론과 방법에 뛰어난 교사를 발굴하며 지도교사화하고 학교현장에서 사실상 임상장학의 선도적 역할을 수행하도록 유도한다.

현재 장학 본연의 업무를 담당할 장학담당자의 수가 절대적으로 부족하기 때문에 장학의 혜택을 받아야 할 일선교사들은 거의 이들의 손을 접하지 못하고 있는 실정이다. 따라서 교육위원회나 교육청에 있는 장학담당자들의 도움을 현장에 앉아서 기다리는 소극적 자세에서 벗어나 자기 학교 또는 인근 학교에 있는 유능한 교사의 도움을 받으려는 보다 적극적인 자세가 요청된다.

한때 논의하다가 채택이 유보된 수석교사제의 수석교사들이 바로 지도교사의 역할을 맡아야 할 것이다. 이 지도교사들은 교내 각종 연수의 강사로 활용되거나 다른 학교를 방문·지도하는 이동 지도교사의 역할도 수행할 수 있을 것이다. 다만, 지도교사는 학교 단위 또는 교육청 단위에서 비공식적으로 융통성 있게 활용하는 것이 공식화하는 것보다 더 바람직하겠다.

둘째, 신규채용 교사의 시보기간(probationary year) 부여를 도입할 수 있다. 교원자격증을 가지고 신규로 임용이 되는 경우 정식교사로서 바로 교단에 서게 할 것이 아니라 처음 1년간은 조건부로 채용하여 이를 시보기간으로 설정하는 것을 검토해 볼 필요가 있다. 이 시보기간은 현직교육의 차원에서 보면 매우 의의 있는 기간이 될 수 있다.

이 기간 동안 임시교사들은 현장경험을 통해 더욱 열심히 자신의 전문성을 심화시켜 나갈 수 있는 기회를 가지게 될 것이다. 또 앞서 제시한 지도교사 또는 선배교사들로부터 학교풍토를 익히고, 교무운영에 관한 실무적 기술도 배우며 교과에 대한 전문적 지도도 받게 될 것이다. 교직에 들어와서 첫 출발하는 이들에게 매우 값진 경험을 주고, 나름대로의 교직관·교사관을 형성할 수 있는 시보기간이 되기 위해서는 교장을 포함한 전교직원의 노력이 뒷받침되어야 할 것이다. 또 이 시보기간을 통해 교사로서의 자질이 어떠한가를 평가해서 정식 임용을 결정할 때 하나의 자료로서 활용될 수 있도록 해야 한다. 임시교사에 대한 처우나 신분상의 문제는 별도로 연구·검토되어야 할 것이다.

(3) 교원 개인의 연수활동 측면

현재 전국에는 수십 개의 교육대학원이 산재해 있어 교원의 현직교육의 기능을 크게 수행하고 있다. 또 교육대학교에도 교육대학원이 개설되어 교원 본인의 의사에 따라서는 얼마든지 연수연찬의 기회를 확보할 수 있는 길이 트였다. 그러나 대부분의 교육대학원이 대도시에 편중되어 있어 농·어촌 교사들에게는 우선 지리적으로 접근하기가 어렵다. 뿐만 아니라 등록금도 비싸고 대학원에서 취득한 학점이 연수점수로 인정되지도 않고 있어 교사들에게 불만 요인으로 작용하고 있다.

따라서 대학원에 계절제를 확대하여 농·어촌 교사들에게도 더 많은 접근기회를 제공하고 대학원 학점의 연수점수로의 대치 및 인정도 시급히 이루어져야 한다. 뿐만 아니라 입학금이나 등록금의 정부보조나 대여, 대학교 측에서의 수업료 감면, 장학금 확충 등을 통해 교사들의 교육대학원에 대한 유인가를 높여 주어야 한다. 연수기능의 분산이라는 측면에서 교육대학원의 지원·육성은 반드시 필요하지만, 이의 질적 향상을 위해 자체적으로 평가인정체제를 도입하여 체제정비와 교육여건 개선을 서둘러야 할 것이다. 그렇지 않으면 머지않아 질 낮은 석사학위 인플레이션 현상이 나타나게 될 것임은 자명한 일이다.

3. 외국의 교사 현직교육

1) 주요국의 교사 현직교육

질 높은 교육 프로그램으로 교원을 양성하는 일 못지않게 교원의 현직교육도 매우 중요하다. 세계 주요국들의 교사 현직교육 제도를 알아보기 위해 미국, 영국, 일본, 독일, 프랑스, 스웨덴 그리고 자유중국의 교사 현직교육에 관하여 고찰(권이종, 1988; 윤종건 · 전하찬, 1994)해 보기로 한다.

(1) 미국

미국에서의 현직교육은 지위향상과 보수에 직결되어 있어 교사들은 매우 열성을 보인다. 현직교육은 크게 정규 대학과정(on campus course)과 지방연수원(extension course) 두 가지가 있다. 정규 대학과정은 학력신장 또는 보완교육이지만 자격기준에 따라 강습내용도 달라진다. 지방연수원은 주로 교육개혁에의 참여를 위해 특별 프로그램의 강습을 단기간 실시하는 제도이다. 이러한 현직교육은 직전교육 못지않게 교원양성대학의 중요한 기능으로 간주되고 있다.

미국에서의 교사양성제도가 그러하듯이 현직교육도 주에 따라 다르다. 철저한 지방자치제가 실시되고 있는 미국은 교사 현직교육도 주로 학구(county)를 중심으로 이루어지고 있다. 대체로 미국의 교원 현직교육의 특징으로 교사들의 자발적 연수를 장려한다는 점을 들 수 있다. 즉 현직교사들이 대학원의 각종 과정에 입학하면 학비보조나 특별휴가 등으로 지원하는 동시에 그 과정을 수료하면 보수, 승급, 승진, 상위자격 획득 등에 반영하여 직접적 보상을 하고 있다.

(2) 영국

영국의 현직교육은 1971년에 발간된 「제임스보고서(James Report)」를 기점으로 큰 전환점을 맞이했다. 이 보고서는 교사교육의 개선을 위한 중요한 제안을 했으며, 특히 현직교육의 개혁에 초점을 맞추었다. 이 보고서를 기초로 하여 영국정부는 1972년 「교육백서」를 발표하고 구체적 대안을 제시했다. 현재 실시 중인 교원 현직교육 체제 중 특기할 만한 것을 제시하면 다음과 같다.

첫째, 시보기간을 설정하여 운영한다. 일단 공립학교에 임용된 교사는 사립학교에서의 경험이 아무리 많더라도 1~2년간의 시보기간을 통해 교사로서의 적격성 여부를 판정받는 동시에, 직전교육에서 배운 이론을 실제와 접합하여 교사로서의 능력과 자질을 심화시킨다.

교사로서의 도입교육 성격을 띠는 시보제는 학교와 교원양성기관과 교육센터 등이 유기적으로 결합하여 그 효율성을 높이기 위해 노력하고 있다. 즉 시보교사는 근무시간의 1/5을 현직교육에 할당할 수 있도록 시간이 주어져야 하고, 그 외의 일상 근무량을 경감해서 일반 전임교원의 3/4의 근무량이 되도록 배려하며, 그들을 담당 지도할 전문지도교사를 지명하여 개인적으로 지도 및 도움을 받을 수 있게 하고, 시보교사를 위한 과정을 대학이나 교원센터에 개설한다. 그리고 1년간의 시보기간을 평가하고 미흡하다고 판정되면 기간을 반년 연장하기도 한다.

둘째, 교원 현직교육을 위해 교원양성체제를 크게 재조직하였다. 즉 고등교육대학(College of Higher Education)과 같은 새로운 형태의 교육기관을 설립하고 교원양성을 위해 정원의 1/5을 교사 현직교육에 할당하였다.

셋째, 방송통신매체와 개방대학을 통한 현직교육의 실시, BBC와 개방대학은 교원 현직교육을 제공하는 주요 기관이 되고 있다. 즉 BBC는 교사들이 학급에서 사용할 수 있는 많은 라디오 및 TV방송 프로그램을 방영할 뿐만 아니라, 교원양성과 현직교육에 직접 관련되는 프로그램도 제작하여 방영한다. 그리고 개방대학에는 많은 교사들이 학위과정 또는 비학위과정에 참여하고 있다.

넷째, 교원센터(teacher center)를 활용한다. 교원센터는 '교사의', '교사에 의한',

‘교사를 위한’ 센터이다. 그것은 전문가로서의 교사들이 모여 대화를 하는 광장이며 그들의 전문성을 심화하는 데 매우 유익한 곳으로 활용된다.

교원센터의 규모나 형태는 다양하다. 학교 내에 설치되거나 독립된 건물로 존재하거나 교원양성대학 내에 설치된 것 등이 있는데, 교원 상호 간의 문제를 논의하거나 교육과정 개발의 주도권을 행사하거나 비공식적 회합의 장소 또는 교원들의 휴식처 등으로 활용된다. 이밖에 새로운 교과서, 교재, 학생들의 작품 전시, 도서관, 자료센터 등으로도 활용되기도 한다.

(3) 일본

일본의 현직교육은 학위취득과 상급자격의 취득을 가능케 함으로써 교원의 자질 향상에 노력하고 있다. 일본의 교원연수는 근무능률의 발휘 및 승진을 위한 수단이며 직무수행상 필요 불가결한 요건으로서 인식되고 있고, 적극적인 권리임과 동시에 의무로 파악하고 있다. 교원연수는 국립교육원(National Education Center)과 그 지부, 현(縣)교육센터 및 교원대학원(Graduate School for Teachers)의 세 기관에서 주로 담당한다.

일본에서의 교원 현직교육제도 가운데 특이한 점은 상급자격 획득에 학점제를 채택하고 있으며, 학점취득을 위해서 대학이나 통신교육을 활용한다는 것이다. 특히 1978년에 Joetsu와 Hyogo 두 곳에 설립된 교육대학은 초등교사 훈련을 위한 대학과정과 교사들의 계속교육을 위한 대학원과정을 두고 있다. 대학원과정 입학자격은 3년 이상의 교직경력을 가진 현직교사들이며, 여기에 입학하면 최소한 2년간의 안식년(安息年)을 부여받아 학문연구에 전념할 수 있도록 하고 있다.

(4) 독일

독일에서 교사의 계속교육은 양성교육, 시보교육과 더불어 교사교육의 전체 테두리를 형성하며 평생교육적인 의미를 갖는다. 즉, 교사들은 일정한 주기로 계속교육을 받아야 하며 특히 학문과의 접촉을 유지해야 한다.

현재 독일에서 교사의 계속교육을 의미하는 용어로는 Lehrerfortbildung과 Lehrerweiterbildung의 두 가지가 있다. 전자는 우리나라의 경우 일반연수와 같은 성격의 것으로 전공분야를 더욱 심화시키기 위한 교육을 말하며, 전문 영역의 제반 조건의 변화에 적응할 수 있는 능력을 길러주기 위한 교육을 뜻한다. 반면, 후자는 우리나라의 자격연수와 같은 것으로서 교사자격의 확대 또는 다른 교사자격의 취득과 관계가 있다. 어떠한 형태의 연수든지 간에 연수참여가 법적으로 의무화되어 있지 않고 권장사항으로 되어 있어서 교사 자신의 자유의지에 따라 참가여부가 결정된다.

교육행정 당국은 교사들이 계속교육을 받을 수 있는 충분한 기회를 제공해야 하며, 교사들의 각종 연수에의 참여에 대해서는 여러 국면에서 직무·재정상의 편의와 후원을 제공해야 한다. 예컨대, 교장의 승인과 수용인원의 한도 내에서 계속교육 연구소에의 참여가 권장되고, 교사들로 하여금 학술적 대학에서 계속적인 학문연구를 하도록 장려되고 있다. 대학에서의 연구를 위한 유급휴가는 1년이지만 신청에 따라 그때마다 1년간 연장이 허용된다. 또한 우수교사는 종합대학으로의 파견이 가능하다. 파견은 제2차 국가시험 종료 후 3년이 경과해야 하며, 일정한 시험을 거친 후 파견이 결정된다. 파견기간은 1년이지만 2~3년까지 연장이 가능하다.

(5) 프랑스

프랑스의 교사 현직교육 프로그램은 1일의 강습회로부터 1년간의 장기연수에 이르기까지 그 기간과 형태가 매우 다양하며, 그 대상도 초·중등교원은 물론, 그 외에도 무자격 교원(현직교원의 10~20%), 사범학교 교수 그리고 장학요원들에 이르기까지 다양하다.

프랑스에서 시행되는 제반 연수활동은 일반적으로 교사들의 요구분석을 기초로 해서 계획되며 근무지와 연수장, 전문가들의 논의와 현장에서의 실습을 바꾸어 가며 실시하는 이른바 샌드위치 시스템으로 운영된다. 또 사범학교 교수와 장학담당자 간의 긴밀한 협조 체제하에서 연수가 이루어진다는 특징이 있다.

3개월간의 장기연수를 예로 들면, 모두 여섯 단계를 거치면서 연수가 진행된다. 예비 단계(1주간)에서는 수업계획을 공동으로 작성하며, 제1단계(1주간)에서는 10명 단위의 한 그룹을 구성하여 교사들의 필요에 따라 목표를 설정하고 여러 가지 활동을 조직한다. 제2단계(4주간)에서는 사범학교에서 장학요원과 함께 교육을 받는다. 제3단계(1주간)에서는 현장으로 돌아가 사범학교에서 배운 개념이나 방법을 실습한다. 제4단계(4주간)는 다시 사범학교로 돌아와 학습을 계속·발전시킨다. 제5단계(1주간)는 연수에 대한 평가와 차기연수를 위한 활동을 계획한다. 이 각각의 단계에 사범학교 교수와 시·도 장학담당자가 서로 협동하면서 연수에 대한 책임을 맡아 수행한다.

또한 현직교육의 내용도 단순한 직업적인 교양에 국한하지 않고 전반적인 적성의 개발과 인격적 발달에까지 관심을 둔다. 공식적인 연수에 참가하는 경우, 유급휴가를 주고 여비를 비롯하여 그 밖에 필요한 경비의 일부 또는 전액을 지급해 준다. 근무시간 이외나 또는 야간의 연수강좌에 참가하는 경우 초과근무수당이 지급되기도 한다.

(6) 스웨덴

스웨덴의 교사 현직교육은 크게 세 가지 형태로 이루어지고 있다. 첫째, 학기 중에 교사지도관이 각 학교를 순회하며 실제적인 학습지도에 대해 일반교사에게 조언, 둘째, 학기 중에 일정한 날을 정해 교사들을 한 장소에 소집하여 강습을 실시, 셋째, 방학을 이용하여 6~10개월의 강습을 하는 것 등이다. 이 중 첫 번째와 두 번째의 형태는 주 단위로 실시된다. 각 현의 교육청에는 재교육의 책임자가 배치되어 있고 전국적으로도 교사지도관이 배정되어 있는데, 그들은 전체 근무시간량의 1/2을 교사지도에 소비하고, 나머지 1/2은 일정 학교에서 그들이 전공한 교과를 지도한다.

교사지도관이 되려면 1년에 두 번씩 중앙교육청에서 주관하는 특별강습을 받아야 한다. 학기 중 실시하는 교사 재교육 프로그램에 참석하는 것은 의무인 경우와 자발적인 경우가 있다. 스웨덴의 「학교법」에 의하면 재교육을 받기 위해서는 1년에 5일간은 학교수업을 하지 않아도 된다고 규정되어 있다. 교사들이 강습을 받기 위해 외지로 가는 경우에는 숙박비, 여비, 용돈을 국가에서 지급해 준다.

스웨덴에는 현재 다섯 개의 교사 재교육기관이 각 지역에 분산되어 있다. 이러한 기관의 주요 과제는 교사지도관을 양성하는 동시에 일반교사를 재교육하는 것이다. 그리고 방학 동안 실시되는 교사들의 재교육과정을 계획하고 재교육을 위한 자료의 수집·발간·배부하는 일을 맡고 있다. 이 기관들은 중앙교육청의 직접적인 감독을 받으며 1년에 1만 명 이상의 교사를 재교육시키고 있는데, 이는 전 스웨덴 교사의 약 15%에 해당한다.

2) 주요국의 교사 현직교육제도가 주는 시사점

현직교육이 현직교사들의 전문성을 신장하고 자기성장을 꾀할 수 있는 방향으로 전개되어야 함은 자명하다. 그런데 양성교육을 거친 후 교직에 임용되어 그 직무를 수행하고 있는 교사들은 자신의 전공 영역에 관해 스스로를 지나치게 과신하여 다른 사람의 주장이나 연구결과에 대해 귀 기울이지 않는 경향이 있다. 이런 교사들에게 자기성장과 직무수행의 전문성 고양을 위해 현직교육 참여를 자발적으로 유도하기 위해서는 무엇보다도 모든 교사들이 각자의 필요와 능력에 따라 배우는 활동 자체를 즐길 수 있는 체제 확립이 중요하다. 이론상으로는 합리적이지만 실제 정책을 수립하고 제도를 개선하여 시행착오 없이 현직교육을 실시하기란 그렇게 용이한 것만이 결코 아니다. 그러므로 앞서 고찰한 주요국의 교원 현직교육활동에서 몇 가지 시사점을 요약·정리해 보고자 한다.

첫째, 상급학교 진학에 대한 법적·제도적 뒷받침이 이루어지고 있다. 교사의 현직교육이 교직의 전문성 확보를 위해 필요 불가결한 것이긴 하지만 교사 자신에게도 성취감을 맛보게 하는 법적·제도적 뒷받침이 있을 때 보다 활성화될 수 있다.

대학원과정에 입학을 하는 현직교사에게는 최소한 2년간의 안식년을 부여해 주는 일본의 제도나 현직교사들이 대학원의 각종 과정에 입학하면 학비보조와 특별휴가 등으로 지원하는 미국의 교사 현직교육제도는 우리나라의 상황과 큰 비교가 된다. 더욱이 대학원과정을 수료하고 나면 보수나 승급 및 승진 그리고 상위자격 획득에 우위를 점할 수 있도록 함으로써 직접적인 보상을 하고 있는 점도 주목할 만하다.

둘째, 시보기간을 두어 교원의 질적 수월성을 추구하고 있다. 교원임용제도와 현직교육과의 유기적인 관련하에 시보기간을 설정·운영하는 것이 돋보인다.

공립학교에 임용된 교사는 일단 1~2년간의 시보기간을 통해 교사로서의 적격성 여부를 판정받는 동시에, 직전교육에서 배운 이론과 교육현장에서 부딪치는 실제 문제를 결합하여 교사로서의 능력을 평가받음은 물론, 한편으로는 그 자질을 심화시키고 있다. 시보제는 영국에서 정착되어 있지만 독일의 경우도 시보교육을 병행하고 있어서 임용만 되면 교직에 대한 적격성 여부를 떠나 전공교과를 가르치고 학급을 담임하는 등 일선 현장에서 교직에 종사하는 우리나라 교사들과는 다른 과정을 거치고 있다.

셋째, 교원센터를 설립하여 내적 동기에 의한 자발적 연수를 유도하고 있다. 교원센터를 통해 교사들의 대화의 광장을 마련하고 또 교사들이 그들의 전문성을 심화하는 데 매우 유익한 곳으로 활용하고 있다. 영국의 경우 교원센터는 규모나 형태 면에서 매우 다양한 것으로 보고되고 있는데, 주요 활동내용은 교원 상호 간의 문제를 논의하거나 교육과정 개발의 주도권을 행사하고, 비공식적 회합의 장소 또는 교원들의 휴식처 등으로 활용하고 있어서 교직에 활력소로 작용하고 있다고 하겠다.

이상에서 주요국의 교사 현직교육제도가 주는 시사점을 살펴보았는데, 그 외에도 학교를 중심으로 한 현장 위주의 현직교육이 중시되고 있다거나 전문지도교사를 두고 이들로 하여금 교육현장이나 교원센터에서 경력이 낮은 교사들에게 전문적 지도 및 조언을 하도록 하는 경우가 있다. 또 현직교육의 기회를 보다 확대하기 위해 방송통신매체를 크게 활용하고 있는 것도 주목할 만한 점이다.

제7장 교원의 자격과 인사제도

1. 교원의 신분

1) 교원 인사관리

인사관리가 행정이나 조직에서 인간을 일정한 위치에 두고 관계를 규정하는 작업인 것처럼 교원 인사관리는 교원의 잠재 능력을 최대한으로 발휘시켜 교육의 성과를 극대화하고, 교원 스스로가 직무에 만족하고 개인성장에 충실하도록 조직하고 지도하는 활동(윤종건 · 전하찬, 1994)이라고 할 수 있다. 아무리 훌륭한 계획 · 제도 · 조직 · 재정 및 시설 등의 조건이 완비되어 있다고 해도, 그것을 운영하는 것은 사람이므로 사람에 관한 행정인 인사행정은 행정관리의 3요소인 재정 · 물자 · 인력관리 중 가장 핵심적인 요소이고, 이러한 관점은 교원 인사관리에도 그대로 도입 · 적용되는 것이라고 할 수 있다.

교원 인사관리에 있어 일차적 단계는 유능한 인적 자원을 확보 · 유지하는 것이고 그 다음 단계는 확보된 인적 자원 각자가 최선을 다할 수 있는 근무조건을 마련해 줌으로써 교육활동의 성과를 극대화해야 한다. 적절한 근무조건 조성 작용으로서의 교원 인사관리는 일과성이나 무원칙하게 이루어지는 것이 아니라 일정한 원리에 준하여 이루어져야 하는데, 그 원리는 대체로 다음과 같이 제시(남억우 외 3, 1987)할 수 있다.

(1) 인사정책 일반화의 원리

인사정책의 수립을 임용권자의 단독 또는 그의 참모들만으로 행할 경우 객관도와 지속성을 잃기 쉽고 정실과 엽관적 인사에 빠지기 쉬우므로 교원 및 그 외 교육직원, 지역사회인, 당해 부분 전문가 등 광범하게 선정된 인사위원회로 하여금 객관적이고도 타당한 기본정책을 수립하도록 함이 바람직하다. 또한 그렇게 수립된 인사정책은 교원 및 그 외 모든 교육직원 그리고 일반에게 공개함으로써 교원 및 모든 교육직원은 안정감을 가지게 되며, 개개인의 능력을 최대한으로 발휘하려고 노력함과 동시에 사기도 고조될 것이다.

(2) 적재적소 배치의 원리

정실과 엽관제 인사가 공정성을 상실하기 쉽고 그에 따라 해당하는 기능에 필요한 인재를 얻기 어려울 뿐만이 아니라, 심할 경우 인사질서가 무너지고 불신풍조가 고조되어 직원의 사기를 떨어뜨려 행정의 능률을 저하시키게 될 것이다. 그러므로 실력과 그의 공적에 의한 객관적이고 공정한 실적 제도를 확립하여 적재적소에 배치하는 일이 무엇보다도 중요하다.

(3) 효율적인 근무조건 확립의 원리

신분보장, 보수, 장학, 업무부담, 휴가, 연금, 그 외 관혼상제에 대한 보조금, 오락, 문화 등에 대한 복지, 후생 등의 근무조건이 만족하게 확립됨으로써 직원에게 안정감을 부여하고 교육에 종사하는 직원으로 하여금 보람을 느끼도록 해야 한다.

(4) 교원의 계속적 자질 향상의 원리

① 현직교육의 실질화

현직교육은 급변하는 사회에 대처하고 교원의 전문성을 높이는 데 필요한 과정이지 결코 상급 자격증이나 취득하기 위한 불가피한 형식적 과정으로 잘못 인식되어서는 안 된다. 그의 실질화를 위해서는 현직교육기관과 교육행정 당국의 밀접한 관련하에서의 협동과 피교육자의 열성 있는 자세에 기대되는 것이라고 볼 수 있다. 뿐만 아니라 교육에 관계되는 업무에 종사하고 있는 일반직원의 현직교육에 있어서도 교육에 관한 이해 면을 다루는 내용이 가해져야 할 것으로 사료된다.

② 근무평정의 가치화

근무평정에 관한 시비가 많이 논의될 수 있는 문제이다. 정실과 타협적 평정으로 본래의 취지를 망각하는 일이 있어서는 안 된다. 즉 근무평정은 다만 인사처리의 기본 자료로 이용하는 데만 목적이 있는 것이 아니라 어디까지나 직원 개개인의 전문성을 높이기 위한 지도조언의 자료로서 이용하는 데도 그 존재 가치를 찾아야 한다.

③ 교직단체의 지원

교직단체는 회원 상호 간의 강력한 단결을 통해 사회·경제적 지위 향상, 교권의 옹호 확대, 교직의 전문성 확립을 기함으로써 청소년 복지증진과 국가의 민주교육 발전에 진력하는 목적을 가지고 있으므로 행정적으로도 그들의 활동을 지원·육성시켜야 할 것이다.

(5) 민주적 지도성 발휘의 원리

온정주의나 동료주의적인 직원관리로써 민주적 행정가를 자처하거나 강압주의적인 통제를 하면서도 통솔력 있고 유능한 행정가로 자처한다면 다 같이 비민주적, 비효율적 교육행정가라고 할 수 있을 것이다. 따라서 행정가는 직원의 밑에서 또는 위에서가 아니라 그들과 더불어 공동목표를 달성하는 데 모든 직원이 인정하는 방법을 제시해 줌으로써 그 지도성을 발휘함과 동시에 직원 개개인이 각자의 지도성을 발휘할 수 있도록 조장해 주는 민주적 교육행정가가 요청된다. 이와 같은 직장환경이 조성될 때 모든 직원은 조직의 공동목적을 달성하기 위한 업무수행 과정을 중심으로 역동적 인간 관계가 조성될 것이다.

2) 교원의 임용

교원임용은 「교육공무원임용령」(대통령령 제27418호, 2016.08.02, 일부개정) 제2장 제9조 이하에 준하여 이루어진다. 「교육공무원법」 제2조 ⑥항에 의하면 임용이란 신규채용, 승진, 승급, 전직(轉職), 전보(轉補), 겸임, 파견, 강임(降任), 휴직, 직위해제, 정직(停職), 복직, 면직, 해임 및 파면을 말한다. 임용은 일종의 행정행위로서의 임용이 완성될 때까지는 여러 가지 행정절차를 밟게 마련이다. 임용에 관한 일련의 행정절차는 합의, 자문, 경유, 동의, 제청 또는 추천 등에 의해 최종적으로 임용권자가 발령의 효력을 확정(남억우 외 3, 1987)짓게 되는데, 그 구체적인 내용을 자세히 살펴보기로 한다.

(1) 신규채용

신규채용은 자연인의 신분으로부터 공무원 관계의 신분을 처음으로 발생시키는 임용행위로서 공무원의 신분을 형성하는 기본 행위이다.

교사의 신규임용에 있어서 종전에는 국립 또는 공립의 교육대학, 사범대학 그리고 기타 교원양성기관의 졸업자 또는 수료자를 우선 채용했으나, 현재는 공개전형에 의한 필기시험, 실기시험 및 면접시험 등의 방법(교육공무원임용령 제11조 ①항)에 의한다. 또한 경쟁시험에 의해 신규채용할 때에는 그 시험성적 순위로 작성된 임용후보자 명부에 등재된 고순위자순으로 그 채용예정 인원수의 3배수 범위 안에서 임용 또는 임용제청하도록(교육공무원임용령 제10조 ②항) 되어 있어서 일반공무원 임용과정과 마찬가지로 3자택일의 원칙(one-in-three rule)에 의한 복수제 후보제를 채택하고 있다. 이는 후보자의 개인사정과 인재등용의 폭을 넓히기 위한 것이지만, 소수 인원일 때는 모르겠지만 대량 임용 시에는 문제점이 발생할 수 있는 사항이 아닌가 한다.

교육장, 장학직, 교육연구직, 교장, 교감, 원장, 원감 등의 임용은 대개 승진임용이나 전직 등의 방법에 의해 보충하고 있으며, 신규채용은 극히 드물다. 교장, 교감, 원장, 원감은 자격증이 임용요건이 되며, 교육장, 장학관, 장학사, 교육연구관, 교육연구사 그리고 대학교원은 자격기준이 임용요건으로 되어 있어서 인재등용의 길이 넓게 열려 있다고 볼 수 있다.

(2) 승진임용

교육감을 제외한 교육공무원의 승진임용은 동종의 직무에 종사하는 바로 하위직에 있는 자 중에서 대통령령이 정하는 바에 의해 경력평정, 재교육 성적, 근무성적, 그 밖에 실제 증명되는 능력에 의해 행한다고 되어 있다. (교육공무원법 제13조).

국가공무원인 경우에는 계급, 급류, 직군, 직열이 있어 바로 하위직, 상위직 또는 동급류가 구분되어 있으나, 교육공무원의 경우는 이러한 한계가 명확하지 않다. 다만 「교육공무원승진규정」(대통령령 제26833호, 2015.12.31, 일부개정) 제32조와 제40조에 의하면, 교원직의 경우 교사에서 교감으로, 교감에서 교장으로 승진되고, 장학직에서는 장학사가 장학관으로 연구직에서는 교육연구사가 교육연구관으로 그 직위가 상승되는 임용행위를 승진임용으로 본다. 그리고 「초・중등교육법」(법률 제14158호, 2016.05.29, 일부개정) 제21조 ①항과 ②항을 보면 교원에게는 준교사, 2급 정교사, 1급 정교사, 교감 그리고 교장자격이 주어진다. 또한 「고등교육법」(법률 제14148호, 2016.05.29, 일부개정)에 의하면 조교수, 부교수, 교수로 상승하도록 되어 있으므로 이 역시도 승진임용에 있어서 상하위직으로 볼 수 있다.

승진임용의 원칙으로는 첫째, 성적주의 원칙을 들 수 있다. 전술한 바와 같이 교육공무원의 승진은 경력평정, 재교육 성적, 근무성적, 그 밖에 실제 증명되는 능력에 의해 행하도록 되어 있다. 둘째, 계급적 승진 원칙이다. 자격증이 있더라도 동시에 다단계 승진을 못하게 하고, 동종의 직무에 종사하는 바로 하위직에 있는 자 중에서 하도록 되어 있다. 셋째, 무시험 원칙을 들 수 있다. 앞에서 말한 다양한 여러 성적에 의존하고 있으며 시험을 가하고 있지 않다. 넷째, 자격자 임용 원칙을 들 수 있는데 앞에서 말한 바와 같이 자격증 소지자로는 자격기준에 합당해야만 승진임용이 가능하다.

승진임용의 방법으로는 승진후보자 명부에 등재된 순위에 따라 결원된 직에 대해 3배수의 범위 안에서 승진하거나 제청하도록 되어 있다(교육공무원법 제14조 ①, ②항).

(3) 전직과 전보

전직이란 동종의 직열이 아닌 타 직열의 직위에 임용되는 것을 뜻하며, 교육공무원의 직열을 장학직, 교육연구직, 교원직, 교육행정직 등의 직계열로 구분한다면, 타 직열끼리 교류하는 임용행위를 말한다. 교사가 장학사로, 교감이 교육연구사로, 장학사가 교장으로, 교장이 교육장으로 임명되는 것은 타 직열에 임용되는 것이므로 전직이라고 할 수 있다. 전직의 방법에 대해서는 특별한 규정이 없고 자격증이 있거나 자격기준에 합당하면 가능하다. 따라서 해당자의 전공 분야, 재교육 경력, 근무경력 및 적성 등을 고려하여 적격한 직위에 임용해야 할 것이다.

반면, 전보는 교육공무원이 동일직 계열 안에서 현 직위를 유지하면서 임기만을 달리하는 수평적 이동을 뜻한다. 관례적으로 전근 또는 전임이동이라고 부르기도 한다. 전보에 있어서는 본인의 희망, 소속 기관장의 내신 또는 의견, 생활근거지, 부부교사 근무 또는 연구실적, 근무지 또는 근무교의 위치와 사회적 명성, 근무연한 등 여러 가지 요인을 토대로 한 전보원칙을 세워야 할 것이다.

현행 교육공무원의 전보 원칙으로는 첫째, 단기이동의 금지 원칙이 있다. 「교육공무원법」 제21조 ①항에 의하면, 기관의 개편 또는 직제의 개폐와 정원의 변경, 해당 교육공무원(교육감 제외)의 승진 또는 강임, 기타 특별한 사유가 있는 경우를 제외하고는 1년 이내에 다른 직에 임용하거나 근무지를 변경하는 인사 조치를 할 수 없게 되어 있다.

둘째, 적재적소의 원칙이다. 앞에서도 말한 바와 같이 해당자의 자격, 전공 분야, 재교육 경력 또는 근무경력 및 적성 등을 고려하여 적격한 지위에 임용토록 되어 있다(교육공무원임용령 제7조 ②항).

셋째, 생활안정의 원칙이다. 교육공무원의 사생활 안정은 직무능률의 향상에 지대한 영향을 주게 된다. 따라서 본인의 희망, 생활근거지, 부부교사의 가정환경 등 개인적인 사정도 고려하여 공적인 목적과 조화시켜 배치해야 하는데, 그것이 관례로 되어 있다.

넷째, 적정량 이동의 원칙이다. 전보의 필요가 있을 때에도 이동하지 않거나 극소수에 국한한다거나 또 일시에 많은 교원을 이동시켜 학교경영 관리나 교육활동에 지장을 주어서는 안 된다.

다섯째, 학년말 이동의 원칙이다. 학년의 종기가 되는 학년말에 이동을 실시해야만 교육의 계속성과 일관성을 유지할 수 있기 때문에 이때가 최적기가 되며, 필요할 경우에는 학년말에 실시하고 긴급 불가피한 경우에는 수시 전보할 수 있으나, 가능한 한 피하는 것이 당연하다(교원인사이동요강. 문교부. 10891호. 1962.06.12).

여섯째, 실업계 우선의 원칙이다. 교원의 임명 및 전보에 있어서는 실업고등학교에 유능한 자가 배치되어야 할 것이다(실업계 고등학교 교원임명요강. 문교부. 202-10439. 1963.02.14). 오늘날 교육공무원의 전보는 대개 동일 교육위원회 관할구역 내에서 행해지고 있으나 교육장, 장학관, 교육연구사 등의 전보는 교육부장관이 행하는 것으로 되어 있으므로(교육공무원법 제30조) 이들은 어느 정도 관할구역 밖으로 인사교류도 할 수 있다. 또 교육공무원에 관해서도 국·공립, 시·도 간에 전출형식을 통한 교류도 가능하지만, 극히 드문 예에 불과하다.

(4) 강임

강임은 승진임용과 반대되는 임용행위로서 동일직열 내에서 현재의 직위 이하의 직위에 임용되는 것을 말하며 극히 드문 임용행위이다. 강임의 요건으로는 직제의 개폐 또는 정원의 변동에 의해 직위가 폐지 또는 강등된 경우를 들 수 있는데, 이때 임용권자는 본인의 의사에도 불구하고 직권에 의해 강임할 수 있다(국가공무원법 제73조의4 ①항, ②항).

강임의 순위는 바로 하위의 직위에 임용함을 원칙으로 하며, 근무성적평정, 경력평정, 재교육 성적 및 연수성적 기타 훈련성적의 하순위자로부터 행하며 다만 본인이 강임을 원할 때에는 순위에 불구하고 강임할 수 있다(교육공무원임용령 제18조). 그런데 강임자는 본의가 아닌 불리한 처분을 법령에 의해 강제당한 자이므로 상위직에 결원이 있는 경우에는 우선하여 승진임용해야 한다(동령 제19조). 다만, 본인의 원에 의한 강임은 자기 필요에서 스스로 적극적으로 희망을 표시한 데 대해 임용권자가 허용해 준 것에 불과하므로 원에 의한 강임자는 우선하여 승진임용될 수 없는 것으로 본다.

(5) 면직 및 감면

공무원의 신분이 소멸되는 임용행위는 여러 가지가 있다. 본인의 의사에 의한 표원면직(俵願免職), 본인의 의사와는 관계없는 면직인 직권면직, 당연퇴직 그리고 징계파면의 경우가 있다.

표원면직이란 본인의 의사에 따라 면직되는 것으로서 형식적으로는 본인의사를 표시하는 사직원의 제출이 있고, 그에 따라 면직 발령이 있어야 한다. 따라서 사직원을 제출했더라도 면직발령이 있을 때까지는 공무원의 신분이 존속하게 된다.

직권면직은 임용권자의 일방적 의사와 직권에 의해 행해지는 면직을 말하는데, 이와 관련해서 「국가공무원법」 제70조 ①항은 다음과 같이 규정하고 있다.

> 第70조 (직권 면직) ① 임용권자는 공무원이 다음 각 호의 어느 하나에 해당하면 직권으로 면직시킬 수 있다.
> 1. 삭제 [1991.5.31]
> 2. 삭제 [1991.5.31]
> 3. 직제와 정원의 개폐 또는 예산의 감소 등에 따라 폐직(廢職) 또는 과원(過員)이 되었을 때
> 4. 휴직기간이 끝나거나 휴직 사유가 소멸된 후에도 직무에 복귀하지 아니하거나 직무를 감당할 수 없을 때
> 5. 第73조의3 제3항에 따라 대기 명령을 받은 자가 그 기간에 능력 또는 근무성적의 향상을 기대하기 어렵다고 인정된 때
> 6. 전직시험에서 세 번 이상 불합격한 자로서 직무수행 능력이 부족하다고 인정된 때
> 7. 징병검사·입영 또는 소집의 명령을 받고 정당한 사유 없이 이를 기피하거나 군복무를 위하여 휴직 중에 있는 자가 군복무 중 군무(軍務)를 이탈하였을 때
> 8. 해당 직급·직위에서 직무를 수행하는 데 필요한 자격증의 효력이 없어지거나 면허가 취소되어 담당 직무를 수행할 수 없게 된 때
> 9. 고위공무원단에 속하는 공무원이 第70조의2에 따른 적격심사 결과 부적격 결정을 받은 때

*출처:「국가공무원법」[2016.05.29. 일부개정] 第70조 ①항.

교원의 당연퇴직은「교육공무원법」第43조의2에 의거하여 시행되는데, 교육공무원이 第10조의4에 따른 결격사유에 해당하게 된 경우에는 당연히 퇴직하게 된다. 다만,「국가공무원법」第33조 第5호는「형법」第129조부터 第132조까지 및 직무와 관련하여「형법」第355조 및 第356조에 규정된 죄를 범한 사람으로서 금고 이상의 형의 선고유예를 받은 경우만 해당한다. 또한「교육공무원법」第47조에 의하면, 교육공무원의 정년은 62세로 하되「고등교육법」第14조에 따른 교원인 교육공무원의 정년은 65세로 한다. 특히, 교육공무원(임기가 있는 교육공무원을 포함)은 그 정년에 이른 날이 3월에서 8월

사이에 있는 경우에는 8월 31일에, 9월에서 다음 해 2월 사이에 있는 경우에는 다음 해 2월 말일에 각각 당연히 퇴직하는 것이 원칙이다.

징계란 공무원이 의무를 위반했을 때 내리는 처벌을 일컫는데, 교육공무원의 징계는 「국가공무원법」 제33조와 제78조 내지 제83조의3, 「교육공무원임용령」 제16조와 제32조, 「교육공무원징계령」(대통령령 제26922호, 2016.01.22, 일부개정), 「공무원보수규정」(대통령령 제27257호, 2016.06.24, 일부개정) 제14조 내지 제15조, 「공무원연금법」(법률 제13927호, 2016.01.27, 일부개정) 제64조, 「공무원연금법 시행령」(대통령령 제27415호, 2016.07.28, 일부개정) 제55조 등에 근거하여 실시된다.

「국가공무원법」 제78조 ①항에 의한 징계사유는 첫째, 「국가공무원법」 법 및 동 법에 따른 명령을 위반한 경우, 둘째, 직무상의 의무(다른 법령에서 공무원 신분으로 인해 부과된 의무를 포함)를 위반하거나 직무를 태만히 한 때, 셋째, 직무의 내외를 불문하고 그 체면 또는 위신을 손상하는 행위를 한 때이다. 징계의 종류로는 파면, 해임, 강등, 정직, 감봉 그리고 견책 등이 있는데, 정리해 보면 <표 7-1>과 같다.

〈표 7-1〉 징계의 종류 및 내용

종류		기간	주 요 내 용
중징계	파면	–	· 공직관계에서 배제시키는 징계로 5년간 임용 불가 · 퇴직급여의 1/2 감액 지급(단, 재직기간이 5년 이하인 경우, 1/4 감액)
	해임	–	· 공직관계에서 배제시키는 징계로 3년간 임용 불가 · 퇴직급여 전액 지급
	강등	–	· 동종직무 내에서 하위 직위에 임명하고, 신분은 보유하나 직무에 종사하지 못함 · 그 기간 중 보수는 전액 감함 · 「고등교육법」 제14조에 해당하는 교원 및 조교에 대해서는 강등 미적용

중징계 (계속)	정직	1~3개월	· 신분은 보유하나, 직무에 종사하지 못함 · 18개월+정직기간 승진에서 제외 · 처분기간 경력평점 제외 · 보수의 2/3 감액 지급
경징계	감봉	1~3개월	· 12개월+감봉처리 기간 승진 및 승급 제외 · 보수의 1/3을 감함
	견책	–	· 전과(前過)에 대해 훈계하고 회개하게 함 · 6개월간 승진에서 제외

*출처: 징계와 관련된 여러 법령을 토대로 저자가 재구성함.

3) 교원의 신분보장

교원의 신분에 관해서는 「교육공무원법」 제43조 이하에 교권의 존중과 신분보장을 받도록 규정하고 있어서 법적 근거에 터한다고 할 수 있다.

(1) 교권의 존중과 신분보장

교사가 안정된 분위기 속에서 학생지도에 임하도록 하기 위해 법으로 교권의 존중을 보장하고 있으며, 현행범인 경우를 제외하고는 학교장의 동의 없이 학원 안에서는 교원을 체포할 수 없도록 하고 있다. 그 밖에도 교육공무원은 형의 선고, 징계처분 또는 법이 정하는 바에 의하지 아니하고는 본인의 의사에 반해 휴직·강임·면직을 당하지 아니하고, 일방적인 권고에 의해 사직을 당하지 않는 권한을 법이 보장하고 있다.

(2) 휴직제도

전술한 바와 같이 교육공무원이 신분과 직을 보유하면서 근무를 일정기간 중단하는 휴직에는 본인의 원에 의한 경우와 본인의 의사와는 관계없이 임용권자가 일방적으로 명하는 직권휴직이 있는데, 「교육공무원법」에 준해서 이루어진다. 휴직사유와 휴직기간은 「교육공무원법」 제44조와 제45조에 각각 근거하고 있는데(<표 7-2> 참조), 본인이 임용권자에게 원해야만 휴직할 수 있으나 제1호 내지 제4호, 제11호의 경우에는 본인의 의사에 불구하고 직권으로 휴직을 명해야 한다.

〈표 7-2〉 휴직사유 및 휴직기간

호	휴직사유	기간	비고
1	신체·정신상의 장애로 장기요양	1년 이내	–
2	「병역법」에 의한 병역의 복무를 위해 징집 또는 소집	복무기간 만료까지	–
3	천재·지변 또는 전시·사변이나 기타의 사유로 인하여 생사 또는 소재 불명	3개월 이내	–
4	법률규정에 의한 의무수행을 위해 직무를 이탈할 때	3년 이내	3년의 범위에서 연장
5	해외 유학 또는 외국에서 1년 이상 연구하게 된 때	고용기간	–
6	국제기구·외국기관 또는 재외국민 교육기관에 임시로 고용된 때	3년 이내	–
7	여교원의 임신 또는 출산	3년 이내	재직 중 2회
8	교육부장관이 지정하는 연구기관이나 교육기관 등에서 연수하게 된 때	1년 이내	재직기간 중 총 3년을 초과할 수 없음
9	사고 또는 질병 등으로 장기간 요양이 필요한 부모, 배우자, 자녀 또는 배우자의 부모를 간호하기 위하여 필요한 때	3년 이내	3년의 범위에서 연장 가능
10	배우자가 국외 근무를 하게 되거나 제5호에 해당하게 된 때	전임자로 종사하는 기간	–
11	「교원의 노동조합 설립 및 운영 등에 관한 법률」 제5조에 따라 노동조합 전임자로 종사하게 된 때	1년 이내	재직기간 중 1회

12	「공무원연금법」 제23조에 따른 재직기간 10년 이상인 교원이 자기개발을 위하여 학습·연구 등을 하게 된 때	-	-

*출처: 「교육공무원법」 제44조와 제45조의 내용을 토대로 저자가 재구성함.

2. 교원의 의무

의무를 좁은 의미로 볼 때 법률이 법적인 행위자에 대해 어떤 일을 명령하거나 금지하는 강제성을 띈 개념이다. 그러나 교원이 갖는 의무는 교직의 특수성에 비추어 볼 때 도덕적인 필연성에 의해서 요구되는 당위나 규범이 주는 강제성까지 포함시켜 설명하는 것이 바람직하다는 주장(서정화, 1995)이다. 뿐만 아니라 교원에게 주어지는 의무는 교직을 수행하는 측면에서의 적극적 의무와 해서는 안 되는 금지사항으로서의 소극적 의무로 구분하여 논의할 수 있다. 전자인 적극적인 의무는 교육 및 연구활동의 의무, 선서·성실·복종의 의무, 전문직으로서의 품위 유지의 의무 그리고 비밀엄수의 의무 등이 포함되고, 후자인 소극적 의무에는 정치활동의 금지, 집단행위의 제한, 영리업무 및 겸직 금지 등이 해당된다(배장오, 1995).

1) 교원의 적극적 의무

(1) 교육 및 연구활동의 의무

교원의 복무 중 가장 우선적인 것은 학생교육 및 연구활동이라고 하겠다. 「교육기본법」(법률 제14150호, 2016.05.29, 일부개정) 및 「교육공무원법」에 명시된 가장 중요한 교원의 의무는 "교육자로서 갖추어야 할 품성과 자질을 향상시키기 위하여 노력하여야 하며(교육기본법 제14조 ②항)", "교육자로서의 윤리의식을 확립하고, 이를 바탕으로 학생에게 학습윤리를 지도하고 지식을 습득하게 하며, 학생 개개인의 적성을 계발할 수 있도록 노력하여야 한다(교육기본법 제14조 ③항)"라는 데 있다. 즉 자기수양에 힘쓰며 교육전문직으로서의 교육의 원리와 방법을 꾸준히 연찬하여 교육활동을 전개함에 있어 시대에 뒤지지 않도록 전력을 기울여야 하는 것이다. 따라서 교원은 교원양성기관에서 엄격한 훈련과정을 거쳐 자격을 획득하여 임명된 후에도 계속해서 재교육을 받거나 연수기회를 가져야 하며, 교육활동 과정에서 고도의 창의적 판단과 선택이 가능해야 한다.

이러한 교육 및 연구활동은 폭발적으로 증가하는 지식의 양을 학생들에게 잘 전달하기 위해서 뿐만 아니라 교원 자신의 전문적 성장을 위해서도 절실히 요청되는 일이다. 이러한 법규해석적인 관점에서 뿐만 아니라 교사 본연의 책무를 생각하면 교육 및 연구활동은 교사로서 수행해야 할 가장 본질적인 과업이며 임무가 아닐 수 없다. 더욱이 현대사회가 교원에게 부단한 자질 향상을 요구하고 있고, 전문직으로서의 특성을 견지해야 한다는 측면에서 교사가 가지는 의무 중에서도 연구활동의 의무는 매우 중요하다. 이때 교사의 자기연찬은 자발적 참여를 전제로 하고, 특정 기회에 한하는 것이 아니라 수시로 가능하다는 장점이 있어 더욱 강조된다고 하겠다.

연구활동의 의무를 충실히 이행하는 방법을 모색해 보면, 첫째, 교사에게 가장 손쉬운 자기연수는 독서이다. 교육과 관련해서는 전공 영역의 심화를 위한 독서와 교육학에 관한 독서가 있을 수 있다. 특히, 교육학 관련 독서로는 교육의 이념을 이해하기 위해 교육사상에 관한 책을, 교사의 자질을 생각해 보기 위해 위대한 교사들의 행적을, 교육의 방법을 알기 위해 교육방법의 서적을 그리고 교육의 현시점을 파악하기 위해서는 교육의 문제 관한 도서 등을 읽을 필요가 있다.

둘째, 필요한 자기연수는 교육연구의 수행이다. 교육연구는 전국대회나 시·도교육위원회의 지정을 받아 하는 연구보다 일상의 교육을 과학적으로 그리고 성의 있게 분석해 보는 마음가짐을 기른다는 뜻에서 수행해야 한다. 따라서 형식에 구애받지 않고 한 가지씩의 제목을 설정하여 계속적으로 연구를 수행함이 바람직하다. 일선 학교에서 가장 필요한 연구는 현장연구와 사례연구를 들 수 있다.

셋째, 자기연수는 상급학교에의 진학이다. 도시 교원은 공해에 찌들며 시간에 쫓긴다는 데 애로점이 있지만, 학교진학의 기회가 지방보다 크게 열려 있다는 장점도 있다. 가능하면 이러한 기회를 활용하는 것이 바람직하다. 상급과정의 연수는 그것이 어떤 학교든지 또는 어떤 동기든지 간에 새로움을 가져다주는 것이 사실이다. 현직교원의 상급과정 이수는 하나의 세계적 추세이기도 하다.

연수는 자기갱신을 가져다 줄 뿐만 아니라 이를 통해 교육의 질적인 향상을 보장받게 해 준다. 따라서 사회는 그러한 교육을 새로운 눈으로 보게 될 것이다.

(2) 선서 · 성실 · 복종의 의무

「교육공무원법」은 교원의 복무에 관한 사항을 동법에 모두 규정하지 않고 「국가공무원법」을 준용하고 있다(교육공무원법 제53조). 따라서 교육공무원은 「국가공무원법」(법률 제14183호, 2016.05.29, 일부개정)에 규정된 공무원의 모든 의무를 이행해야 하는데, 선서의 의무 · 성실의 의무 · 복종의 의무 등이 그것이다.

선서의 의무는 「국가공무원법」 제55조에 근거한 내용으로 국민의 공복(公僕)으로서 솔선수범하겠다는 다짐의 표현이라는 점에 그 의의가 있다. 그러나 교원의 경우, 이러한 선서행위가 별로 행해지지 않는 것이 현실이다.

성실의 의무는 직무에 관한 규정과 법령을 성실히 이행하지 않을 경우 각종 행정처분을 받게 되는 것을 뜻하는데, 모든 공무원은 법령을 준수하며 성실히 직무를 수행해야 한다는 「국가공무원법」 제56조에 근거한다.

복종의 의무는 「국가공무원법」 제57조에 근거하는 것으로서 공무원은 직무를 수행할 때 소속 상관의 직무상의 명령에 복종해야 한다는 것이다. 이때 소속 상관은 당해 공무원의 직무에 관해 지휘감독권을 가진 직위에 상관을 말하며, 신분상의 상관보다는 직무상의 상관에게 의무를 지게 되는 것으로 통상 해석된다. 교원의 경우, 소속 상관은 교원의 직무에 관해 지도·감독하는 권한을 가진 기관의 직에 있는 모든 사람을 뜻하며 교육부장관, 교육감, 교육장, 교장 및 교감 등을 들 수 있다.

그런데 교원의 직무는 학생을 지도·교육하는 기능과 임무를 갖고 있으므로 상하의 복종관계라기보다는 상호 협력관계에 있다고 보아야 한다. 이는 교원의 직무명령에는 그 복종에 있어 한계가 있음을 의미한다. 왜냐하면 교원이 학생을 교육함에 있어서는 자신의 학식과 경험을 토대로 교육자적 양심에 입각해서 자유롭고 창의적인 교육활동을 전개할 수 있도록 보장되어야 하기 때문이다. 이런 점에서 교육활동에 관한 특례가 인정되는 것이며, 교원에 대한 상관의 직무명령은 교육활동과 관련한 업무에 국한된다고 볼 수 있다.

(3) 전문직으로서의 품위유지의 의무

공무원은 국민 전체에 대한 봉사자로서의 공무를 성실하게 집행하는 위치에 있으므로 직무의 내·외를 불문하고 그 품위를 손상하는 행위를 해서는 안 된다고 「국가공무원법」 제63조는 규정하고 있다. 왜냐하면 공무원의 품위는 국가의 위신과 명예에 직결되기 때문이다. 여기서 품위손상의 형태는 방탕, 주벽, 축첩, 낭비, 과도한 부채, 경박 등으로서 공적 임무뿐만 아니라 사생활까지에 걸친 의무라고 할 수 있다. 특히 전문직으로서 교직에 종사하는 교육공무원은 「교육기본법」 제14조 ②항에 "교육자로서 갖추어야 할 품성과 자질을 향상시키기 위하여 노력해야 한다"라고 규정되어 있는 바, 이는 교원이 언제나 교육자다운 인격과 품위를 지녀야 함을 고차적인 차원에서 규정한 것이다.

「국가공무원법」 제61조는 공무원의 품위유지와 관련하여 "공무원은 직무와 관련하여 직접적이든 간접적이든 사례·증여 또는 향응을 주거나 받을 수 없고(①항), 직무상의 관계가 있든 없든 그 소속 상관에게 증여하거나 소속 공무원으로부터 증여를 받아서는 아니 된다(②항)"라고 규정하고 있다. 이와 관련하여 교육공무원의 경우는 사례, 증여, 향응 등의 행위가 일반 공무원과는 다른 부면이 있을 수 있다. 다시 말해 일반직 공무원의 경우에는 위법한 것일지라도 교원에게는 그렇지 않을 경우가 있다. 「부정청탁 및 금품 등 수수의 금지에 관한 법률(김영란법)」(법률 제13278호, 2015.03.27, 신규제정 및 법률 제14183호, 2016.05.29, 일부개정)에 저촉될 수도 있겠지만, 예컨대 스승의 생일을 축하해 주는 졸업한 제자들의 정성어린 연회라든가 작년 담임교사에게 성실한 학생지도 행위에 고마움을 표시하는 기념품이나 기타 물질적 선물을 하는 경우, 이를 위법으로 보기보다는 어떤 의미에서 가상히 여길 흐뭇한 일이 될 수도 있다. 이런 점에서 교원의 청렴한 직무생활은 교육자의 본연의 자세에서 이탈되지 않는 한 위법이라고 보기는 곤란한 점이 있다. 그러나 비록 적은 금품이라도 직무와 관련해서 받는다면 이것은 청렴의 의무에 위배되는 것이며 전문직에 종사하는 교원으로서의 품위를 지키지 못하는 일이 될 것이다.

(4) 비밀엄수의 의무

공무원은 재직 중은 물론, 퇴직 후에도 직무상 알게 된 비밀을 엄수해야 한다(국가공무원법 제60조). 직무상 비밀은 법령 또는 처분에 의해 결정되지만 사무의 성질상 국가적 이해사항 등이 누설됨으로써 국가안전 보장상 유해한 사항이라고 할 수 있다. 비밀엄수 의무를 위반할 경우, 이는 징계의 사유가 될 뿐만 아니라 형법상의 범죄를 구성한다.

2) 교원의 소극적 의무

(1) 영리업무 및 겸직 금지

공무원은 공무 이외의 영리를 목적으로 하는 사업에 종사하지 못하며, 소속 기관장의 허가 없이 다른 직무를 겸직할 수 없다(국가공무원법 제64조 ①항).

이는 모든 국민의 자유와 권리는 국가의 안정보장, 질서유지 또는 공공복리를 위해 필요한 경우에는 법률로써 제한할 수 있다는 「헌법」 제35조에 근거를 두고 있다. 그러나 영리를 목적으로 하지 않는 비영리업무에 대해서는 소속 기관장의 허가를 받도록 하고 있다. 공무원의 영리업무를 금지하고 있는 것은 영리업무에 종사하게 됨으로써 집무상의 능률 저해 또는 공무에 대한 부당한 영향을 야기할 우려가 있으므로 공직의 순결과 존엄을 보호하는 데 그 목적이 있다고 하겠다.

따라서 교육공무원도 일반직 공무원과 동일한 규제의 대상이 된다. 그러나 교육공무원의 영리업무는 어느 한계를 두고 방임 또는 허용될 수도 있다. 이는 교육공무원이 근무시간 외에 영리업무에 종사한다고 해서 반드시 사회적 비난을 받을 정도로 공직의 권위를 손상시키고 위법한 행위가 된다고 할 수 없다. 오히려 교원이 영리 업무에 종사함으로써 사회·국가적 이익을 초래할 수도 있으며, 교원으로 하여금 교육에만 전념할 수 있도록 충분한 보수가 보장되지 못하는 점 등 몇 가지 관점에서 무리한 점이 있다고 판단된다. 따라서 일정범위 내에서 교원의 영리 업무를 종사를 허용하는 것이 도리어 합리적일 수 있다.

공무원은 영리 업무에 종사할 수 없을 뿐만 아니라 비영리적인 타 업무를 겸직하는 데에도 일정한 제한이 따른다. 교육공무원이 겸직을 하려면 소속 기관장의 허가를 받아야 하는데, 이때 소속 기관장은 교원의 직급에 따라 교육부장관, 교육감 또는 임용권을 가진 학교장이 된다. 교원의 경우 겸직은 비영리법인의 임원이 되거나 기타 대학의 시간강사로서 강의를 담당하는 정도일 뿐, 초·중등학교 교원의 경우에는 겸직은 거의 없는 것 같다.

(2) 정치운동의 금지

공무원의 신분과 정치적 중립성은 「헌법」 제7조에 보장되어 있고, 이와 관련한 공무원의 정치운동 금지 및 정치적 행위의 범위는 「국가공무원법」 제65조에서 규정하고 있다. 공무원의 정치적 중립성을 보장하는 것은 직업공무원제의 확립에 따라 행정기술의 향상과 능률을 기하고, 아울러 국민 전체의 봉사자로서 공평성을 유지하며, 정권교체에 따른 행정의 혼란을 억제하고 행정의 지속성을 유지하는 데 그 목적이 있다.

교육공무원도 일반직 공무원과 마찬가지로 정치운동에 관해 중립을 지킬 것을 요청하고 있는데, 이와 관련된 사항 역시 「국가공무원법」 제65조에 상세히 적시하고 있다.

> 제65조(정치운동의 금지) ① 공무원은 정당이나 그 밖의 정치단체의 결성에 관여하거나 이에 가입할 수 없다.
> ② 공무원은 선거에서 특정 정당 또는 특정인을 지지 또는 반대하기 위한 다음의 행위를 하여서는 아니 된다.
> 1. 투표를 하거나 하지 아니하도록 권유 운동을 하는 것
> 2. 서명운동을 기도(企圖)·주재(主宰)하거나 권유하는 것
> 3. 문서나 도서를 공공시설 등에 게시하거나 게시하게 하는 것
> 4. 기부금을 모집 또는 모집하게 하거나, 공공자금을 이용 또는 이용하게 하는 것
> 5. 타인에게 정당이나 그 밖의 정치단체에 가입하게 하거나 가입하지 아니하도록 권유 운동을 하는 것
>
> ③ 공무원은 다른 공무원에게 제1항과 제2항에 위배되는 행위를 하도록 요구하거나, 정치적 행위에 대한 보상 또는 보복으로서 이익 또는 불이익을 약속하여서는 아니 된다.
> ④ 제3항 외에 정치적 행위의 금지에 관한 한계는 대통령령 등으로 정한다.

*출처: 「국가공무원법」 [2016.05.29, 일부개정], 제65조.

(3) 집단행위의 금지

「국가공무원법」 제66조는 공무원이 노동운동이나 그 밖에 공무 외의 일을 위한 집단행위를 해서는 안 된다고 규정하고 있다. 이는 공무원에 대해 단결권, 단체교섭권 그리고 단체협동권 등 노동권을 가질 수 없다는 금지규

정을 둔 「헌법」 제33조에 근거를 둔 것이다.

교육공무원의 경우도 예외는 아니어서, 노동3권을 행사할 수 없게 되어 있다. 그러나 학생을 지도·교육하는 교원들에게는 어느 정도의 단체행동권은 보장해 주고 있다. 그래서 교원은 상호 협동하여 교육의 진흥과 문화의 창달에 노력하며, 교원의 경제적·사회적 지위를 향상시키기 위해 각 지방자치단체와 중앙에 교원단체를 조직할 수 있다(교육기본법 제15조 ①항). 그리고 교원단체의 조직에 필요한 사항은 대통령령으로 정하고 있다(②항).

이렇게 교원의 단결권을 허용하는 이유는 교원의 비권력적 업무의 추진에 따른 일정한 사회적 신분을 유지해야 할 필요성을 인정했기 때문이다. 따라서 교원은 「국가공무원법」과 「교육공무원법」에 의한 집단행위의 제한을 받으면서도 교육회를 조직할 권리가 있다는 점에서 국가공무원법상의 집단행위 금지규정이 「교육기본법」 제15조에 규정된 단결권에 관한 한 그 효력에 제한을 받는 셈이다. 그러므로 국가공무원법상의 집단행위의 금지 규정과 교육기본법상의 단결권 규정을 어떻게 조화시킬 것인가의 문제가 남는다.

그런데 교원의 단결권만 인정되고 집단행위를 허용하지 않는다면, 단결권 자체가 의미가 없다. 이렇게 볼 때 교원의 단결권은 회원들 간의 유대강화와 회원들의 복지 향상 그리고 회원들의 자질 향상, 즉 교육의 진흥 및 문화의 창달과 교원의 사회·경제적 지위 향상을 위한 목적을 도모하는 활동의 범위 내에서 보장되는 것이다. 그러므로 이러한 목적 달성을 위해서는 합법적 수단에 의해 단체교섭 및 협의를 할 수 있다고 하겠다. 여기서 합법적 수단이나 절차는 전체 회원의 의견을 종합하여 국가기관에 대한 청원이나 건의 형식으로 이루어질 수 있다(헌법 제26조).

3. 교원의 권리

1) 교권의 의미

전문직에 종사하는 교사가 갖는 권리는 바로 교육권이며, 이를 줄여서 교권이라고 한다. 이는 넓은 의미에서 교육을 받을 권리와 교육을 할 권리를 포함시켜 설명한 것(김종철 외 6, 1992)이지만, 좁은 의미로는 교육권을 교직에 수렴한 권리, 즉 교육자의 권리로 설명할 수 있다. 교사의 권리로서의 교권을 말할 때는 교사가 학생의 교육에 관해 가지는 법률상으로 보장된 권리이지만, 일반적으로는 보다 광범위한 개념으로서 교사의 권위를 의미한다. 다시 말하면, 법률로써 정한 교원의 신분과 사회적 지위에 관한 교원의 권리와 함께 직업인으로서의 권익을 포함한다고 볼 수 있다. 교권을 넓은 의미로 보아 교육을 받을 권리와 교육을 할 권리로 포함시켜 설명할 때에는 ① 수익권으로서의 교육권 ② 친권적 교육권 ③ 수탁권으로서의 교육권 그리고 ④ 제4권으로서의 교육권 등으로 분류하기도 한다.

한편, 좁은 의미에서의 교권은 이러한 넓은 의미의 교육권을 교직에 수렴한 권리, 즉 교육자의 권리로 설명된다. 다시 말하면 교육을 받을 학습자의 권리 또는 교육청구권의 의미보다는 교육권을 행하는 권리를 의미하는 것이다. 여기서 교육을 행하는 권리의 주체자는 교육자이다. 이렇듯 통상적인 의미에서의 교육권은 교육자의 권리를 말한다. 이러한 좁은 의미의 교권은 다음 몇 가지 기본적인 권리를 내포하고 있다. 그것은 ① 일반 행정당국으로부터의 교육당국의 독립 ② 자유로운 교육의 권리 ③ 교육과정 제정·운영에의 참여 ④ 부당한 지배로부터의 자유 ⑤ 교육학의 학문적 자유 그리고 ⑥ 자주적인 단체결성 등이다. 또한 UNESCO와 ILO의 「교원의 지위에 관한 보고(Recommendation concerning the Status of Teachers, 1966)」에서 규정된 교권은 ① 교육자유권 ② 생활보장권 그리고 ③ 신분보장권 등으로 집약된다(한국교원단체총연합회, 1971).

이렇듯 교육자가 갖는 권리는 교사가 학생의 교육에 관해 가지는 법률상으로 보장된 권리임이 명백하나, 일반적으로는 보다 광범위한 개념으로서의 교사의 권위(authority)를 뜻한다. 이런 의미에서의 교권은 보수, 신분보장, 품위와 인격, 사회적 예우 및 존경 등을 망라하는 광범위한 포괄적인 개념이다. 즉, 교권은 교사의 권리를 포함한 교사의 권위를 의미한다.

이와 같은 관점에서 교원의 권리 혹은 교권을 다음과 같이 규정해 볼 수 있다. 즉, 교권은 전문직으로서의 교직에 종사하는 교원들이 그들의 책임과 의무를 수행함에 있어 보장받아야 할 교육활동의 자율성, 신분과 생활의 안정, 사회적 신뢰 및 존경 등 제반 조건에 관한 교원의 권리라고 할 수 있다. 이러한 개념에는 법률로 정한 교원의 신분과 사회적 지위에 관한 교원의 권리와 함께 직업인으로서의 권익이 포함된다. 이러한 설명은 기본적으로 교권이 먼저 교사의 인격적 권위의 토대 위에 교사의 권리와 이익이 자연스럽게 따라 붙게 됨을 기본으로 한 것이다.

이렇게 규정할 때 교원의 권리는 두 가지 측면에서 설명할 수 있다. 그 하나는 적극적으로 교원이 전문적인 교육활동에 전념할 수 있는 여건 조성의 측면에서 자율적인 분위기 보장, 생활보장, 근무조건 개선 등이 포함될 수 있다. 그리고 소극적 측면에서는 신분보장, 교권 침해사항 방지 등이 포함될 수 있다.

2) 교원의 적극적 권리와 소극적 권리

전술한 바와 같이 교원의 신분과 사회적 지위는 물론 권익까지를 포함하는 교원의 권리는 적극적 측면의 권리와 소극적 측면의 권리로 구분할 수 있다. 전자는 교원이 적극적으로 교육활동에 전념할 수 있는 여건 조성의 측면에서 논의될 수 있는 것들로서 자율성의 신장, 생활보장, 근무조건 개선 및 복지 후생제도 확충 등의 권리이고, 후자는 신분보장이나 교권 침해사항 방지 등이 포함될 수 있다.

(1) 자율성 신장에 관한 권리

교직은 하나의 전문적으로 전문적 능력을 자율적으로 발휘할 수 있도록 여건이 마련되어야 하고, 또한 그에 따른 사회적 책임이 강조된다. 여기서 자율성이 강조되는 이유는 전문직으로서의 직능이 유감없이 발휘되고 업무의 수행이 온전하게 이루어지도록 하기 위해 요청되는 전제조건이 되기 때문이다.

교직이 전문직이라고 한다면 교직에 종사하는 교사들 역시 전문가들이다. 따라서 이들 교육전문가들이 그 임무를 잘 수행하기 위해서는 자율성과 권위를 발휘할 수 있는 여건이 조성되어야 한다. 여기에는 교수(teaching)와 학문연구의 자유를 누리도록 하는 것이 그 기본이 된다. 사실, 현행 「헌법」 제31조 ④항에는 교육의 자주성과 정치적 중립의 조장의 원칙과 함께 교육의 전문성 보장이 포함되어 있는데, 이는 궁극적으로 교육현장에서 바람직한 인간 형성에 도움을 주는 교육자의 활동이 자유로워야하고 창의적으로 그 임무를 수행해야 할 것을 보장하는 데 그 이유가 있다고 하겠다.

그러나 현실적으로 볼 때 교사의 자율성은 여러 가지 측면에서 많은 제약을 받고 있음을 부인할 수 없다. 예컨대, 학부모의 간섭 사례가 빈번하게 제기된다든지, 획일적인 지시 및 통제가 가해지고 있는 교육행정 운영이라든지, 사립학교에서 재단의 부당한 요구 등이 그것이다. 교직은 어느 전문직 못지않게 자율성을 행사할 수 있는 여지가 많아야 하고, 또 자율성이 발휘될 수 있는 여건이 마련되어야 한다. 그리고 그 교육은 지향하는 바 인간의 전체적 현실을 위한 참다운 봉사가 이루어지도록 교육의 법칙과 사회의 규범에 따라 자라나는 학생의 전체적인 소질을 완전히 발전시키기 위해 더욱 강조되어야 한다.

(2) 생활보장

생활보장은 교원이 안정된 생활기반 위에서 가르치는 일에 몰두할 수 있는 여건을 마련해 주어야 함을 말한다.

교사의 역할이 교육활동에 있어 핵심적 변인임을 인정하면서도 이제까지 교사들이 확고한 교직관과 사명감을 갖고 오로지 교육에만 전념할 수 있도록 제반 여건을 마련해 주지 못한 것이 사실이다. 지난 1960년대 이후 산업화를 거치는 과정에서 일반 기업체나 다른 직종의 봉급수준이나 근무조건, 복지후생 등은 교직보다는 훨씬 앞질러 갔다. 이러한 사실은 교직의 매력을 떨어뜨리고 교직의 사회적 지위를 상대적으로 하락시키는 주요한 요인의 하나가 되고 있다.

교원의 생활보장은 일차적으로 보수 및 물질적 급부에 달려 있다. 그리고 그 보수체계는 대개 봉급, 여러 수당, 기타 실비변상 및 급여, 공로, 퇴직수당 등으로 이루어지고 있다. 그러나 현행 우리나라의 보수체계는 미흡한 상태로서 많은 문제점들을 내포하고 있는데, 대략 다음의 몇 가지로 요약해 볼 수 있다.

첫째, 보수 수준의 상대적 저하로서 교원의 경제적 처우가 다른 직종보다 상대적으로 낮은 실정이다. 이를테면, 교직에 10여 년 종사한 교사의 급여가 대기업의 초봉 수준인 것이 그 단적인 예이다.

둘째, 현행 교육공무원의 보수는 교원의 자격과 경력을 기초로 하는 단일호봉제를 채택하고 있음에도 불구하고, 동등 학력・경력소지자가 학교급별에 따라 차등 대우를 받고 있다.

셋째, 승급기간이 장기화되고 있는 것으로 최고 호봉에 도달하기까지는 초등교원의 경우 35년, 중등교원의 경우 30년이 걸린다는 문제이다. 따라서 이의 개선을 위해서는 ① 교원의 보수를 획기적으로 인상하고 ② 교단교사 우위의 보수 체계로 개편되어야 하며 ③ 승급기간을 단축시키고 ④ 우수교원의 확보를 위한 특별 조치법이 제정・시행되어야 할 것이다.

(3) 근무조건의 개선 및 복지 후생제도의 확충

교원이 그들 본연의 교육활동에 전념할 수 있도록 보장받아야 할 권리 중의 하나는 근무조건의 개선이다. 어느 직종에 있어서나 일의 성취와 능률의 극대화를 기하고 해당 직종에 만족스럽게 봉사할 수 있도록 하기 위해서는 무엇보다도 근무조건의 정비가 필수요건이 되고 있다. 그러나 우리 교직의 경우, 1960년대 이후 급격한 산업화 과정에 밀려 일반 기업체나 기타 타 직종에 비해 현저하게 뒤져온 것이 사실이다. 이는 무엇보다도 교육재정의 빈곤과 교육인구의 증가에서 기인되는 것으로, 과밀학급, 과대규모 학교, 잡무과다, 과중한 수업부담을 가져와 교원으로 하여금 교육활동에 전념할 수 없게 되었다. 따라서 이러한 문제점을 해결하기 위해서는 다각적인 대책이 강구되어야 할 것이다.

교원의 생활안정과 함께 가족에 대한 부양책임을 덜어주어 교육활동에 전념할 수 있도록 하는 데 교원복지 후생제도의 의의가 있다. 교사들을 가르치는 일에 전념할 수 있게 하고 교직의 유인구조를 개선하기 위해서는 각종 부가혜택(fringe benefits)이 주어져야 하나, 현행 교원복지 후생대책은 매우 미흡한 실정에 있다.

현행, 교원 복지제도의 몇 가지 개선되어야 할 사항으로는 ① 연금액의 부족 및 연금체계의 불합리를 해소해야 하고 ② 자녀학비 및 장학금 지급이 대폭 개선되어야 하며 ③ 무주택 교원을 위한 지원 대책이 강구되어야 하고 ④ 무주택 교원을 위해 주택자금을 장기로 제공하는 제도가 마련되어야 하며 ⑤ 연금제도의 확충을 포함한 각종 복지·후생대책이 마련 및 시행되어야 한다.

(4) 신분보장

일반적으로 공무원의 권리는 신분상의 권리와 재산상의 권리로 크게 대별할 수 있고, 신분상의 권리는 신분보유권, 직무집행권, 직명사용권, 쟁소제기권 등으로 구분하기도 한다.

교원은 「국가공무원법」에 의한 신분보장은 물론, 「교육공무원법」에 의해 일반공무원보다 더 강력한 신분상의 권리를 보장받고 있다. 예컨대, 「교육기본법」 제14조 ①항에는 "학교교육에서 교원(敎員)의 전문성은 존중되며, 교원의 경제적·사회적 지위는 적정하게 우대되고 그 신분은 보장된다"라고 밝히고 있고, 「교육공무원법」 제43조에서도 교육공무원의 의사에 반한 신분조치를 금지하고 있다. 또한 당연퇴직(교육공무원법 제43조의2), 직권면직(동법 제43조 ②항), 직권휴직(동법 제44조), 직권강임(동법 제46조), 정년퇴직(동법 제47조) 등 그들에 대한 신분조치의 법적인 한계와 처분사유 설명서의 교부 및 절차를 명시하고 있다. 또한, 「교육공무원법」 제48조의 교원의 불체포특권에 대한 규정에서 보는 바와 같이 일반공무원보다 더 강력한 신분을 규정하고 있는데, 이는 교직의 전문성과 특수성을 인정하는 법·제도의 표현이다. 그리고 사립학교 교원도 교육공무원과 마찬가지로 신분을 보장받고 있어 교원의 법적 지위 또는 신분상의 권리에 있어서는 공·사립 간에 거의 동일하다.

이렇듯 법규상으로는 교원의 신분이 거의 완벽하게 보장되어 있으나 실제로 교권침해 사건이 적지 않게 일어나고 있다. 그 유형을 보면 ① 교원의 신분상 불이익한 처분 ② 공무상 재해 시의 불충분한 구제 ③ 학생징계와 관련된 책임문제 ④ 생활보장 및 사회보장에 관한 문제 등이 있다.

(5) 쟁소제기권

쟁소제기권이란 징계처분에 대해 재심을 청구할 수 있는 제도인데, 교육공무원은 위법·부당한 처분을 받았을 때 소청 기타 행정상 쟁소제기권을 가진다. 교원의 징계절차는 법규로 세밀하게 규정하고 있는데, 이는 피해자의 신분과 권익을 최대한 보장하려는 데에 그 목적이 있다. 또한, 교육공무원의 징계기준 및 감경사유 등을 규정한 「교육공무원 징계양정 등에 관한 규칙」(교육부령 제84호 2015.12.18, 일부개정)을 통해 징계의 형평성을 꾀하고자 하고 있다.

(6) 불체포권

「교육공무원법」 제48조 및 「사립학교법」(법률 제14154호, 2016.05.29, 일부개정) 제60조에 의하면, 교원은 현행범인 경우를 제외하고는 소속 학교장의 동의 없이 학원 안에서 체포되지 아니한다. 이러한 교원의 불체포특권은 국회의원과 선거관리위원회위원 외에 다른 공무원에게는 인정되지 않는 권리이다. 교원에게 이러한 특권을 인정하는 것은 학원의 자유를 보장하고, 교원으로 하여금 교육 및 연구활동을 수행함에 있어 권력기관의 부당한 압력을 배제하려는 데 그 목적이 있다. 다시 말하면, 수사기관이 비록 형사소송법상 교원을 체포할 수 없도록 한 것인데, 이는 교원의 신분을 보호하고 그 직무수행을 보장하며 학원의 자유성과 불가침성을 강조하는 데 특별한 의의를 갖는다.

그러나 이 불체포특권이 현행범까지도 은폐하려는 데 그 목적이 있는 것은 아니며, 또 학원 내에서라도 학교장이 체포할 것을 허가할 경우에는 적용되지 아니한다. 따라서 이를 허가할 때에는 범죄혐의가 확실한 경우에만 행할 수 있는 것이다. 그리고 이러한 특권은 사립학교 교원에게도 적용된다. 왜냐하면 사립학교 역시 국가의 공기(公器)일 뿐만 아니라 사립학교의 자격과 복무 또한 전술한 바와 같이 교육공무원과 동일한 법을 적용받고 있기 때문이다.

(7) 교원단체 활동권

「교육기본법」 제15조에는 교원들이 상호 협동하여 교육의 진흥과 문화의 창달에 전력하며, 경제적·사회적 지위를 향상시키기 위해 각 지방자치단체와 중앙에 교원단체를 조직할 수 있도록 규정하고 있다.

민간 교원단체인 한국교원단체총연합회는 교원의 경제·사회적 지위 향상, 교권의 옹호 및 확대, 교직의 전문성 확립, 청소년 복지증진 그리고 교육발전 등을 목적으로 설립되었다. 그리고 ① 교권의 옹호 및 확대 ② 교원의 생활권 증진 ③ 교원윤리 확립 ④ 교육행정의 개선 ⑤ 교육연구 지원 ⑥ 청소년 복지증진 ⑦ 교육도서 간행 ⑧ 국제협조 및 국제적 이해 증진 ⑨ 회원의 공제 및 후생 ⑩ 교육 홍보활동 등의 사업을 추진하고 있다. 그 외에도 전국교직원노동조합과 한국교직원노동조합이라는 교직단체가 있는데, 이들도 교권 신장을 위해 노력하고 있다.

특히 교권 신장을 위해 ① 예방 교권활동 ② 교권 침해사건 처리활동 ③ 소송사건의 지원 등을 활발히 전개하고 있다. 여기서 교권의 실추 및 침해현상은 구조적인 성격을 띤 것으로, 교권과 관련을 맺고 있고 영향을 미치는 관계 집단의 협동적 노력 없이는 이의 개선을 기대하기 어렵다.

제8장 교직과 윤리

1. 교직윤리의 성격

1) 교사와 윤리

전문직 종사자에게는 다른 직업 종사자보다 높은 윤리관과 도덕 수준이 요구된다. 오늘의 교원에 대한 사회적 비판의 대부분이 교원의 윤리에 관련된 문제들이다. '사도(師道)가 땅에 떨어졌다', '교사는 있어도 스승은 없다' 등의 비판이 그 좋은 예라고 볼 수 있다(배장오, 1995).

교원의 사회적 지위·경제적 지위·지적 수월성 등이 모두 중요하지만 이들보다 더 중요한 것이 '교원의 윤리'일 것이다. 왜냐하면 '교원'은 가르치는 사람이며, 가르친다는 것은 곧 지적·기능적 측면뿐만 아니라 사회·도덕적 측면도 포함되기 때문이다. 극단적으로 말하면 교원에게서 '윤리와 도덕'의 개념을 빼면 그것은 이미 교원이 아니다. 이것은 마치 종교가에게서 '윤리나 도덕'의 개념을 뺄 수 없는 것과 같다. 교직의 윤리를 확립하기 위한 노력은 교육계 안팎에서 끊임없이 이어져 왔으나 아직까지 괄목할만한 성과를 거양했다고 보기에는 어려운 현실로 받아들여지고 있다.

교육에 관한 한 모든 국민이 수혜자도 피해자도 될 수 있을 만큼 중요한 관심사이고, 이를 담당하고 있는 교원에 대해서는 다른 직업에 종사하는 사람들과는 달리 윤리나 규범이 강조되고 있다. 결국, 교육을 맡고 있는 교직의 윤리는 다른 직업과는 성격을 달리하는 것이다. 따라서 교사와 윤리는 어떤 관계이며 나아가서 교직윤리의 성격이 어떤 것인지를 알아보는 일은 의미 있는 작업이다. 이미 윤종건과 전하찬(1994)은 교직윤리의 성격을 다음의 세 가지로 제시한 바 있다.

첫째, 교직윤리는 비공식적인 실천 규범이다. 인간생활에서 도덕이 하나의 주관적인 실천의 자세라면 윤리는 어떤 공동체에 있어 인간 상호 간의 자율적·객관적인 행동규범이라고 할 수 있다. 그러므로 윤리는 지키지 않는다고 벌을 받는 법률적인 강제성은 없으나, 공동체나 사회에 미치는 영향은 지대하다. 다음의 예를 살펴보기로 한다.

> A교사는 매사에 기계적이고 준법정신이 투철하다. 정시에 출근하고 정시에 퇴근하며 학교의 규율이나 근무 수칙은 철저히 지킨다. 잠깐 동안의 외출이나 출근시간이 조금이라도 늦을 때는 꼭 신고를 한다. 학생을 지도함에 있어서도 기계적이다. 시작종이 울리면 수업을 시작하고 마침종이 울리면 즉시 수업을 끝낸다. 그러나 공식적으로 규정되지 않는 일에 대해서는 극히 무관심해서 본인의 업무가 아닌 사항에는 전혀 관여하지 않는다.
>
> 법률이 정한 개인의 권리는 조금도 양보하지 않으며 경우에 어긋나는 일이 있으면 앞장을 서서 따진다. 숙직을 한 다음날은 휴무할 수 있다는 법적 근거에 따라 A교사는 숙직(이전에는 야간에 남교사가 교대로 학교를 지킴)한 다음날은 학생을 지도하지 않고 쉬어야 한다고 주장한다. 동료와의 관계에서도 사적인 일에는 극히 무관심하고 책임한계를 잘 따진다. A교사의 이와 같은 성격이나 태도에 대해 학생들은 겉으로는 따르는 것 같으나 진정한 스승의 사랑은 느끼지 못하며 동료들도 인간미가 없는 사람이라고 평을 한다.
>
> 반면, B교사는 매사에 열성적이고 학생을 지극히 사랑한다. 형식은 극히 싫어하나 다른 교사보다 먼저 출근하고 늦게 퇴근한다. 학생을 지도할 때는 정성을 다하고 동료 간에는 인정이 많다. 어려운 일이 있을 때는 본인 일처럼 생각하여 앞장선다. 그래서 학생이나 학부형들에게는 제일 좋은 선생님이란 평을 받고 동료 교사들에게도 존경을 받는다.
>
> 그러나 학생지도에 정성을 다하고 모든 일에 자진해서 앞장을 서다보니 공식적인 일을 소홀히 넘길 때가 많다. 따라서 때로는 교장이나 교감

으로부터 책임을 다하지 못하는 교사로 오해를 받기도 한다.

공식적인 규율을 중심으로 평가할 때는 A교사가 B교사보다 훨씬 근무 상태가 양호하다. 그러나 실제에 있어서는 학생들이나 학부모가 B교사를 좋아하고 지도성과도 A교사보다는 B교사가 높게 나타난다. 학생을 가르치는 일은 일반사무나 생산업무와는 달리, 개인과 개인 또는 개인과 집단 간의 상호작용에서 이루어지는 것이므로 공식적 규율보다 비공식적 인간관계에 더 많은 영향을 받는다. 따라서 교사는 법이 정하고 있는 공식적 법률을 지켜야 하지만, 비공식적인 규율 즉 교직의 윤리를 더욱 중시해야 한다.

둘째, 교직윤리는 교원의 모든 행위와 관련된다. 교사의 행위와 윤리와의 관계에 대해 J. S. Brubacher는 교육의 내용에 관한 교사의 헌신, 교사와 학생과의 관계 그리고 동료교사 간의 관계를 제시하였다. 또한 이돈희는 교사의 윤리를 교과에 관련된 능력, 학생이해, 동료와의 협동, 교육의 사회적 목적 등 네 가지와 관련시키고 있다. 또한 1982년 5월 15일 대한교육연합회(현, 한국교원단체총연합회)에서 선포한 사도헌장에서도 교원이 지켜야 할 윤리로 ① 제자에 대한 교육애 발휘 ② 교직의 전문성 제고 ③ 성실과 책임 완수 ④ 자주와 협동 ⑤ 가정·사회와의 유대 강화 등 다섯 가지를 제시된 바 있다.

이상에서 제시한 바와 같이 교원윤리는 교육의 목적이나 내용뿐만 아니라 교수과정, 학생 및 학부모와의 관계 등과 깊이 관련되어 있다. 따라서 교직의 윤리는 교원의 모든 행위와 관련을 갖는다고 볼 수 있다. 교원의 모든 행위와 윤리와의 관계를 앞에서 제시한 Brubacher와 이돈희의 견해 및 사도헌장의 내용을 종합·정리해 보면 <표 8-1>과 같다. 표에서 살펴본 바와 같이 교직윤리는 교원의 모든 행위와 관련된다.

〈표 8-1〉 교사의 행동과 윤리와의 관계

영 역	교사활동	비 고
학생지도	1. 지도내용의 선정 2. 지도과정(실제지도) 3. 평가관리	1. 지도내용의 객관성 2. 최선의 방법 적용, 성실한 지도 3. 공정성, 합리성 유지
인간관계	1. 학생과의 관계 2. 동료와의 상호작용 3. 학부모 · 지역사회와의 관계	1. 교육애, 인격존중, 정확한 이해 2. 상호 신뢰, 상호 선도 3. 교육홍보 및 의견수렴
공직생활	1. 전문성, 관리 2. 준법생활 3. 공공생활	1. 연구, 근면, 성실 2. 질서존중, 솔선수범 3. 청렴, 봉사, 중립성

*출처: 윤종건 · 전하찬(1994)과 이돈희(1995) 등을 참고하여 저자가 재구성함.

셋째, 교원의 윤리는 교육의 질을 좌우한다. 나라의 힘을 가늠하는 기준은 시대에 따라 다르다. 강한 나라가 약한 나라를 침략하고 침략 받은 나라를 식민지화하여 자국의 이익을 도모하던 시대는 무력이 국력을 가늠하는 기준이 되었다. 그래서 세계의 각국은 무력을 기르기에 전력을 다 했는데, 이러한 경향은 2차 대전 때 절정을 이루었다.

2차 대전이 끝나고 세계가 평화를 갈구하면서 국민생활의 안정을 국가의 기본 목표로 생각하게 되자 국가의 힘을 가늠하는 기준은 무력에서 경제력으로 변하게 되었다. 그래서 세계 각국은 경제력 신장에 총력을 기울였다. 그러나 1980년대에 이르러 사회가 고도로 산업화됨에 따라 한 나라의 힘을 가늠하는 기준은 경제력보다 우수한 인재를 확보하는 교육력으로 변화되었다. 따라서 각국은 교육력을 높이기 위해서 앞 다툼을 하게 되었고 그래서 오늘의 세계를 '교육 전쟁의 시대'라고까지 말하고 있다.

교육력은 교육의 양보다는 질로 결정한다. 그 이유는 어느 나라가 어떤 방법으로 가장 우수한 인재를 양성하느냐 하는 것이 교육 전쟁의 기본 목표이기 때문이다.

2) 교직윤리의 강조 이유

교직윤리의 성격을 논의할 때에는 J. Childs가 교육을 도덕적 기업이라고 한 말이 자주 인용된다. 교육을 도덕적 기업으로 보는 관점은 교직이 다른 직업에 비해 법규나 법률보다는 윤리나 도덕이 중요시된다는 점을 단적으로 설명해 준다. 그렇다면 교직이 다른 직업에 비해 윤리나 규범이 더욱 강조되는 이유는 무엇일까? 전문직으로서의 교직에 있어서 윤리가 강조되고 있는 이유를 남억우 외 3인(1987)은 다음과 같이 설명하고 있다.

첫째, 교직은 전문직이기 때문에 윤리가 강조된다. 전문직일수록 자체 직능수행에 있어 필수적으로 갖추어야 할 직업윤리가 있다. 전문직인으로서 꼭 지켜야 할 윤리규정을 제정하고 모든 교원들이 실천하도록 요청하고 있는 것이다. 이에 따라 세계 여러 나라의 교직단체에서는 교원이 지켜야 할 윤리강령을 채택하여 모든 교원들이 지키도록 하고 있으며, 우리나라에서도 1958년 9월 19일 대한교육연합회의 제12차 대의원 대회의에서 「교원윤리강령」을 결의했으며, 동년도 11월 1일 공포하였다. 그리고 이를 더욱 강조하는 측면에서 1982년 5월 15일 스승의 날에는 전문과 5개 항목의 본문으로 이루어진 「사도헌장」과 전문 및 5장으로 되어 있는 「사도강령」을 선포하여 모든 교원들이 이를 지키도록 하고 있다.

둘째, 교육력의 강화를 위해 윤리가 강조된다. 교육의 성과는 교육력에 의해 좌우되고 교육력은 교권의 수준과 깊은 관계가 있다. 그러므로 교권이 확립되지 못할 때는 교육력이 약화되어 제도나 시설, 방법 등이 아무리 우월할지라도 높은 수준의 교육성과는 기대할 수가 없다.

유학이 중심적인 역할을 했던 우리나라의 전통 교육은 제도나 시설, 교육방법이 오늘의 교육에 비해 우수한 것은 결코 아니었다. 그러나 그때의 교권은 오늘과는 비교도 되지 않을 만큼 확립되었다. 즉 '군사부일체'나 '스승의 그림자도 밟으면 안 된다'라는 말에서도 알 수 있듯이, 그때의 스승들은 경제적 지위가 높거나 지도기술이 뛰어나서가 아니라 스승의 윤리성이 대우를 받을 만큼 높았기 때문이다. 교권은 상대적인 것이기 때문에 스스로 높아지는 것이 아니고 대우를 받을 수 있도록 조건이 갖추어질 때 비로소 높아지는 것이다. 이때의 조건은 공식적 지위나 사회적 조건이라기보다 윤리적 조건을 말한다. 그러므로 교사는 교육력을 높이기 위해 교권을 신장해야 하고 교권의 신장을 위해 윤리의 실천이 강조되어야 한다.

셋째, 학생지도의 효과를 높이기 위해 윤리가 강조된다. 학생의 바람직한 성장은 교사와 학생 간의 바람직한 인간관계에서 이루어지므로, 교사나 학부모의 윤리성은 학생의 발달에 많은 영향을 미친다. J. Freud는 어린 시절에 사랑을 맛보지 못하면 비뚤어진 성격을 갖는다고 했으며, R. M. Wolfe (1963) 역시 환경과정이 학업성취에 미치는 영향 연구에서 성취동기를 위한 효과적인 압력으로 부모나 교사의 신뢰와 높은 기대를 제시하였다. 또한 자라나는 자녀의 애정결핍은 자녀가 정신적으로 소외되는 것이므로 지능이나 정서발달이 늦어지게 된다고 학자들은 한결같이 지적하고 있다. 바람직한 성장과 애정, 신뢰의 관계는 동식물과 인간과의 관계에까지 연관을 갖는다. 집에서 기르는 짐승이나 가꾸는 화초도 주인의 사랑을 느끼고 자란다. 동일한 조건을 갖춘 두 개의 화초 중에서 하나에만 주인이 더 애착을 가지고 가꾼다고 할 때 다른 화초보다 사랑의 손길이 더 간 것이 더욱 잘 자란다는 사실은 상식적이다.

이와 같이 교사의 학생에 대한 사랑이나 신뢰는 학생의 성취에 절대적인 영향을 미치기 때문에 교사의 윤리문제는 학생지도의 효과와 깊은 관계를 가지고 있다는 하겠다.

2. 교직윤리의 내용

교원이 그 직무를 수행함에 있어 꼭 지켜야 할 공식적인 규율은 「교육공무원법」과 「국가공무원복무규정」(대통령령 제26581호, 2015.10.06, 일부개정)에 명시하여 실천한 것을 의무화하고 있다. 그러나 비공식적인 실천윤리는 공무원윤리강령이나 교직단체에서 채택한 사도헌장이나 교원윤리강령에 규정하여 이를 자율적으로 지키도록 하고 있다. 자율적 실천을 전제로 하는 교직의 윤리는 교육의 전 영역에 영향을 끼치며 교원의 모든 행동과 관련이 되는 실천규범이므로 그 범위나 내용이 간단하지는 않지만 공무원윤리헌장, 사도헌장 및 교원윤리강령을 토대로 할 때 교원이 준수해야 할 실천윤리의 내용은 다음과 같이 논의(남억우 외 3, 1987)되고 있다.

1) 사랑과 신뢰의 윤리

사랑과 신뢰는 교직생활을 통해서 먼저 손꼽아야 할 중요한 윤리로서 학생지도에 가장 큰 영향을 미치는 덕목이 된다. 사랑과 신뢰의 윤리는 학생과의 관계, 교사 상호 간의 관계, 학부모 및 사회와의 관계에서 그 내용을 찾아볼 수 있다. 우선 학생지도에 있어 윤리문제를 다음의 실증으로 규명해 보겠다.

> 어느 여름방학 중에 실시된 1급 정교사 자격연수가 2학기 개학 후에도 1주일간이나 계속되었다. 따라서 이 연수에 참가한 교사가 맡고 있는 학급은 1주일간이나 담임교사 없이 운영할 수밖에 없었다. 그래서 이에 대한 대책으로 교육위원회와 연수를 맡고 있는 교육대학이 적절한 조치를 취했지만, 개학일에는 담임교사가 학교에 출근하지 못했다고 한다.
>
> 이 사실을 안 학교장은 해당 교사를 불러 출근하지 않은 사유를 물었더니 교사의 답은 간단했다. 연수기간은 출장으로 되어 있기 때문에 연수가 끝날 때까지 출근하지 않는 것은 당연한 일이라는 것이다. 자기가

맡고 있는 학생이 개학하는 날, 부모 없는 자식처럼 담임교사 없이 쓸쓸하게 하루를 보낸 사실에 대해 조금도 미안하게 생각하지 않았다.

사유를 물어 추궁이라도 하려던 교장은 할 말을 잃었다. 생각해 보니 해당 교사의 말이 조금도 틀린 말은 아니다. 연수기간은 출장기간이기 때문에 출근하지 않는 것이 상식이다. 출장기간임에도 불구하고 출근해서 학생을 지도하는 것이 오히려 규정위반이라고 생각할지 모른다.

출장기간이기 때문에 집에서 쉬면서 출근하지 않는다는 사실은 법령이나 규칙에는 조금도 어긋나지 않지만, 윤리적 입장에서 생각할 때는 문제가 있다. 긴 방학을 보내고 담임교사를 만난다는 생각으로 학교에 왔다가 담임교사 없이 하루를 쓸쓸하게 보내고 집으로 돌아갈 제자를 생각할 때, 아무 거리낌 없이 집에서 쉬고 있는 것은 윤리적으로 상상하기 어렵다.

결국, 참다운 인간교육은 외적인 규칙보다는 교사와 학생의 마음이 맞닿아 오가는 데서 이루어지는 것이다. 그러므로 지도에 따르는 윤리 역시 무엇보다도 교직생활에서 중요한 위치를 차지한다고 보겠다.

산업사회에서 살고 있는 오늘날의 어린이들은 물질적인 풍요는 누리고 있지만 공업화, 관료화, 대중화, 핵가족화 등으로 인간소외 및 인간애의 실조 현상 속에서 살아가고 있다. 이와 같은 사랑의 실조 현상 속에서는 참된 인간교육은 이루어질 수 없다. 부부는 사랑으로 인간을 낳고, 교사와 제자는 사랑으로 진리를 낳는다는 말과 같이 사랑 없는 교육의 현장에서는 진리를 전달하고 생산할 수 없기 때문이다. 여기에서 절실하게 요구되는 것이 스승과 제자 간의 교육애라고 하겠다.

또한 교장, 교감과 교사 상호 간에는 상하질서와 기본예의가 유지되고 경애와 신의의 기풍이 형성되어야 한다. 학교교육의 성과는 교원조직의 효율성과 깊은 상관이 있고 조직의 효율성은 교사들의 사기와 관계가 있다. 그리고 교사들의 사기는 교장·교감과 교사, 교사 상호 간에 인격이 존중되고 서로 이해하고 믿으며 상하질서가 유지되고 동료애가 발휘될 때 높아진다. 따라서 학교교육의 성과를 높이기 위해서는 사랑과 신뢰의 풍토가 형성되어야 한다. 그러나 오늘날 학교는 그 조직이 관료화됨에 따라 교장과 교감 사이에 원활한 의사소통이 이루어지기가 어렵고 서로 불신함으로써 조직의 효율성이 낮아지는 경우가 많다. 교장이 교사들을 스스로 움직이는 존재로 보지 않고 강제로 시켜야 말을 듣는다는 생각으로 모든 일을 권력으로 처리할 때 교사들은 사랑과 신뢰를 느끼지 못하게 되고 학교의 직무 분위기도 경직화되게 된다.

또한 학교사회는 구조적으로 보아 다른 조직과는 그 성격이 달라서 계층이 적고 구성원의 역할이 동일하기 때문에 선후배 간이나 동료 간의 관계질서가 뚜렷하지 못하다. 학급을 맡고 학생을 가르치는 일이 교사들의 공통된 일이기 때문에 역할상으로 동일위치에 있다고 보는 것이다. 연령과 경력이 많은 교사나 적은 교사도 학생지도라는 입장에서 동일한 위치에 서 있다. 따라서 60대 교사와 20대 교사 간에 '너도 선생, 나도 선생'이라는 무질서한 관계가 성립된다. 그래서 선배교사는 후배교사들이 버릇없다고 하고, 후배교사들은 선배교사들이 사랑이 부족한 탓으로 서로 불신하는 풍조가 생기는 것이다. 이와 같은 학교사회의 구조적 특징은 선배교사와 후배교사 간, 교장과 교사 간의 관계 질서를 흐리게 하고 사랑과 믿음이 없는 경직화된 학교풍토로 조성할 위험성을 내포하고 있는 것이다.

이와 같이 학교풍토가 사랑과 신뢰성을 잃고 직원 분위기가 경직화될 때 아무리 좋은 교육내용과 방법이 교육현장에 투입되더라도 바람직한 교육의 성과는 기대할 수가 없다. 그러므로 학교조직의 효율성을 높여 교육의 효과를 올리기 위해서는 교장, 교감과 교사는 서로 인격을 존중하고 상하질서를 유지하며 서로 아끼고 믿는 풍토가 조성되도록 노력해야 할 것이다. 또한 교사는 학부모와 지역사회에 대해 교원의 권위와 신뢰성의 정도에 의해 결정된다. 그러므로 교원은 학부모와 사회에 대한 권위와 신뢰성을 보장받을 수 있도록 최선을 다해야 한다.

오늘날 학부모는 지극히 이기적이고 타산적이면서 학교나 교사는 윤리적이기를 기대한다. 자기 자녀를 위해서는 비교육적 방법도 서슴지 않으면서 학교에서 하는 일이 자기의 욕구에 맞지 않을 때는 무조건 비판한다. 교사를 바른 인간으로 키워가는 스승의 위치로 존경하는 것이 아니라, 급여를 받고 학생을 가르치는 직업인으로 보는 경향이다. 교사가 학생을 열과 성을 다해 가르치는 것을 당연하게 생각하고 교사의 지도열이 부족하거나 학교나 교사가 하는 일이 조금이라도 경우를 벗어날 때는 그대로 넘기려고 하지 않는다. 교장에게 항의를 하고 관계 기관에 진정을 한다. 이처럼 교사와 학부모와의 관계는 매우 가까운 사이 같으면서 극히 타산적인 관계에 놓여 있다. 특히 사회가 경제적으로 풍요해짐에 따라 가치관이 물질지상주의 경향을 띠게 되고, 또한 가족구조가 핵가족화되면서 자녀교육에 대한 관심이 높아진다. 이에 따라 학교와 교사에 대한 타산적 관계는 그 정도가 점점 심해지면서도 학교나 교사는 항상 윤리적이기를 기대한다.

그러나 이와 같은 상반된 학부모의 태도에 대해 교사들이 대립적인 입장을 취할 수는 없다. 학부모의 이기적·타산적 태도는 자녀를 위한 애정에서 나온 것이며, 윤리적 기대는 교육의 본질에 대한 바람이므로 교사는 이 윤리적 기대를 그대로 받아들 수밖에 없다. 그렇게 함으로써 부모의 애정과 교육의 본질 및 교사의 사랑이 조화를 이루어 올바른 교육이 이루어지고 따라서 교육과 교사에 대한 신뢰는 높아질 것이다. 교사들이 학부모나 지역사회로부터 신뢰받기 위해서는 항상 진실을 바탕으로 학생을 지도하고, 학부모를 상대해야 한다. 그리고 아무리 가까워도 학부모이기 때문에 교사와 학부모 사이에 예의를 지켜야 하며, 학생교육 이외의 일을 부탁하거나 사적인 관계는 맺지 않는 것이 바람직하다.

2) 성실과 창조의 윤리

노인들이 어떤 사람을 가장 좋아하는가에 대한 여론을 살펴보면, 첫째로 진실한 사람이고, 그 다음으로는 성실한 사람을 지적한다. 이러한 진실과 성실에 대한 선호도는 학생들에게도 동일성을 지닌다고 할 수 있다. 그러기 때문에 성실한 사람은 어른, 학생 할 것 없이 모두가 좋아한다고 볼 때 성실은 인간의 모든 활동에서 공통적으로 요구되는 인격적 특성이라고 할 수 있다. 그리고 이 성실성의 윤리에는 사명의식과 봉사성이 포함된다. 학생지도는 임금을 목적으로 하는 업무와는 근본적으로 다르다. 따라서 현실적인 욕망이나 이기적인 목적에서 이루어져서는 안 되며, 교직을 천직으로 생각하고 내가 맡은 학생은 열과 성을 다 한다는 사명의식과 봉사성을 바탕으로 이루어져야 한다. 이에 대해 오천석(1972)은 교직을 인간을 상대로 인간의 정신생활을 대상으로 하는 직업, 미성년자를 상대하는 직업, 사회나 국가에 봉사하며 사회발전에 중대한 역할을 하는 직업으로 보고 교사들의 역할을 사명의식으로까지 승화시키고 있다. 그러기에 교직을 선택해서 어린이들의 존귀한 영(靈)을 기르는 임무를 맡겨 주신 데 대해 주께 감사드린다고 했다.

한편, 교육은 그 성과가 다른 업무에 비해 그렇게 빠르게 나타나지 않는다. 오늘 가르친 결과는 1년 후에 나타날 수도 있고 10~20년 후에 나타날 수도 있는 것이다. 그래서 교사를 농부에 비유하거나 물의 흐름에 비유하기도 한다. 즉 땅에 뿌린 씨앗의 싹이 트고 잎이 나고 열매를 맺기까지에는 오랜 시간이 걸린다. 자라는 모습도 눈에 보이지 않고 조금씩 모습을 바꾸는 곡식을 농부는 성실하게 가꾸어야 한다. 그리고 곡식은 농부가 노력한 만큼 수확이 된다. 그러므로 농부는 많은 수확을 위해 잠시도 쉬지 않고 꾸준히 씨를 뿌리고 김을 매고 북을 돋우고 벌레를 잡아주어야 한다.

이와 같이 교육의 성과도 교사가 노력한 만큼 나타난다. 지도한 결과가 그때그때 가시적으로 나타나지 않는다고 해도 잘한 일은 북돋우고 잘못한 행동은 고쳐주는 일에 열과 성을 다할 때 학생은 노력한 만큼 바르게 자라게 된다. 또 물은 그가 정한 목표를 향해 꾸준히 흐른다. 산골짜기에서 한 방울 두 방울 모인 물은 아래로 흐르면서 반드시 그가 목표한 바다에 이른다. 가야 할 목표가 뚜렷하므로 어떤 장애가 있어도 목표가 변하지 않고 성실하게 흐른다. 교사로서 가야 할 목표는 앞으로 이 나라를 부강하게 이끌

일꾼들을 훌륭하게 키워 국가 발전의 기초를 튼튼히 하는 일임에 분명하다. 그러므로 이와 같은 숭고한 일에 사명감을 가지고 목표를 향해 꾸준히 최선의 길을 밟아 나가야 할 것이다.

또한 물은 흐르면서 장애물에 부딪칠수록 힘을 더 낸다. 물이 바다에 이르기까지는 여러 가지 어려움을 겪게 된다. 흙더미가 가로막으면 그것을 뚫고 나가야 하고 돌에 부딪쳐 몸이 산산이 부서져도 굽히지 않고 다시 모여 흐른다. 아무리 험로가 앞을 가로막아도 용기를 잃지 않고 칠전팔기 기어코 목적지에 도착한다.

교사가 가야 할 길도 물과 같다. 학생을 가르치는 일은 그리 쉬운 일이 아니다. 특히 오늘날과 같은 다변하는 사회에서 다양한 가치관을 가진 학부모들의 자녀를 맡아서 가르친다는 일은 매우 어려운 일이다. 때로는 오해를 받고 불신을 받기도 하며 유혹도 받는다. 이밖에도 교직을 수행하면서 받아야 할 고충이나 애로사항은 한두 가지가 아니다. 그러나 물이 장애물에 부딪힐 때마다 더욱 힘을 내는 것과 같이 교사는 닥쳐오는 고충이나 애로사항을 물과 같은 성실성으로 극복해야 한다.

전술한 바와 같이 가을의 풍요로운 추수를 위해 농부들이 이른 봄부터 성실하게 곡식을 가꾸듯이, 물이 온갖 장애를 성실하게 극복하면서 끝내 목표한 바다에 이르듯이 교사도 교사생활의 온갖 고충과 애로사항을 극복하면서 성실하게 학생을 지도할 때 우리 교육의 앞날은 밝아질 것이다.

다음으로 창조는 발전과 관계되는 교직윤리의 덕목이다. 오늘의 교육은 전통적인 문화유산을 전달·유지하는 기능만이 아니고, 여기에 새로운 문화를 일으키고 사회를 개혁하거나 창조해 나가는 기능을 동시에 수행해야 한다. 과거의 문화유산은 전달하는 것을 주 기능으로 생각했으므로 전통적 교육에서 교사는 도덕적 수범자로서 교과지도자로서의 역할만 수행하면 되었다. 그러나 교화와 발전을 중요한 교육의 기능으로 생각하는 오늘날 학교교육에서 교사는 개혁과 창조의 촉진자 역할을 동시에 수행하기를 요구받고 있다. 교사가 개혁과 창조의 촉진자로서의 역할을 다하기 위해서는 교사 스스로가 먼저 창조적이어야 한다.

공직자로서 자기의 일을 처리해 나가는 데는 몇 가지 유형이 있다. 즉 자기에게 맡겨진 일도 제대로 처리하지 못하고 쩔쩔매는 사람이 있는가 하면 자기 일은 겨우 처리해 나가지만 상사가 시키지 않는 한 다른 일은 거들떠보지도 않는 무사안일의 공직자가 있다. 그러나 자기 일을 제대로 처리하면서 항상 자기업무에 대한 연구를 하고 보다 나은 방법으로 개선해 나가는 공직자도 있다. 이 세 가지 유형 가운데에서 가장 바람직한 공직자는 말할 것도 없이 세 번째 유형에 해당된다.

교사는 전문직이면서도 또한 업무 그 자체가 창조적 성격을 가지고 있는 교육을 담당하고 있기 때문에 공식적으로 맡은 일만 처리해 나가는 무사안일적인 공직자가 되어서는 안 되며, 항상 교육의 발전과 현장 개선에 대해 깊게 연구하고, 연구결과의 실천을 위한 최선의 방안을 제안해야 한다. 그러나 이 잠재능력은 개선과 발전을 위해 노력하는 사람에게는 개발이 되지만 무관심하거나 나태한 사람에게는 개발이 되지 못한다. 그러므로 교사가 교육의 발전을 도모하고 교사로서의 역할을 다하기 위해서는 개개인에게 잠재되어 있는 창조력을 개발하는 데 노력을 기울여야 한다.

3) 협동과 봉사의 윤리

협동은 모든 생활영역에서 지켜야 할 기본 윤리이다. 인간은 서로 협동하지 않고 개개인이 떨어져서 생존할 수 없다. 그래서 인간을 사회적 동물이라고 한다. 가정생활, 시민생활, 직장생활의 모든 영역에서 협동은 필수적인 실천 윤리가 된다. 더구나 교직은 규범이 강조되는 직업이기 때문에 협동의 윤리는 더욱 시범적으로 실천되어야 한다.

교직에 있어서의 협동의 윤리는 교원 상호 간의 관계와 교사와 학부모와의 관계에서 지켜져야 한다. 협동을 바탕으로 교사가 서로 화합하여 인격을 존중하고 상부상조의 관계가 이루어질 때 학교는 명랑하고 화기애애한 생활의 장이 될 것이며 따라서 여기서 교육을 받는 학생들도 바르고 참되게 자랄 수 있을 것이다. 이와 같은 상호 신뢰와 존중을 기초로 한 협동적 인간관계야말로 학교사회가 가지는 교육성과 전문성을 모두 살릴 수 있는 기본이 될 수 있다. 선배교사는 후배교사를 아끼고 이끌어 주며, 후배교사는 선배교사를 존경하고 따를 때 학교는 이러한 협동의 풍토가 조성될 것이다.

그런데 이러한 협동의 풍토조성을 위해 가장 경계해야 할 것은 교원 간의 파벌문제이다. 비공식적으로 형성되는 자생조직이 기능을 바르게 할 때는 협동을 조장하는 체제로서 학교조직의 활성화에 도움을 준다. 반면에 이것이 파벌을 형성할 때는 인화와 단결을 저해하고, 나아가서는 학교교육을 해치는 독소 역할을 하게 된다. 그러므로 어떤 경우에 있어서도 파벌형성의 원인이 될 자생조직은 교원 서로가 경계해야 하고 교사가 자생조직에 참여할 때는 진실된 협동의식을 바탕으로 해야 한다.

협동의 윤리는 교사와 학부모의 관계에서도 동일하다. 학부모와 교사는 일체감이 되어 서로 믿고 협동해야 한다. 학부모가 학생 앞에서 학교나 교사가 하는 일을 비판하고 교사가 학생 앞에서 학부모가 하는 일을 나무랄 때는 참된 교육이 이루어질 수 없다. 그렇기 때문에 교사와 학부모의 관계는 이해관계를 위한 대립의 관계가 아니라 학생의 바람직한 성장을 위해 서로 돕는 진실한 협동의 관계여야 한다. 그러므로 교사와 학부모는 서로 믿고 돕는 협동의 관계가 이루어지도록 상호 노력해야 한다.

그러나 사회가 산업화되고 가치관이 다양해짐에 따라 학부모의 협동의 관계도 그 성격이 달라진다. 협동은 진실과 신뢰를 바탕으로 할 때 그 힘이 바르게 작용하나, 이해와 타산이 전제될 때는 역기능 현상으로 나타나는 것이다. 학부모의 타산적 협동의 결과로 교사들이 신뢰를 잃고 사회에 물의를 일으키는 사례를 쉽게 볼 수 있다. 그러므로 교사는 학부모의 진실한 협동을 유도하면서 타산적 협동은 경계를 해야 한다. 결국 교사와 학부모 간에 지켜야 할 협동의 윤리가 진실과 신뢰를 바탕으로 할 때 바람직한 교육이 이루어질 것이다. 그렇게 하기 위해 학교에서는 교육방침이나 중요한 활동상황을 학부모에게 정기적으로 알려주고, 학부모의 의견이나 아이디어를 수시로 수렴해서 학교 및 학급 실제에 반영시켜 나가도록 해야 한다. 또한 학부모는 자녀교육 문제를 교사들과 흉금을 털어 놓는 상담을 통해 자녀들의 진로선택이나 적성개발 등과 관련해서 의견을 교환하는 기회를 갖도록 해야 할 것이다.

한편, 봉사의 윤리는 협동의 윤리와 동일하게 간주하여 모든 공직자가 지켜야 할 기본 윤리이다. 다산은 『목민심서』의 「부임육조」 첫머리에 "다른 일자리는 스스로 희망하여 얻어도 좋으나 백성을 다스리는 목민관은 스스로 구하여서는 안 된다(他官可求 牧民之官 不可求也)."라는 글로 공직자의 소명의식을 강조하고 있다. 여기서 말하는 목민관이란 백성을 어루만져 기르듯 돌보며 벼슬하는 사람을 말하고 벼슬을 하는 사람이란 선비(士)를 말한다. 선비는 바로 봉사한다는 뜻이다. 그러므로 백성을 양처럼 기르고 다스리는 목민관은 누구나 할 수 없고 인격과 능력을 갖추고 봉사의 윤리를 실천할 수 있는 인격자라야 한다는 뜻이다.

오늘의 공직도 누구라도 할 수 있는 것은 아니다. 일정한 자격을 갖추고 소정의 절차에 의해 선발된 자가 자기 능력에 맞는 공직에 임하게 된다. 그것이 전문직인 경우는 자격 기준이 더욱 엄하고 절차도 복잡하다. 교직도 전문직이기 때문에 일반공무원에 비해 자격기준과 임명절차가 까다롭다. 교육대학교나 일반대학의 사범대학 등 교원양성기관에서 장기간 훈련을 쌓은 후 자격증을 받고 시험 등의 일정한 절차에 따라 임명이 되어야 교직에 임할 수 있다. 그리고 임명을 받을 때는 공직자로서 긍지와 보람을 갖고 국가와 국민을 위하여 신명을 바칠 것을 다짐하는 선서를 하며, 기회 있을 때마다 공무원윤리헌장을 통해 국민에게 봉사할 것을 다짐한다.

이와 같이 교사는 임용이 되는 순간부터 국가와 국민을 위한 봉사자로서의 소명을 받고 교직을 수행하면서 계속 봉사와 윤리를 실천해야 한다. 그러나 생활인으로서의 교사가 선서에서 다짐한 그대로 교직을 위해 봉사하기란 그렇게 쉬운 일이 아니다. 모든 윤리가 그렇듯이 봉사의 윤리도 다짐을 하고 책임을 묻는다고 실천되는 것이 아니다. 모든 교사들은 교사로서 지켜야 할 윤리를 바르게 알고 실천을 하기 위해 노력을 하고 사회나 학부모는 신뢰와 진실을 바탕으로 교사와 교육을 이해하고 협조할 때 비로소 봉사의 윤리도 실천될 수 있다.

이상으로 교직윤리에 관해 사랑과 신뢰, 성실과 창조, 협동과 봉사의 항목으로 검토해 보았다. 그러나 교원들이 이와 같은 교직의 윤리를 지킨다고 해서 교육이 잘 되는 것은 아니다. 교육력이 바탕이 되는 교권은 상대적인 성격을 띠고 있어서 윤리실천을 위한 교원의 노력만으로 교권이 확립되는 것이 아니며, 오로지 사회와 학부모가 교육을 올바르게 이해하고 윤리적으로 성숙되어 갈 때 교직윤리의 실천이 가능해지고 성립될 것이다.

3. 사도강령과 스승 존경의 풍토

1) 사도헌장과 사도강령

교원에게 있어 사회적 지위, 경제적 지위 및 지적인 수월성 등은 모두 중요하지만 이들보다 더 강조되고 있는 것이 교원의 윤리라고 지적한다. 왜냐하면 교직은 가르치는 직업이며 가르치는 활동이 단지 지적·기능적 측면뿐만 아니라 사회·도덕적 측면도 포함하기 때문이다. 이런 측면에서 한국교원단체총연합회(전, 대한교육연합회)에서는 오래전에 교직의 윤리에 관한 강령을 두 차례에 걸쳐서 제정한 바 있는데, 이를 살펴봄으로써 교육개혁의 당위성이나 교직의 윤리성 확립에 관한 이해를 돕고자 한다.

첫 번째는 1958년 9월 19일 제12차 대의원회의에서 채택하고 대의원회의 이름으로 발표된 「교원윤리강령」이다. 제1장-학생, 제2장-가정, 제3장-사회, 제4장-교직 그리고 제5장-교양 등 모두 5개의 장으로 구성되어 있다. 이밖에도 1960년 11월 26일 제16차 대의원회의에서는 '교육행정가 신조'를 채택하여 발표한 바 있다.

두 번째는 「사도헌장」과 「사도강령」으로서 1982년 5월 15일 스승의 날에 선포되었다. 이것은 1958년에 제정한 「교원윤리강령」의 기본 취지를 대폭 개정하여 만든 것인데, 전문은 다음과 같다.

사도헌장

오늘의 교육은 개인의 성장과 사회의 발전과 내일의 국운을 좌우한다.

우리는 국민교육의 수임자로서 존경받는 스승이요, 신뢰받는 선도자임을 자각한다. 이에 긍지와 사명을 새로이 명심하고 스승의 길을 밝힌다.

1. 우리는 제자를 사랑하고 개성을 존중하며 한 마음 한 뜻으로 명랑한 학풍을 조성한다.

1. 우리는 폭 넓은 교양과 부단한 연찬으로 교직의 전문성을 높여 국민의 사표가 된다.

1. 우리는 원대하고 치밀한 교육계획의 수립과 성실한 실천으로 맡은 바 책임을 완수한다.

1. 우리는 서로 협동하여 교육의 자주혁신과 교육자의 지위향상에 적극 노력한다.

1. 우리는 가정교육, 사회교육과의 유대를 강화하여 복지국가 건설에 공헌한다.

사도강령

〈개요〉

민주국가의 주인은 국민이므로 나라의 주인을 주인답게 길러내는 교육은 가장 중대한 국가적 과업이다. 우리 겨레가 오랜 역사와 찬란한 문화를 계승·발전시키며, 선진제국과 어깨를 나란히 하여 인류 복지증진에 주도적으로 기여하려면 무엇보다도 문화국민으로서 의식개혁과 미래사회에 대비한 창의적이고 자주적인 인간 육성에 온 힘을 기울어야 한다.

그러기 위해서 우리 교육자는 국가발전과 민족중흥의 선도자로서 사명과 긍지를 지니고, 교육을 통하여 국민 각자의 능력을 최대한으로 계발하여 개인의 자아실현과 국력의 신장 그리고 민족의 번영에 열과 성을 다하여야 한다.

또한 교육자의 품성과 언행이 학생의 성장발달을 좌우할 뿐만 아니라 국민윤리 재건의 관건이 된다는 사실을 명심하고 사랑과 봉사, 정직과 성실, 청렴과 품위, 준법과 질서에 바탕을 둔 사도확립에 우리 스스로가 헌신하여야 한다.

이러한 우리의 뜻은 교직에 종사하는 모든 교육자가 공동체 의식을 가지고 노력해야만 이루어질 수 있다는 것을 인식하고, 사도헌장 제정에 때맞추어 우리의 행동지표인 현행 교원윤리강령을 사도강령으로 개정하여 이를 실천함으로써 국민의 사표가 될 것을 다짐한다.

제1장 스승과 제자

스승의 주된 임무는 제자로 하여금 고매한 인격과 자주정신을 가지고 국가사회에 봉사할 수 있는 유능한 국민을 육성하는 데 있다. 그러므로

1. 우리는 제자를 사랑하고 그 인격을 존중한다.

2. 우리는 제자의 심신발달이나 가정의 환경에 따라 차별을 두지 아니하고 공정하게 지도한다.

3. 우리는 제자의 개성을 존중하며, 그들의 개인차와 욕구에 맞도록 지도한다.

4. 우리는 제자에게 직업의 존귀함을 깨닫게 하고, 그들의 능력에 알맞은 직업을 선택하도록 지도한다.

5. 우리는 제자 스스로가 원대한 이상을 세우고, 그 실현을 위하여 정진하도록 사제동행한다.

제2장 스승의 자질

스승은 스승다워야 하며 제자의 거울이 되고 국민의 사표가 되어야 한다. 그러므로

1. 우리는 확고한 교육관과 긍지를 가지고 교직에 종사한다.

2. 우리는 언행이 건전하고 생활이 청렴하여 제자와 사회의 존경을 받도록 한다.

3. 우리는 단란한 가정을 이룩하고 국법을 준수하여 사회의 모범이 된다.

4. 우리는 학부모의 경제적·사회적 지위를 이용하지 아니하며 이에 좌우되지 아니한다.

5. 우리는 자기 향상을 위하여 전문적인 지식과 전문화된 기술을 계속 연마하는 데 주력한다.

제3장 스승의 책임

스승은 제자교육에 열과 성을 다하여 맡은 바 책임을 다하여야 한다. 그러므로

1. 우리는 사회의 일원으로서 모든 책임과 의무를 다한다.

2. 우리는 교재연구와 교육자료 개발에 만전을 기하여 수업에 최선을 다한다.

3. 우리는 생활지도의 중요성을 인식하여 제자들이 올바른 사람이 될 수 있도록 지도의 철저를 기한다.

4. 우리는 교육의 성과를 공정하게 평가하고 이를 교육에 충분히 활용한다.

5. 우리는 제자와 성인들을 위한 정규교과 외 활동에 적극 참여한다.

제4장 교육자와 단체

교육자는 그 지위의 향상과 복지의 증진을 위하여 교직단체를 조직하고 적극 참여함으로써 단결된 힘을 발휘할 수 있다. 그러므로

1. 우리는 교직단체의 활동을 통하여 교육자의 처우와 근무 조건의 개선을 꾸준히 추진한다.

2. 우리는 교직단체의 활동을 통하여 교육자의 자질향상과 교권의 확립에 박차를 가한다.

3 우리는 편당적·편파적 활동에 참가하지 아니하고 교육을 그 방편으로 삼지 아니한다.

4. 교직단체는 국가의 주요 교육정책 결정에 참여하여 교육자의 여망과 주장을 충분히 반영시킨다.

5. 교직단체는 교육의 혁신과 국가의 발전을 위하여 다른 직능단체나 사회단체와 연대 협동한다.

제5장 스승과 사회

스승은 제자의 성장발달을 돕기 위하여 학부모와 협력하여, 학교와 사회와의 상호작용의 원동력이 되고 국가발전의 선도자가 된다. 그러므로

1. 우리는 학교방침과 제자의 발달상황을 가정에 알리고, 학부모의 정당한 의견을 학교교육에 반영시킨다.

2. 우리는 사회의 실정을 정확하게 파악하고 지역사회의 생활과 문화 향상을 위하여 봉사한다.

3. 우리는 사회의 요구를 교육계획에 반영하며 학교의 교육활동을 사회에 널리 알린다.

4. 우리는 국민의 평생교육을 위하여 광범위하게 협조하고 그 핵심이 된다.

5. 우리는 확고한 국가관과 건전한 가치관을 가지고 국민의식 개혁에 솔선수범하며 국가발전의 선도자가 된다.

2) 스승 존경의 풍토 조성

교직은 다른 직업 생활에 비해 많은 장점을 가지고 있는 것이 사실이다. 직업의 안정성이나 여가를 즐길 수 있는 기회가 많다는 것이 대표적인 장점이고, 또 자유 속에서 발현할 수 있는 창의, 남을 위한 봉사에서 오는 보람과 사회적 공헌도 등을 들 수 있다. 그러나 여느 직업과 마찬가지로 단점도 있기 마련이다. 교사들 스스로가 교직에 대한 단점으로 여기는 것들이 사회·경제적인 대우가 미흡하다거나 단조로운 생활 그리고 공헌도에 비해 인정도가 낮다는 점 등이 지적될 수 있다.

교직생활에 대한 단점으로 열거한 이러한 것들은 대체로 밖으로부터 받는 평가에 기인한 것이지만 더욱 어려운 점은 무엇보다도 교원의 심리적·정신적 자세(김종서, 1995)라고 지적된다. 그것은 상당수의 교원들이 교직에 불만을 표시하고 있는 점이다. 불만에 찬 정신적 자세로 학생을 지도할 때 학생들을 올바르게 지도하기 어려우며, 이는 교원의 윤리문제로 사회의 지탄까지 받게 된다. 이와 같은 교직불만의 이유에는 여러 가지 있겠으나 가장 중요한 것이 교원의 사회적 지위 하락 및 경제적 대우의 저하일 것이다.

교직에 불만을 표시하는 교원들은 전직을 희망하며 자기 비하의 감정에 사로잡히게 된다.

일반적으로 사회에서는 사도가 땅에 떨어졌다고 하며 교원 또한 교직을 불만스럽게 생각하고 있지만, 그 속에서도 대부분의 교원들은 그들에게 맡겨진 사회적 책임을 성실하게 수행하고 있다. 사회에서는 교원을 무엇이라고 평하든지 간에 교원은 긍지와 자부심을 가지고 오직 교직의 길에 매진해야 한다. 즉 교원들은 스스로의 사회적 지위의 향상을 위해 노력해야 한다. 이를 위해서는 교사에게 맡겨진 사회적 책임을 다하는 동시에 교사 존경의 사회적 풍토조성을 위해 노력해야 할 것이다.

'하늘은 스스로 돕는 자를 돕는다'라고 했듯이 교원 자신이 스스로의 지위향상과 스승 존경의 풍토조성을 위해 발 벗고 나서지 않고서는 이러한 소망은 항상 희망으로만 존재할 뿐 현실로 도래하지 않는다. 이런 맥락에서 김종서(1995)는 스승 존경의 풍토조성을 위한 구체적인 방안을 다음과 같이 제시하고 있다.

첫째, 지역사회의 여러 종류의 의식이나 모임에 있어 교원에 대한 사회적 예우를 개선하기 위해 노력한다. 지역사회의 모임에서 대종을 이루는 집단이 학생집단인데, 만일 교육자가 이러한 모임에서 권력이 있는 자들에게서 밀려나서 말석을 차지한다면 학생들에게는 권력지향적인 심성이 길러질 가능성이 많으며, 이는 국가 및 사회발전을 위해서도 결코 바람직하지 못하다. 또한 교육자에게서 사회적 예우의 매력이 없어지면 교원의 질은 점차로 저하될 것이 우려된다. 이와 같은 사회적 예우의 개선은 정부 차원에서 노력해야 할 문제이며, 정부에서도 이 점에 대해 특별히 배려하고 있으나 아직도 사회의 통념으로 되기에는 갈 길이 먼 것 같다.

둘째, 교원과 학부모와의 관계에 있어 교원의 사회적 지위를 향상시키는 일이다. 오늘날 학부모들의 눈에 비친 교사상은 과거의 군사부일체의 생각에서 벗어나서 하나의 생업으로서의 교사로 보는 경향이 있다.

가정과의 관계에서 교원의 윤리를 제고하기 위해서는 교원들이 학부모들로부터 존경받고 있다는 생각을 가지게 하는 일이다. 이를 위해 교원의 학력 향상이 시급하며, 이러한 방안과 병행하여 학부모들의 교원존경의 풍토 조성 또한 요구된다. 학부모들 중에서 교원을 진심으로 존경하는 사람을 찾아내어 이들을 중심으로 하는 교원 존경운동이 전개되어야 한다. 예를 들면 '님'자 붙이기 운동 같은 것이다. 성인 간 대화에 있어서는 그럴 필요까지 없다고 해도 학부모와 자녀 간의 대화에 있어서는 반드시 '선생님'이라는 호칭을 사용하도록 하는 운동의 전개이다. 이렇게 함으로써 교원에게는 일종의 자기충족예언, 즉 자성예언이 되어 교원의 윤리향상에 이바지할 수 있으며, 동시에 교원의 사회적 지위를 향상시킬 수 있을 것이다.

교원과 가정과의 관계에 있어서 학생교육을 위해서는 밀접한 협력관계를 가지는 일이다. 이러한 협력관계가 이루어질 때 교원이 학생교육에 대해 그 책임을 다 할 수 있을 것이다. 교원이라고 해도 지적·정서적·사회적으로는 미숙한 점이 있을 것이다. 이러한 미숙한 점을 학부모들이 비판하기보다는 보완하고 감싸주어야 하며, 이러한 관계를 유지·발전시키기 위한 교원의 노력 또한 요망된다.

제3부

교직실무

존경받는 교사가 되려면 많은 지식, 풍부한 교양 그리고 인격적 자세가 견지되어 있어야 할 것은 당연한 요건이다. 뿐만 아니라 교사로서 그가 맡은 직무에 성실하고 근면한 자세로 임할 것이 요구된다. 능력과 자질을 갖춘 교사가 자신이 맡은 업무의 처리를 민활하게 할 수 있도록 실무 면에도 밝으면 그 이상 더 바랄 나위가 없다.

이런 관점에서 제3부는 전문직으로서의 교직에 종사하는 교사가 그 직을 수행하도록 돕기 위해 학생지도, 학급경영, 학교 사무관리 그리고 교직의 발전 과제 등 모두 4개의 장으로 논의하고자 한다.

제9장 학생지도

1. 학생지도의 기초

1) 인간 발달에 대한 이해

발달은 여러 측면에서 쓰이는 말이지만, 일반적으로는 변화를 의미한다. 특히 나아지는 방향으로서의 변화를 의미한다. 인간의 발달에 관한 심리학적 측면에서 볼 때 개체가 점점 자라서 어른이 되어가는 심신의 변화, 즉 행동 수준과 형식의 변화를 가리키는 것이라고 할 수 있다. 인간의 심신에 대한 발달이라는 것이 단순히 양적인 증가만을 가리키는 것도 아니고, 그렇다고 정신적인 변화만을 지칭하는 것도 아니며 근본적으로는 행동 주체의 구조가 변하는 것(교육학사전편찬위원회, 1965)이라고 할 때, 발달의 의의와 일반적 원리를 통해 좀 더 자세히 고찰해 보기로 한다.

(1) 발달의 의의

교육은 아동의 바른 성장과 발달을 조장하여 개체로 하여금 건전한 사회화(socialization)를 형성시켜 가는 과정이라고도 할 수 있다. 그러므로 개체의 건전한 사회화를 어떤 자극으로 어떻게 도울 것인가는 교육활동의 중대한 관심사이다. 이러한 자극과 조력의 활동에 앞서 우선 개체가 타고난 발달의 가능성에 대해 깊이 고찰해 보는 일이 선행되어야 한다.

발달이란 개체의 발생에서부터 성숙 또는 숙달에 이르기까지의 생활체의 적극적인 변화(positive change)의 과정이며 진보적 변화이다(정인석, 1990). 또한 K. Koffka가 발달을 "유기체의 기관이 양에 있어서 증대하고 구조에 있어서 정밀화하며 기능에 있어서 유능화되어가는 과정"으로 본 점이나 H. C. Waren이 발달을 "개체가 발생에서부터 성숙으로 옮아갈 때에 일어나는 구조나 형태의 변화"로 본 점, H. L. Hollingworth가 "발달에는 양과 형의 변화와 보다 복잡한 구조의 변화 등이 있다"라고 본 점 등은 모두가 발달을 적극적인 변화로 본 관점이다(배장오, 2001).

이상과 같은 정의는 모두 발달을 생활체의 적극적 · 진보적 · 적응적 변화로 본 것이며, 단순한 변화가 아니라 양적 변화인 동시에 질적 변화로 본 입장이다. 그러나 질과 양에 있어 적극적 · 진보적 · 적응적인 변화라고 해도 그것이 도덕적 규범이나 교육적 가치에 합당한 변화만이 바람직한 발달을 도울 수 있는 변화라고 볼 수 있다.

(2) 발달의 일반적 원리

인간의 발달을 규정하고 있는 일반적인 원리는 대체로 다음과 같이 요약할 수 있다.

첫째, 발달은 연속적인 과정이다. 성장이나 발달의 과정은 미숙한 낮은 단계에서부터 시작하여 점차로 진보적인 고차원의 단계로 진행되며, 여기에는 급격한 비약도 있을 수 없으며, 서서히 제 나름대로의 경사적인 변화의 과정을 밟게 된다. 예컨대 한 살 때까지의 성숙된 각종 발달에 이어서 두 살 때의 발달이 이루어지고, 또 초등학교 1학년 때까지 성숙된 각종 발달에 이어서 2학년 때의 발달이 이루어지는 것과 같이 한 시기의 발달 양상은 시간적 흐름으로 보아 전단계의 발달을 이어받고, 동시에 다음에 진행될 발달을 촉진시켜줄 기초를 닦는 역할을 하게 된다. 이러한 발달현상을 '발달의 흐름'(stream of development)이라고 할 수도 있고, '예정의 원리'(principle of anticipation) 또는 '점성적 발달'(漸成的 發達, epigenetic development)이라고 부를 수도 있다.

둘째, 발달에는 일정한 순서가 있다. 보행이 가능하려면 그 전에 일어설

줄 알아야 하고, 또 달릴 수 있으려면 그 전에 걸을 수 있어야 하듯이 발달은 아무리 급하다고 해도 절대로 그 순서가 바뀌지 않는다. 우선 신체 및 운동기능의 발달을 본다면, '두부(頭部)에서 미부(尾部)로 발달하는 경향'(cephalo-caudal trend)과 '중심부에서 말초부로 발달하는 경향'(proximo-distal trend) 등은 이 원리를 가장 잘 입증해 주고 있다.

또 언어 발달에 있어서 본격적인 언어생활이 시작되기 전의 유아의 전언어적 발성(前言語的 發聲: prelinguistic vocalization)의 과정을 볼 때에도 다음과 같은 순서가 있음을 알 수가 있다.

• 미분화적인 울음(undifferentiated cry): 생후 1개월경까지
• 분화된 울음(differentiated cry): 생후 1개월경부터
• 옹알거림(babbling): 2개월 말경부터
• 무의미한 자기모방적 발성(lallation): 6개월경부터
• 무의미한 타자모방적 발성(echolalia): 9개월경부터
• 어조 발성(verbal utterance): 1년 2개월경부터

인지 발달에 있어서도 동일한 원리가 적용된다. 예컨대, 시계를 보고 시각을 읽을 줄 알려면 그 전에 1에서 60까지 셀 줄 알아야 하고 초와 분, 분과 시의 관계를 이해해야 하며, 긴 바늘과 짧은 바늘의 관계를 이해해야 하듯이 모든 발달이나 학습에는 일정한 위계(hierarchy)와 순서(order)가 있다. 그렇기 때문에 유기체는 전체에 종속 통일되는 중심화의 과정이 필요하게 된다. 이렇듯 심리학적 통일체로서의 정신 발달 역시 생물학적 형태의 발달에 대응하고 있다. 그것은 심리적 활동이 해부학적 · 생리학적인 기초 위에서 펼쳐지기 때문이다.

셋째, 발달은 분화와 통합의 과정이다. 발달은 전체적 · 일반적 기능에서부터 부분적 · 특수적 기능으로 분화해 간다. 그 분화는 단순한 세분에 그치지 않고 분화된 각 부분은 일정한 계열에 준해서 조직되고 통합되며 전일적인 체제 형성을 위해 중심화를 이루어가게 된다. 따라서 처음부터 특수한 발달을 서두르는 조기교육은 매우 위험한 방법이라고 할 수 있다. 그러므로

어떠한 교육의 계획도 분화와 통합의 자연스러운 과정에 적합하도록 수립하여 그 계열을 살리지 않으면 안 된다.

H. Werner도 발달 특히 정신적 발달을 유기적·전체적 입장에서 분화와 중심화의 원리에 의해 설명한 바 있다. 이러한 원리는 생물학적 형태의 발달에만 타당할 뿐만 아니라 심리학적 통일체로서의 정신 발달에도 타당한 원리이다. 물론, 생물학적 형태의 발달은 부분이 점차적으로 전체 속에서 분화함으로써 이루어지기도 한다. 그러나 분화가 분화만 있고 전체에 종속 통일되는 과정이 없다면 생활체의 형태는 이상한 것이 되고 만다. 그렇기 때문에 유기체는 전체에 종속 통일되는 중심화의 과정이 필요하게 된다.

넷째, 발달은 주기적으로 나타난다. 개체의 모든 기능은 병행적으로 또는 동일한 속도로 동시에 발달하지는 않는다. 예를 들면, 보행을 시작할 시기에는 언어의 발달이 일시 부진상태에 들어갔다가 다음 시기에 다시 나타나는 현상을 볼 수 있다. 그러므로 한 특성과 기능의 발달은 가장 적당한 발달 시기에 가장 많이 발달하게 되며, 그 시기에는 스스로 그 기능을 자발적으로 사용하게 된다고 한다. 따라서 한 행동특성이 발달하는 시기에는 그 행동에 일시적이나마 전심몰두하게 되며, 발달의 체제화가 일단 안정된 다음에 다시 다른 행동으로 옮아가게 된다. 소위 '전심(傳心)과 이행'(whole heartedness and gradation)의 성질을 가지고 있다. 이처럼 발달의 시기가 주기적으로 나타나면서 점진적으로 전체적인 체제로 형성되어 간다고 하는 주기성을 이해하는 것은 교육의 실제에 있어 매우 중요한 의미를 갖는다.

다섯째, 발달에는 개인차가 있다. 발달에는 일반적인 원리가 있기는 하지만 모든 사람이 동일한 수준과 동일한 양상으로 발달할 수는 없다. 우선 선천적인 소질이나 성별의 차이, 관심과 능력의 차이, 환경 조건의 차이 등에 의해 저마다 자기 특유의 독특한 발달의 경향과 양상을 보인다. 이와 같은 발달의 '개인차'(individual differences)는 성장해 감에 따라 더욱 심하게 나타나며, 또 일반적으로 어렸을 때의 상대적인 개인차는 특별한 경우를 제외하고는 다음의 어느 시기에서도 거의 동일한 상대적 차이를 보이게 된다. 이 개인차를 발견하는 일이야말로 모든 교육적 지도의 출발점이 된다고 할 수 있다.

여섯째, 발달은 상호 관련적으로 나타난다. 신체적 · 지적 · 사회적 · 정서적 영역의 발달은 각 기능 간에 아무런 연관성도 없는 것처럼 보이지만, 실은 상호 간에 긴밀하고도 유기적인 힘의 관계를 맺고 있는 것이다. 그렇기 때문에 인간은 유기적이고 전인적인 존재이다. 보행이 자유로워지면 이웃 아이들과 같이 놀 수 있기 때문에 사회적 의식과 행동이 발달되고, 아이들과 더불어 노는 동안에 언어의 발달, 수 개념의 이해, 정서의 발달 등이 이루어지는 것과 같이 발달 영역은 비록 다르지만 서로 영향을 주고받으면서 전체적으로 발달이 진행되는 것이다. 따라서 어떠한 영역이나 기능에 이상이 있을 때에는 그것이 거기서 그쳐버리는 것이 아니라 다른 영역에까지 그릇된 영향을 주게 된다.

상호 관련의 정도는 발달의 기제에 따라서 다를 것이며, 어떤 경우에 어느 영역과 어느 기능이 보다 큰 비중의 관련을 맺고 있느냐를 파악해야 할 일은 교육의 실천 과정에 있어 참으로 중차대한 일이다. 교육은 바로 이와 같은 발달의 원리를 기초삼아 학생의 발달이 상호 관련적으로 이루어지고, 전인적인 발달이 이루어질 수 있도록 도와주는 데 있다.

일곱째, 발달은 생활 기능의 재체제화이다. 발달은 미숙하고 무능한 단계의 기능 체제가 끊임없이 보다 유능하고 고차적인 기능 체제에로 기능 전환이 이루어짐으로써 얻어지는 현상이다. 따라서 한 때 사용했던 기능이나 행동양식도 그것이 자주 사용된다고 해서 그 행동양식이 다음에까지 보존된다고 단언할 수 없고, 생활에 지장을 주고 적응에 마이너스를 가져다주는 것은 버리거나 갱신하지 않으면 안 된다. 다시 말해서 습관을 갱신하게 되는 것이다. 이와는 달리, 나이에 적합하지 않은 버려야 할 구습을 고집하는 퇴행적인 아이는 발달에 있어 그만큼 떨어지고 있는 부적응이라고 볼 수 있기 때문에, 교사는 퇴행적 · 미숙한 행동양식의 제거와 갱신(renewal) 그리고 재조직(reorganization)을 위해 노력하지 않으면 안 된다.

여덟째, 발달은 유전과 환경과의 상호작용에 의한다. 개체의 발달은 유기체가 가지고 있는 유전적 소질과 환경적 영향과의 상호작용에 의해 이루어진다. 따라서 한 시점에서 관찰되는 유기체의 제특성은 유전적으로 생득된 잠재가능성(potentialities)과 환경적 제조건과의 복잡하고도 연쇄적인 교호작용의 소산이라고 볼 수 있다. 다시 말해 H(heredity: 유전)+E(environment: 환경)의 소산이 아니라 H×E의 소산인 것이다.

이상의 관점에서 볼 때, 발달적 변화를 규정하는 요인으로서 H와 E의 어느 한 요인만을 강조하는 양자택일적인 '단독요인설'이나 두 요인을 동등하게 인식하여 이들의 가산적 관계를 강조하는 '가산적기여설'은 발달의 메커니즘을 설명함에 있어서 무의미하며, H와 E의 상호작용(interaction)을 강조하는 '상호작용설'이 보다 타당한 이론임을 이해할 수 있다.

2) 인간 발달과 교육

인간 발달의 의미와 일반적 원리는 인간이 어떤 단계를 거쳐 지적·정의적 발달을 하게 되는지에 관해 비교적 자세히 알려준다. 인간이 어떻게 발달해서 성인이 되어 가는지에 대한 인간 발달의 단계별 제 특징은 학교교육에 있어 교육과정 구성을 위한 기초자료가 된다(이형행, 1993). 무엇을 언제 학습하도록 할 것인가를 결정함에 있어 인간 발달에 관한 지식은 중요하다. 교육을 인간 발달의 여러 가지 현상과 부합시켜야 하기 때문이다. 이와 관련하여 다음에 제시하는 3가지 개념을 이해하는 일은 매우 중요하다.

(1) 준비성(readiness)

현대 교육에서 적시성이라는 용어가 중요한 개념으로 등장한다. 학생들이 어떤 지식이나 기능을 습득할 수 있는 최적의 시기가 있다고 보는 것이다. 교육은 아무 시기에나 가능한 것이 아니라 그 학습을 할 수 있는 모든 신체적·정신적 조건이 성숙되어야 하는데, 이를 가리켜 교육의 준비성이라고 한다. 즉 준비성이란 특정한 교육을 하는 데 필요한 조건의 성숙 상태를 말한다. 읽기를 배우기 위해서는 읽기 학습에서 요구되는 성숙 상태가 이루어져야 하며, 수영을 배우기 위해서는 신체적으로 성숙되어 있어야 가능하다.

이와 같은 준비성의 개념에서 볼 때 학교 교육과정은 학생들의 준비성을 염두에 두고 구성되어야 한다고 할 수 있다. 대부분의 학교제도가 7세부터 학교교육을 시작하도록 되어 있는 것도 바로 이러한 준비성을 고려한 것이다. 평균적으로 6세가 되어야 신체적으로나 정신적으로 학교학습을 할 수 있는 준비성이 구비된다고 보는 것이다. 이러한 준비성의 개념에 대해 이견이 없는 것도 아니다. 즉 어린이들의 준비성이 자연적으로 달성되도록 기다릴 수만은 없다는 견해가 그것이다. 그러나 준비성은 인간 발달에 관한 지식을 학교교육에 고려할 수 있도록 제공하는 중요한 개념이다.

(2) 결정적 시기(critical period)

교육에 있어서의 적시성의 문제와 관련해서 고려해야 할 또 하나의 개념이 있는데, 바로 결정적 시기라는 것이다. 결정적 시기란 특정한 심리적 특성이 학습되는 시기가 있고, 만일 그 시기에 학습이 되지 못하면 후에 학습이 제대로 되지 못한다는 개념으로 임계기(臨界期)라고도 한다. 이 개념은 처음에 동물실험을 통해 얻어졌다. K. Lorenz는 '새끼오리의 각인에 관한 연구'에서 새로 출생한 새끼오리가 부화한 지 수 시간 내에 어떤 종류의 움직이는 물체를 만나게 되면 그것을 그들의 어미로 알고 따라 다니는 현상을 발견했다. 바로 그 움직이는 물체에 집착하는 경향이 일정한 짧은 시간 안에 나타나기 때문에 Lorenz는 결정적 시기라는 말을 붙이게 되었다.

이러한 현상은 인간에서도 발견되며, 일정한 시기에 특정한 행동을 습득해야 된다는 생각을 가지게 되었다. 일찍이 S. Freud 역시 인간의 발달 과정에는 결정적 시기가 있다는 것을 시사했고, 그것은 3~5세에 있다고 주장한 바 있다. 이와 같은 결정 시기의 개념은 인간의 발달과정에서 초기경험의 중요성을 시사하는 근거가 된다. 어떤 시기에 특정한 행동을 학습할 수 있는 조건이 주어지지 못하면 발달의 결손이 오게 되고 또 그 결손은 새로운 결손을 낳게 하며 결손이 누적되기 때문에 어릴 때의 초기 경험이 중요하다는 근거가 된다.

(3) 문화 결손(cultural deprivation)

인간의 발달과정에서 초기경험이 대단히 중요하다는 관점에서 문화 결손이라는 개념이 나오게 된다. 문화 결손은 발달과정의 초기에 문화적으로 결손된 환경에서 성장한 아동은 발달상의 어떤 결손을 가져오게 된다는 것이다. 문화 결손이란 인간 발달에서 요구되는 심리적 요소의 결핍, 과잉 및 시기적 부적당성에서 일어나는 지적·사회적·인격적 발달의 부분적 상실, 지연 및 왜곡의 현상을 의미한다. 이 개념이 뜻하는 것은 어떤 생물적 요소의 결핍에서 발생하는 영양실조의 신체적 현상과 대비시켜 보면 쉽게 이해할 수 있다.

이와 같은 문화 결손의 현상은 아동의 발달과정에서 주어지는 초기경험과 밀접하게 관련되어 있다. 이에 관한 연구는 초기 경험의 여하에 따라 지능 발달의 촉진제가 될 수 있고 또 반대로 발달의 저해 요인이 될 수 있다는 점을 지적하고 있다. B. S. Bloom도 인간 발달에 광범위한 문헌을 조사한 결과, 지능과 인격의 변화는 환경조건과 밀접한 관계가 있으며, 환경의 차이는 가장 빠른 변화를 가져오는 시기에 가장 큰 양적 변화를 보인다는 결론을 내렸다. 이것은 환경의 영향이 초기경험을 하는 시기에 가장 크게 작용한다는 점을 지적하는 것이다. 어린 시절 문화적 혜택을 받지 못한 이른바 문화 결손 아동에 대한 보완교육(補完教育: supplement education) 프로그램이 가능한 한 빨리 주어지고 또 잘 짜인 프로그램일 때에는 상당한 정도의 회복이 가능하다는 여러 연구결과가 나와 있다. 이러한 연구결과는 어릴 때에 결손을 입은 어린이에 대한 교육의 가능성을 말해 주는 것이다.

2. 학습지도[1)]

1) 교수와 학습의 관계

(1) 교수의 개념

교육활동은 학교에서 뿐만 아니라 학생을 에워싸고 있는 모든 환경 속에서 이루어진다. 그러나 학교는 여러 조직과 형태의 환경 속에서 행해지는 교육 중 가장 의도적으로 구안된 것임에 분명하다. 의도적으로 구안된 학교교육이 주로 교수라는 통로를 거쳐 행해지고 있으므로 교수행위는 학교교육에서 가장 중요한 부분이며 또한 기본 요소가 된다.

일반적으로 교수라는 말은 '가르쳐 주는 것'을 뜻한다. 우리나라에서는 교수 또는 교수법, 학습지도 등으로 불리어지고, 외국에서는 teaching 또는 instruction, unterricht로 불리는데(김학수, 1981), 교사의 가르침을 받아들이는 학생들에게 필요한 지식과 기능을 되도록 많이 가르치는 것이다. 그리고 교수는 개인의 학습을 촉진할 때 더욱 효과적으로 이루어진다.

그러나 교수활동이 '가르쳐 주는 것'이라고 해서 그것이 그리 용이한 것은 아니다. 단편적인 지식을 전달하여 기억시킬 때도 있고, 여러 자료를 소개하여 전달할 때도 있으며, 또 설명과 토의 등의 활동을 통해 이해시키는 등 여러 가지 방법이 있다. 이때 어떤 방법이 동원되었다고 해도 교수는 명백한 목적과 정연한 조직성을 가지고 합리적 방법이 구사되어야 한다. 따라서 교수활동은 일정한 기간 동안 어떤 목표를 향해 계획된 방법이 체계적으로 전개되어야 하므로 목적과 장면에 대해 중다적 성질을 갖는다.

오늘날 효과적 여러 교수방법이 개발되고 있으나 과거에는 지식·기능의 전달만이 주된 목적이었다. 따라서 많은 연습과 노력만이 중요한 방법이었으며, 학생들은 교사에 의해 사전에 예정된 일정한 목적과 계획에 따라 일

---

1) 배장오(2012). 학교경영과 학급경영. 고양: 서현사. pp.346~368의 내용을 재구성하여 전제함.

방적으로 지도되었다. 그리고 학생들을 잘 알게 하는 데에는 교사가 잘만 가르치면 된다고 보았다.

이와 같은 교사 중심의 교수활동에서는 학습자의 개성이 중시되지 않았기 때문에 학생 개개인에게는 불합리한 교육결과를 가져오기 쉽다. 즉 교사의 일방적·타율적인 지도와 학습자의 개인차를 무시한 획일적인 집단지도에는 사실 많은 불합리성이 내재하고 있었다. 따라서 학습자 개개인의 개성과 특성을 존중하고 그들의 요구·흥미·능력 등의 개인차에 기초하여 자발적인 학습을 중시하는 학습자 중심의 지도가 요청되게 된 것이다.

(2) 학습의 개념

학습은 새로운 것을 알게 되거나 보다 나은 행동을 하도록 배우는 것을 말하는 것으로서, 경험이나 연습의 결과로써 일어나는 비교적 영속적인 행동의 변화로 볼 수 있다(Morgan & King, 1971). 학습을 영속적인 변화로 볼 때 인간의 행동이 반드시 학습에 의해서만 변화하는지 의문을 갖게 된다.

원래 인간의 행동은 성숙(maturation)과 학습(learning)에 의해 변화된다. 성숙에 대해서는 여러 가지로 설명될 수 있으나 일반적으로 경험 또는 훈련 없이 이루어지는 행동, 즉 배우지 않고도 시간의 경과에 따라 자연적으로 나타나는 행동을 말한다. 인간에게는 많은 새로운 지식이나 기술이 필요하며, 특히 현대사회는 지식산업의 사회라고 말할 정도로 새로운 것이 폭발적으로 증가하고 있으므로 더욱 많은 것을 학습해야만 생활을 할 수 있게 되는 것이다(김학수, 1981). 따라서 학습은 교육의 핵심이 되며, 학습활동을 통해 학생들은 현대에 필요한 많은 것을 익히게 되고 또 훌륭한 하나의 인간으로 성장·발달하게 되는 것이다.

인간으로 하여금 훌륭한 성장과 발달을 가져오게 하는 학습의 개념을 보다 명확히 하기 위해 몇몇 학자들이 주장한 정의를 살펴보기로 한다.

Gates는 학습을 경험과 훈련에 의한 행동의 진보적 변화라고 했다. 또 E. R. Hilgard(1987)는 주어진 사태에 반응함으로써 어떤 행동이 발생하거나 변화하는 과정을 말하는 것으로서 다만 이러한 행동변화의 성격은 생득적인 반응경향, 성숙한 유기체의 일시적인 상태에 의거하여 설명될 수 없는 것이어야 한다고 주장했다. 뿐만 아니라 이용걸(1977)은 학습을 개인이 환경과 상호작용하는 과정에서 일어나는 여러 가지 형태의 비교적 지속적인 변화들이며, 선천적으로 이미 형성되어 있는 행동과 신경계통의 성숙으로 말미암아 거의 자연적으로 일어나는 변화나 피로·약물 등의 일시적인 변화들은 학습에서 제외된다고 하였다.

이상에서 몇몇 학자들의 견해를 종합하면 그 공통점은 '변화'이다. 그런데 변화를 학습으로 볼 때에 이해하기 곤란한 점이 있다. 앞의 예에서처럼 기어 다니지 못하던 어린이가 기어 다니게 되고, 걷지 못하는 어린이가 걷게 될 때 이는 분명히 변화이다. 그러나 이러한 일들은 학습이 아니다. 또 알코올을 먹고 한 행위, 신경안정제 등을 먹고 난 뒤의 변화 또는 피로 때문에 일어난 일시적인 변화 등도 학습이라고 할 수 있는가. 이러한 일들은 시간이 경과됨에 따라 원상태로 되돌아가게 된다. 이와 같이 신장·체중·흉위·골격·신경조직 등과 같은 신체적·생리적·양적인 증대, 구조와 기능의 복잡화와 일시적인 변화는 학습에서 제외되어야 하는 것이다. 이에, 김호권(1974)도 학습의 정의를 [그림 9-1]과 같이 표시하여 설명하고 있다(고영희, 1979. 재인용).

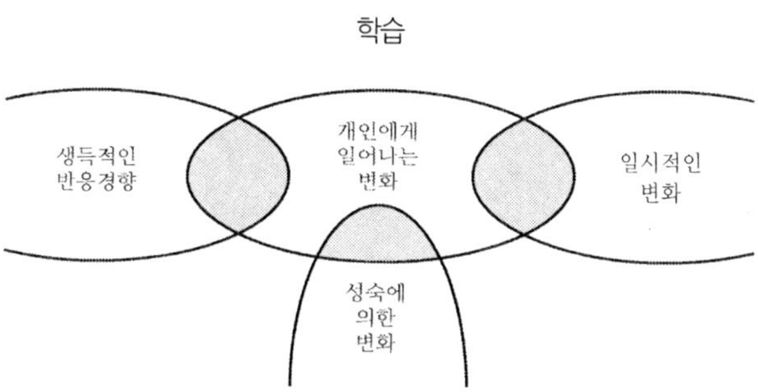

*출처: 고영희(1979). 수업기술. 서울: 교육과학사. p.13.

[그림 9-1] 학습의 개념 정의 구조도

결국, 학습이란 개인에게 일어나는 변화 중에서 생득적인 반응경향, 성숙에 의한 변화 및 일시적 변화 등을 제외한 것이다.

(3) 교수 · 학습활동의 원리

학습지도에서는 교사의 능동적 작용인 교수활동과 학생의 능동적 작용인 학습활동을 전체 학습과정에서 통일적으로 이해하려는 접근을 시도하게 되는데, 이를 교수·학습활동이라고 한다. '교수'와 '학습'의 서로 상반되면서도 보완적 활동이 갖는 개념적 차이가 있듯이, 원리에 있어서도 나름대로의 특징을 비교해 볼 수 있다. 교수와 학습의 원리를 비교한 내용은 <표 9-1>과 같다.

〈표 9-1〉 교수 · 학습활동의 원리 비교

구분	교수 원리	학습 원리
준비	학습자의 준비성을 미리 알고 또 관찰을 통해 학습경험을 준비했을 때 이루어진다. 만약 이루어지지 않았을 때는 새로 조정하며, 이 경우에는 개별지도가 효과적이다.	학습자가 새로운 학습경험을 얻기 위해서는 충분히 성숙되고 기능화되어 있어야 한다.
개인차	개인차를 나게 하는 과오반응의 원인을 찾아 이를 교정하고, 한편으로는 개인차를 나게 하는 정반응을 더욱 길러줌으로써 향상된다.	동일한 학습범위 내에서도 개인차에 따라 학습속도가 다르며, 경우에 따라서는 매우 큰 차이가 있다.
동 기	학습자가 자기 능력에 맞는 학습목표를 설정하고, 또 이를 해결함으로써 만족을 얻을 수 있다고 생각해야 향상된다.	어떤 학습이 학습자 자신에게 의의 있게 느껴졌을 때 그 학습은 잘 이루어진다.
효 과	학습자의 행동에 만족을 주면 증진된다. 적극적인 반응은 소극적인 데 비해 더 바람직하고, 소극적이라고 할지라도 아무런 반응을 하지 않은 것보다 낫다.	어떤 반응을 일으킬 때 만족감이 수반되면 이러한 반응은 잘 형성된다.

복잡과 다양한 결과	어떤 교수활동에 대한 집중적 학습을 수반하여 그 성과를 조정하는 방법이 택해졌을 때 교수효과는 증가된다.	한 가지 학습은 다른 여러 학습 결과를 가져오게 된다.
안전성	문제해결을 통해 긴장감을 해소시키고 성공감을 주며 생활에 대한 의심을 없애고 자기의 가능성을 확신하게 함으로써 증가된다.	학습은 그 안전성과 소속감의 분위기가 있을 때에 효과적이다.
활동과 경험	학습자의 요구와 흥미에 따라 상승되며, 필요에 따라서는 활동을 변화시키고 이와 같은 모든 것을 경험하게 함으로써 증진된다.	학습자 자신의 목적적·의도적 혹은 정신적·신체적 활동을 통한 경험에 의해 이루어진다.
의미와 이해	교사가 학습자에게 주려는 내용을 뒷받침하는 경험을 제공해 줌으로써 향상되며, 이는 의사교환에도 효과적이다.	목적적·효과적·기능적인 학습은 직접적 혹은 대리적 경험을 통해 의미와 이해를 충분히 얻게 해 준다.
제감각 기관의 활동	감각기관을 동원시켜 인상을 깊게 함으로써 향상된다.	학습경험은 여러 감각기관을 조화롭게 활용함으로써 개선되고 또 효과적이다.

*출처: 김학수(1981). 현대 교수·학습론. 서울: 교육과학사. pp.27~28.

2) 학습과 관련한 기본문제

(1) 학생의 학습능력

학습능력 또는 학습력(learning capabilities)은 학생이 학습해서 획득한 능력으로서 실제 문제상황에 전이되는 힘을 지닌 능력이라고 정의된다. 이 경우 학습된 능력으로서의 학습력은 선천적인 의미가 강한 지능이나 적성만을 지칭하는 것이 아니다. 그런데도 학생의 지능지수나 적성검사의 결과만으로 학생의 학습능력을 섣불리 결정지으려는 잘못을 범하는 사례가 있다.

학생의 학습력은 내용관련 학습력, 일반적인 학습력, 기초적인 학습력 등 세 가지로 구분된다(서울대학교 사범대학 교육연구소, 1981). 첫째, 내용관련

학습력은 새로 학습하려는 학습과제에 직접 관련되는 선행학습력을 말한다. 둘째, 일반적인 학습력은 일반 지능, 적성 그리고 창의력과 같이 학생들이 학습해야 할 특정과제에 직접적으로 연관되어 있지는 않지만, 학습해야 할 과제의 학습가능성을 결정하는 데 간접적으로 작용하는 능력이라고 할 수 있다. 셋째, 기초적인 학습력은 독서력이나 성취동기와 같이 학교학습을 촉진하는 힘을 지니지만, 이것이 어떤 특정한 학습과제의 학습을 그대로 보장해 주는 것은 아니다.

일반적인 학습력이 용량(capacity)의 의미를 가지는 데 반해, 기초적인 학습력은 일반적인 학습력 바탕 위에서 후천적으로 형성된 학습능력이라는 점에서 구분되어져야 하는 것이다. 그런데 학습능력에 대해 이와 같은 구분된 시각을 갖지 않고 대부분의 교사와 학부모에게는 학생의 "지능=학습능력"이라는 등식화를 고정관념으로 가지고 있음을 발견할 수 있다. 따지고 보면 지능계수(IQ: intelligence quotient)의 개념 자체가 논의의 대상이 되는 경우는 드물고, 지능검사로 쓰는 문항이 달라지면 IQ도 얼마든지 달라질 수 있다는 점을 간과해서는 안 된다.

다만, 관심을 가져야 할 것은 적용해서 검사한 특정 지능검사가 어떤 지능관에 의해 제작되었는가 하는 점이다. 실제 학급사회에서 상대적으로 낮은 지능지수를 가진 학생이 높은 수준의 학업성취를 나타내는 경우가 오히려 더 많은 것을 보면, 학생에게 잠재해 있는 학습능력은 무한한 데 비해 그것을 발굴하고 계발해 가는 어른들의 방법이 아직도 미숙한 단계를 벗어나지 못하고 있다는 지적이 차라리 옳다.

(2) 학습과 동기유발

'학습행동은 동기유발에서 시작된다'라고 할 만큼 학습과 동기는 불가분의 관계에 있다. 동기(motive, motivation)는 어떤 행동을 계속해서 하도록 하거나 새롭게 시작하는 준비에 영향을 미치는 유기체의 조건을 의미한다. 그리고 이러한 동기가 발생하거나 발동하는 상태를 동기유발 또는 동기형성이라고 한다.

굳이 학습과 관련한 학습동기만을 논의해 본다면, 학습동기는 인간의 여러 동기 중의 하나라고 할 수 있다. 여기서 중요한 사실은 학습에 대한 의욕, 원망, 결심 및 의지 등이 없다는 표현을 동기 자체가 없다는 뜻으로 받아들이면 안 된다는 것이다. 학습동기가 없다는 것은 다른 동기들과의 경쟁에서 학습 쪽이 패배했다는 것을 의미(이용걸, 1977)한다. 그러므로 가정이나 학교에서의 학습동기 유발은 항상 경쟁동기의 성질을 파악하여 그것들을 억제하는 방법을 강구하는 것이 바람직한 것으로 지적되고 있다.

학습동기에 국한할 경우, 학습결과에 대한 상이 벌보다는 효과적이라는 주장을 하고 있으나, 이는 단기적인 동기의 목표로 외발적인 동기(extrinsic motives)밖에 되지 못한다. 그런데 학생이 어떤 장난이나 놀이에 열중하여 신이 났을 때에는 밥 한 끼를 예사로 거르거나 부모로부터 꾸중 따위를 염두에 두지 않는 것을 볼 수 있다. 이와 같이 외부로부터 주어지는 상찬에 의존하지 않고 자기의 노력결과에 의해 나타난 학습의 작은 성취들이 모여 성공적인 완수 그 자체가 자신에게 보상으로 주어질 때에 나타나는 내발적인 동기(intrinsic motives)로 옮아가는 지도가 있어야 한다. 가정과 학교에서 헤야 할 일은 학생이 학습과정에서 되도록 실패를 덜 경험하도록 과제를 구성할 필요가 있다.

(3) 연습과 학습곡선

연습이라는 말이 일상용어로서 그 의미가 명백하다고 생각되지만, 학습과 관련시켜 개념을 정의하는 일은 그렇게 간단하지 않다. 구구단을 암기하듯 같은 행동의 기계적 반복인지, 아니면 산수에 있어서의 연습처럼 어떤 공식의 응용문제들을 풀어가는 위계적인 성취로 볼 것인지 등은 심리학에서조차 쟁점이 되고 있는 실정이다. 그러나 연습을 "학습을 위한 반복적인 활동"으로 규정하려는 것이 저자의 견해이다.

그런데 이런 개념규정의 연습이 학습이론에서는 반드시 학습곡선(learning

curve)과 함께 논의된다는 데 주목할 필요가 있다. 왜냐하면 학습곡선 자체가 연습의 결과를 토대로 하여 일어나는 행동의 변화현상을 도식화한 것이기 때문이다. [그림 9-2]에서 보는 바와 같이 연습의 연습단위 또는 시행은 일반적으로 소요시간 또는 소요시행의 수로써 가로축에 표시되고, 정답률·오답률·재생률 및 오답의 수와 같은 진보정도는 세로축에 표시하게 된다.

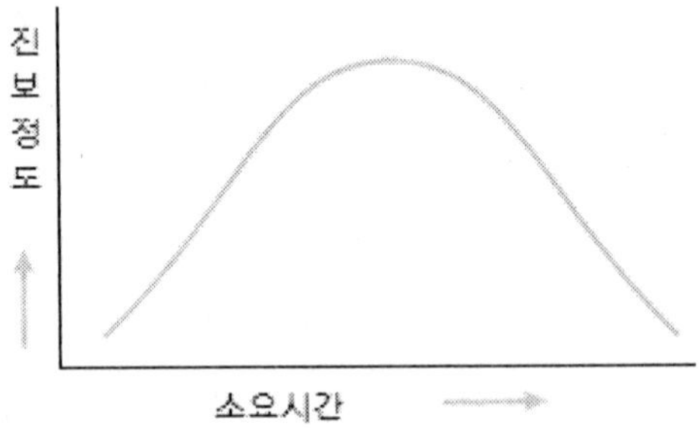

*출처: 이용걸(1977). 학습의 기초. 신교육학전서 제7권. 서울: 배영사. p.164. 재구성.

[그림 9-2] 대표적인 학습곡선과 망각곡선

기계적인 학습과 기억측정의 실험방법을 개척한 독일의 심리학자인 H. Ebbinghaus는 1880년대부터 학습에 대한 실험적인 연구를 시작해 왔다. 그의 망각곡선은 이미 잘 알려진 연구결과로, 학습이론에서 일종의 고전적인 위치를 점하고 있다. 그러나 여기에서 주로 논의되는 연습과 학습곡선과의 관계는 연습의 초기에는 증가율이 높지만, 연습이 반복됨에 따라 증가율은 낮아지기 시작하여 마침내는 상한점에 도달케 되는 것이다. 더러는 이 상한점을 더 성숙한 단계로 진입하기 전의 잠정적인 답보상태(踏步狀態)라고도 하지만, 학습결과에 대한 일차적인 성과인 것만은 사실이다. 따라서 학교나 가정에서 학생의 자율적인 학습에 조력할 때에는 연습의 효용성을 따져 볼 필요성이 제기된다. 즉, 동일한 학습제재일지라도 학생개인의 능력이나 학습속도 등을 감안한 연습이 이루어져야 하는 것이다. 이를테면, 2회 정도의 연습으로 학습곡선의 상한점에 이를 능력이 있는 학생에게 5, 6회의 반복연습을 강요한다면, 가깝게는 학습시간을 낭비하는 것이며 멀게는 학습활동에 대한 학생의 흥미를 잃게 할 것임이 분명하다.

(4) 이해와 파지

학습자의 특성과 관련하여 빼놓을 수 없는 요소는 이해와 파지의 문제를 들 수 있다. 이해 또는 이해력(comprehension)은 자료의 의미를 파악, 적용, 분석 그리고 관련짓는 능력 등을 의미하는데, 경험을 개념화한 지식을 단순히 교과서에 나온 말이나 교사가 가르쳐준 대로 기억하는 데 머물지 않고 그것을 개인의 기능 속에 체계화하는 것을 말한다.

다음으로 파지(把持 : retention)는 우선 기억과 함께 논의되어야 한다. 기억이란 유기체가 의식한 인지적인 내용이든 그렇지 않은 내용이든지 간에 그가 경험에 의해 얻은 내용을 저장하는 것을 일컫는다. 그런데 이때 기억하는 내용이 전부 재생되는 것이 아닌데, 기억하는 것 중 재생되는 것을 파지라고 한다. 이 분야를 보다 깊이 연구한 이론가들은 비록 재생되지는 않더라도 동일한 내용을 다시 학습할 때 기억해 둔 잠재적인 효과가 나타나서 후속학습을 용이하게 하는 현상도 파지에 포함할 것을 주장하고 있다.

기억된 내용이 파지되려면 무의미한 자료보다는 유의미한 자료로 기억된 내용이 더 도움이 된다는 것은 이미 주지의 사실로 증명되었다. 또 P. B. Ballard, L. B. Ward, C. I. Hovland 등에 의해 일정한 조건하에서는 연습이 끝나고 일정 시간이 지난 후에 오히려 재생률이 높다는 현상도 발견되었음은 괄목할 만한 일이다.

결국 학교나 가정에서 학생의 자기주도학습을 보조·안내하는 차원에서 이해와 파지를 논의해 보면, 파지에 영향을 주는 요인은 원학습의 정도와 기억방법의 문제로 집약된다. 즉, 학생들로 하여금 단순히 기계적인 기억을 요구하기보다는 학습경험이나 그 내용을 충분히 이해하게 하는 학습활동이 선행되어야 하고, 이러한 충분한 이해를 바탕으로 한 적절한 수준의 학습량이 뒷받침 될 때에 학교나 가정에서 요구하는 수준의 파지를 기대해 볼 수 있다.

(5) 학습결과의 구조적인 전이

일반적으로 전이(轉移 : transfer)는 한 상황에서의 학습이 다른 상황에서의 학습이나 문제해결에 미치는 효과라고 일컫는다. 여기서 효과라고 할 때 우리는 좋은 방향의 긍정적 효과만을 생각하기 쉽다. 그러나 학습에 있어서의 전이효과는 반드시 좋은 방향으로만 이루어지는 것이 아니라 좋지 못한 결과를 초래하는 경우도 있음을 알아야 한다. 이 경우 선행학습이 후속학습을 촉진시켜 주는 좋은 방향으로의 전이를 정적 전이(positive transfer)라고 하고, 그 다음의 학습에 장애를 주는 것을 부적 전이(negative transfer)라고 한다. 예컨대 외국어학습에서 영어를 잘하는 학생이 독일어를 학습할 때에는 그 효과를 얻을 수 있으나, 영어학습을 하는 둥 마는 둥하여 잘 모르는 학생이 독어학습을 할 때에는 오히려 영어를 전혀 모르는 학생보다 더욱 힘들어 하는 경우가 있다.

결국, 학생의 학습활동에서 학교나 가정이 요구하는 기대치는 높은 수준의 정적 전이인데, 그렇게 될 수 있게 하려면 다음(함종규, 1984)과 같은 몇 가지 점에 유의해서 학습활동을 조력해야 한다. 첫째, 학습은 서로 비슷해야만 전이가 잘 이루어진다. 즉, 유사교과 사이라야 한다. 둘째, 학습의 방법적인 문제로서, 한 교과의 학습순서에 대한 방법이나 요령을 잘 알게 되면 다른 교과를 학습할 때 도움이 된다. 셋째, 학습의 태도로서, 어떤 학습을 통해 세밀하게 주의하고, 침착하게 다루며, 참을성 있게 노력하는 등의 기대되는 학습태도가 이루어지면 기타의 학습을 할 때에도 그와 같은 학습태도가 전이된다. 그러므로 선수학습의 내용, 방법 및 학습에 임하는 태도 등이 후속학습에 전이되는 점을 감안하면, 학교나 가정에서 학생의 학습활동을 어떻게 지도하느냐에 따라 전이의 성질과 방향 또한 크게 달라질 수 있다고 보는 것이다.

구조적 전이를 촉진할 수 있는 지도방법에 있어 "왕도"란 있을 수 없지만, 한 가지 분명한 것은 지도에 임하는 사람 자신이 구조적 전이의 성질을 모르고 있으면 지도가 불가능해지거나 잘못 지도할 수 있다. 이를 뒷받침하는 주장도 있는데, J. S. Bruner는 이와 관련하여 다음과 같이 주장했다.

> "근본적으로 원리와 태도의 전이는 어떠한 기능이 아니라, 새로운 문제들을 그것의 특수예로 알아볼 수 있는 일반적인 지식을 학습함으로써 이루어진다. 근본적이고 일반적인 개념들에 의해 지식을 계속 확대·심화하는 이러한 종류의 전이는 교육과정의 핵심이 된다. 그리고 원리의 전이로 말미암아 이룩되는 학습의 계속성은 지식의 구조를 파악해야만 가능해진다."

끝으로, 학습결과의 전이가 함축하고 있는 개념 속에는 학습의 계속성을 전제로 한다. 즉 선수학습의 내용, 방법 및 태도 등이 후속학습에 영향을 주는 현상이라고 할 때, 이는 학습목적과 태도의 계속성이기도 하다. 성공적인 학습을 통해 얻어지는 만족과 자신이 장기적인 학습목적의 확립을 촉진하고, 지엽적인 사실이 아니라 보다 포괄적인 구조를 발견하려는 태도가 우세해 짐에 따라 학생은 외적 상벌에 의존하지 않고 스스로의 학습을 계속하게 된다. 그리하여 학생 스스로 자기학습을 할 수 있을 만큼 성숙해 지는 것이다. 스스로 자기학습을 전개해 나갈 수 있는 자기주도학습의 높은 수준이 학교나 가정이 학생의 학습활동에 거는 최종 목표치이자 전이의 궁극적인 목표라고 한다면, 이를 위한 노력은 경주해 볼 만한 가치가 있다.

3) 교과의 유형과 학습지도의 형태

학습지도의 실제에 관한 구체적인 접근은 특정교과의 특정단원에 대한 교수·학습과정을 안내할 수도 있고, 특정교과의 성질을 분류하여 유형별로 묶은 다음에 그 유형에 따른 지도형태를 제시함으로써 비교적 포괄적이고 특정영역에 치우치지 않는 자료를 제시할 수도 있다. 여기에서는 후자의 입장을 택하여 학교교육에서 전개되는 교과의 유형과 그 유형별 지도형태를 간략히 안내(함종규, 1984)하기로 한다.

(1) 교과의 유형

학습지도에 대한 형태의 변화를 초래하는 요인 중에는 시대적 변천에서 오는 것 못지않게 중요한 영향을 미치는 요인이 있다. 그것은 바로 계획된 학습내용으로서의 교과나 교재의 성격이 학습지도의 유형이나 형태에 미치는 변화이다. 그 이유는 학습지도의 구체적인 형태는 교재의 성질에 따라 달라지게 마련이기 때문이다.

여기에서 학교교육에서 전개되는 교과의 유형은 다음과 같이 나누어 생각할 수 있다. 첫째, 형식교과 또는 도구교과로서 국어, 수학, 외국어 등과 같이 모든 학생에게 필수로 과해지며 공통된 지식·기능의 습득을 목적으로 한다. 둘째, 실질교과 또는 내용교과로서 역사, 지리, 물리, 화학 등이 이에 해당하며, 일정한 계통적인 지식을 내용으로 한다. 셋째, 지능교과 또는 음악, 미술, 기술 등과 같이 감상·표현·제작 등에 관한 교과이다. 넷째, 생활교과로서 보건, 실업, 가정, 사회와 같은 교과이다. 이들은 계통적인 교과와 밀접한 관계를 갖고 있으나, 건강생활·직업생활·가정생활 및 시민생활에 적응할 수 있는 교육을 강조함에 따라 특히 생활영역과 관계가 깊은 분야만을 추려서 하나의 교과로 독립시킨 것이다.

(2) 학습지도 형태의 유형

교과는 단지 그 교과가 가지고 있는 특유한 지식이나 기능을 전달하는 것으로서만 그치는 것이 아니라, 그 배경을 이루고 있는 각 생활영역의 개선을 목표로 하고 그에 적응할 수 있는 자질을 육성하는 것을 궁극적인 목적으로 하고 있다. 이러한 의미에서 이들 교과를 한 마디로 표현하면 생활교과라고도 할 수 있는데, 이와 같은 교과의 성격에 따라서 학습지도 방법의 형태를 다음과 같은 세 가지 유형으로 나누어 고찰할 수도 있다.

① 기초교재형의 학습지도

앞에서 논의한 형식교과나 기능교과와 같이 일정한 지식·기능의 습득을 중심으로 하는 교과의 학습지도를 기초교재형의 학습지도라고 할 수 있는데, 그 특징은 다음과 같이 살펴볼 수 있다.

- 매시간 같은 일이 반복하여 되풀이된다.
- 학생이 학습에 보람을 느끼고 있느냐의 문제보다 교재를 확실히 습득하였는가의 여부를 중시한다.
- 학습지도 과정에서 교사가 주도적인 역할을 하고 학습을 통제한다.

이 유형의 학습지도는 일반적으로 지도계획의 작성, 학습의 지도 그리고 평가의 3단계로 실시된다. 학습지도는 교사의 설명으로 진행되기도 하고, 학생의 자습을 감독하면서 학생들의 학습진행 상황을 살펴주며 조력하는 경우도 있다. 그리고 이들 학습의 목표는 공히 일정한 지식이나 기능을 습득시키는 데 있다.

이 학습형태는 Platon 이래 오랜 전통을 가지고 있는 것으로서 7자유과(seven liberal arts), 즉 3학(문법, 수사, 변증법)과 4과(대수, 기하, 천문, 음악)에 의해 정신적인 능력을 단련하려고 한 것이다. 이는 19세기에 이르기까지 교육계를 지배해 온 학습의 형태이다. 또한 오늘날에 있어서도 일정한 사실, 관념, 습관, 기능 등 인간생활에서 필히 갖춰야 할 최저의 요구기준(minimum essentials)을 학습시킬 때에는 일정한 교재를 단시간에 교수할 방법으로 받아들이지 않을 수 없게 된다. 이런 의미에서 보면, 특히 도구교과와 기능교과가 이에 관련되는 것이라고 볼 수 있다. 뿐만 아니라 사회과나 과학 등의 내용교과에서도 지식·기능의 최저 필요량을 생각할 수 있으므로 기초교재형의 학습지도는 아직도 그 존재 의의가 많다.

② 교과단원형의 학습지도

이것은 주로 역사, 지리, 물리 및 화학 등 내용교과의 학습과 관련이 깊은데, 교과단원형에 의한 학습지도 형태의 특징은 다음과 같다.

- 일정한 학습주제로서의 교과단원은 한 묶음의 지식·기능을 유기적으로 통합하고 있다. 이 학습주제는 학생이 선택하는 것이 아니라 교사가 선정한다는 점에서 경험단원과 다르다.
- 학생의 능력, 요구, 관심의 차이에 응할 수 있음과 더불어 학생들에게 사회적인 기능의 발달을 촉구할 기회를 마련해 주기 위해 각양각색의 학생활동을 포함시킨 단원이 마련된다.
- 앞에서 말한 학습능력이 높은 학생을 위해 특별한 지도계획을 세울 수 있고, 그 능력이 낮은 자에게는 그에 따라 낮은 정도의 학습을 과할 수 있다.

이 유형의 학습지도는 대체로 도입, 전개, 종합 및 정리 그리고 평가의 4단계로 진행된다. 또한 교과단원형의 학습지도는 다음과 같은 점을 시정할 수 있다. 첫째, 기초교재형의 학습지도에서 습득된 지식·기능이 분과적이며 단편적인 성격을 띠게 된다. 둘째, 모든 학생에게 동일한 지식·기능을 습득시키게 되는 것으로서 지나친 획일주의로 치닫을 수 있다.

이 학습지도의 성립에 가장 중요한 영향을 미친 것은 Herbart파의 상관의 원리인데, 교과내용을 단원형식으로 제시하는 방안은 교수의 개별화를 기도하는 여러 종류의 새로운 교수형태와 결부되어 크게 발전을 보게 되었다. 또 학교를 사회의 축소판으로 보고 학교에서 사회적인 경험을 쌓게 하는 것이 교육이라는 Dewey의 교육론에 의해 지지를 받아 더욱 발전하게 되었다. 이렇게 본다면 교과단원형의 학습지도는 단원법의 채택, 학습의 개별화 그리고 학습의 사회화라는 3원리를 구체화한 것으로 볼 수 있다.

③ 경험단원형의 학습지도

전술한 바와 같이 교과단원형의 학습지도가 첫째, 단원법의 채택, 둘째, 학습의 개별화, 셋째, 학습의 사회화와 결부되면서 특히 첫째와 둘째에 중점을 두고 있는 데 반해, 경험단원형의 학습지도는 셋째의 사회화를 특히 강조하고 있는 지도방식이다. 즉 경험단원은 학생에게 민주사회의 의의를 이해시키고, 민주적으로 생활하는 능력을 발달시키기 위한 기회를 부여하려는 것을 주된 안목으로 삼고 있다.

이 유형은 구안법(project method)에 의해 더욱 촉진되었는데, 학교란 학생이 지식이나 기능을 습득하는 장소라기보다 훌륭한 생활을 영위할 수 있는 생활경험을 쌓는 곳이어야 한다는 교육론의 지지를 받게 되면서 구안법은 학습활동에서 중심적인 위치를 차지하게 되었다. 이렇듯 교과의 테두리를 떠난 지도방법으로서의 구안법은 전통적인 교과내용을 학교교육에서 부차적인 위치에 놓이게 했다.

경험단원형에 의한 학습지도 형태의 특징은 다음과 같다.

• 경험단원의 내용이나 교과서나 학습진행 방향 등에 구속받지 않고 학생 자신의 흥미 또는 요구에 따라서 정해진다.
• 정해진 학습시간의 할당, 즉 매시간 40분 내지 50분 등의 수업시간으로 인한 구속을 받지 않고 자유롭게 시간을 활용할 수 있다.
• 정규교실 안에서 이루어지는 학습활동에 그치는 것이 아니라, 교실 밖의 실험·실습, 교외의 견학·작업 등도 경험단원 학습활동의 장에 포함된다.

이와 같이 전통적인 학습활동에 비해 많은 구속과 통제에서 해방되어 자유롭게 영위할 수 있는 이 유형의 학습은 계획, 전개 그리고 종합 및 평가의 3단계로 진행된다. 따라서 경험단원형의 학습지도는 학생이 습득해야 할 일정한 지식이나 기능, 태도 습관 등이 마련되어 있지 않다.

학생의 진보·발달이란 학습계획을 합리적으로 세우는 능력, 타인과 협동하는 태도, 학습결과를 학습목표에 비추어 평가하는 능력, 나아가서는 자연적인 자원이나 사회적인 자원을 활용하는 능력 등 제반 능력이 어느 정도로 익숙해지고 발달하였는지를 기준으로 영위되어 가는 것이다. 경험단원의 학습지도에서는 학생의 활동이 중심을 이루게 되므로 교사는 학습활동에 참가하는 것이지 전통적인 학습에서처럼 학습활동에 대한 주도적인 위치에 서는 것은 아니다.

이상에서 학습지도 형태의 유형에 대해 고찰했는데, 간략하게 논의하면 다음과 같다.

• 수학, 외국어 및 공예 등의 형식교과나 기능교과는 기초적인 지식·기능의 습득이 주요한 위치를 차지하게 된다. 그러므로 학습에 있어서는 반복연습을 주로 하는 기초교재형의 학습지도가 큰 역할을 하게 된다.
• 역사, 지리, 물리 및 화학 등의 내용교과는 단원학습이 많이 받아들여지는데, 이 경우의 단원은 교과의 테두리 속에서 계통적인 지식을 기반으로 구성된다. 그러므로 이 학습에서는 주로 교과단원형의 학습지도를 전개하게 된다.
• 보건, 실업, 가정 및 사회 등의 생활교과는 전통적인 교과의 테두리를 떠나서 경험단원형의 학습지도를 따르는 경우가 많다.

물론, 형식교과나 기능교과에서도 교과단원형의 학습지도를 해야 할 부분이 있다. 또 내용교과에서도 기초교재형의 학습지도를 해야 할 부분이 있는가 하면, 나아가서는 경험단원형의 학습지도가 가능한 분야도 있을 것이다. 바꾸어 말하면 역사, 지리, 물리 및 화학 등의 교과에도 경험단원형의 학습지도 방법을 택할 수 있는 분야가 많은 것이다. 그러나 이들 내용교과에는 계통적 학습이 중심 위치를 차지하며, 문제해결을 목표로 하는 경험단원형의 학습지도는 부차적 위치를 차지하게 되는 것임에 불과하다. 이에 대해 보건, 직업, 가정 및 사회 등에서는 반복·연습적인 학습 또는 계통적인 학습에 의해 습득한 지식이나 기능을 구사함으로써 보다 차원 높은 문제해결 학습으로 발전해 가는 경험단원형의 학습이 가능해진다.

그러나 학습지도는 반드시 교과단원 학습에서 경험단원 학습으로 발전하는 것만은 아니다. 경험단원형의 학습으로 시작해서 교과단원형의 학습으로 전개시켜 나아갈 수도 있고, 이 두 가지를 병행으로 다룰 수도 있다. 중요한 것은 각기 교과의 성격에 따라 학습지도의 형태가 다르게 되는 것을 알고 이를 잘 활용해야 한다는 점이다. 이와 같이 학습지도의 형태는 학습할 교재나 교과의 성질에 따라 학습지도에 적용할 전개방법도 달리하게 된다.

4) 자기주도학습 태도의 정착

우리는 "한 마리의 물고기를 주면 하루를 살아갈 수 있으나, 물고기를 잡는 방법을 가르쳐 주면 평생을 살아갈 수 있다"라는 이스라엘의 격언을 잘 안다. 이 말은 학습하는 방법을 익혀야 한다는 자기주도학습의 태도형성을 빗대어 표현한 것일 수도 있다. 그러나 이 '물고기를 잡는 방법'과 같은 자기주도학습의 태도형성이 그렇게 쉽게 형성되지는 않는다는 점이 교육에 관심을 가지고 있는 사람들에게 문젯거리로 대두되고 있다. 자기주도학습 태도가 형성되어 학생이 스스로 학습에 임하게 되면, 이는 학생으로서 '다 이루었다'라는 표현을 할 수도 있다고 본다.

(1) 학습하는 방법의 학습지도

교육현장에서 쉽게 발견할 수 있는 사례 중 하나는 교사가 제시하는 학습과제 이외에는 학생 자신이 스스로 하고 싶은 학습과제를 찾아서 해결해 가는 자기주도학습이 잘 이루어지지 않는다는 점이다. 학생들은 대체로 교사나 부모에 대한 의존적·수동적인 학습을 하려는 경향이 짙다. 그러나 지식이 폭발적으로 증가하고 있는 현대사회에서 교사나 부모가 제시하는 과제를 마지못해 해결해 가는 수동적 학습태도를 지닌 학생들은 사회에 적응하기 어려우므로 학교의 역할도 변하고 있다. 즉 평생교육의 개념이 도입되어 학생 스스로가 평생을 통해 자신이 스스로 가르치고 배워가는 유능한 학습인으로 탈바꿈하기를 요구하게 된 것이다. 스스로 배우고 익혀 가는 유능한 학습인은 바로 학습하는 방법을 학습할 때에만 길러진다.

학습하는 방법의 학습이라는 말을 최초로 사용한 사람은 J. S. Bruner인 듯하다. 그는 그의 저서 『교육의 과정(The Process of Education, 1960)』에서 사실상 잘 학습하면 굉장한 전이효과가 생긴다는 것은 어김없는 사실이며, 심지어 알맞은 조건하에서 잘 학습하면 "학습하는 방법을 학습할"(learning how to learn) 수도 있다고 하였다. 우리가 학습할 때의 특수한 학습내용뿐만 아니라 학습하는 방법도 학습한다는 것이다.

실제로 교육과정을 분석해 보면, 하나의 교과에 유사한 교재군이 있으면 이들 유사교재군은 학습하는 방법과 해결방법이 거의 공통적이다. 이 공통방법, 즉 어떤 과제해결에 필요한 지적 행위의 객관적 순서나 방법이 이른바 학습하는 방법인 것이다. 이것을 보다 일반화해 보면, 학습하는 방법의 학습이란 학습자가 현재 또는 학교를 졸업한 후 평생을 살아가면서 교재습득이나 어떠한 문제에 부딪쳤을 때, 그것을 회피·포기하거나 타에 의존하지 않고 그 문제에 주체적·능동적으로 대결하여 그의 기존지식(旣存知識)·기능의 레퍼토리 중에서 해당 문제에 관련되는 지식·기능을 조작하여 사고하고 행동하여 문제를 해결하는 지적 조작력을 배우는 과정이다.

지적 행위의 객관적 순서 및 방법으로 지칭되는 학습하는 방법에는 어떤 노력을 경주하여 기를 수 있는지에 대한 접근이 요구된다. 학습하는 방법의 학습지도법을 교과나 단원특성별로 일일이 열거할 수는 없지만, 교재의 유형에 따라서 학습하는 방법의 학습을 어떻게 지도해야 하는지를 나타내면 <표 9-2>와 같다.

〈표 9-2〉 학습하는 방법의 학습을 위한 교재유형별 학습과정

교재유형	학습과정(순서)	학년 관련					
		1	2	3	4	5	6
실험학습	① 문제파악 → ② 예상 → ③ 실험계획 → ④ 실험 → ⑤ 결과해석 → ⑥ 토의 → ⑦ 발전(적용)		○	○	○	○	○
현장관찰학습	① 문제파악 → ② 관찰계획 → ③ 관찰 → ④ 관찰내용의 발표와 토의 → ⑤ 발전(적용)				○	○	○
생활중심 교재학습	① 문제파악 → ② 경험 쌓기 → ③ 경험 정리·해석 → ④ 발표와 토의 → ⑤ 발전(적용)	○	○	○	○	○	○

제작학습	① 문제파악 → ② 제작계획 → ③ 제작 → ④ (실험) → ⑤ 결과토의 → ⑥ 발전(적용)			○	○	○	○
측정학습	① 문제파악 → ② 측정준비 → ③ 측정 → ④ 측정결과 해석 → ⑤ 발표와 토의		○	○	○	○	○
분류학습	① 문제파악 → ② 분류 → ③ 발표	○					
채집학습	① 문제파악 → ② 채집계획 → ③ 채집 → ④ 발표 및 토의		○	○	○		
사육재배학습	① 문제파악 → ② 사육·재배계획 → ③ 사육·재배 → ④ 발표와 토의 → ⑤ 발전(적용)	○	○	○	○	○	○
지식이해학습	① 문제파악 → ② 조사계획 → ③ 정보수집과 정리 → ④ 발표와 토의 → ⑤ 발전(적용)					○	○
조작학습	① 문제파악 → ② 조작계획 → ③ 활동 → ④ 발표와 토의				○	○	○

*출처: 고영희(1979). 수업기술. 서울: 교육출판사. p.300.

(2) 가정에서의 자기주도학습

학습기능이란 학습에 필요한 자료나 정보를 수집·기록·조직·분석·종합하고 기억하며 나아가서는 이를 활용하는 능력이다. 이러한 능력들은 학생들이 학습활동을 할 때 요구되는 의도적·의식적인 정신기능이다. 자기주도학습은 바로 이와 같은 학습기능들을 의도적으로 활용하면서, 교사나 부모의 도움 없이 학생이 스스로 하는 학습행위이다. 또 이러한 학습기능은 학생의 학업성취와 높은 상관관계를 이룬다는 증거가 있고, 이 기능은 지도를 가함으로써 길러진다는 신념이 자기주도학습의 태도형성에 대한 동경을 갖게 한다.

자기주도학습의 태도형성이 이루어지고 나면, 실제 학습은 학생 스스로 이행하기 때문에 가정에서의 자기주도학습 태도 역시 매우 중요한 관심의 대상이다. 가정에서의 자기주도학습 태도형성에 있어서는 가정의 학습환경이 중요시된다. R. H. Dave(1967)는 학습에 영향을 끼치는 가정환경의 변인을 가정에서의 성취압력, 언어모형, 학습조력, 탐색경험의 제공, 지적 흥미와 활동 그리고 강조되는 학습습관 등 6가지로 지적한 바 있다. 그러나 이 제한된 지면에 위의 6가지 요소를 모두 나열할 수는 없으므로 한두 문제만을 제기해 본다. 물론, 이 경우는 학생이 가정에서 심리적으로 편안한 상태를 유지하고 학습공간의 조명도 120Lux 정도로 유지되는 등 제반 여건이 갖춰진 것을 전제로 한다.

첫째, 가정에서의 학습조력이 지나친 성취압력이어서는 안 된다. 인간의 행동은 자신의 욕구(need)와 주변으로부터 오는 압력(press)의 상호 절충하는 가운데 이루어진다. 그러나 극히 일부 학생을 제외하고는 학생들이 자발적으로 학습욕구를 지속시켜 나가지 않는다는 것이 유력한 주장이다. 그러므로 학습결과는 욕구보다 압력이 더 크게 작용할 수 있다는 논리가 성립된다. 그러면서도 한편으로는 학생에게 가해지는 가정에서의 압력은 학생의 능력 정도와 학생의 욕구수준 정도 등을 고려한 압력이어야만 한다.

둘째, 가정에서의 자기주도학습의 조력은 지시적이기보다 허용적이어야 한다. '이것이다', '저것이다' 또는 '맞다', '틀리다'보다는 함께 찾아보자며 가급적 사전이나 참고도서 등을 함께 들추어 메모용지나 독서카드 등에 깨끗하고 완전한 글로 제시하고 읽어 주는 것이 효과적이다.

셋째, 자기주도학습 내용 속에는 학교에서 배운 내용의 복습과 예습이 항상 중요 항목으로 포함되도록 해야 한다. 고학년을 기준으로 할 때 학교에서 배운 내용을 그날 중으로 1시간 정도의 시간 동안에 정리해 보도록 하는 것이다. 학습지도를 철저히 하는 교사들은 예습은 가끔 생략하더라도 복습은 매일매일 빠짐없이 해야 한다고 강조한다.

5) 학습결과에 대한 평가

(1) 불완전 자(尺)

인간의 성장은 변화의 연속이다. 그 변화란 결국 선천적인 유전과 후천적인 환경에 영향을 받기 때문에 교육이 후천적인 환경요인으로 중요시된다. 그리고 후천적 환경요인인 교육의 결과를 일부분이나마 계수화한 것이 교육평가에 지나지 않는데, 이 결과가 완전에 가까운 것이기를 바라는 경향이 짙다.

여기에서 말하는 완전의 준거틀만 해도 그렇다. 현장교사에 의해 만들어진 문항이나 교육평가 전문가에 의해 만들어진 표준화 검사문항이라도 그것이 교육목표나 학생의 성장·발달의 과정을 완벽하게 재는 것으로는 기대하지 않는다. 즉 학생의 학습결과를 재는 자(尺) 자체가 완전무결한 것이 못되는데, 그 자로 잰 점수가 100점이 나왔다고 해서 자랑할 것은 결코 못된다는 것이 의미 있는 교육평가관이다. 따라서 교육평가의 모순을 극복하려는 의지는 변화된 인간관과 평가관을 확립할 때에만 빛을 발할 수 있다. 서열·경쟁주의, 점수교육이 학생의 성장과 인격형성에 미치는 비교육적인 측면을 명확히 이해함으로써 새로운 인간관과 평가관을 확립해야 한다.

(2) 3자(者) 평정

학력을 재는 자의 내용과 그 자의 적용방법에 따라 다양한 모습으로 도출되는 것이 학생의 학력이다. 이 학력을 학교만이 그 전유물처럼 꼭 쥐고 있을 필요는 없다는 시각에서 학생, 학부모 및 교사가 학생의 학력을 재어볼 필요가 있다. 더러는 평가에 대해 고정관념을 가지고 있어서 괜한 시간 낭비라고 여길지는 모르나, 결과는 그렇지 않다. 저자가 지도한 결과로는 초등학교의 경우에도 고학년으로 갈수록 학생과 학부모가 주는 점수는 교사의 평정치보다 더 인색하고 서술하는 문장에도 날카로운 시각들의 일면을 많이 발견할 수 있었다.

(3) 합리적인 평가관

서열을 매기고 높은 점수 따기만을 강요하는 교육이 학생들의 원만한 교우관계를 해치고 전인교육에 얼마나 역행하는지는 이미 잘 아는 바, 합리적 평가관으로의 인식전환이 절실히 요구된다. 그래서 종전의 일반적인 관념으로서의 '수'에 해당되는 평정은 'A', '우'에 해당하는 발달상황 정도는 'B'에, 나머지 '미'·'양'·'가'에 대한 평정은 'C'로 정할 수 있다. 따라서 학생에게 '매우 잘함', '잘 하는 편임' 그리고 '다소 모자라니 노력하기 바람'이라는 세 가지 유형의 지도면 족할 뿐, 그 이상의 어떤 표현으로 어린 마음에 상처를 주지 않겠다는 의지가 담겨 있는 것이다.

현실적인 문제에 부딪쳐 보면, 지필평가에서 높은 점수를 얻어 초·중등교육을 마치고 남들이 부러워하는 대학으로 진학했으면 하고 바라지 않는 부모가 어디 있겠는가. 그러나 반드시 그런 행운과 노력의 결과가 내 자녀에게서만 있기를 바란다면 그런 성취수준 도달과정에서 빚어질 각종 부작용을 어떻게 감당할 것인가를 생각하면서, 한 순간 돌려서 생각하는 예지도 오늘을 사는 교사와 학부모가 가질 평가관이라고 사료된다.

3. 생활지도[2)]

1) 생활지도의 개념

생활지도라는 용어는 영어의 guidance를 우리말로 옮긴 것이다. guidance의 동사형 guide는 '안내하다', '이끌어 주다', '지도하다' 등의 뜻을 지닌 것으로서, 학생들이 학교 내에서 당면하고 있는 여러 가지 적응상의 문제를 과학적으로 분석하고 이에 알맞은 치료방법을 모색하는 계획적인 활동이다

2) 배장오(2012). 학교경영과 학급경영. 고양: 서현사. pp.369~384의 내용을 재구성하여 전제함.

(배장오, 2001). 학생 개개인의 바른 성장을 돕는 교육활동으로서의 생활지도에 대한 개념을 보다 명확히 규명하기 위해 몇몇 학자들이 내린 생활지도의 의미를 살펴보면 다음과 같다.

R. Strang(1949)은 생활지도를 그것에 의해 개개인이 가능성을 발견하고, 그 자신의 노력을 통해 그의 개인적인 행복 및 사회적 유용성을 목표로 하며, 그것을 발달시키는 과정이라고 정의했다. A. J. Jones(1951)는 생활지도란 어떠한 사람에 의해 주어지는 개인적인 조력을 의미한다고 하였다. 그것은 어느 사람이 가고자 하는 곳이나 하고자 하는 것을 결정짓게 도와주거나 어떻게 하면 그 목적을 가장 잘 달성할 수 있는가를 도와 줄 계획을 하거나 또는 그의 생활에 야기되는 문제의 해결을 돕는 것이며, 개인의 문제를 해결해 주는 것이 아니라 문제를 해결하는 데 있어서 그 개인을 돕는 것이라고 설명했다. A. E. Traxler(1957)는 이상적으로 생각하면 생활지도란 개인에게 자기의 능력과 흥미를 이해시켜 그것을 가능한 한 발달시키고, 이를 생활의 목표에 결부시켜 궁극적으로는 민주사회의 바람직한 시민으로서 완전하고 성숙한 자기지도(self-guidance)의 상태에 도달시키는 것이라고 했다. B. Shertzer와 S. C. Stone(1974)은 생활지도를 개인으로 하여금 자기자신과 환경을 이해하도록 돕는 과정이라고 정의한 바 있다.

이상에서 생활지도의 개념을 서술한 몇 가지 견해를 고찰해 보았는데, 이러한 견해들을 종합하여 김충기(1980)는 생활지도란 "학생 개개인이 특이하게 지니고 있는 발달의 가능성을 찾아내어 이를 최대한으로 발달할 수 있도록 도와서 개인으로서는 인생을 행복하게 개척하고, 사회인으로서는 성실하게 사회에 적응할 수 있도록 올바른 가치판단의 능력과 자기지도가 가능한 인간으로 지도하는 활동"이라고 정의했다.

학생들로 하여금 올바른 가치판단 능력을 가지면서 자기지도가 가능한 인간으로 자랄 수 있도록 조력하는 활동으로서의 생활지도가 내포하고 있는 개념상의 특징은 다음과 같이 네 가지로 요약할 수 있다(황응연, 1977).

첫째, 생활지도는 하나의 과정(過程: process)이다. 여기에서 과정은 계속적인 변화현상을 의미하는 것으로서, 생활지도를 단일한 사건으로 보는 것이 아니라 구체적인 목표로 지향하는 일련의 활동 또는 단계로 본 것이다.

둘째, 생활지도는 조력(助力: helping)이다. 조력이란 '도와주다', '보조하다'라는 뜻을 지니고 있어서 정신의학이나 사회사업과 같은 조력활동과 마찬가지로 전문적으로 조력함으로써 학생들이 당면하는 문제를 예방하고 교정하며 개선한다는 목표를 달성하려는 것이다.

셋째, 생활지도는 개인(individual)에 관심을 갖는다. 여기서 개인은 학교의 경우 재학하고 있는 학생 하나하나를 가리키는 것으로서, 어떤 특정한 문제를 가진 학생뿐만 아니라 정상적인 발달과정 속에 있는 학생들 모두가 관심의 대상이 되는 것이다.

넷째, 생활지도는 자기자신과 외계 환경의 이해(understand himself and his world)를 돕는다. 이는 한 개인으로서 자기자신을 이해하고 자아정체감(自我正體感)을 형성하는 한편, 자기주변의 인적·물적 환경을 보다 깊이 있게 이해함으로써 마침내 자기통합을 유지하고 발전시키려는 것이다.

2) 생활지도의 원리

생활지도의 원리는 생활지도의 궁극적인 목표를 달성하기 위해 고려해야 할 기본방향과 원리라고 할 수 있는데, 황응연과 윤희준(1983)은 이를 다음과 같이 설명하고 있다.

첫째, 생활지도는 모든 학생을 대상으로 한다. 교육이 모든 학생을 대상으로 하듯이 생활지도 역시 그 대상은 모든 학생이다. 지능이 낮고 공부를 잘 못하는 학생이나 신체적인 결함 때문에 사회적으로 고립된 학생만이 생활지도의 대상이 되는 것이 아니라, 지능이 높고 공부도 잘하며 신체적으로 정상이고 사회적으로 잘 수용되어 있는 학생도 생활지도의 대상이 된다. 이와 같은 견해는 모든 학생의 건전한 심신의 성장·발달을 도모하기 위한 것이라는 생활지도의 기본개념과 목표에 비추어 볼 때에 너무나 당연하다.

더욱이 우리나라의 현실적인 여건을 보더라도 소수의 문제학생만을 대상으로 하는 지도보다는 정상적인 대다수의 학생을 대상으로 하여 그들의 개인적인 특기를 발견하고 신장시키려는 적극적인 지도가 요청되고 있다. 따라서 생활지도는 종래의 문제학생 중심의 일부 학생을 대상으로 하는 편협한 입장에서 탈피하여 모든 학생의 필요와 요구를 충족시킬 수 있는 활동으로 발전되어야 한다.

둘째, 생활지도는 자율적인 지도능력의 함양을 기본으로 삼는다. 민주사회에서 요구하는 공민적인 자질 중 하나가 바로 자율성이다. 모든 사람이 스스로를 다스릴 때 진정한 의미의 민주사회가 이룩될 수 있다. 그 이유는 민주교육이 교육현장의 구석구석에서 타율보다 자율을 강조하기 때문이다.

생활지도 역시 민주교육의 테두리를 벗어날 수는 없다. 그럼에도 불구하고 종래의 생활지도는 자율을 거의 찾아볼 수 없는 타율일변도의 지도였음을 솔직하게 시인하지 않을 수 없다. 일반적으로 청소년들은 자율적 사고를 하거나 자율적 행동을 하기에는 미숙하고 유치하므로 그들에게 그러한 사고와 행동을 기대하는 것은 무리라고 한다. 그러나 중요한 것은 결과가 아니다. 결과보다는 과정이 중요한 것이며, 자율적으로 생각하고 행동해 보는 경험이 더욱 귀중하다. 그러므로 앞으로의 생활지도는 보다 자율적 방향을 강조해야 할 것이다.

이러한 관점에서 볼 때 생활지도는 단순히 학생들이 당면한 문제를 어른이 대신 해결해 주는 것이 아니라, 학생 스스로가 문제를 해결할 수 있는 기회를 마련해 주는 데 역점을 두어야 한다.

셋째, 생활지도는 처벌보다 선도나 지도를 앞세운다. 과거의 전통적인 생활지도는 그 실제에 있어 처벌이 위주였지만, 사실 생활지도는 선도와 지도와 이해에 역점을 두는 방향이어야 한다. 처벌이나 위협, 억제 등은 인간의 행동을 일시적으로 중단시킬 수는 있으나 결코 근본적인 변화를 가져오기는 어렵다는 점이 여러 연구결과에서 밝혀지고 있다. 그러므로 처벌이나 억압적인 방법이 교사나 학부모가 내세우는 어떤 규범 속으로 끌어들이는 손쉬운 방법이기는 하지만, 진정한 의미의 지도를 위한 최선의 방법은 되지 못한다는 사실을 알아야 한다.

학교 내에서의 처벌이 금지되고 있는 상황에서 어떤 제재가 일시적인 질서와 바람직하지 못한 개인행동의 중단을 가져온다고 해도 거기에는 여러 가지 심리적 부작용이 따르기 쉽다는 점을 간과해서는 안 된다. 학교의 생활지도는 옳지 못한 학생들의 행동을 찾아내어서 처벌하는 데 역점을 두는 것이 아니라, 보다 적극적인 의미에서 그들의 옳고 바람직한 행동을 찾아내어 그것을 북돋워주고 이끌어 나가는 것이 되어야 한다.

넷째, 생활지도는 치료나 교정보다 예방에 역점을 둔다. 현대의학이 초기에 있어서는 발생된 여러 가지 질환의 치료에 치중했으나 근래에 와서는 질병의 치료는 물론, 한 걸음 더 나아가 질병이 발생하지 않도록 하는 예방의학이 중요한 위치를 차지하게 되었다. 이러한 사실과 마찬가지로 생활지도 역시 그 출발은 문제행동의 치료나 교정에 있었으나, 앞으로의 새로운 방향은 한 걸음 더 나아가 문제가 일어나지 않도록 하는 예방적인 지도에 치중해야 할 것이다.

학교에서 발생하는 학생들의 문제행동이나 사건 등을 살펴보면, 학교에서 예방지도를 조금만 더 일찍 했어도 그러한 사건이나 문제가 일어나지 않았을 것으로 판단된 사례가 많다. 이는 앞으로의 생활지도에 있어 치료보다는 예방적인 지도가 앞서야 한다는 필요를 더욱 일깨워 주는 증거라고 하겠다.

생활지도의 효율적인 실시와 많은 학생을 한 명의 교사가 지도해야 하는 우리나라의 현실에서 보더라도 예방지도의 필요성은 자못 크다. 치료나 교정보다는 예방적인 지도가 보다 손쉽고 노력이 덜 소요되기 때문이다. 사실 어떤 문제가 발생한 연후에 그것을 치료하고 교정하는 것은 그리 쉬운 일이 아닐뿐더러, 많은 노력과 시간이 필요하다. 이에 비해 예방적인 지도는 시간과 노력을 절약할 수 있는 장점을 가지고 있다.

다섯째, 생활지도는 임상적인 판단뿐만 아니라 과학적인 근거에 기초한 판단에 역점을 두고 있다. 학생들의 생활지도상의 문제를 찾아내어 그 원인을 규명하고 문제해결을 위한 방안을 강구하는 일련의 과정은 임상적인 판단에 기초를 둔 것일 뿐만 아니라, 더 나아가서는 과학적인 판단에 기초를 둔 것이어야 한다. 종래와 같이 상식적인 판단에만 의존하게 되면 간혹 큰 착오를 가져올 가능성이 있다.

또한 생활지도는 보다 정확한 판단을 얻기 위해 객관적·과학적인 자료에 터하는 일에도 관심을 돌려야 한다. 다행히 우리에게도 생활지도상의 문제해결에 직접적인 자료를 제공해 주는 과학적인 도구가 마련되어 있다. 지능·학력·적성·성격·흥미 그리고 가정환경 등을 측정할 수 있는 각종 표준화 심리검사가 바로 그것이다. 비록 이러한 검사들이 완전한 것은 되지 못한다고 해도 종래와 같은 상식적인 판단이나 주관적인 판단에서 오는 여러 가지 오류를 시정해 주는 중요한 역할을 담당하고 있다. 그러나 과학적 방법과 수단을 지나치게 절대시하거나 맹신하는 태도는 삼가야 한다. 그것은 어디까지나 어떤 판단과 해석을 내리는 과정에서 참고할 수 있는 자료에 불과할 뿐, 그것이 그대로 결과를 판단하는 것이 될 수는 없기 때문이다.

여섯째, 생활지도는 인지적 학습보다 정의적 학습에 더 역점을 두고 있다. 지적 특성은 한 개인이 무엇을 얼마만큼 할 수 있는가를 나타내 주는 데 반해, 정의적 특성은 한 개인이 어떠한 방향으로 가고 있느냐를 결정해 준다. 동시에 정의적 특성은 주체와 객체와의 관계, 즉 개인과 그를 둘러싸고 있는 사물이나 사상, 사실 그리고 추상적 개념이나 이념 등이 환경으로 일컬어지는 객체와의 관계를 나타내는 것이다. 그러나 이러한 정의적 관계는 어린이가 태어나기 이전부터 지니고 있는 것이 아니다. 이는 어디까지나 환경의 자극에 대해 반응하고 해석하는 방법이기 때문에 생득적이라기보다는 환경과의 접촉을 통해 학습되고 습득되는 특성이다.

우리 주변에서 발견할 수 있는 정의적 특성에는 흥미·동기·태도·가치 및 가치관·자아개념 그리고 인성 등이 포함된다. 생활지도 분야에서 강조하고 있는 것은 이러한 정의적인 특성을 함양시키려는 것이므로, 학교의 생활지도 담당자는 학생 개개인의 이러한 여러 특성을 객관적으로 파악하고 계발하고 지도하는 데 있어 만전을 기해야 한다.

3) 생활지도의 실제

(1) 학업상의 문제해결을 위한 지도

오늘날 학교현장에서 학생들의 학업과 관련한 생활지도의 문제는 날로 그 심각성을 더해 간다. 개인의 능력에 다른 원인이 있을 수 있으나, 대부분 학습부진아(under achiever) 또는 학습지진아(slow learner)는 지능을 비롯한 개인의 능력보다 그 이외의 요인에서 원인을 발견할 수 있게 된다. 학습부진이나 학습지진의 단적인 예를 제시했지만, 학업상의 문제는 매우 다양하기 때문에 지도를 위한 접근 역시 다각도로 시도되어야 한다. 따라서 학업상의 문제를 좀 더 세분하여 새로운 학교에의 적응 문제, 교육과정의 선택에 관한 문제, 학업성적 부진의 문제 그리고 상급학교의 진학에 관한 문제 등으로 나누어 살펴보기로 한다(이영덕 · 정원식, 1994).

① 새로운 학교에서의 적응 문제

새로 입학한 학생을 새로운 학교환경에 보다 순조롭게 적응할 수 있도록 돕는 지도활동으로서 오리엔테이션으로 표현하기도 한다. 오리엔테이션에서 신입생들은 각각 담임교사의 지도하에 활동에 참가하는 경우가 많지만, 카운슬러도 최소한 한 번씩 각 학급을 방문해서 학교의 생활지도 프로그램과 상담봉사의 성격 및 이용방법에 관한 자세한 정보를 학생들에게 제공해 줄 필요가 있다. 유능한 카운슬러는 이와 같은 오리엔테이션 활동을 통해 생활지도 프로그램을 소개함으로써 많은 학생들에게 생활지도 봉사의 혜택을 받을 수 있는 계기를 마련해 준다.

② 교육과정 선택을 위한 지도

학생들의 교육과정 선택의 문제는 교과나 창의적 체험활동의 선택에 그치는 것이 아니다. 어느 한 교과 학습활동에 있어서도 여러 가지 분단작업을 하게 되는 경우, 어떤 종류나 어느 정도의 학습활동을 하는 분단에 참여하느냐의 문제를 아울러 생각할 수 있다.

학생들의 지능검사 결과나 각종 표준화 학업성취 검사 그리고 흥미적성 검사 및 가정환경 조사 등의 결과와 학생들의 희망이나 현재 그가 가지고 있는 학습의욕 및 학교성적을 참작하여 그 학생이 가장 행복한 성장을 하도록 한다. 또, 학생의 장래진로에 알맞은 선택교과를 이수하도록 지도하는 일은 학급 담임교사와 카운슬러의 특별한 노력이 요구되는 영역이다. 장래에 선택할 진로를 위한 선택과정으로서 어떠한 선택을 해야 하겠는가를 학생들에게 쉽게 이해시키기 위해 각 교과의 직업적인 가치를 분석하여 학생들에게 연구하게 하는 일이 바람직하다.

③ 학업부진의 문제해결을 위한 지도

학업부진 문제로 고민하는 많은 학생들의 경우, 부적당하고 비효과적인 학습방법을 따르고 있음이 발견된다. 학업부진의 원인이 학생의 비효과적인 학습방법이나 좋지 못한 학습습관에 있다고 발견될 때에는 효과적인 학습습관의 형성을 위해 필요한 지도가 가해져야 한다.

바람직한 학습의 습관형성은 어렸을 때부터 올바르게 지도되어야 한다. 초등학교 때부터 효과적인 독서방법이나 공부를 위한 시간조절은 물론, 교사의 설명을 올바르게 듣고 중요한 사실을 필기하는 일이나 도서관 이용방법 등에 관한 적절한 지도가 있어야 한다. 특히, 초등학교에서의 학습습관이나 기초학력이 후속학습에 미치는 영향을 고려할 때, 초등학교 교사들은 바람직한 독서방법과 정확한 계산방법 등에 관한 지도의 중요성을 인식하고, 이에 대한 연구를 철저히 해 둘 필요가 있다.

④ 상급학교 진학에 관한 지도

학생의 적성·흥미 및 능력에 적합한 상급학교로 진학함으로써 개인이 지니는 성장가능성을 최대한으로 발전시킨다. 아울러 행복한 개인생활을 영위하면서 한편으로는 사회발전에 공헌할 수 있도록 조력하는 일은 생활지도나 하급학교의 교육 프로그램에 있어 중요한 사명의 하나이다. 학생들의 상급학교 진학을 위해서는 전교직원이 수시로 학생들의 학습활동을 통해 지도하는 일이 필요하고, 잘 짜인 정보활동을 통해 적절한 지도가 가해져야 하며, 조직적인 상담활동을 통해 진학에 관한 개별적인 지도를 원하는 학생들의 요구에 응할 수 있어야 한다.

(2) 직업의 문제에 대한 지도

인간은 저마다 자기의 이상(理想)에 적합한 직업을 찾으려고 하고, 또한 그 직업생활을 통해 경제적 안정은 물론, 한 인생의 의미와 자아를 실현코자 한다. 따라서 진로선택의 과제는 일생을 두고 계속되는 중요한 과정인 것이다. 그 이유는 진로를 어떠한 방향으로 어떻게 선택할 것인가의 문제는 한 개인의 사회적인 존재로서의 의의와 행복에 직접적으로 관계되기 때문이다. 이러한 의미에서 진로선택의 과제는 인간생활에 있어 가장 중요한 의사결정 중 하나이기도 하다.

우리 주변에는 일정한 직업을 갖지 못하거나 또는 만족치 못한 직업생활을 하게 됨으로써 한 사회의 구성원으로서의 생계 혹은 자아실현을 충족시키지 못하는 불행한 사례들이 있다. 이는 사회적·직업적인 존재로서의 역할과 기능을 상실한 경우로, 진로선택의 결정적인 결함을 지니고 있는 사람들이라고 할 수 있다(황응연, 1977).

상급학교로 진학해서 졸업하고 취직을 앞둔 학생들이 자기의 진로선택에 관해 아무런 지도나 계획 없이 결정하고 마는 경우도 마찬가지이다. 진로선택이 단순한 동기, 이를테면 그 직업은 남들이 좋다고 하니까 또는 부모님이 권하고 있으니까 아니면 보수가 많다는 이유 등으로 자신의 일생을 좌우하는 진로를 쉽게 선택하는 경향은 결코 바람직하지 못하다.

체계적인 계획과 전문성이 고려된 진로지도를 하더라도 원만한 직업적

적응을 위해 올바른 직업을 선택하는 과정은 그리 간단하지 않다. 그러므로 현실적이고 건전한 직업선택을 하고 적응을 하기 위해서는 먼저 개인의 적성을 충분히 이해해야 하고, 직업의 세계에 대해서도 광범위하고 구체적인 이해가 필요한데, 이를 위해서는 적절한 직업정보의 활용이 요망된다. 따라서 교사나 카운슬러는 직업정보를 어떻게 수집하며 또 그것을 어떻게 처리 및 보관했다가 적절히 사용하는가에 대한 충분한 이해와 기술을 습득해야 할 것이다(이영덕 · 정원식, 1994).

직업적 문제해결의 요체는 개인에게 적합한 직업과 그에 해당하는 직업이 어떻게 조화로운 통합을 이루느냐에 달려 있다. 이와 같은 통합과정으로서의 직업지도를 위해서 집단활동과 직업상담을 생각해 볼 수 있다. 집단활동을 효과적으로 전개하는 데에는 많은 교육적 의미를 내포하고 있을 뿐만 아니라 학생들의 자기이해와 직업세계에 대한 이해를 돕고, 또한 개인상담의 기초가 되기도 한다. 직업상담에서는 특히 각종 검사결과의 효율적인 이용과 직업정보의 적절한 활용이 필요하다.

(3) 인성적 문제에 대한 지도

인성적 문제는 여러 가지 심리적인 요인이 복합된 것이어서 복잡성을 띠고 있다. 특히 그 원인 역시 다양하고 개인적이어서 한마디로 표현할 수가 없다. 따라서 어떤 각도에서 문제의 성질에 접근하느냐 하는 것이 해결의 실마리를 찾는 관건이 된다. 학생의 인성적인 문제가 초기에 발견되거나 인지되어 치료 · 교정을 거칠 경우에는 별 문제가 되지 않지만, 시간이 많이 경과하면 일탈행동이 나타나게 되고, 이 경우 대체로 부정적인 방향으로 전개되기 쉽다.

일탈행동으로까지 발전하게 되는 인성적 문제는 그 발생원인을 사회학적 요인과 심리학적 요인으로 구분해 볼 수 있다. 이를테면 가치관의 동요, 사회적 통제, 규범과 요구의 불일치, 직업구조의 폐쇄성 그리고 가정의 붕괴 등은 전자인 사회학적 요인이다. 후자인 심리학적 요인으로는 소망과 현실간의 괴리, 욕구불만과 적개심, 초자아 결손의 고무 그리고 현실을 부정확하게 지각하고 있는 자아기능의 비효능성 등이다.

이상에서 열거한 인성적 문제의 해결은 교사나 카운슬러의 가장 어렵고 복잡한 임무 중 하나이다. 이와 같은 어려운 문제해결을 위해 교사나 카운슬러는 인성적인 문제해결의 기본개념을 항시 염두에 두어야 하는데, 이는 다음과 같다.

- 행동에는 원인이 있다.
- 인성적 문제에는 항상 정서적 면이 있다.
- 문제해결의 관건은 본인 자신이 가지고 있다.
- 인성적 문제는 복잡하다.
- 임상적 판단이 필요하다.

한편, 인성적 문제의 해결을 위한 실제방법으로서 가장 중심이 되는 것은 개인상담이다. 개인상담의 원리를 실제로 적용하기 위해서는 먼저 인성상담의 본질을 정확히 파악해야 함은 물론, 효과적인 상담관계를 조성하고 개인에게 적합한 상담방법을 결정해야 할 것이다. 특히, 인성상담에서는 상담방법의 적합성과 상담자와 내담자 간의 친밀감 형성이 중요하게 작용한다.

개인상담 방법을 적용할 수 없는 초등학교나 중학교 이하의 어린이와 지능 정도가 낮은 학생에 대해서는 유희요법을 실시 및 지도할 수 있다. 유희요법은 정서나 사회성에 깊은 영향을 미치는 놀이에 치료적 가치를 이용한 것으로서, 놀이에 의한 감정의 자유로운 표현을 촉진시킴으로써 정서적 안정감과 사회성에 기여하는 바가 크다. 앞으로 이 방면에 대한 많은 연구가 요구된다.

4) 상담활동

(1) 상담의 개념

상담이란 상담을 받으려는 사람과 상담을 해 주려는 사람 사이에 성립하는 하나의 인간관계를 의미한다. 개인이 당면한 문제를 해결하는 데 어려움을 느끼는 사람(내담자: 來談者)과 그 사람의 문제해결을 돕거나 그 사람의 건전한 성격발달을 도와주려는 전문가인 카운슬러(counselor) 사이에 전개되는 일종의 인간관계를 의미하는 것이다(황응연, 1977). 오늘날 상담이란 용어가 일상화되어 있고 상담자가 무엇을 하는지에 관해서도 널리 알려진 것이 사실이지만, 사전적 정의에 의하면 '조력'(advice), '생각의 교환'이라는 말에 강조를 두고 있다고 장혁표(1995)는 밝힌 바 있다.

상담이라는 용어는 라틴어의 counsulere라는 말에 그 유래를 두고 있다. 그 뜻은 원래 고려하다(to consider), 상의하다(to consult), 조언을 구하다(to ask counsel of)의 뜻을 가지고 있다. 상담자(counselor)라는 말은 처음에는 법률·종교·경제계에서 변호사·조언자·고문이라는 의미로 사용했으나, 20세기에 들어와서 1908년 조직적인 가이던스가 시작되면서 직업지도에서 이 용어를 널리 사용하기에 이르렀다. 상담이란 말이 현재 우리가 사용하고 있는 뜻으로 사용된 것은 E. G. Williamson이 1939년에 저술한 『How to Counsel Student』에서 상담을 학생봉사 활동의 한 단계로 다룬 것에서 비롯되었다.

농경시대의 사람들은 그 생활양식이 단순하여 환경에 적응하는 데 있어 감정적·행동적 장애가 많이 생기지 않았지만, 환경과 생활조건이 급속히 변화하고 있는 현대사회에 적응하기 위해서는 감정이나 행동상의 문제도 점점 증가되고, 전문가만이 제공할 수 있는 정보와 조언이 더욱 필요하게 되었다. 요컨대 현대인의 문제는 복잡·다양해졌을 뿐만 아니라 혼자 또는 주위의 일반 사람들과의 대화로 간단히 해결할 수 있는 것도 아니다. 즉, 오늘날의 상담에서는 여러 가지 복잡한 생활과정상의 문제를 전문적으로 다루게 된 것이다. 다시 말해 정보와 조언을 제공할 뿐 아니라 경우에 따라서는 심리문제 및 행동장애를 줄이고 생활과제에 보다 효과적으로 대처하도록 지도와 훈련을 하게 된 것이다.

이러한 측면을 종합해서 이장호(1983)는 상담의 정의를 "도움이 필요한 사람이 전문적인 훈련을 받은 사람과의 관계에서 자기의 생활과정상의 문제를 해결하고, 사고·감정·행동측면의 인간적 성장을 위해 노력하는 학습과정이다"라고 규정하고 있다.

(2) 상담의 과정

① 상담의 계기

상담의 계기가 마련되는 것은 세 가지 경우이다. 첫째는 내담자 자신이 원해서 상담자를 찾아오는 경우이고, 둘째는 상담자가 상담을 필요로 하는 학생을 발견하여 그 학생을 상담에 응하도록 하는 경우이며, 셋째는 제3자 이를테면 학교교사나 학부모 등이 학생을 상담자에게 보내옴으로써 상담의 계기가 되는 경우이다. 어떤 경우이든 간에 상담을 받는 내담자가 상담을 받을 마음의 자세가 갖추어진 뒤에 비로소 효과적인 상담이 이루어진다는 것을 이해해야 한다.

② 상담의 제단계

첫째, 면접 전 활동은 상담면접(counseling interview)의 보다 효과적인 운영을 위한 준비단계이다. 상담자는 누가기록부의 분석과 추가적인 자료수집을 통해 면접할 학생에 관한 구체적·종합적인 정보를 파악할 필요가 있다. 대다수의 학생을 대상으로 하는 집단학생 조사활동에서 간과되었던 특수한 개인적인 자료를 학급교사나 부모를 통해 수집함으로써 상담에 응할 학생과 그의 문제에 대해 상담자가 사전에 깊이 이해하는 것은 효과적인 상담면접을 위해 매우 중요한 일이다.

둘째, 면접 중 활동은 면접에 있어서는 관찰하고 학생의 이야기를 들으며 질문하고 말하는 활동을 통해 정보를 수집·제공하고, 문제를 분석·진단·해석하여 실제 학생이 필요로 하는 학습을 돕고 필요한 치료를 가하는 단계이다.

셋째, 면접 후 활동에는 면접에서 상담자가 얻은 정보나 혹은 면접과정에서 나타난 특기할 만한 사항이나 앞으로의 지도를 위한 시사 및 면접과정의 전반적인 상황을 기술하여 계속적인 지도를 위한 기초자료를 만드는 일과, 면접 후에 그 학생이 건전한 적응을 하고 있는가를 알아보고 평가하는 추수활동(追隨活動: follow-up service)이 포함된다. 상담면접이 완결된 이후에 학생의 성장과 적응상태를 조사하고 평가하는 방법과 기술은 학생 조사활동의 그것과 별 다를 바가 없다.

③ 상담 절차

학교상담의 기본절차는 다음과 같이 구분(장혁표, 1995)할 수 있다.

- **면담을 위한 준비**: 상담은 상담자가 학생에 관한 자료를 준비하지 않는 한 그 효과를 기대할 수 없다. 상담자는 학생에 관한 각종 자료를 검토하여 사전에 필요한 정보를 가지고 있어야 하며, 학생은 시간을 유용하게 사용할 수 있도록 준비해야 한다.
- **최초 구조발전**: 학생은 자기와 면접할 상담자가 누구이며 상담을 통하여 어떤 도움을 얻을 수 있는지 알아야 하는데, 이는 짧은 시간 내에 파악될 수 있다. 유능한 상담자라면 효율적인 의사소통의 방법을 알고 있어야 한다.
- **목표설정**: 상담자는 훈련과 경험으로 상담의 목표를 인식한다. 이러한 목표는 상담자가 자신의 전문적인 가치체계와 인간발달을 어떻게 규정짓는가에 따라 설정된다.
- **관계형성**: 상담자는 면담을 진행함으로써 설정해 놓은 관계를 계속 유지해야 한다. 학생에게는 정직성, 관심의 표현, 인간성 그리고 지각성이 허용되어야 하며, 상담자는 때때로 부드러운 미소나 학생을 이해하고

있다는 표시로 고개를 끄덕이는 등의 반응을 보임으로써 내담자와의 관계형성에 노력해야 한다.

- **학생의 말을 돕기**: 상담자는 학생들이 자기의 감정을 표현하도록 돕고, 학생이 경험하고 있는 곤란성을 이해하며, 인식하지 못하고 있는 감정과 수락된 곤란성을 돕는 데 있어 자발성과 감수성을 활용해야 한다.
- **면접의 종료**: 그 다음의 상담을 위한 계획을 세운다. 언제, 어디서, 타 전문가에 위촉할 것인지, 검사가 필요한지 또 다른 정보가 부가되어야 하는지 등에 대한 검토를 한다.
- **사후지도 계획**: 상담자는 상담의 내용을 기록하고 상담 이후에도 내담자를 계속 관찰·지도할 계획을 수립한다.

④ 면접의 종결

한 번의 상담으로 성공적인 결과를 기대하기란 어렵다. 물론 간단한 정보 제공만으로 끝나는 경우도 있겠지만, 어느 경우든지 내담자에게 좋은 경험이 되는 것은 사실이다. 상담자가 내담자와의 대화에서 내담자 자신이 이제는 자기 혼자서도 해결할 수 있겠다는 느낌이 든다면, 이는 면접의 종결의 좋은 징표가 될 수 있다. 그리고 종결의 결정도 내담자에게 양보해야 하며 종결이 너무 성급하게 이루어져서도 안 된다.

⑤ 전문가에의 위탁

좋은 훈련과 경험을 가진 상담자라도 그 능력에는 한계가 있기 때문에 전문가에의 위탁은 상담자의 윤리에 관계되는 문제이기도 하다. 학생의 문제가 상담자로서는 능력이 미치지 못하는 경우라면, 학교의 책임자와 학생의 보호자와 상의하여 심리학자·전문적인 사회사업가·정신과 의사에게 위탁하여 전문적인 치료나 지도를 받도록 도와주어야 한다. 위탁할 때에도 상담자가 수집한 문제의 성격과 그 학생에 관한 자세한 정보를 일괄하여 위탁되는 전문가에게 제공해야 한다.

제10장 학급경영

1. 학급의 집단역동

1) 학급집단의 성격

이영덕(1977)은 학급집단의 일반적 성격을 고찰하면서 J. W. Getzels와 H. A. Thelen(1950)의 관찰결과를 다음과 같이 인용하고 있다. 먼저 모든 집단은 달성코자 하는 목적과 집단의 목적을 달성하기 위해 결합되는 참가자 혹은 집단구성원과 지도성 그리고 타 집단과의 관계를 가진다는 점에서 공통성을 가지고 있다고 전제한다. 따라서 학급집단 역시 위의 네 가지 요인을 중심으로 그 특징을 기술해 볼 수 있다.

첫째, 학급집단의 목적은 학습에 있다. 학습이라는 의식적인 목적을 가지고 모인 집단이 학급집단이다. 그리고 그 궁극적인 목적은 집단 속에서 생성되는 것보다 학교체제가 부여하는 것이 더 많으며, 그 목적 달성을 위한 대체적 방법과 과정도 주어진 것으로 보아야 할 측면이 더 많다. 학급집단이 가지는 선택의 자유가 있다면 이와 같은 대체적인 테두리 내부에서의 선택이고 융통성이다.

둘째, 학급집단의 참가자 혹은 구성원 역시 그들의 완전한 자유의사에 의한 것보다도 타의에 의해 특정 학교, 특정 학급의 참가자가 된다. 그 이유는 국가의 교육정책과 학교의 조직방법에 좌우되는 바가 크기 때문이다.

셋째, 학급집단 내의 지도성과 통제의 주된 권한은 교사에게 주어진다. 뿐만 아니라, 교사는 학생들보다 연장자로서 더 많은 지식을 알고 있고 많은 경험을 가진 성숙자이다.

넷째, 타 집단과의 관계에 있어 하나의 학급집단은 같은 학교체제 속의 타 학급집단과 유기적 관련성을 유지한다. 예컨대, 1학년 학급에서 하는 일과 5학년 학급에서 하는 일은 상하로 4학년 학급에서 하는 일과 의미 있는 관련을 가져야 한다. 그리고 어떤 학급집단이든 간에 전체 학교의 동일한 목적과 조직 및 운영체제 속에 속해 있다. 또 학급의 경계를 넘어서는 여러 가지 교내외 활동에 타 집단의 성원들과 같이 참여할 기회도 많이 가진다.

이러한 특징을 가지고 있는 학급집단에 관한 연구에서 체계적인 분석을 요하는 제 문제와 논쟁점으로서 Getzels와 Thelen(1950)은 다음과 같은 일반적 논술을 나열하고 있다.

- 학급에서의 학습은 의도적으로 계획된 경험을 통해 변화를 가져오는 것을 의미한다. 이 일은 의도적인 선택을 요구한다.
- 학습의 목표, 목표달성을 위한 방법과 절차, 학습되어야 할 교과내용은 이미 어느 정도 세부적으로 계획되어 학급상황에 주어진다.
- 학급은 개인들의 우연적인 집합이고, 참가자(학급학생들)는 미리 정해진 학교의 목표와 절차에 참여하지 않겠다고 내세울 구실을 별로 가지지 못한다.
- 학급에서 요구되는 타인과의 결합과 활동에 자아를 관련짓는 문제와 더불어 각 개인을 학급에서 제정된 생활양식에 자신의 필요와 목적과 태도를 맞춰야 한다.
- 학급에서 학생들이 가질 수 있는 권한이라면 교사가 허락했거나 위임한 것에 불과할 정도로 학급 내 교사의 권위는 거의 절대적이다.
- 학급 내에서의 우연적 · 의무적인 상호작용은 자신의 목적과 행동표준을 학급 안에서 강하게 주장하는 학생들에 의해 수정 · 변화될 수 있다.
- 한 학급 내의 모든 학생은 동시에 학급 밖에서의 여러 집단의 구성원을 겸하고 있다. 그리고 각 학생은 자기가 속한 제집단에서 각각 상반될 수 있는 집단압력을 받고 충성을 보여야 한다.

• 학급은 학교의 일부이고, 학교는 지역사회의 중심 기관이다. 지역사회의 대행기관으로서의 학교에 대한 광범위한 공동 관심과 압력, 갈등이 있다.
• 지역사회의 중심 기관으로서의 학교는 같은 사회내의 타기관과 밀접한 관계를 가진다. 학교는 타기관의 현상유지와 변화촉구, 나아가서는 전반적인 사회질서 유지에 수단적 역할을 할 수 있다.
• 교사는 그의 개인적·직업적 지위 면에서 여러 가지로 지역사회의 압력에 구애받지만, 한편으로는 그의 교육적 목적을 위한 선택권을 방어해 주는 학문의 자유가 있다.

2) 학급집단 구조의 기본 역동

학급집단의 구조를 이해·설명함에 있어 집단의 사회·심리적 구조의 기본 요소가 무엇인지를 논하는 것만으로는 불충분하다. 학교체제 속에서 성립·변화하는 학급집단 구조에 작용하는 제노력의 역동을 파악할 수 있어야 한다(이영덕, 1977).

첫째로 중요시해야 할 것은 학교체제가 학급구조에 작용하는 힘이다. 하나의 학교가 설립되고 운영될 때는 성문화해 있든지 그렇지 않든지 간에 일련의 교육목적이 있게 마련이다. 학교가 내세운 목적이 전혀 달성되지 않는다면 그 학교는 문을 닫게 되거나, 아니면 목적을 바꾸는 수밖에 없다. 이와 같이 내세워진 교육목적의 충실한 현실을 위한 양보할 수 없는 요청을 곧 학급집단의 사회·심리적 구조에 중요한 작용을 하게 된다.

학교의 교육목적이 학급집단이 구조의 형성에 미치는 작용은, 좀 더 엄밀하게 분석해서 학급집단을 이끌어 나가는 교사의 학교 교육목적의 해석 여하와 그 달성을 위한 교육방법의 선택 여하에 따라 한 학급집단과 타 학급집단 간에 차이를 보이게 된다. 뿐만 아니라, 학교 교육목적 해석에 있어서 교사들 간의 합의 정도에 따라 학교교육의 목적이 학급집단에 작용하는 힘의 강도가 달라질 수 있다. 이를테면 학교의 교육목적에 대한 교사들의 해석이 제각기 다르거나 그 목적의 수락 정도에 큰 차이를 보이게 될 때, 그 학교의 교육목적이 갖는 학급집단 구조에의 영향은 적어질 수밖에 없다. 이와 같이 교육목적의 혼란이 빚어질 때, 학교체제가 가진 지향점은 흐트러지고, 각 학급집단의 사회 심리적 구조의 기초는 동요하게 된다.

학교가 하나의 사회기관이며 조직인 이상, 해당 기관의 질서와 통정이 필요하다. 이를 위해서는 모든 교육요원의 역할과 책임이 분배되어야 하며 순조로운 기관운영을 위한 제반 규칙이 필요하다. 이와 같은 책임분배와 운영규칙을 골격으로 하는 교육요원 간의 인간관계와 역동을 불가피하게 학급집단의 사회·심리적 구조 형성에 영향을 미치게 된다.

둘째로 중요시해야 할 것은 학생과 교사의 인성적 필요의 작용이다. 학생과 마찬가지로 교사도 인간이며, 자신의 직책수행 과정에서 충족시켜야 할 개인적 필요를 가지고 있다. 학생은 물론, 교사들도 성장과 안전, 기타 인간의 공통된 필요를 충족시키기 위한 기회를 찾게 마련이다. 학급집단에 있어 학교체제가 부여한 그들의 권한으로 교사 자신의 개인적 필요 충족에 합당한 학급집단 구조 형성을 위해서 의식적 또는 무의식적으로 노력하는 것은 거의 불가피한 일이라고 해도 과언이 아니다. 따라서 교사의 교육목적 의식, 가치관, 생활양식, 기타 인성적 특징은 학급집단 구조 형성에 지대한 영향을 미치게 된다.

한편, 교사들의 권위와 자존심, 사회로부터의 인정, 승진에 관한 개인적 필요의 충족은 학급집단의 사회·심리적 구조와 밀접한 관계를 가진다. 그들의 권위가 존중되고 그들의 자존심이 만족되느냐는 교사들의 전문성과 지도자적 자질이 학급의 학생들에 의해 어떻게 평가되느냐와 관계된다. 그러므로 교사와 학생의 교수·학습활동 관계의 특징을 규정함에 있어 교사와 학생의 끊임없는 상호작용을 통한 조정이 있게 된다. 뿐만 아니라, 교사의 외부로부터의 인정은 과업목적의 효율적인 달성에서 오기 때문에 외부평가에서의 요구 수준에 도달할 수 있는 학급체제 형성에 교사들이 관심을 가지지 않을 수 없게 된다.

이렇듯 교사들의 필요 성향은 학급집단의 사회·심리적 구조 형성에 지대한 영향을 미친다는 사실을 기초로, 교사 특징과 학급집단 구조 간의 관계에 대한 보다 체계적·분석적 연구가 필요하다.

이번에는 관심의 초점을 학생에 두고 생각해 보자. 자기성장과 발달의 필요, 친구집단에의 소속의 필요, 동료학생 및 교직원들로부터의 자기가치 인정의 필요 등은 학급집단 구조 형성에 작용하는 또 하나의 중요한 힘이다. 학생들에게 인정감의 필요는 비교적 타의에 의해 편성되는 학급집단 속에서 강렬하게 나타난다. 이에 가세하여 학생들 자신이 아직도 시험되지 않고 미확인된 자기의 가치를 증명하기 위한 강한 행동이 학급상황에서 나타난다. 또한 학생들은 자신의 요구체제를 충분히 달성하는 데 도움이 되는 학급집단의 사회·심리적 구조 형성에 열중하게 된다. 어떤 활동, 어떤 성취를 통해 자기가치를 과시하느냐는 다시 학교의 문화풍토와 학급성원 대다수의 가치 지향성과 관련된다.

3) 학급성원의 사회·심리적 관계

학급조직 내에서는 집단목적과 개인적 필요의 충족을 위해 여러 형태의 사회·심리적 관계가 특정 학급 내에서 형성되는데, 이영덕(1977)은 다음과 같은 차원의 관계가 형성된다고 Jensen의 예시를 빌어 논의하고 있다.

(1) 문제해결과 과업 중심의 관계

이는 학습목표 달성과 그러한 학습활동을 통한 학생 개개인들의 성장적 필요의 충족과 직접 관련된 학급 내 인간관계이다. 일정한 학습목표를 달성하기 위해 교사를 중심으로 강의를 듣고 질문하며 계획하고 토론하며 분단연구를 하고 연구발표를 하며 종합하는 제반 학습활동에서 학급집단은 어떤 통일성을 가진 사회체제를 가지고 움직이게 된다. 각자의 역할과 책임수행이 전체 학급의 집단과정에 영향을 미친다. 이와 같은 학급과정에서 학급 목표 달성을 위한 집단성원 간의 관계는 학급집단의 사회·심리적 구조의 한 차원을 차지한다고 볼 수 있다.

(2) 결정을 위한 권위관계

학급상황 속에서 여러 가지 종류의 결정을 필요로 하는 일들이 일어난다. 교실 내 환경정리를 어떻게 할 것인지, 소풍은 어디로 갈 것이며, 지역사회에 대한 활동으로서 학급에서 어떠한 프로젝트를 가질 것인지, 숙제의 분량은 어느 정도가 적당할 것이며, 시험은 어떤 방식으로 할 것인지, 과외 보충수업을 할 것인지 등 학급 자체로서 결정해야 할 많은 사항이 있다. 학급 내 결정에 관한 교사의 정책과 학급성원들의 개인적 특성 및 상호작용에 따라 '결정'에 관한 학급 내 관계는 학급마다 다르다. 이와 같은 학급이 내리는 결정에 있어서의 학급성원 간의 권위관계(authority relationship)는 또 하나의 집단구조 차원을 차지한다.

(3) 힘의 관계

학급성원들은 다양한 능력과 기술에 관계되는 집단구조의 측면을 갖는다. 학급성원들이 상호 간의 필요를 충족시켜 주거나 박탈하는 데에는 어느 정도의 능력과 기술을 각자가 가지고 있느냐와 관련 있다. 물론, 능력의 개인차는 존재한다. 이를테면 교사는 학교체제에서 부여된 권위로 인해 학급 내 학생들의 행동에 많은 영향을 줄 수 있는 능력을 가졌다고 볼 수 있다. 뿐만 아니라, 직업상 교사는 학생들이 필요로 하는 지식이나 기술을 교수하는 능력을 가지고 있다. 한편, 학생들도 그들이 가진 제반능력으로 타인들의 필요를 충족 혹은 박탈하는 위치에 설 수 있다. 이와 같이 학급 내에 조성되는 사회적 영향의 조직망은 학급집단의 사회·심리적 구조의 또 하나의 차원을 차지한다.

(4) 사회적 수용관계

이것은 학급성원 상호 간의 평가와 관련이 있다. 각 성원은 자기에 특유한 인성 특징을 가지고 일정한 생활양식, 습관, 가치 판단, 감정표시로써 학급성원들과 생활하며 학습에 참여한다. 이러한 행동에 대해 학급성원들은 그 타당성과 가치를 의식적 혹은 무의식적으로 판단한다. 그 판단을 기초로 각 학생의 수용도가 평가·결정된다. 인기 높은 학생이나 후퇴하고 망각되어 버린 독립학생이 학급집단 속에서 발견되는 이유가 여기에 있다. 학급 내에서의 수용관계는 성원들의 개인적 만족과 성취에 작용하는 정도만큼 집단구조의 또 하나의 차원을 차지한다.

(5) 개별적 친구관계

또래집단의 형성 및 참여의 필요는 학생들의 강한 욕구 중 하나이다. 다른 집단 혹은 개인과 나눌 수 없는 가까운 친구관계를 통해 각자의 극히 개인적 경험을 나눌 수 있다는 데서 또래집단이 가지는 정서적 색조는 강하다. 따라서 그 소집단들의 행동양식과 타 집단과의 관계는 학급집단의 과업수행에 지대한 영향을 주면서 그 학급의 사회·심리적 구조의 형성, 유지 및 변화에 작용한다. 이와 같은 견지에서 학급 내의 또래집단 혹은 친구집단은 학급집단 구조 속에 내포되는 또 하나의 차원을 구성하는 것이다.

이 외에도 Jensen은 성관계(sex relationship)를 또 하나의 차원으로 내세우고 있으나 여기서는 생략하기로 한다.

2. 학급경영의 이해

1) 학급경영의 의의

일반적으로 학급 내 학급교사의 활동은 교수를 주로 하는 활동(teaching active)과 경영을 주로 하는 활동(management active)으로 구분된다. 그 중에서 학급경영은 학급교사가 하는 교수활동을 제외한 학급 내 모든 활동을 의미한다. 따라서 학급경영이란 학급에서 교육의 기능을 보다 충실하게, 보다 능률적으로 그리고 보다 바람직하게 발휘시키기 위해 여러 가지 조건을 정비하는 작용이라고 정의할 수 있다. 바꾸어 말하면, 학급경영 활동은 근본적으로 보다 나은 교수활동을 뒷받침하는 봉사적인 활동이며, 그 임무는 학습효과를 높이기 위해 학급 내 사회적 또는 물적 환경을 바람직하게 정비하고 운영하는 것(김봉수, 1983)이라고 하겠다.

위에서 학급경영의 일반적인 의의를 살펴보았으나, 학급경영에 대한 개념이나 방향은 학급을 어떻게 정의하느냐에 따라서도 크게 좌우된다(윤종건·전하찬, 1985). 좀 더 자세히 말하면, 첫째는 학급을 단순한 학습의 단위로 생각하는 관점이고 둘째는 학급을 역동적인 사회체제로 생각하는 관점인데, 학급경영에 대한 개념이나 방향이 각각 다르다는 것이다.

학급을 단순한 학습의 단위로 보는 관점에서는 학급이란 교사의 지도하에 공통적으로 학습과업을 수행하는 학생집단을 일컫는데, 여기서의 인간관계는 교사와 학생의 종적 관계가 중심이 된다. 그러나 사회구조가 복잡해지고 집단의 기능이 다양하게 분화됨에 따라 학교나 학습사회는 단순한 조직의 단위라기보다는 교사와 학생, 학생과 학생, 교사와 학부모 등이 교육목표와 지도내용, 환경 등의 요소를 바탕으로 상호작용함으로써 교육의 효과를 산출하는 체제적인 성격을 띠게 되었다. 이에 따라 학습의 단위로만 여기던 종래의 학급에 대한 관점도 변화함으로써 체제적인 관점에서 학급을 보게 된 것이다.

학급을 하나의 사회체제로 여기는 체제적인 관점에서는 학교를 국가나 사회의 종속체제로 보고, 다시 학급을 학교의 하위체제로 생각한다. 그리고 [그림 10-1]에서 보는 바와 같이, 학급은 교사와 학생, 학생과 학생 그리고 교사와 학부모가 교육목표, 교육내용 및 학교환경 등을 체제요소로 하는 역동적인 상호작용을 통해 교육을 생산하는 학교의 하위체제로 정의할 수 있다. 이와 같이 학급을 하나의 역동적인 체제로 볼 때에 학급경영에 대한 개념 역시 체제적인 사고에 의해 정의되어야 한다.

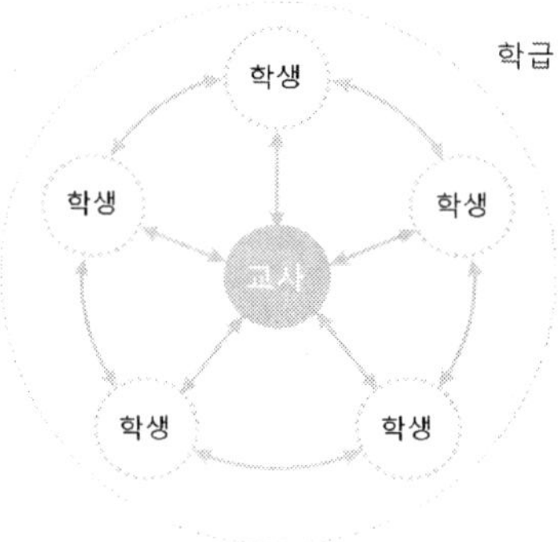

*출처: 윤종건 · 전하찬(1985). 교사론. 서울: 정민사. p.244.

[그림 10-1] 학급 속의 상호작용

학급경영의 개념정의를 위해 또 한 가지 생각해 봐야 할 것은 학급의 경영적인 성격에 대한 비판으로, 학급경영이라는 용어의 적합성 문제이다.

학급이라는 단위조직을 교육행정의 상황에서 볼 때, 인사나 재물 등에 독립성이 없고, 목표설정이나 운영도 극히 제한된 입장에 있기 때문에 자율적이며 창의적인 경영관리 기능의 발휘가 불가능하며, 이에 따라 학급에는 경영이라는 용어보다 운영이라는 용어가 적합하다고 사료된다. 그러나 이상에서 고찰한 바와 같이 학급을 여러 가지 요소들의 역동적인 상호작용에 의해 학생지도라는 목표를 달성하는 학교체제의 하위체제로 생각할 때에는 경영원리의 적용이 불가피하게 된다. 그러므로 경영이라는 용어가 운영이라는 용어보다 학급체제에 더 적합하다는 것이 일반적인 견해이다.

2) 학급경영의 원리와 기본 방향

(1) 학급경영의 원리

학급경영은 학교경영의 방침을 실현시키는 한편, 그 개성화를 꾀하면서 이루어져야 하는데, 담임교사는 다음과 같은 몇 가지 원리가 지켜질 수 있도록 학급경영에 힘써야 한다고 김봉수(1983)는 지적한 바 있다.

첫째, 자유의 원리이다. 현대 민주교육의 기본적인 특징 중 하나는 학습자의 인격을 존중하고 그들의 개성을 발전시킬 수 있도록 생활조건을 확보해 주어야 한다는 것이다.

둘째, 협동의 원리이다. 민주생활의 기본원리의 하나로서 학급집단의 안전과 이익을 위해 협동생활을 할 수 있도록 생활환경적인 조건을 마련해 주고 지도해야 한다는 것이다. 따라서 학습자 상호 간의 불필요한 경쟁의식이나 대립 또는 분파적인 생활의식과 행동이 일어나지 않도록 해야 한다. 교사는 학생들에게 일상의 학급생활 중에서 혼자의 활동보다는 두 사람 이상 여러 사람이 협동하여 활동함으로써 보다 유익한 성과가 나타나는 경험의 기회를 많이 제공해 주어야 한다.

셋째, 창조의 원리이다. 창조는 왕성한 사고력에서만 기대할 수 있는 것이다. 그러므로 학급 내·외의 생활에서 항상 과학적 사고방식, 즉 자료의 수집과 분석·통합·정리·활용하는 방법을 지도하고, 이러한 활동이 실제 이루어질 수 있도록 기회를 제공해 주어야 한다. 또 항상 관찰하고 실험·실습·현장학습 등을 통해 과학적 태도와 행동이 이루어지도록 하며, 공작활동의 기회를 자주 가질 수 있도록 강구해야 한다.

넷째, 노작의 원리이다. 노작활동은 자기활동인 동시에 자기표현이기도 한데, 그 이유는 정신적·신체적인 활동을 통해서만 유형무형의 창작물이 나올 수 있기 때문이다. 따라서 학급교사는 학습활동이나 창의적 체험활동

등에서 학생 스스로가 각자의 목표를 세우고 그것을 실현하도록 이끌어 주고, 또 그러한 기회를 자주 마련해 주어야 한다.

다섯째, 흥미의 원리이다. 흥미는 학습활동의 동기를 부여해 주는 동시에 학습활동의 원동력이 된다. 따라서 평소 학급생활에서 학습자들이 흥미를 가질 수 있도록 생활환경을 조성해 주고, 가능한 한 그들의 생활주변의 환경조건을 새롭게 해 주어야 한다. 또한 학습자가 성공감과 자신감을 가지게 하는 과업을 제시함으로써 그들 스스로 자율적인 활동을 왕성하게 할 수 있도록 각 조건을 조정 또는 제공해 주어야 한다.

여섯째, 요구의 원리이다. 학교교육은 당면한 사회적 요구나 과제, 학습자 및 가정의 요구 등을 발견하여 교육적인 가치가 있다고 인정되는 내용을 가급적 학생들에게 충족시켜 주어야 한다. 따라서 학급교사는 여러 가지 방법을 활용하여 학습자, 가정 및 지역사회가 필요로 하는 사항을 파악하기 위해 노력해야 한다.

일곱째, 접근의 원리이다. 이는 친밀의 원리라고도 하는데, 교사와 학생 간에 거리감이 없이 가장 친근할 때에 참된 교육의 성과는 더욱 커지게 된다. 이러한 점에서 볼 때에 학급은 교사와 학습자가 서로 접근하며 친근해질 수 있는 생활의 장이 되어야 한다. 교사와 학습자, 학생과 학생이 서로 존경·존중하고 신뢰하며 인격적으로 대할 때 비로소 학급은 부드러워지고 학급 구성원 전체의 발전 및 향상을 기할 수 있게 된다.

여덟째, 발전의 원리이다. 학급교사는 꾸준한 자기반성 및 평가를 비롯해 일상의 학습자의 생활실태, 학급의 교육적인 제 환경조건을 관찰·평가·반성함으로써 보다 나은 방향으로 변화될 수 있도록 노력해야 한다.

(2) 학급경영의 기본방향

학급경영 활동은 학생지도를 목표로 하는 하나의 조직행위이다. 따라서 그 기본방향을 알아보기 위하여 윤종건과 전하찬(1985)은 다음과 같은 두 가지 질문에서 출발해야 한다고 주장했다.

• 국가나 사회는 학교교육에서 무엇을 기대하고 있는가?

• 학급의 사회적인 풍토는 학생들의 성장에 어떤 영향을 끼치고 있는가?

우선, 학교교육에 대한 국가나 사회의 기대를 생각해 볼 때 오늘의 학교교육과 관련해서 칭찬보다는 비판이 더 많다. 학교는 있으나 교육이 없다는 교육부재론이 있는가 하면, 학교는 사회를 바르게 이끌어 가는 구실을 하는 것이 아니라 모순의 핵심부를 이루고 있으며, 학문을 연구하는 곳임에도 불구하고 학생들로부터 학문에 대한 호기심과 탐구심을 박탈한다는 학교유해론까지 대두되는 경우도 있다. 이러한 비판은 학교교육의 전모를 보고 하는 말들이 아니라, 장님 코끼리 만지는 격으로 학교교육의 일부만을 보고 하는 비판임에 틀림없다.

그러나 이 말은 오늘날의 학교교육이 교육의 이상인 학문의 탐구와 인간교육에 성공하지 못하고 있음을 지적하는 말이기도 하다. 동시에 이와 같은 비판에는 학교교육이 국가와 사회발전에 원동력이 되는 인재를 기르고, 인간을 인간답게 기르는 인간교육에 충실하기를 바라는 국가사회의 기대가 암시되어 있다고 하겠다. 이렇게 생각할 때에, 학교교육의 현장이 되는 학급은 학문의 탐구와 인간교육이 효율적으로 이루어질 수 있도록 경영되어야 한다.

다음으로, 학급의 사회적인 풍토가 학생의 성장에 어떠한 영향을 미치는가를 살펴보기로 한다. 학급에 대한 전통적 견해는 학급의 물리적 환경과 교사의 특성만이 학생의 성장에 영향을 미칠 뿐, 인간관계를 포함한 학급의 사회적 풍토는 학생의 성장에 아무런 영향이 없는 것으로 간주되었다. 그러나 학급을 단순한 학습집단이 아니라, 구성원들이 상호작용을 하는 하나의 사회체제로 생각하는 관점에서는 학급을 목적지향적인 수업집단으로만 여기지 않는다. 학급을 인간관계 지향적인 심리집단으로 이해하고 있기 때문에 학급의 사회적인 풍토는 학생의 학습이나 생활에 절대적인 영향을 끼친다고 파악하는 것이다. 따라서 학급의 사회적 풍토를 고려한 학급경영의 기본방향은 다음과 같아야 한다.

첫째, 사랑의 풍토가 이루어져야 한다. 사회의 산업화로 인간보다는 특질을, 인정보다는 개인의 이익을 더욱 중요시하게 되었다. 또한 가정은 전통문화의 전승기능과 애정의 교환기능을 상실하고, 경쟁적인 평가체제는 오늘날 자라나는 학생들에게 인간애의 실조현상을 초래하고 있다. 지식이나 기술교육은 교육과정과 교육의 매체만으로 가능할지 모르나, 참다운 인간교육은 인간애의 교환 없이는 불가능하다. 부모나 형제, 교사 등과 같은 주위 사람들이 자기를 사랑하고 있다는 것을 느낄 때 그 학생은 바람직한 인간으로 성장할 수 있다는 사실은 교육심리학자들의 여러 연구를 통해서도 밝혀지고 있다. 따라서 학생들을 바람직한 인간으로 성장하게 하려면, 학교나 학급에서 학생들이 사랑을 느낄 수 있는 인간애적 풍토가 형성되어야 한다.

학급사회는 담임교사와 동년배 집단인 학생들로 구성된다. 따라서 종적으로는 교사와 학생 간, 횡적으로는 학생 상호 간의 인간관계 속에서 사회화의 과정을 겪으면서 학생들은 성장한다. 교사는 학생을 조건 없이 사랑하고 신뢰하며, 학생은 교사를 무조건 존경하고, 학생 상호 간에 서로 이해하고 신뢰하는 풍토가 형성된 곳에서 자라는 어린이들은 남을 사랑하고 신뢰하며 인격을 존중할 줄 아는 인간으로 성장할 수 있다. 그러나 반대로 교사가 학생을 신뢰하지 않고, 학생 상호 간에 서로 경쟁적·불신적인 학급풍토가 형성될 때에는 어린이들이 개인주의적이고 이기적인 비인격인으로 성장하게 될 것이다.

교육의 인간화를 위한 인간애의 풍토가 학급경영에서만의 관심사는 아니다. 그러나 학생들의 사회적인 과정에 시·공간적으로 가장 많은 영향을 미치고 있는 것이 학급생활이므로, 교육의 인간화를 위해 가장 긴급히 요청되는 것은 학급의 인간애적인 풍토조성이라고 할 수 있다.

둘째, 민주적인 풍토가 이루어져야 한다. K. Lewin과 그의 동료들은 학급의 사회적 풍토가 학생들의 행동에 미치는 영향에 관한 연구에서 실험적으로 조작한 민주적 풍토의 학급과 전제적 풍토의 학급을 비교한 결과, 다음과 같은 결론을 얻었다. 즉, 전제적인 학급의 학생들은 지나치게 개인 중심적이고 경쟁적이며 서로 적대시하는 태도를 갖게 되지만, 민주적인 학급의 학생들은 서로 협동적이며 강한 인내심을 형성하게 된다는 것이다.

이러한 학급의 사회적 풍토는 학생들의 인간관계뿐만 아니라 교사와 학생과의 관계까지도 결정한다. 전제적 학급의 학생들은 동료들 간에는 비협조적이나 교사에게는 복종하려고 들지만, 교사와 학생 간에는 심리적인 감정의 장벽이 가로놓여 있다. 이에 반해 민주적 학급의 학생들은 각자가 높은 자주성과 개성을 보이면서 협조하려고 한다. 또한 전제적 학급의 학생들은 교사에게 반문하지 못하는 감정을 가지고 있는 어린이들끼리 소집단을 형성하여 특정한 학생에게 그 감정을 해소하기도 한다. 뿐만 아니라 자기의 우월성을 보이기 위해 경쟁하고 질투하기 때문에 누구나 서로 적이 될 수 있는 가능성을 갖게 된다.

이상과 같은 두 가지 풍토의 학급을 비교해 볼 때, 전제적 학급풍토는 인간교육의 적이 되므로 교육의 인간화를 위한 가장 적합한 학급풍토는 민주적 풍토라야 한다는 점을 명백히 알 수 있다. 따라서 학급경영에서 가장 중요한 것 중의 하나는 참다운 인간교육을 위한 민주적 학급풍토의 조성이라고 하겠다.

셋째, 공동체적인 협력풍토를 이루어야 한다. 인간은 사회적인 동물이므로 사회화를 통해 인간이 된다. 그러므로 교육은 자연적인 하나의 개체로 출생한 어린이를 사회의 성원으로 인도하여 사회화시킴으로써 인간다운 인간을 만드는 작업이며 과정이다. 그러나 학생들이 생활하는 오늘날의 사회는 고도로 산업화됨에 따라 인간소외 현상이 일어나서 인간의 개성·자발성·적응성 등이 상실되고, 극도로 개인주의화되고 있다. 또한 통제를 위주로 한 제도로 말미암아 인간은 자율성과 창조성을 잃은 규격인간이 되어가고 있다.

이는 학교와 학급에서도 마찬가지로 자율성이 통제되는 전제적 풍토로 경직되고 있어, 여기서 성장하는 학생들을 비인간화 경향으로 이끌고 있다. 그러므로 이와 같은 전제화 및 개인주의화로 인한 비인간화 경향을 극복하고, 자율성과 창조성 및 협동성이 발휘되는 자아실현적인 풍토로 이끌려면 학교학급은 공동체적인 협력풍토로 개선되어야 한다. 학급이 공동체적인 협력풍토가 형성되어 개인주의가 극복되고 학생들의 자율성과 개성 및 창조성이 발휘됨으로써 자아실현이 이루어질 때 비로소 바람직한 인간교육이 이루어지게 될 것이다.

넷째, 학문적 탐구풍토가 이루어져야 한다. 학급경영의 궁극적인 목적은 학생들을 학문과 인격이 조화된 전인으로 기르는 데 있기 때문에 학급의 사회적 풍토는 사랑과 협력이 바탕이 되는 민주적 풍토가 이루어져야 한다. 그리고 이와 동시에 학생들에게 학문에 대한 호기심이나 지적 탐구심을 자극하고 유도할 수 있는 학문적 탐구분위기가 조성되어야 한다.

학생의 학문적인 성취가 학교 또는 학급의 분위기와 깊은 관계가 있다는 사실에 대해서는 여러 학자들이 밝히고 있다. 특히, C. R. Pace(정범모 · 이성호, 1983. 재인용)는 미국의 여러 대학을 대상으로 학교분위기를 조사하여 다음과 같은 다섯 가지 형태의 분위기를 발견하였다.

- 인문주의, 사색, 직관 등을 강조하는 인문적 분위기
- 과학주의, 변화, 불확정성, 경쟁 등을 강조하는 과학적 분위기
- 실용성, 지배, 복종, 유희 등을 강조하는 실제적 분위기
- 친애, 인간관계, 보호 등을 강조하는 복지적 분위기
- 공격과 충동 등을 강조하는 반항적 분위기

이 중에서 대학의 인문적 · 과학적 분위기와 같은 지적 분위기를 가진 대학일수록 학생들의 학업성취도가 높고, 대학원에 진학하는 비율이 높으며, 학생 1인당 도서관의 장서 수도 많고, 교수 중에서 박사학위 소지자의 비율 또한 높다고 보고하였다.

3. 학급경영의 내용

1) 학급경영의 영역

학급 담임교사가 한 학급을 경영하기 위해 수행해야 하는 일에는 여러 가지가 있다. 학급경영의 목표나 방침, 각종 계획수립과 실천, 적절한 조직, 교수·학습활동에 관한 자료의 비치, 각종 조사 및 통계처리 그리고 비치 서류 정리 및 처리 등 크고 작은 일들이 헤아릴 수 없이 많다(김봉수, 1983). 이렇게 많은 학급경영 업무를 교수활동과 경영활동의 두 가지로 나누고 경계활동으로 평가와 자료준비로 구분한 W. F. Tidyman(윤종건·전하찬, 1994. 재인용)의 주장을 요약하면 <표 10-1>과 같다. 즉 교과지도와 생활지도 그리고 특별활동(현행 교육과정에서는 재량활동과 통합하여 '창의적 체험활동'으로 칭함)과 같이 교육과정에 명시한 경영내용은 지도활동의 영역에 포함했고, 환경정비와 사무관리, P.T.A 관계 분단조직 등은 관리활동으로 분류했으며, 학생지도와 관리적 성격을 동시에 가지고 있는 평가관리, 독서지도, 임원조직, 자료정리, 개별지도 등은 경계활동으로 분류했다.

〈표 10-1〉 학급경영의 내용 분류

영 역	내 용	경 영 요 소
지 도 활 동	교과지도, 생활지도, 창의적 체험활동	1. 목표관리 2. 학생지도 3. 환경관리 4. 사무관리
경 계 활 동	독서지도, 임원조직, 평가관리, 개별지도, 학습자료준비 및 관리	
관 리 활 동	환경정비, 사무관리, 학부모와의 관계 유지, 분단조직	

*출처: 김봉수(1983)와 윤종건·전하찬(1994) 그리고 '2009 개정 교육과정'을 중심으로 저자가 재구성함.

이와 같이 분류된 내용들을 다시 경영적인 관점에서 살펴보면, 결국 경영요소는 목표관리와 학생지도와 환경관리 그리고 사무관리의 네 분야로 구분할 수 있다.

2) 학급경영 요소별 경영활동

(1) 목표관리

목표관리(Management By Objectives: MBO)란 어떤 경영체제가 설정된 목표에 따라 경영되어 그 성과가 평가되고 개선되어 새로운 경영으로 발전되어 가도록 경영순환을 하는 것이다. 일반적으로 경영체제에서 계획을 수행하는 기법 또는 과학적 방법으로 적용하고 있는 목표관리를 어떻게 학교사태에 알맞게 받아들여 학교 및 학급의 경영 개선을 도모할 것인가는 학교 및 학급경영자의 과제이다. 더욱이 학교나 학급의 경영체제는 인간육성이 수량화할 수 없는 막연한 경영목표에 따라 운영되기 때문에 학교체제에 이 방법을 적용하는 데에는 어려움이 따를 것으로 예상된다. 그러나 목표달성이 다른 분야보다는 힘이 더 들기 때문에 오히려 목표관리의 적용이 더욱 필요할지도 모른다.

학급경영 체제에 목표관리가 다른 체제에서보다 더욱 필요할 것이라는 주장을 뒷받침하는 또 하나의 이유는 일반적으로 학급이 담임교사의 왕국이라는 말을 들을 정도로 완전한 자율성이 보장되어 있다는 점이다. 이와 같은 완전한 자율성의 보장은 학급의 이상적인 경영을 위한 기본조건이 되기는 하나, 목표관리가 잘못될 때는 학교체제의 하위체제로서의 체계성과 통합성을 잃기가 쉽다. 다시 말하면 학급담임의 자율성 남용으로 학교가 목표하는 방향이 아닌 다른 방향으로 학급이 경영될 수도 있다는 것이다. 그러므로 학급경영에 목표관리를 적용함으로써 학교목표와의 체계성 및 통합성이 유지되는 학급경영이 이루어질 수 있다.

이 외에도 학급경영에 목표관리(MBO) 기법을 적용하는 것은 교육의 성격으로 보아 목표가 불명확하며 목표달성이 어렵고 또한 학급조직이 왕국적 특성이 있기 때문에 상위체제인 학교체제와의 체계성과 통합성의 이유뿐만이 아니다. 오늘날 모든 사회조직은 새로운 경영원리를 다투어 적용하여 경영 개선에 최선을 다하고 있기 때문에 교육체제의 기본 단위인 학급조직에도 새로운 경영기법을 적용하여 경영의 후진성을 극복해야 함은 너무나 당연한 일이다.

학급경영의 목표설정과 목표달성을 위한 경영계획을 수립·추진하여 그 결과를 순환·활용함으로써 추진결과 목표도달의 정도를 평가하고 학급경영의 성과를 극대화하며 새로운 경영발전을 도모하는 과정으로서의 MBO 체제를 학급경영에 적용·운영하는 절차를 한국교육행정학연구회(1977)에서는 다음과 같이 제시하고 있다.

① 목표설정 단계

- 제1단계: 학교경영의 목표와 방침을 설정하고, 그에 대해 상·하급자가 서로 이해하고 합의하는 단계이다. 이 단계에서는 목표가 함축하는 가능한 교육효과, 효율성, 교직원 간의 선의의 경쟁, 기술적 지도성, 직무배정, 공정책임, 보수 및 포상 등 여러 관련된 내용에 관해 이해 증진을 하도록 하는 것이 바람직하다.
- 제2단계: 학교경영의 실천을 위해 조직을 정비하는 단계이다. 교장, 교감, 부장교사, 교사, 행정직원 등의 조직상 위치를 명백히 함으로써 담당과업, 의무와 책임량, 종적 및 횡적 관련 사항, 제약 조건의 변화들에 대처하게 되는 과정이다.
- 제3단계: 학교경영의 목표와 방침에 따라 구성원 각자가 구체적 목표를 설정한다. 이는 내용적으로는 기본적 의무 목표, 문제해결 목표, 창조적 목표가 될 것이며 인생의 목표(조직의 공적 수행목표와 인생의 사적 목표가 일치될 때 조직에 있어 만족도가 높아진다)와도 관련시켜 조정을 하게 된다.

• 제4단계: 설정된 자기목표 수행을 위해 세부 추진목표의 성과를 연중 점검하면서 목표에 도달하도록 자기통제를 한다. 그 통제내용은 시간·비용·양·질·봉사가치 등이 될 것이며 교육적으로 잘 관리해야 한다.

② 목표에 따른 결과의 평가

• 제5단계: 학년도 말이 임박하게 되면 비예산 사업이나 예산 사업에 따른 교육성과를 정리·요약하여 측정(측정도구는 별도로 제작하여 활용한다)해서 도달치를 비교한다.
• 제6단계: 자기반성을 한다. 그 내용으로는 자기 결점 또는 장점, 책임영역이나 각 경영 부분에서의 기여도, 통제가 미치지 못한 점 등을 살피고 상급자에게 보고한다.
• 제7단계: 전체 경영체제로서 성과의 판단을 한다. 그리하여 경영·관리상의 여러 측면에서 종합적으로 평가하고, 다음 해의 계획으로 이관시킬 자료를 정리한다.
• 제8단계: 시상과 격려를 한다.

(2) 환경관리

학급의 교육환경은 교육내용이나 교사요인과 같이 학생의 성취에 영향을 끼치는 주요 요인으로 생각하고, 이 중에서 환경의 영향이 학생의 인격형성에 그 어느 요인보다 강한 영향을 미친다는 사실은 많은 연구에 의해 밝혀지고 있다. 그래서 윤종건과 전하찬(1994)은 학급의 환경관리를 시설과 설비의 관리와 인간관계 관리로 나누어 설명하고 있는데, 이를 간단히 소개하면 다음과 같다.

① 시설의 설비와 관리

학급의 물리적 환경으로 담임교사가 관심을 가지고 관리해야 될 몇 가지 중요한 시설이나 설비는 다음과 같다.

• 공간관리

교실은 인원수에 비해 넓을수록 좋다. 미국은 학생 1인 평균 3㎡, 영국은 2㎡ 정도이며, 우리나라는 학급당 30명 내외로 계산하면 2.0㎡ 정도이다. 따라서 우리나라 학급담임교사들의 교실 공간관리는 중요한 업무가 된다고 하겠다. 주어진 공간을 분단조직이나 책·걸상의 배열 등에서 가급적 좁은 장소라도 넓게 쓸 수 있도록 배려해야 한다.

• 창문관리

창문은 교실의 환기와 실내온도 조절에 절대적인 역할을 할 뿐만 아니라 실외의 상황에도 주의를 끄는 역할을 한다. 종전에는 창문을 통해 교실 밖이 보이는 것이 학생들로 하여금 주의를 산만하게 하는 원인이 된다고 창문을 높게 하자는 의견도 있었으나, 창문을 통해 창밖에서 일어나는 일에 학생들이 관심을 가지게 함으로써 학급 내의 일에 묘미를 갖도록 하자는 주장도 있다. 그러므로 담임교사는 환기와 온도조절을 위해 항상 관심을 가질 뿐 아니라 창밖의 상황을 관찰할 수 있도록 깨끗이 관리해야 한다.

• 조명관리

부적당한 조명을 학생들의 자세에 해를 주고, 피로를 촉진하여 영양과 시력에도 영향을 미친다. 따라서 교사로서 교실의 조명관리는 매우 중요하다. 어느 연구에 의하면, 교실 조명으로는 15휘트가 가장 적당하며, 광원이 학생들의 왼쪽 어깨 위에서 비추는 것이 좋다고 한다. 따라서 학급을 담임하는 교사는 학생좌석의 배치나 커튼 설치 등 조명에 대해 신경을 써야 한다.

• 온도와 습도의 관리

적당한 습도와 온도는 학생들의 건강뿐만 아니라 학습에도 많은 영향을 미친다. 그러므로 겨울은 따뜻하고 여름은 시원하게 하여 학생들의 건강이나 학습에 영향이 없도록 조절해야 한다. 가장 알맞은 교실온도는 17~20℃

이고 습도는 40~50%가 가장 적절하다. 따라서 담임교사는 냉난방 장치나 창문의 개방 등을 통해 온도와 습도가 적당하게 유지되도록 관리해야 한다.

② 인간관계 관리

학급경영에서는 교사와 학생과의 상호작용이 바람직하게 이루어지는 환경과정(Environmental process)이 형성될 수 있도록 배려해야 한다. 이와 같은 환경과정의 형성은 학습의 인간관계관리에 의해 이루어진다.

• 성취동기의 유도

지능이나 인성의 형성은 유전의 결과라고 생각할 때도 있었으나, 약 20년간이나 끌어왔던 환경과 유전과의 논쟁 끝에 유전과 환경의 상호작용 결과로 보았으며 근래에 와서는 유전적 요인보다는 환경적 요인이 상호작용에 있어 상대적으로 비중을 많이 차지한다는 점이 여러 연구에 의해 밝혀졌다. 그러므로 학생들의 성취동기를 자극하기 위해 학급에서 제공해야 할 유력한 네 가지 환경과정을 제시하면 다음과 같다. 첫째, 교사는 모든 학생들에게 성취동기만 자극한다면 높은 지적 성취가 가능하다는 신념을 굳게 갖는다. 둘째, 모든 학생들의 포부 수준이 상승되도록 자극한다. 셋째, 적당한 경쟁 분위기를 조성하여 자기성취를 위한 선의의 경쟁이 이루어지도록 학급분위기를 조성한다. 넷째, 자기성취에 대한 만족과 학문에 대한 호기심이 자극되도록 알맞은 보상을 한다.

• 수용적 · 온정적 환경의 조성

학급경영의 기본 방향에서 기술한 바와 같이 K. Lewin이나 R. Lippitt의 연구에서는 학생의 태도 변용은 담임의 지도성에 의해 조성되는 학급분위기에 상응한다고 밝히고 있다. 다시 말하면 민주적인 학급분위기가 조성되면 학생들은 민주적인 태도를 갖게 되고, 전제적인 풍토가 조성이 되면 학생들은 공격적이며 적대적인 태도를 갖게 된다는 것이다.

이와 동일한 원리로 학생들의 태도를 긍정적·호의적으로 길러 주려면 학급분위기를 수용적·온정적으로 조성해 주어야 한다. 또한 부모나 교사의 엄격하고 거부적 태도는 학생의 성격이나 태도 형성에 중대한 영향을 미치기 때문에 학급의 사회·심리적 환경은 엄격하고 거부적인 것이 아니라 온정적이며 수용적이어야 한다. 그리고 학급의 심리적 환경 역시 자율성이 보장되고 학생과 교사 간에 사랑이 오가는 분위기일 때 학생들에게는 호의적이며 긍정적인 태도가 길러지게 된다.

• 학급문화

가정에서 일차적으로 형성된 태도나 가치관은 그대로 계속되는 것이 아니라 사회적 관계를 확대해 감에 따라 급격한 재구성 과정을 거치게 된다. 바로 이 재구성의 시기에 가장 중요한 영향을 미치는 것이 또래집단의 문화라고 하겠다. 그러므로 학급의 담임교사는 또래집단의 인간관계 관리를 통해 건전하고 바람직한 학급문화를 제공해 줌으로써 학생들의 태도나 가치관이 올바르게 형성되도록 이끌어 주어야 한다.

학생의 가치관이나 태도 및 성격에 영향을 주는 학급문화의 요소는 여러 가지가 있으나 여러 연구들을 종합하여 보면 대체로 다음 세 가지에 귀결된다. 첫째, 언어발달을 위한 환경이다. 둘째, 동일시 모형으로서의 교사의 수범적 자세이다. 셋째, 대중매체의 교육적 활용이다.

(3) 학급 사무관리

학교교육 현장에서 교사들이 수행해야 할 사무관리는 매우 많지만, 여기서는 학급경영과 학생지도를 위해 사용되는 장부로서 일정 기간 보존해야 하는 공부(公簿)와 핵심보조부만 설명하기로 한다.

① 학급경영록

학급경영록은 교사가 학생을 지도하는 동안 필수적으로 활용하는 핸드북이며, 학급경영의 목표나 방침 및 학생지도계획을 비롯하여 학급경영과 학생지도에 필요한 정보와 지도결과를 기록하는 계획서인 동시에 실천기록부라고 할 수 있다. 따라서 학급경영록에는 다음 내용들이 포함되어야 한다.

- 경영계획: 학교교육 목표 및 방침, 학급경영 목표 및 방침, 중점 지도과제 및 지도계획(학습 및 생활지도), 월간지도계획
- 지도정보: 학생 환경조사, 학급연혁, 전년도 영역별 성취도 현황, 부진아 현황, 특수학생(신체허약이나 도벽 등) 현황, 지역사회 특성 등
- 결과기록: 주간 지도계획, 성적기록부, 각종 검사기록, 각종 회의기록, 학생상담록, 행동 관찰기록 등

학급경영록의 양식은 학교의 특수성이나 담임교사의 필요에 의해 특색 있게 작성해서 활용하는 것이 가장 바람직하나, 학교별로 혹은 교사 개인별로 양식을 만들어 작성하기가 어려우므로 지구(地區)나 시·도별로 일정 양식을 공동 인쇄하여 활용하는 방법도 있다.

② 학교생활기록부

「초·중등교육법」 제25조의 규정에 근거하고 있는 학교생활기록부는 학생의 학교생활 전반을 기록·보존하는 장부로 영구보존 문서이며, 그 성격상 법정 장부로서 반드시 작성해야 하는 강제성이 있다. 학적 사항, 출석 상황, 신체발달 상황, 행동 및 교과학습발달 상황, 창의적 체험활동 등을 기록하도록 되어 있으며 1년 동안 기록 및 평가된 학교생활의 결과를 종합하여 학년말에 정리하게 된다. 이렇게 작성된 결과는 학생의 교수·학습활동 지도의 자료로 활용함과 동시에, 학교에서 이루어지는 대부분의 학생활동 결과를 입력하여 학생을 총체적으로 이해하는 자료로서 상급학교의 진학, 취업 등의 자료로도 활용된다. 이 기록부는 1954년도 이전까지는 학적부라고 불렸고, 1954년 이후 생활기록부로 부르다가 1996년에 이르러 종합생활기록부로 그 명칭을 변경했고, 1997년에 다시 학교생활기록부로 변경해서 오늘에 이르고 있다. 「학교생활기록 작성 및 관리지침」(교육부훈령 제169호,

2016.04.05, 일부개정)에 의한 학교생활기록부의 취급요령을 살펴보면 다음과 같다.

학교생활기록 작성 및 관리지침

제1조(목적) 이 지침은 「초·중등교육법 시행규칙」(교육부령 제73호)에 의한 초등학교·중학교·고등학교·특수학교 등에 적용하는 학교생활기록의 작성 및 관리 방법에 대하여 필요한 사항을 규정함을 목적으로 한다.

제2조(적용범위) 이 지침의 적용 범위는 「초·중등교육법 시행규칙」 제21조 내지 제25조를 준용한다.

제3조(용어의 정의) 이 지침에서 사용하는 용어의 정의는 다음과 같다.

① "전산자료"라 함은 학교생활기록부 및 관련 보조부 등을 체계적으로 전산처리한 자료를 말한다.

② "전산매체"라 함은 각종 전산자료가 기억·보관되어 있는 자기테이프, 디스크 등 보조기억매체를 말한다.

③ "사용자"라 함은 교육정보시스템 운영을 위해서 학교장으로부터 정당한 권한을 부여받은 자로서 시스템을 이용하여 관련 업무를 직접 처리하는 자를 말한다.

④ "원적교"라 함은 재취학·재입학(복학 포함)·전입학·편입학 등 학생의 학적이 변동되기 이전에 재학하였던 학교를 말한다.

제4조(처리요령) ① 학교생활기록의 자료 입력 및 정정 업무는 당해 업무를 담당하는 사용자가 수행함을 원칙으로 한다.

② 문자는 한글로(부득이한 경우 영문으로), 숫자는 아라비아 숫자로 입력한다.

③ 학교생활기록부 작성에 필요한 보조부는 각 학교의 실정에 알맞게 계획을 수립하여 작성·활용하되, 전산입력하여 관리함을 원칙으로 한다.

④ 학생이 전학할 때, 원적교에서는 재학 당시까지의 상황을 입력한 학교생활기록부 전산자료를 전·편입학하는 학교로 이송한다.

제5조(자료입력항목 및 출력서식) ① 학교생활기록부(학교생활기록부Ⅰ)와 학교생활세부사항기록부(학교생활기록부Ⅱ)의 전산입력은 동일하게 한다.

② 학교생활기록부(학교생활기록부Ⅰ)와 학교생활세부사항기록부(학교생활기록부Ⅱ)의 자료 입력항목과 전산처리 기본서식은 같다.

③ 학교생활기록부(학교생활기록부Ⅰ)의 전산 처리된 출력서식(백상지 80g/㎡, 용지규격 A4(210㎜×297㎜))은 별지 제1호 내지 제3호와 같다.

④ 학교생활세부사항기록부(학교생활기록부Ⅱ)의 전산처리된 출력서식(백상지 80g/㎡, 용지규격 A4(210㎜×297㎜))은 별지 제4호 내지 제6호와 같다.

⑤ 학교생활기록부와 학교생활세부사항기록부의 출력 매수는 학생별 자료 입력의 분량에 따라 그 출력 매수를 달리할 수 있다.

⑥ 상급학교 입학전형을 위한 목적으로 별지 제1호 내지 제6호의 서식을 출력하는 경우에는 교육부, 시·도교육청 또는 입학전형을 실시하는 상급학교의 방침에 따라 입력된 내용의 일부를 제외하고 출력할 수 있다.

제6조(인적사항) ① '학생'란에는 성명, 성별, 주민등록번호와 입학 당시의 주소를 입력하되, 재학 중 주소가 변경된 경우에는 변경된 주소를 누가하여 입력한다.

② '가족상황'란에는 부모의 성명, 생년월일을 입력하고, '특기사항'란에는 학생 이해에 도움이 될 수 있는 내용이 있는 경우 본인 또는 보호자의 동의를 받아 입력한다.

제7조(학적사항) ① 중·고등학교에서는 입학 전 전적학교의 졸업연월일과 학교명을 입력하며, 검정고시 합격자는 합격 연월일과 '검정고시합격'이라고 입력한다.

② 재학 중 학적변동이 발생한 경우에는 전출교와 전입교에서 각각 학적변동이 발생한 일자, 학교와 학년, 학적변동 내용을 입력한다. 학적처리에 사용하는 용어는 별지 제7호와 같다.

③ '특기사항'란에는 학적변동의 사유를 입력한다. 특기사항 중 학교폭력 관련된 사항은 「학교폭력 예방 및 대책에 관한 법률」 제17조에 규정된 가해학생에 대한 조치사항을 입력한다.

제8조(출결상황) ① '수업일수'는 「초·중등교육법 시행령」 제45조의 규정에 의하여 학교장이 정한 학년별 학생이 연간 총 출석해야 할 일수를 입력한다.

② '결석일수', '지각', '조퇴', '결과'는 별지 제8호의 '출결상황 관리'에 따라 질병·무단·기타로 구분하여 연간 총일수 또는 횟수를 각각 입력한다.

③ 재취학 등 학적이 변동된 학생의 동 학년의 수업일수 및 출결상황은 학적변동 전(원적교)의 것과 변동 이후의 것을 합산하여 입력한다.

④ '특기사항'란에는 결석사유 또는 개근 등 특기사항이 있는 경우 학급 담임교사가 입력한다. 특기사항 중 학교폭력과 관련된 사항은 「학교폭력 예방 및 대책에 관한 법률」 제17조에 규정된 가해학생에 대한 조치사항을 입력한다.

제9조(수상경력) ① 재학 중 학생이 교내에서 수상한 상의 명칭, 등급(위), 수상연월일, 수여기관명, 참가대상(참가인원)을 입력한다.

② <삭 제>

③ 동일한 작품이나 내용으로 수준이 다른 상을 여러 번 수상하였을 경우, 최고 수준의 수상경력만을 입력한다.

제10조(자격증 및 인증 취득상황) ① 학생이 취득한 자격증의 명칭 또는 종류, 번호 또는 내용, 취득연월일, 발급기관을 입력하며 원본을 대조한 후에 취득한 순서대로 입력한다.

② 제1항에 따라 기재할 수 있는 자격증은 국가기술자격법에 의한 국가기술자격증, 개별 법령에 의한 국가자격증, 자격기본법에 의한 국가공인을 받은 민간자격증 중 기술과 관련 있는 내용으로서 고등학생이 재학 중에 취득한 것으로 한다.

③ 제1항 및 제2항의 내용은 초등학교와 중학교 학교생활기록부인 별지 제1호 내지 2호 및 제4호 내지 5호의 '자격증 및 인증 취득상황'에는 입력하지 않는다.

④ 고등학교의 장은 학교교육계획에 의한 국가직무능력표준의 이수상황을 학교생활기록부에 기재할 경우 별지 제3호, 제6호의 서식에 따라 입력한다.

제11조(진로희망사항) 학기 중에 진로지도를 실시하여 파악한 학생의 특기 또는 흥미, 학생과 학부모의 진로희망, 학생의 희망사유를 입력한다.

제12조 <삭 제>

제13조(창의적 체험활동상황) ① 창의적 체험활동의 4개 영역별 활동내용, 평가방법 및 기준은 교육과정을 근거로 학교별로 정하며, 자율활동, 동아리활동, 봉사활동, 진로활동의 영역별 이수시간 및 특기사항(활동실적이 우수하거나 개별적 특성이 드러나는 사항 등)을 입력하되, 초등학교 '자율활동, '동아리활동', '봉사활동' 3개 영역의 특기사항은 통합하여 종합적으로 기록하고, 초등학교 '진로활동' 영역의 특기사항은 별도로 구분하여 기록한다.

② 제1항의 봉사활동 영역의 실적은 학교계획에 의한 봉사활동과 학생 개인계획에 의한 봉사활동의 구체적인 내용을 별도의 '봉사활동실적'란에 연간 실시한 봉사활동의 일자 또는 기간, 장소 또는 주관기관명, 활동내용, 시간을 실시일자 순으로 모두 입력하며, 체계적이고 지속적인 봉사활동 등 특기할 만한 사항이 있는 경우 '봉사활동 특기사항'란에 자세히 입력한다.

③ 제1항의 규정에 의한 영역별 누가 기록은 공정성, 객관성, 투명성, 신뢰도, 타당도 등이 확보되도록 서식을 개발하여 활용하되, 전산입력하여 관리함을 원칙으로 한다.

④ 제1항의 '진로활동'의 특기사항에는 활동실적이 우수한 사항과 각종 진로검사 및 진로상담 결과, 관심분야 및 진로희망과 관련된 학생의 활동내용 등 학생의 진로 특성이 드러나는 사항을 담임교사가 입력한다.

⑤ 제1항의 동아리활동 중 학교스포츠클럽활동의 실적은 활동 인정기간 동안 학교장이 승인한 학교스포츠클럽활동의 구체적인 활동내용으로 '동아리활동'란에 클럽명, 활동시간, 팀에서의 역할, 포지션, 대회출전 경력 등을 입력하되, 활동시간은 동아리활동 이수시간에 합산한다.

⑥ 제1항의 동아리활동 중 청소년단체활동의 실적은 학교 교육계획에 의한 청소년단체활동과 학교장의 승인을 받은 학교 교육계획 이외의 청소년단체활동으로 구분하여 '동아리활동'란의 특기사항에 입력할 수 있다.

제14조(교외체험학습상황) <삭 제>

제15조(교과학습발달상황) ① 교과학습발달상황의 평가는 별지 제9호 '교과학습발달상황 평가 및 관리'에 의거 시행한다.

② 초등학교의 교과학습발달상황은 각 과목별 성취기준에 따른 성취수준의 특성 등을 '세부능력 및 특기사항'란에 과목별로 간략하게 문장으로 입력하고, 방과후학교 수강내용(강좌명, 이수시간 등)을 입력할 수 있다.

③ 중학교는 제1항의 규정에 의하여 시행한 평가에 따라 '교과', '과목', '성취도(수강자수)', '원점수/과목평균(표준편차)'을 산출하여 각 학기말에 입력한다. 다만, 체육·예술(음악/미술) 교과(군)의 과목은 '교과', '과목', '성취도'를 입력하고 '특기사항'란에는 특기할 만한 사항이 있는 과목 및 학생에 한하여 각 과목별 성취기준에 따른 성취수준의 특성, 실기능력, 교과적성, 학습활동 참여도 및 태도 등을 간략하게 문장으로 입력한다.

④ 고등학교는 제1항의 규정에 의하여 시행한 평가에 따라 '교과', '과목', '단위수', '원점수/과목평균(표준편차)', '성취도(수강자수)', '석차등급'을 산출하여 각 학기말에 입력한다. 다만, 전문교과 중 농생명 산업교과, 공업 교과, 상업정보 교과, 수산·해운 교과, 가사·실업교과는 '교과', '과목', '단위수', '원점수/과목평균(표준편차)', '성취도(수강자수)'를 입력하고, 보통교과의 체육·예술(음악/미술) 교과(군)의 과목은 '교과', '과목', '단위수', '성취도'를 입력하며, '특기사항'란에는 특기할 만한 사항이 있는 과목 및 학생에 한하여 각 과목별 성취기준에 따른 성취수준의 특성, 실기능력, 교과적성, 학습활동 참여도 및 태도, 직무능력 등을 간략하게 문장으로 입력한다.

⑤ 중·고등학교의 '비고'란에는 학교 간 통합 선택교과 이수, 학적변동으로 인한 이수과목 상이 등 교육과정 운영에 따른 특기사항에 관한 내용을 간략하게 입력한다.

⑥ 중·고등학교의 '세부능력 및 특기사항'란에는 과목별 성취기준에 따른 성취수준의 특성 등을 특기할 만한 사항이 있는 과목 및 학생에 한하여 간략하게 문장으로 입력하고, 방과후학교 수강내용(강좌명, 이수시간 등)을 입력할 수 있다. 다만, 2015 개정 교육과정의 전문교과 Ⅱ 중

국가직무능력표준으로 구성된 실무과목으로 대체되는 전문교과 과목은 능력단위별로 특기할 만한 사항이 있는 경우 학습활동 참여도 및 태도 등을 간략하게 문장으로 입력한다.

⑦ 고등학교의 보통 교과 중 교양 교과는 과목명 및 이수단위를 입력하고 '성취도'란과 '석차등급'란에는 'P'를 각각 입력한다. 또한, 중학교에서도 고등학교 교양교과(환경과 녹색성장, 보건, 진로와 직업 등) 성격의 과목을 선택하여 이수한 경우 과목명 및 이수시간을 입력하고 이수여부에 'P'를 입력한다.

⑧ 고등학교의 기초교과 중 기본과목(기초수학, 기초영어)은 '성취도'란과 '석차등급'란에는 'P(수강자수)'와 'P'를 각각 입력한다.

⑨ 보통교과【기초교과 중 기본과목, 체육·예술(음악/미술)·교양 교과(군)의 과목 제외】의 과목 수강자수가 13명 이하인 경우 '교과', '과목', '단위수', '원점수/과목평균(표준편차)', '성취도(수강자수)'를 입력하고, '석차등급'란에는 '석차등급'이나 '·'을 입력한다. 다만, 수강자 수가 13명 이하인 과목이 2과목 이상인 경우에 '석차등급'란에 '석차등급' 또는 '·' 표기 중 한 가지 방법으로 동일하게 입력한다.

⑩ <삭 제>

⑪ 체육·예술계 중학교(예술체육 중점학교 포함)에서 학생이 선택과목으로 체육계 과목 또는 음악·미술계 과목을 이수한 경우 '교과', '과목', '원점수/과목평균(표준편차)', '성취도(수강자수)'를 입력하고, 체육·예술계 고등학교(예술체육 중점학교 포함)에서 학생이 심화과목으로 체육계 과목 또는 음악·미술계 과목을 이수한 경우 '교과', '과목', '단위수', '원점수/과목평균(표준편차)', '성취도(수강자수)', '석차등급'을 입력한다.

⑫ 학생이 자유학기에 이수한 과목의 '성취도(수강자수)'란에 'P'로 입력하고, '원점수/과목평균(표준편차)'란은 공란으로 둔다. '세부능력 및 특기사항'란에는 모든 과목에 대해 각 과목별 성취기준에 따른 성취수준의 특성, 학습활동 참여도 및 태도, 활동 내역 등을 간략하게 문장으로 입력한다. 또한, 학생이 자유학기에 이수한 체육·예술(음악/미술) 교과(군)의 과목은 '성취도'란에 'P'를 입력하고, '특기사항'란에는 모든 과목에 대해 각 과목별 성취기준에 따른 성취수준의 특성, 실기능력, 교과적성, 학습활동 참여도 및 태도 등을 간략하게 문장으로 입력한다.

제15조의2(자유학기 활동) ① 학교장은 자유학기 중에 자유학기 활동을 실시한 결과를 별지 제2호, 제5호의 서식에 따라 입력한다.

② 별지 제2호, 제5호의 '특기사항'란은 자유학기 활동별 담당교사가 수시로 관찰한 활동내용, 참여도, 흥미도 등을 간략하게 문장으로 입력한다.

제15조의3(독서활동상황) ① 중·고등학교의 개인별·교과별 독서활동상황은 독서활동에 특기할만한 사항이 있는 학생을 대상으로 학기말에 입력한다.

② 독서분야 및 읽은 책, 독서성향 등 특이사항을 사실 위주로 교과담당교사가 입력하는 것을 원칙으로 하되, 담임교사도 입력할 수 있다.

제16조(행동특성 및 종합의견) ① 행동특성 및 종합의견은 수시로 관찰하여 누가 기록된 행동특성을 바탕으로 총체적으로 학생을 이해할 수 있는 종합의견을 문장으로 입력한다.

② 행동특성 중 학교폭력과 관련된 사항은 「학교폭력 예방 및 대책에 관한 법률」 제17조에 규정된 가해학생에 대한 조치사항을 입력한다.

제17조(기타사항) ① '졸업대장번호'란은 졸업대장의 번호를 입력한다.

② '구분'란은 학생의 학과, 반, 번호 및 담임성명을 입력하며, 변경사항이 있을 경우에는 변경 전·후의 내용을 함께 입력하며, '전공·과정'란에는 특성화고등학교(특정분야의 인재양성을 목적으로 하는 교육을 실시하는 학교에 한함)의 학기별 전공코스 이수, 산업체 실습과정 또는 일반고등학교, 특수목적고등학교 및 자율고등학교의 개인별 과정선택 등 교육과정 이수에 따른 특기사항을 입력한다.

③ '사진'란에는 입학년도에 촬영한 천연색 상반신 사진(3.5㎝×4.5㎝, 전산자료) 1매를 입력하며, 졸업학년도에는 졸업학년도에 촬영한 사진으로 교체 입력한다.

제18조(자료의 보존) ① 학교의 장은 「공공기록물 관리에 관한 법률」 및 「동법 시행령」에 의거 학교생활기록부(학교생활기록부Ⅰ)를 준영구 보존해야 한다. 단, 초·중·고 및 특수학교의 특수교육대상자 중 특수학교 기본교육과정을 적용하는 학생에 대하여는 교과학습발달상황 항목에 '세부능력 및 특기사항'란을 포함하여 준영구 보존해야 한다.

② 학교의 장은 학교생활세부사항기록부(학교생활기록부Ⅱ)의 전산자료를 학생 졸업 후 5년 동안 보존하여야 하며, 보존기간이 종료된 후 폐기 처분하여야 한다.

③ 학교의 장은 제1항에 따라 준영구 보존하는 학교생활기록부(학교생활기록부Ⅰ)를 학생졸업 후 5년 동안 학교에서 보관하고, 이후에는 「공공기록물 관리에 관한 법률 시행령」 제4조, 제31조, 제32조에 따라 보존·관리하여야 한다.

④ 학교의 장은 학교생활세부사항기록부(학교생활기록부Ⅱ)의 학적사항의 '특기사항'란에 입력된 「학교폭력예방 및 대책에 관한 법률」 제17조 제1항 제8호의 조치사항과 출결상황의 '특기사항'란에 입력된 「학교폭력예방 및 대책에 관한 법률」 제17조 제1항 제4호·제5호·제6호의 조치사항을 학생이 졸업한 날로부터 2년이 지난 후에는 삭제하여야 한다. 다만, 해당 학생의 반성 정도와 긍정적 행동변화 정도를 고려하여 졸업하기 직전에 「학교폭력예방 및 대책에 관한 법률」 제12조 제1항에 따른 학교폭력대책자치위원회의 심의를 거쳐 학생의 졸업과 동시에 삭제할 수 있다.

⑤ 학교의 장은 학교생활세부사항기록부(학교생활기록부Ⅱ)의 '행동특성 및 종합의견'란에 입력된 「학교폭력예방 및 대책에 관한 법률」 제17조 제1항 제1호·제2호·제3호·제7호의 조치사항을 학생의 졸업과 동시에 삭제하여야 한다.

제19조(자료의 정정) ① 학교의 학년도는 초·중등교육법 제24조(수업 등)에 따라 3월 1일부터 시작하여 다음 해 2월 말일까지로 하며, 매 학년이 종료된 이후에는 당해 학년도 이전의 학교생활기록부 입력자료에 대한 정정은 원칙적으로 금지한다.

② 제1항의 규정에도 불구하고, 객관적인 증빙자료가 있는 경우에만 정정이 가능하며, 정정 시에는 반드시 정정내용에 관한 증빙자료를 첨부하여 정정의 사유, 정정내용 등에 대하여 학교 학업성적관리위원회의 심의 절차를 거친 후 학교생활기록부 정정대장(별지 제10호의1)의 결재 절차에 따라 정정 처리해야 한다. 다만, 제6조의 인적사항은 학업성적관리위원회 심의를 생략할 수 있다.

③ 학교생활기록부 정정대장은 교육정보시스템에서 제공하는 결재 절

차를 거쳐 학기 중에는 전자문서로 관리하다가 매 학년도 말 처리가 종료되면 출력하여 증빙서류와 함께 준영구 보관한다.

④ 학교의 장은 초·중등교육법 제30조의6 제1항 제1호 및 제2호의 규정에 의해 학교생활기록부(별지 제1호 내지 제6호의 서식)를 제공하는 경우 교육부, 시·도교육청 또는 입학형을 실시하는 상급학교의 요청이 있으면 당해(학교) 입학전형에 응하는 해당학생의 학교생활기록부 정정대장(별지 제10호의1)을 제공할 수 있다.

⑤ 학교의 장은 제4항의 규정에 따라 정정대장을 제공할 시에는 다음 각 호의 어느 하나에 해당하는 내용 중 학생의 개인정보를 보호할 필요가 있다고 판단되는 경우 그에 대한 정정사항은 제외하여 제공해야 한다.

1. 학생 본인 및 가족(보호자 포함)의 질병명 등
2. '인적사항' 항목의 학생의 성별, 주소, 가족상황, 특기사항
3. 제18조 제4항·제5항에 따른 조치사항 삭제와 관련된 내용

제20조(자료의 제공) ① 초등학교 및 중학교의 장은 지속적인 진로교육을 위하여 학교생활기록부의 진로 관련 사항(진로희망사항 및 창의적 체험활동상황 중 진로활동 영역을 말한다. 이하 이 조에서 같다)을 해당 학생(학생이 미성년자인 경우에는 학생과 학생의 부모 등 보호자)의 동의를 받아 상급학교(초등학교의 경우 중학교 및 고등학교, 중학교의 경우 고등학교를 말한다)의 장에게 전산자료의 형태로 진학이 확정된 후에 제공할 수 있다.

② 중학교 및 고등학교의 장은 제1항에 따라 제공받은 전산자료를 해당 학생의 재학(유예 및 휴학 포함) 기간 동안 진로교육을 위한 목적으로만 활용하여야 하며, 해당 학교급의 학교생활기록부와 별도로 관리하여야 한다.

③ 제1항에 따른 개인정보(진로 관련 사항) 활용 동의서는 별지 제11호 서식에 따른다.

제21조(준용 등) 학교생활기록 작성과 관련하여 이 지침에 정하지 아니한 사항에 대하여는 다른 관련 법규를 준용한다.

제22조(재검토기한) 「훈령·예규 등의 발령 및 관리에 관한 규정」(대통령

훈령 제334호)에 따라 이 훈령 발령 후의 법령이나 현실여건의 변화 등을 검토하여 이 훈령의 폐지, 개정 등의 조치를 하여야 하는 기한은 2019년 09월 22일까지로 한다.

부 칙(제169호, 2016.04.05.)

제1조(시행일) 이 훈령은 공포한 날부터 시행한다.

제2조(자유학기 기록에 관한 적용례) 제15조, 제15조의2 개정 규정은 이 훈령 시행일이 속한 학년도의 학기부터 적용한다.

제3조(국가직무능력표준 이수상황 기록에 관한 적용례) 제10조, 제15조의 개정 규정은 이 훈령 시행일이 속한 학년도의 학기부터 적용한다.

제4조(자료의 보존에 대한 적용례) 제18조 제2항의 개정 규정은 이 훈령 시행일이 속한 학년도의 학기부터 적용한다.

*출처: 「학교생활기록 작성 및 관리지침」 [2016.04.25, 일부개정] 전문.

③ 출석부

출석부는 학생들의 출석상황을 확인하고, 기록·정리하기 위한 것으로 1년 동안 보존해야 하는 공부이다. 따라서 매일매일 출석을 확인, 일계까지 정리하고 월말에는 월말통계를 산출해야 한다.

④ 학교건강기록부

학생건강기록부는 학생들의 건강지도를 위한 정보를 조사·기록하기 위한 장부로 「교육행정관리규정」(문교부훈령 제364호, 1982.03.17, 제정)에 의한 법정 공부이다. 건강기록부의 내용은 전염병의 예방접종, 병력, 각종 검사결과, 체격 및 체질 그리고 체력 등을 기록하도록 되어 있으며, 건강지도와의 연계성을 위해 초등학교에서부터 고등학교까지 계속하여 동일용지에 기록 및 정리하도록 되어 있다. 기록정리는 수시로 하도록 되어 있으며, 일반적으로 양호교사가 정리하고 보관한다. 검사결과를 가정에 연락할 필요가 있을 때는 가정통신란에 기록하여 학부모에게 통지하고, 확인날인을 받는다.

제11장 학교 사무관리

1. 학교 사무의 의미

1) 학교 사무의 개념

학교의 사무는 학교경영의 큰 범주 안에 속하는 한 영역이다. 학교 사무가 경영을 보조하는 본연의 범위만을 생각하지 않고 그 영역을 조금만 확대하면 학교경영과 같은 개념으로 내용상의 혼란을 빚을 염려가 있다. 학교 사무라고 할 때는 학교경영에 조장적 역할로서의 기능을 염두에 두고 의미를 알아보는 작업이 요구된다. 학교 사무가 경영보조적 의미만을 갖는다고 하여 사무를 단순히 책상 위에서 종이에 기록하는 문서작업 정도로만 생각하게 되면 이는 필요악이라는 비판을 면할 길이 없다. 행정이나 경영의 합리성을 위해 사무의 양이 증가하고 사무의 기능 또한 다양화되어가고 있는 현실을 감안할 때 학교 사무는 교육행정에서 보다 적극적인 관심의 대상으로 전환되었다고 하겠다.

행정이나 경영에서 사무에 대한 관심이 높아지면서 사무의 개념도 많은 변화를 겪어 왔는데, 윤종건과 전하찬(1994)은 여러 학자들이 내린 사무의 개념들을 종합하여 다음과 같이 정리하고 있다.

첫째, 사무는 행정이나 경영활동을 보조하고 촉진한다. G. R. Terry는 사무의 역할을 서비스 또는 조장적 기능이라고 규정했고, C. B. Hicks는 사무적 기록문서는 행정이나 경영을 위한 도구적 역할을 할 뿐 아니라 조직의 목표달성을 위해 행하는 각종 활동에 결말을 지어주는 일을 한다고 주장했다.

이와 같이 사무는 행정이나 경영에 조장적 역할을 할 뿐만 아니라 행정이나 경영이 어떤 방향으로 나아가고 어떤 결과를 낳아야 할 것인가를 암시하고 유도하며 또 적극적으로 추진하도록 촉진한다.

둘째, 사무행정이나 경영활동에 꼭 필요한 수단이 된다. W. H. Leffingwell은 사무가 수단으로서의 작업임을 지적하고 작업의 내용을 다음과 같이 제시했다. ① 사전적인 것으로 어떤 일에 대한 계획과 구체적인 일정 계획을 세우는 일 ② 내부 각부나 개인 상호 간 또는 외부와 연락하는 일로서 일의 진행부분을 이루는 통신이나 면담대화 등 ③ 일의 진행에 관한 기록, 계산 및 모든 종류의 서류정리가 포함되는 회계 및 기록보관(record-keeping)이 그것이다. 이와 같이 사무는 어떤 일의 시작에서 끝까지의 진행과정에서 일을 추진하는 수단으로 이루어지는 작업으로 그 방법은 서사, 해독, 의사소통, 조사, 분류, 정리, 문서나 물자의 유통 등이 있다.

셋째, 사무는 행정이나 경영에서의 각종 활동을 서로 연결시켜 주고 통합시키는 결합기능(linking function)을 한다. 사무는 업무추진에 있어 활동과 활동을 서로 연결하고 결부시켜 서로 자기활동의 위치와 방향을 깨닫게 함으로써 효과적인 활동이 전개되도록 촉진하는 작업을 한다는 것이다. 특히, C. B. Hicks는 이와 같은 사무의 기능을 천을 짜는 일에 비유하면서 매일매일의 일은 사무에 의해 짜인다고 설명했다. 즉, 사무가 마련한 세로줄 가로줄에 의해 천을 짜는 일이 바로 행정 또는 경영활동의 과정이며, 짜인 천은 바로 행정이나 경영행위의 결과와 같다는 것이다. 그러므로 베를 짤 때 세로줄과 가로줄이 잘 짜여야 질이 좋고 보기 좋은 천이 만들어지는 것과 같이 사무의 결합기능이 잘 발휘될 때 행정이나 경영행위의 효과가 높아진다.

넷째, 사무는 행정이나 경영을 위한 정보를 처리하는 역할을 한다. 사무관리의 방법이라고 할 수 있는 의사소통, 통계조사 활동, 문서유통 등은 실제로 행정이나 경영을 위한 정보의 수집 · 정리 · 보관의 과정이라고 볼 수 있다. Hicks는 사무의 정보기능을 강조하면서 근대적인 사무개념은 전적으로 정보처리 개념으로 집약해서 생각해도 무방하다고 하였으며, Littlefield와

Petterson도 사무처리의 과정은 정보의 집약과 처리 및 정보의 기록 통신들이라고 지적하고, 정보의 질이 경영을 좌우한다고 주장했다.

이상에서 살펴본 바와 같이 사무는 행정이나 경영에 필요한 정보를 수집, 정리, 보관하고 업무와 업무를 연결하고 결합함으로써 행정이나 경영행위를 보조 및 촉진하는 수단이라고 할 때, 학교사무는 학생지도에 필요한 정보를 수집, 정리, 보관하고 학교에서 이루어지는 각종 지도활동이나 학생활동이 유기적으로 이루어질 수 있도록 업무를 연결하고 결합함으로써 학교교육의 효율성을 촉진하는 수단이라고 할 수 있다.

2) 교사와 학교 사무

교직생활을 해 나가는 데에는 누구나 여러 가지 문제점과 고민이 있을 것이다. 학생들의 학력을 향상시킬 수 있는 묘안은 없는지, 다른 교사들보다 잘 가르치고 있는지, 내가 가르치고 있는 과목에 대해 자신이 있는지 등 교사가 갖는 고유의 활동인 교수활동에 관한 문제들이 있을 수 있으며, 이와 병행하여 교수활동에 부차적인 사무적 활동에 관한 문제들도 있다. 학교생활기록부를 취급요령에 따라 정확하게 기록하고 보관하는 문제, 건강기록부를 기재하는 요령을 숙지하고 기록하는 일, 학생의 입·퇴학 처리에 관한 일, 학급환경을 구성하는 일 등 잡다한 사무적인 일이 많은데, 어느 것 하나도 소홀히 하거나 빼놓을 수 없는 문제들이다.

잘 하려면 끝이 없고, 조금만 소홀히 하면 학생의 생활 속에 교사의 무관심 결과가 그대로 드러나기 때문에 항상 긴장하면서 지낼 수밖에 없는 교사는 출근하면 출근부에 날인하고, 그날의 일과를 계획하거나 학생의 생활지도에 임한다. 주임회의나 직원회의에 참석하기도 하고, 수업시간에는 일과표에 따라 학생을 지도한다. 수업이 끝나면 학생과의 개별상담을 하고 출제도 해야 하며 과제물 처리나 평가지의 채점도 해야 한다. 그날의 출석부도 정리하고 환경구성이나 다음 날의 학생지도 준비를 해야 하며, 학교사무분장에 따른 공문서 처리도 해야 한다.

학교사무를 상술한 바와 같이 지도활동과 학생활동의 효율화를 위한 정보수집 및 업무와 업무를 연결하고 결합하는 수단으로 볼 때, 교사의 하루 일과는 사무에서 시작해서 사무로 끝난다고 할 수 있다. 그러나 일반적으로 사무란 교사가 학생을 지도하는 일과는 무관한 것으로 생각하는 경우가 많으며 심지어는 사무가 학교 교육의 정상화를 저해하는 요인이라고까지 생각하기도 한다.

이와 같이 사무를 교육정상화의 저해요인으로까지 생각하는 이유에는 여러 가지가 있겠으나 두드러진 이유 3가지를 제시하면 다음과 같다.

첫째, 학교사무에 대한 개념을 바르게 이해하지 못하는 데 있다. 사무란 책상 위에서 이루어지는 형식적인 문서작성(paper work)이기 때문에 학생 지도와는 무관한 것으로 생각한다.

둘째, 학교조직의 대형화로 학교 경영이 관료화됨에 따라 형식적인 합리주의가 강조되는 데 있다. 교장·교감의 행정적 통솔범위가 확대되어 실질적인 지도감독이 어려워지게 됨에 따라 업무의 합리적 체계가 강조되었고, 이에 따라 교사업무 평가에서 사무가 차지하는 비중이 커지게 되었다.

셋째, 문서 중심의 지도행정을 들 수 있다. 학교를 직접 지도 및 감독하는 교육위원회나 교육(지원)청의 인력 부족으로 학교에서 이루어지는 교육활동의 전모를 사실 그대로 파악하기란 어려운 일이므로 부득이 학교 교육의 실적을 문서 중심으로 파악하고 평가하는 경우가 많았다.

이상과 같은 이유로 학교에서는 학생의 실제 지도와는 거리가 먼 사무를 처리하거나 불필요한 장부를 갖추게 되었다. 따라서 교사들은 학생지도와 무관한 사무정리를 위해 많은 시간을 허비하게 되었으며, 학교경영이나 학생지도에 꼭 필요한 사무까지도 교육의 정상화를 저해하는 요인으로 생각하게 되었다. 이러한 학교현장에서의 사무의 역기능을 없애기 위해 1982년에는 종전 문교부 수준의 행정관리규정을 국무총리령으로 공포하고 장부를 통·폐합하는 한편, 문서통제를 강화했다. 특히, 2012년에 교육과학기술부는 학교현장의 업무부담 경감 등을 위한 교육정보통계시스템(EDS: EduData System)을 개통하기도 했다.

그러나 이런 시책도 만족할만한 결과를 가져오지는 못했다. 그 이유는 사무의 역기능을 해소하기 위한 시책이 학교교육 정상화에 저해 요인이 되는 기본 문제들을 해결하지 못했기 때문이다. 다시 말하면 학교의 사무내용을 정보의 처리와 업무의 연결 등 학교교육을 촉진하고 조장하는 방향으로 개선해야 하는데, 현행 사무의 양적인 감소만을 시도했기 때문에 학교 사무의 역기능이 바람직한 방향으로 해소되지 못한 것이다.

2. 학교 사무의 영역과 관리원칙

1) 학교 사무의 영역

학교경영에서 가장 중요한 일은 학생을 직접 지도하는 데 필요한 제반요건을 갖추어 주는 일이다. 여기서 제반 요건은 학생지도를 위한 직접 요건과 간접 요건으로 나눌 수 있다. 교육과정 구성이나 학습지도 계획 등은 직접 요건에 속한다. 그러한 직접 요건을 보다 효과적으로 수행할 수 있게 하려면 그것을 뒷받침해 주는 간접 요인이 필요한데, 학교의 제사무관리는 비교적 간접 요건에 속하는 일이 대부분이다. 그렇다고 해서 사무영역이 모두가 간접적인 것만은 아니라서, 그 중에는 직접 요건에 속하는 일도 있다.

학교 사무의 영역을 크게 나누면 교무관계, 생활지도관계, 서무관계로 나눌 수 있고 필요에 따라서는 연구, 국민윤리, 과학, 환경부 등 여러 가지로 나눌 수 있다. 그러나 학교 사무는 학생지도를 직접 담당하는 교사 위주의 교무부(教務部) 사무가 있고, 교무부 활동을 지원하는 역할의 서무부(庶務部) 사무로 구분할 수 있는데, 김봉수(1983)가 제시한 두 부서의 사무내용을 살펴보면 다음과 같다.

(1) 교무부의 사무

교무부는 교무부장을 중심으로 협력하여 교무 전반의 기획 운영을 담당하는 부서이다. 교무부에 속하는 주요사무는 다음과 같다.

- **계획계**: 교육과정 및 학급편성, 교실 활용, 학교연혁 작성, 연중행사의 기획, 의식에 관한 사항 교무에 필요한 표부의 작성, 책가방 없는 날 운영, 교외 학습지도, 가정방문, 학부모의 학교참관 사항, 소풍, 수학여행, 추수지도, 각종 평가에 관한 사항 각 부서 간의 긴밀한 연락을 도모한다.
- **학적계**: 재적부 및 입퇴학자의 기록, 그 정비와 보관, 입퇴원서, 사정표의 정비보관, 학생명부 작성, 학교생활기록부, 성적일람표, 졸업대장 및 수상자명부의 정비 보관, 재학생 및 졸업생에 대한 조회, 회담
- **연구계**: 교과연구의 개최, 교육과정의 편성 및 개정의 초안 작성, 학년도의 연구주제 및 목표의 설정, 입안교과의 이론과 기술의 연수, 각종 교과서의 분석 · 검토, 연구발표회 및 강습회 운영교육에 관한 조사와 통계, 향토자료 조사, 교육연구에 관한 제반 사항
- **진행계**: 수업시간표 시업 및 종업시간 등에 관한 사항, 교사의 출근, 결근, 출장, 보강 등에 관한 사항
- **통계계**: 학생의 출결, 입학, 전 · 퇴학, 졸업, 전학 등에 관한 조사 통계 및 보고에 관한 사항
- **기록계**: 회의록의 기록, 정리, 보관 등에 관한 사항
- **도서계**: 도서 · 신문 · 잡지 등의 구입, 대출, 관리, 도서실의 운영, 교과서의 전시 · 배급 · 보관 등에 관한 사항

(2) 서무부의 사무

서무부는 서무주임을 중심으로 일반사무에 관한 사항을 담당한다.

- **문서계**: 문서수발에 관한 사항, 제증명 발부, 통계 일반, 출근부 정리,

양식 준비, 물품 배급에 관한 사항

- **용도계**: 제반 용도에 따른 물품 주문 및 구입에 관한 사항
- **비품계**: 책상 · 걸상 · 선반 · 기구 · 기계 · 청소용구 · 기타 일체의 비품정리 및 보관, 조제 수선 등에 관한 사항
- **관리계**: 교지 · 교사 · 교구 · 기타 시설에 대한 비품관리, 영선, 운동시설 및 수영장 등의 관리에 관한 사항
- **회계계**: 제경비의 출납교사의 봉급, 수당에 관한 사항, 예산결산에 관한 사항
- **후생계**: 교직원 간의 수양 · 보건 · 친목에 관한 사항, 외부 단체와의 연락 교섭, 동창회에 관한 사항, 학생의 국제친선 및 자매학교 부락 연결 운영에 관한 사항

2) 학교 사무의 관리원칙

사무관리의 원칙에는 표준화(standardization), 간소화(simplification), 전문화(specialization)의 3가지를 들 수 있으나, 근래에 와서는 사무에 대한 개념이 변화되고 또한 사무수단이 발전됨에 따라 사무의 통합성과 신속성이 요청되고 있다(윤종건 · 전하찬, 1994). 여기서는 표준화, 간소화, 전문화와 함께 통합화(unification)의 4가지를 학교 사무관리의 원칙으로 제시한다. 그러나 이 4가지 원칙들은 한 가지만으로 완전한 것이 아니라 각 원칙들이 서로 조화를 이룰 때 비로소 효과적인 사무관리가 이루어질 수 있다.

(1) 표준화

사무를 처리하는 데 있어 노력, 시간, 장소, 물자 등을 최소화하면서 최대의 성과를 낳을 수 있는 가장 효과적인 방안(best one way)을 찾아 적용하는 것을 표준화라고 한다. 다시 말하면 학교교육에서 달성하고자 하는 모든 계획을 보다 효과적으로 달성하기 위해 그 모든 관계요소와 결합작용에 있어

보다 합리적이고 최선의 방법을 적용하려는 것이 표준화이다. 따라서 사무관리에서 사무분석의 기법을 적용한다거나 사무량의 측정, 사무실 배치 및 집무환경의 호적화(好適化), 문서관리 사무의 자동화 및 기계화 등이 모두 표준화를 위한 작업이라고 할 수 있다.

(2) 간소화

사무를 처리하는 과정이나 방법에서 불필요한 요소를 모두 제거하는 원칙이다. 다시 말하면 본질적이 아닌 사항은 모두 제거하고 중복되는 것은 단순화하며, 통합 가능한 것은 통합하는 등 낭비적·형식적인 요소를 제거함으로써 최소의 노력으로 최대의 성과를 얻고자 하는 것이다.

(3) 전문화

같은 사무나 비슷한 사무를 한 사람이 계속 처리하게 함으로써 사무의 질과 능률을 높이는 것을 말한다. 이와 같은 전문화는 사무처리 기술이 숙달되고 착오율이 감소되는 장점이 있으나, 처리과정에서 업무의 단조성으로 흥미와 보람을 잃게 하는 단점도 있다.

(4) 통합화

학교에서 처리되는 모든 사무의 역할이나 기능이 학생지도라는 목표달성의 방향으로 집중되어야 한다는 원칙이다. 장학이나 관리영역의 부분적인 사무들도 독자적 기능을 충분히 수행하면서 궁극적으로는 학생지도라는 중심 목표에 유기적으로 통합되어야 한다는 것이다. 다시 말하면 학생지도라는 궁극적 목표를 위해 각 분야의 사무들이 각각의 임무를 수행하면서 유기적으로 통합되도록 관리하는 원칙이라고 할 수 있다.

학교 사무가 잡무성을 띠고 있는 경향에서 보거나 학교교육을 체제적인 관점에서 이해할 때는 상기한 다른 원칙들도 모두 중요하지만, 특히 사무의 통합화는 학교 사무의 정상화를 위해 절실히 요청되는 원칙이다. 그래서 통합의 원칙을 체제적 접근(systems approach)의 원칙이라고도 한다.

3. 학교 사무관리의 실제

학교는 일반행정기관이나 기업조직에 비교해 볼 때 구조가 단순하기 때문에 교사는 학생들을 직접 지도하면서 학교행정에도 참여해야 한다. 따라서 교사는 학교경영을 위한 의사결정이나 학교교육의 계획수립에 직·간접적으로 참여를 하고, 사무분장에 의한 사무를 직접 주관하며 공부를 정리하기도 한다.

학교에서 교사가 담당하는 학교사무에는 공문서 관리, 공부 정리 그리고 교육활동과 관련한 지도정보 관리 등이 포함되는데, 이 중에서도 문서관리에 대해 주로 살펴보기로 한다. 행정사무 관련 법령 중에서도 「행정효율과 협업촉진에 관한 규정」(대통령령 제27103호, 2016.04.26, 일부개정)에 근거하여 공부와 문서, 문서의 종류 및 작성원칙, 문서작성의 실제, 문서의 처리 그리고 기록물 편철과 업무관리시스템 이용 등으로 구분하여 제시한 후, 학교정보의 관리에 대해 논의하고자 한다.

1) 공부와 문서

학교의 교육활동을 전개해 나가는 데는 여러 가지를 기록해 비치한 표부(表簿)가 있다. 공부는 법령의 기준에 따라서 학교에 비치해야 할 표부로서 일종의 장부이다. 따라서 공부는 지난날 학교 교육활동의 결과를 기록해 놓은 것으로서, 앞으로의 학교교육에 필요한 자료와 정보를 제공할 뿐 아니라 반성과 개선의 근거도 된다. 따라서 공정성과 정확성은 공부의 생명이다.

공부의 종류는 공부를 분류하는 기준에 따라 다양하다. 공부의 수용 내용을 기준으로 하면 법규·인사·기록통계·편재·교재 및 재료·교원의 복무·진학지도·졸업 등의 공부가 있고, 비중에 따라서는 특류·갑류·을류·병류·정류 등의 공부가 있으며, 보존연한에 따라서는 영구·준영구·10년·5년·3년·1년 등으로 구분한다.

기존의 「행정업무의 효율적 운영에 관한 규정」(대통령령 제23521호, 2012.01. 20, 타법개정)을 일부 개정한 「행정효율과 협업촉진에 관한 규정」(대통령령 제27103호, 2016.04.26, 일부개정) 및 「행정효율과 협업촉진에 관한 규정 시행규칙」(행정자치부령 제76호, 2016.07.11, 법제명변경 및 일부개정)에 의해 문서가 작성되고, 각각의 문서들이 정해진 기간 동안 공부로서 보관되는 것이다. 이를테면, 3년 보존문서로 분류되고 있는 출석부는 학생이 등교하고 있는지 또는 학습에 참여하고 있는지 등을 기록하는 중요한 교육자료이므로 누가 봐도 알 수 있도록 정확히 기록해야 한다. 출석부 정리의 유의점은 학생의 성명은 정자로 기록하되 일련번호 순으로 기입하고 출석·결석·지각·조퇴 및 상고 등을 해당 기호로 정확히 표시하며, 교칙에 의거하여 출결사항을 처리한다.

한편, 문서는 시·공간적 제약을 넘어서 문자, 기호, 도표 등으로 의사를 전달하기 위해 기록해 놓은 것(강경석·최기만, 2003)인데, 학교경영에서 논의하는 문서는 공문서로서 공무를 집행하기 위해 전달되는 문서를 의미한다. 김명한 외 3인(1988)은 문서란 글로써 일정한 사상을 기록하여 표시한 것을 총망라하여 일컬으며, 문자 또는 기호 및 상징에 의하여 일정한 명의인(名義人)이 연속성 있는 물체 위에 의사 또는 감정을 표시한 것을 말한다고 하였다.

일반적으로 문서는 공문서와 사문서로 구분되며, 법률과 행정상의 문서로도 구분된다. 법률상의 공문서와 사문서의 구분은 주로 그 작성자에 의하여 구분되고 있는데, 형법에서 공문서라고 함은 공기관 또는 공무원이 직무상 작성한 문서를 칭하며, 사문서는 권리나 의무 또는 사실증명에 관한 사인의 작성명의의 문서를 칭한다. 정부공문서규정에서는 행정상의 공문서를 행정기관내부 또는 상호 간이나 대외적으로 공무상 작성, 시행된 문서와 행정기관이 접수한 모든 문서로 보고 있다. 따라서 행정상 공무원이 직무상으로 작성한 문서뿐만 아니라, 사인 명의의 문서라도 행정기관에 제출된 문서 즉 허가신청서, 계출서(屆出書), 진정서, 증명서 등은 전부 공문서로 취급된다.

이상에서 공부와 문서의 의미에 대하여 살펴보았다. 이러한 제 문서들이 효력을 발생하려면 나름대로의 요건을 갖추어야 하는데, 이에 관한 사항은 「행정효율과 협업촉진에 관한 규정」 제6조에 다음과 같이 명시되어 있다.

제6조(문서의 성립 및 효력발생) ① 문서는 결재권자가 해당 문서에 서명(전자이미지 서명, 전자문자 서명 및 행정전자 서명을 포함한다. 이하 같다)의 방식으로 결재함으로써 성립한다. ② 문서는 수신자에게 도달(전자문서의 경우는 수신자가 관리하거나 지정한 전자적 시스템 등에 입력되는 것을 말한다)됨으로써 효력을 발생한다. ③ 제2항에도 불구하고 공고문서는 그 문서에서 효력발생 시기를 구체적으로 밝히고 있지 않으면 그 고시 또는 공고 등이 있은 날부터 5일이 경과한 때에 효력이 발생한다.

*출처: 「행정효율과 협업촉진에 관한 규정」 [2016.04.26, 일부개정], 제6조.

2) 문서의 종류 및 작성원칙

(1) 문서의 종류

문서를 제대로 관리하려면 문서의 종류를 알아야 하고, 각 문서의 작성에서 지켜야 할 기준과 원칙을 준수해야 한다. 그 이유는 문서관리의 궁극적인 목적이 사무의 간소화·표준화·과학화·정보화를 통한 행정능률의 제고이며, 이러한 목적달성을 위해서는 일정한 틀 속에서 나름대로 정형화되어야 하기 때문이다.

문서의 종류를 설명할 때에는 작성주체, 유통대상 여부 그리고 문서의 성격으로 구분하여 논의한다. 작성주체에 의한 구분은 공문서인지 사문서인지로 구분하는 경우를 말하고, 유통대상 여부에 의한 구분은 내부결재문서, 대내문서 그리고 대외문서로 구별한다. 그러나 일반적으로 문서를 구분할 때에는 작성주체나 유통대상 여부에 의한 분류보다는 문서의 성격에 의한 분류를 더 자세히 취급한다. 왜냐하면 학교경영과 관련한 공문서의 경우에 그것이 어떤 성격을 띠는지가 매우 중요한 분류기준이 되기 때문이다. 그렇기 때문에 「행정효율과 협업촉진에 관한 규정」 제4조(공문서의 종류)에서도 문서의 성격에 의한 분류를 적시하고 있는데, 그 내용은 <표 11-1>에 제시되어 있다.

〈표 11-1〉 공문서의 종류

종 류	내 용
법규문서	헌법 · 법률 · 대통령령 · 총리령 · 부령 · 조례 · 규칙(이하 "법령"이라 한다) 등에 관한 문서
지시문서	훈령 · 지시 · 예규 · 일일명령 등 행정기관이 그 하급기관이나 소속 공무원에 대하여 일정한 사항을 지시하는 문서
공고문서	고시 · 공고 등 행정기관이 일정한 사항을 일반인에게 알리는 문서
비치문서	행정기관이 일정한 사항을 기록하여 행정기관 내부에 비치하면서 업무에 활용하는 대장, 카드 등의 문서
민원문서	민원인이 행정기관에 대하여 허가, 인가, 그 밖의 처분 등 특정한 행위를 요구하는 문서와 그에 대한 처리문서
일반문서	이상의 종류에 속하지 아니하는 모든 문서

*출처: 「행정효율과 협업촉진에 관한 규정」 [2016.04.26, 법제명변경 및 일부개정]. 제4조.

첫째, 법규문서는 헌법, 법률, 대통령령, 총리령, 부령, 조례 및 규칙에 관한 문서로서, 조문형식에 의해 누가적으로 작성한다.

둘째, 지시문서는 훈령 · 지시 · 예규 · 일일명령 등 행정기관이 하급기관 또는 소속공무원에 대해 일정한 사항을 지시하는 문서로서, 이전에는 영달

문서라고 부르기도 했다. ‘훈령’은 상급기관이 하급기관에 대해 장기간에 걸쳐 그 권한행사를 일반적으로 지시하기 위해서 발하는 명령이며, 조문형식 또는 공문서식에 의해 작성한다. ‘지시’는 상급기관이 하급기관에 대해 개별적·구체적으로 발하는 명령을 말하는데, 공문서식에 의해 작성하고 분류기호 및 연도별 일련번호를 사용한다. ‘예규’는 법규문서 이외의 문서로서 반복적인 행정사무의 기준을 제시하며, 공문서식에 의해 작성하고 연도별 일련번호를 사용한다. ‘일일명령’은 당직, 출장, 특근 및 각종 휴가 등 일일업무에 관한 명령을 말하며, 이 역시 공문서식에 의해 적성하고 연도별 일련번호를 사용한다.

셋째, 공고문서는 고시나 공고 등 행정기관이 일정한 사항을 일반인에게 알리기 위한 문서로서, 공고 후 5일이 경과된 날부터 효력이 발생한다. ‘고시’는 법령이 정한 바에 따라 일정한 사항을 일반에게 알리는 문서를 말하며, 연도별 일련번호를 사용한다. ‘공고’는 행정기관이 일정한 사항을 일반에게 알리기 위한 문서를 말한다.

넷째, 비치문서는 비치대장이나 비치카드 등 행정기관이 일정한 사항을 기록하여 행정기관 내부에 비치하면서 업무에 활용하는 문서이다.

다섯째, 민원문서는 민원인이 행정기관에 대해 인·허가 및 기타처분 등 특정한 행위를 요구하는 문서와 그에 대한 처리문서를 말한다.

여섯째, 일반문서는 이상의 종류에 속하지 아니하는 모든 문서를 말한다.

(2) 문서의 작성원칙

문서작성의 일반적인 원칙은 「행정효율과 협업촉진에 관한 규정」 제7조에 명시되어 있는데, 관련 규정과 이철웅(2011)의 논의를 근간으로 설명하고자 한다.

제7조(문서작성의 일반원칙) ① 문서는 「국어기본법」 제3조 제3호에 따른 어문규범에 맞게 한글로 작성하되, 뜻을 정확하게 전달하기 위하여 필요한 경우에는 괄호 안에 한자나 그 밖의 외국어를 함께 적을 수 있으며, 특별한 사유가 없으면 가로로 쓴다.
② 문서의 내용은 간결하고 명확하게 표현하고 일반화되지 않은 약어와 전문용어 등의 사용을 피하여 이해하기 쉽게 작성하여야 한다.
③ 문서에는 음성정보나 영상정보 등이 수록되거나 연계된 바코드 등을 표기할 수 있다.
④ 문서에 쓰는 숫자는 특별한 사유가 없으면 아라비아 숫자를 쓴다.
⑤ 문서에 쓰는 날짜는 숫자로 표시하되, 연·월·일의 글자는 생략하고 그 자리에 온점을 찍어 표시하며, 시·분은 24시각제에 따라 숫자로 표기하되, 시·분의 글자는 생략하고 그 사이에 쌍점을 찍어 구분한다. 다만, 특별한 사유가 있으면 다른 방법으로 표시할 수 있다.
⑥ 문서작성에 사용하는 용지는 특별한 사유가 없으면 가로 210밀리미터, 세로 297밀리미터의 직사각형 용지로 한다.
⑦ 제1항부터 제6항까지에서 규정한 사항 외에 문서작성에 필요한 사항은 행정자치부령으로 정한다.

*출처: 「행정효율과 협업촉진에 관한 규정」 [2016.04.26, 일부개정] 제7조.

① 용지의 규격

용지의 기본규격은 도면, 증표류, 기타 특별한 형식의 문서를 제외하고는 가로 210mm, 세로 297mm인 A_4용지를 사용한다. 문서의 여백은 편철위치와 용도에 따라서 달리할 수 있으나, 일반적으로는 위 3cm, 왼쪽 2cm, 오른쪽과 아래를 각각 1.5cm로 한다.

② 문서의 용어

문서는 「국어기본법」(법률 제11690호, 2013.03.23, 정부조직법 일부개정) 제11조에 따른 어문규정에 맞도록 한글로 작성하되, 쉽고 간명하게 표현해야 한다. 뜻을 정확하게 전달하기 위해 필요한 경우에는 괄호 안에 한자나 그 밖의 외국어를 넣어 쓸 수 있으며, 특별한 사유가 있는 경우를 제외하고는 가로로 쓴다.

숫자는 아라비아 숫자(1, 2, 3 등)로 쓰며, 연호는 서기연호를 쓰되 서기의 글자는 표시하지 않는다. 날짜는 숫자로 표기하되, 년·월·일의 글자는 생략하고 그 자리에 온점(.)을 찍어서 표시한다. 예를 들면, 2012. 7. 20과 같이 표시한다. 시·분은 24시각제에 따라 숫자로 표시하되, 시·분의 글자는 생략하고 그 사이에 쌍점(:)을 찍어서 표시한다. 예를 들면, 오후 3시 30분은 15 : 30으로 표시한다.

유가증권 및 문서에 금액을 표시할 때에는 '금12,500원(금일만이천오백원)'으로 표시한다.

③ 문서의 수정

문서의 일부분을 삭제 또는 수정하는 경우에는 삭제 또는 수정하는 글자의 중앙에 가로로 두 줄(특수기호 사용가능)을 그어 원안의 글자를 알아볼 수 있도록 수정하고, 그 곳에 수정한 자가 서명 또는 날인을 한다. 문서의 중요한 내용을 삭제 또는 수정하는 경우에는 문서의 여백에 삭제 또는 수정한 자수를 표시하고, 서명 또는 날인한다(예: 3자 수정(삭제)(서명 또는 날인)). 또한 전자문서를 수정하는 경우에는 수정한 내용대로 재작성하여 시행하되, 수정 전의 문서를 기안자·검토자 또는 결재권자가 보조할 필요가 있다고 인정되는 경우에는 이를 보존해야 한다.

④ 항목의 구분

문서의 내용을 둘 이상의 항목으로 구분하여 작성하고자 할 때에는 다음 <표 11-2>와 같이 구분하여 표시한다.

〈표 11-2〉 공문서 작성 시의 항목구분

구 분	항목 부호
첫째 항목	1., 2., 3., 4., ……
둘째 항목	가., 나., 다., 라., ……
셋째 항목	1), 2), 3), 4), ……
넷째 항목	가), 나), 다), 라), ……
다섯째 항목	(1), (2), (3), (4), ……
여섯째 항목	(가), (나), (다), (라) ……
일곱째 항목	①, ②, ③, ④, ……
여덟째 항목	㉮, ㉯, ㉰, ㉱, ……

*출처: 이철웅(2011). 교직실무 이론과 실제. 고양: 서현사. p.360.

필요한 경우, 항목구분의 본질적 내용을 벗어나지 않은 범위 내에서 □, ○, ㅡ, • 등과 같은 특수기호를 쓸 수 있으며, 각 항목의 표시위치 및 띄우기는 다음과 같다.

- 첫째 항목부호는 제목의 첫 글자와 같은 위치에서 시작한다.
- 첫째 항목 다음 항목부터는 바로 앞 항목의 위치로부터 1자(2타)씩 오른쪽으로 시작한다.
- 항목부호와 그 항목 사이에는 1타를 띄운다.

수신자∨○○○장관(○○○과장)
제　목∨문서작성 요령

1.*첫째 항목 ○○○○○
∨가.*둘째 항목 ○○○○○
∨∨1)*셋째 항목 ○○○○○
∨∨∨가)*넷째 항목 ○○○○○
∨∨∨∨(1)*다섯째 항목 ○○○○○
∨∨∨∨∨(가)*여섯째 항목 ○○○○○
∨∨∨∨∨∨①*일곱째 항목 ○○○○○
∨∨∨∨∨∨∨㉮*여덟째 항목 ○○○○○

※ '∨' 표시는 한글 1자(2타), '*' 표시는 숫자 1자(1타)를 띄운다.

하나의 본문 아래 항목의 순서는 다음 예시와 같이 첫째 항목(1, 2, 3, …)부터 시작한다.

> 수신자∨○○○장관(○○○과장)
> 제　목∨문서관리 교육실시
>
> ---
>
> ∨∨∨∨문서관리 교육을 다음과 같이 실시하오니, 대상자는 전원 참석하여 주시기 바랍니다.
> ∨∨∨∨1.*일시 : 2012. 7. 20(금). 15:30
> ∨∨∨∨2.*장소 : ○○○○○○○
> ∨∨∨∨3.*참석대상 : ○○○○○○.∨끝.

※ '∨' 표시는 한글 1자(2타), '*' 표시는 숫자 1자(1타)를 띄운다.

본문이 끝난 다음 줄에는 "붙임" 표시를 하되, 붙임물이 두 가지 이상일 경우에는 항목을 구분하여 표시한다.

> (본문)………하시기 바랍니다.
> 붙임∨1.*일시 : 2012. 7. 20(금). 15:30
> 　　　2.*증빙서류 1부.∨끝.

본문이 끝났을 경우에는 1자(2타)를 띄우고, '끝'자를 쓴다.

> ………………하시기 바랍니다.∨끝.

붙임물이 있을 경우에는 "붙임" 표시를 한 다음에 1자(2타)를 띄우고, '끝'자를 쓴다.

> 붙임∨1.*문서관리교육계획(안) 1부.
> 　　　2.*교육대상자 명단 1부.∨끝.

본문 또는 붙임의 표시문이 오른쪽 한계선에서 끝났을 경우에는 다음 줄의 왼쪽 기본선에서 1자(2타)를 띄우고 '끝'자를 표시한다.

> 붙임………………………………………………………………………… 1부.
> ∨끝.

또한 연명부 등의 서식을 작성하는 경우에는 다음과 같이 작성한다.

첫째, 기재사항이 서식의 중간에서 끝나는 경우에는 기재사항의 마지막 다음 줄에 '이하 빈칸'이라고 표시한다.

순	성명	성별	주소	비고
1	○○○			
2	□□□			
3				
			이 하 빈 칸	

둘째, 기재사항이 서식의 마지막 칸에서 작성되는 경우에는 서식의 칸 밖 다음 줄의 왼쪽 기본선에서 1자를 띄우고 '끝'자를 표시한다.

순	성명	성별	주소	비고
1	○○○			
2	□□□			
3				

∨끝.

3) 문서작성의 실제

문서의 작성은 「행정효율과 협업촉진에 관한 규정 시행규칙」의 [별지 제1호 서식]을 따르기 마련인데, 다음 [그림 11-1]과 같다.

① 발신명의

합의제 행정기관 또는 행정기관의 장의 명의를 기재하고, 보조기관 또는 보좌기관 상호 간에 발신하는 문서에는 그 보조기관의 명의를 기재하도록 되어 있다. 학교에서는 '○○초등학교장'이라고만 기재한다.

② 기안자, 검토자, 협조자 및 결재권자의 직위/직급

직위가 있는 경우에는 직위를 온전하게 쓰고, 직위가 없는 경우에는 직급을 온전하게 쓴다. 다만, 기관장과 부기관장의 직위는 간략하게 쓴다. 학교의 경우에 검토자는 부장교사와 교감이 되고, 결재권자는 학교장이 된다. 줄을 달리하여 쓰는 협조자는 행정실장이나 업무관련 부서의 부장교사 혹은 동료교사가 된다.

- 기안자, 검토자 및 결재권자(직위/직급): '기안자, 검토자 및 결재권자'라는 용어는 표시하지 아니하고 기안자, 검토자 및 결재권자의 직위/직급을 쓰고 서명한다.
- 협조자(직위/직급): '협조자'의 용어를 표시한 다음에 이어서 직위/직급을 쓰고 서명한다.
- 전결 및 서명표시 위치: 「행정효율과 협업촉진에 관한 규정」 제10조 ②항 및 「행정효율과 협업촉진에 관한 규정 시행규칙」 제7조 ②항의 규정에 따라 위임전결하는 경우에는 행정기관 장의 결재란을 설치하지 아니하고, 전결하는 사람의 서명란에 "전결" 표시를 한 후 서명해야 한다. 이에 관해서는 본서의 '④ 전결/대결 표시방법'에서 재논의하기로 한다.

행 정 기 관 명

수신
(경유)
제목

발 신 명 의직인

기안자 직위(직급) 서명 검토자 직위(직급) 서명 결재권자 직위(직급) 서명

협조자

시행 처리과명-연도별 일련번호(시행일) 접수 처리과명-연도별 일련번호(접수일)

우 도로명주소 / 홈페이지 주소

전화번호( ) 팩스번호( ) / 공무원의 전자우편주소 / 공개 구분

210㎜×297㎜(백상지 80g/㎡)

비고(이 난은 서식에 포함하지 아니한다)
- 문서를 작성할 때 "행정기관명", "발신명", "기안자", "검토자", "결재권자", "직위(직급) 서명", "처리과명-연도별 일련번호(시행일)", "도로명주소", "홈페이지 주소", "공무원의 전자우편주소", "공개 구분"의 용어는 표시하지 아니하고 그 내용을 적는다.

*출처: 「행정효율과 협업촉진에 관한 규정 시행규칙」 [2016.07.11, 법제명변경 및 일부개정]. 별지 제1호 서식.

[그림 11-1] 문서작성의 서식

③ 보좌기관/총괄책임자의 부재사유 명문화

출장 등의 사유로 검토를 받을 수 없는 경우에는 검토생략이 가능하며, 이 경우에 부재사유(출장, 휴가 등)를 검토자의 서명란에 표시하도록 한다.

④ 전결/대결 표시방법

「행정효율과 협업촉진에 관한 규정」 제10조 ③항 및 「행정효율과 협업촉진에 관한 규정 시행규칙」 제7조 ③항의 규정에 의해 위임전결하는 경우에는 전결하는 사람의 서명란에 "전결" 표시를 한 후 서명해야 한다. 그리고 위임전결사항을 대결(代決)하는 경우에는 대결하는 사람의 서명란에 "대결" 표시를 하고 서명하되, 위임전결사항을 대결하는 경우에는 전결하는 사람의 서명란에 "전결" 표시를 한 후 대결하는 사람의 서명란에 "대결" 표시를 하고 서명해야 한다.

한편, 기안문을 작성할 때에는 검토자의 결재권자의 결재를 받을 수 있는 상황인지를 먼저 파악해야 한다. 이때 출장 등의 사유로 결재나 검토가 불가능하다면 사전에 기안문의 결재란에 다음과 같이 입력하여 결재를 받도록 하되, 내용이 중요한 문서에 대해서는 반드시 사후에 보고해야 한다. 전결사항은 각 학교마다 다르므로 학교의 위임전결규정을 참고한다.

- 학교장이 결재할 경우: 교사 ○○○ → 교무부장 □□□ → 교감 ◇◇◇ → 학교장 ◎◎◎
- 교감이 결재할 경우: 교사 ○○○ → 교무부장 □□□ → 교감 전결 ◇◇◇(공란)
- 학교장 결재사항을 교감이 대결할 경우: 교사 ○○○ → 교무부장 □□□ → 교감 대결 ◇◇◇(공란)

⑤ 시행처리과명-일련번호(시행일자), 접수처리과명-일련번호(접수일자)

처리과명(처리과가 없는 행정기관은 10자 이내의 행정기관명의 약칭)을 기재하고, 일련번호는 연도별 일련번호를 기재하며, 시행일자란에는 연 · 월 · 일에 각각 온점(.)으로 찍고 숫자로 기재한다. 다만, 민원문서인 경우로 필요한 때에는 시행일자란과 접수일자란에 시·분까지 기재한다. 일련번호는 행정실에서 문서를 발송하고 등록하는 과정에 부여되므로 기안자인 교사는 기입하지 않는다.

⑥ (우편번호)주소

우편번호를 기재한 다음에 학교가 위치한 주소를 기재한다. 학교의 공문서 양식에는 이미 입력되어 있으므로 그대로 사용하면 된다.

⑦ 홈페이지 주소

학교의 홈페이지 주소를 기재한다.

⑧ 전화(지역번호) 전송(지역번호)

전화번호와 팩스번호를 각각 기재하되, 괄호 안에는 지역번호를 기재하며, 기관 내부문서의 경우에는 구내 전화번호를 기재한다. 전화번호는 행정실의 번호가 아니라 기안자가 직접 받을 수 있는 번호여야 하는데, 개인별 전화번호가 없으면 교무실 대표 전화번호를 기재한다.

⑨ 기안자의 공식 전자우편 주소

행정기관에서 공무원에게 부여된 전자우편 주소를 기재한다.

⑩ 공개구분

공개·부분공개·비공개로 구분하여 표시한다. 부분공개나 비공개인 경우 「공공기록물 관리에 관한 법률 시행규칙」(행정자치부령 제1호, 2014.11.19, 일부개정) 제18조에 의한 공개여부 구분번호를 선택하여 괄호 안에 표시한다. 일반적으로 학교에서 교사가 작성하는 공문서는 대부분 공개문서에 해당한다.

⑪ 관인생략 등의 표시

발신명의의 오른쪽에 관인생략 또는 서명생략을 표시한다.

4) 문서의 처리

(1) 접수 및 배포

문서를 접수하고 나면, 공란을 비롯하여 학교 내의 관계부서나 구성원들에게 알리는 작업이 필요하다. 「행정효율과 협업촉진에 관한 규정」 제18조와 김명한 외 3인(1988)의 주장을 중심으로 문서의 접수 및 배포에 관한 내용을 논의하면 다음과 같다.

> 제18조(문서의 접수 · 처리) ① 문서는 처리과에서 접수하여야 하며, 접수한 문서에는 접수일시와 「공공기록물관리에 관한 법률 시행령」 제20조에 따른 접수등록번호(이하 "접수등록번호")를 전자적으로 표시하되, 종이문서인 경우에는 행정자치부령으로 정하는 접수인을 찍고 접수일시와 접수등록번호를 적는다.
> ② 제1항에도 불구하고 문서과에서 받은 문서는 문서과에서 접수일시를 전자적으로 표시하거나 적고, 지체 없어 처리과에 배부하여야 한다. 이 경우 처리과는 배부 받은 문서에 접수등록번호를 표시하거나 적는다.
> ③ 행정기관은 문서의 접수 및 배부 경로에 관한 정보를 「공공기록물관리에 관한 법률 시행령」 제20조에 따른 등록정보로 관리하여야 한다.
> ④ 처리과에서 문서 수신·발신업무를 담당하는 사람은 접수한 문서를 처리담당자에게 인계하여야 하고, 처리담당자는 행정자치부령으로 정하는 문서인 경우에는 공람할 자의 범위를 정하여 그 문서를 공람하게 할 수 있다. 이 경우 전자문서를 공람하였다는 기록이 업무관리시스템 또는 전자문서시스템 상에서 자동으로 표시되도록 하여야 한다.
> ⑤ 제4항에 따라 공람을 하는 결재권자는 문서의 처리기한과 처리방법을 지시할 수 있으며, 필요하면 조직관계 법령 또는 제60조에 따라 업무분장된 담당자 외에 그 문서의 처리담당자를 따로 지정할 수 있다.
> ⑥ 행정기관의 홈페이지나 행정기관이 부여한 공무원의 전자우편주소

> 등 정보통신망을 이용하여 행정기관이 아닌 자로부터 받은 문서는 제1항부터 제5항까지의 규정에 따라 처리한다. 이 경우 해당 문서에 대한 위조·변조 방지 조치 등으로 인하여 접수일시와 접수등록번호를 표시할 수 없으면 그 문서에 표시하지 아니할 수 있고 발신자의 주소와 성명 등이 불분명할 때에는 접수하지 아니할 수 있다.

*출처: 「행정효율과 협업촉진에 관한 규정」 [2016.04.26, 일부개정] 제18조.

문서의 접수란 우송 혹은 편송 등에 의해 학교에 도착한 문서를 행정실에서 수령하여 접수인을 그 문서에 날인하고, 문서접수대장에 기재하여 문서의 도착을 확인하는 것을 말한다. 문서의 배포는 접수문서를 그의 내용에 의해 문서주관과인 서무과에서 해당 주무부서로 송부하거나 또는 문서관리부서까지 와서 각각 영수하고 수령인을 날인하게 하는 절차를 일컫는다.

문서주무과에서 접수처리가 끝난 문서는 수령원이 직접 해당과로 전달하거나 전임의 문서집배원이 일정시간에 일정한 코스로 조직 내를 순회하면서 문서를 배포하는 방법 그리고 선진국에서 채택하고 있는 Belt Conveyer System 등을 이용하여 배포할 수 있다. 배포된 문서는 담당실무자에게 바로 배부하여 그 실무자가 처리할 수 있는 것은 직접 처리토록 함으로써 상사에게 상달하는 방법, 각 부서의 책임자에게 먼저 열람시킨 후에 부서장의 지시를 받아 처리하게 하는 방법 그리고 배부된 문서의 내용에 따라 결재권자에게 먼저 열람시킨 후에 결재권자의 지시를 받아 처리하는 방법 등을 생각해 볼 수 있다.

접수된 문서는 소정의 문서처리인에 날인하고 해당 주무부서인 문서처리 담당관에게 이송한다. 문서처리 담당관은 관계란에 전결권자, 분류자, 결재권자란을 만들고 문서처리 담당관용 문서대장에 소요사항을 기입하여 각 결재권에게 회부한다. 결재권자는 그 문서에 결재표시를 하고 문서처리인의 수령자, 처리기한, 지시사항란에 필요사항을 기입한다. 여기에서 수령자는 문서처리 지시를 받아 직접 책임지고 처리할 담당자를 말하며, 해당 직명을 문서에 명시한다. 처리기한에는 처리담당자가 문서를 처리한 기한을 기입하고, 지시사항란에는 문서의 처리에 관해 필요한 지식, 즉 처리요령 및 처리상의 유의사항 등을 기입한다. 결재권자로부터 문서처리를 지시받은 수령자는 그 지시사항에 의거하여 처리기한 내에 당해문서를 처리하여야 한다.

(2) 기안

기관의 의사를 결정하기 위해 문서로써 구체적 원안을 준비하는 과정을 기안이라고 한다(김명한 외 3, 1988). 기안은 배부된 문서를 받아 문서에 명시되어 있는 업무를 처리하기 위해 할 수도 있지만, 다른 한편으로는 기관의 발의에 의해 최초로 행하게 되는 경우도 있는데, 이에 대한 사항은「행정효율과 협업촉진에 관한 규정」제8조와「행정효율과 협업촉진에 관한 규정 시행규칙」제3조 및 제4조에 명시되어 있다.

> 제8조(문서의 기안) ① 문서의 기안은 전자문서로 하는 것을 원칙으로 한다. 다만, 업무의 성질상 전자문서로 기안하기 곤란하거나 그 밖의 특별한 사정이 있으면 그러하지 아니한다.
> ② 문서의 기안은 행정자치부령으로 정하는 기안문으로 하여야 한다. 다만, 관계 서식이 따로 있는 경우에는 그 내용을 관계 서식에 기입하는 방법으로 할 수 있다.
> ③ 둘 이상의 행정기관의 장의 결재가 필요한 문서는 그 문서처리를 주관하는 행정기관에서 기안하여야 한다.
> ④ 기안문에는 행정자치부령으로 정하는 바에 따라 발의자(기안하도록 지시하거나 스스로 기안한 사람을 말한다)와 보고자를 알 수 있도록 표시하여야 한다. 다만, 다음 각 호의 문서에는 발의자와 보고자의 표시를 생략할 수 있다.
> 1. 검토나 결정이 필요하지 아니한 문서
> 2. 각종 증명 발급, 회의록, 그 밖의 단순 사실을 기록한 문서
> 3. 일상적·반복적 업무로서 경미한 사항에 관한 문서

*출처:「행정효율과 협업촉진에 관한 규정」[2016.04.26, 일부개정] 제8조.

제3조(문서의 기안) ① 영 제8조 제2항에 따른 기안문은 별지 제1호 서식이나 별지 제2호 서식에 따라 작성한다.
② 제1항에도 불구하고, 대통령 또는 국무총리의 결재를 받아야 하는 문서의 기안은 별지 제3호서식이나 별지 제4호 서식에 따른 기안문으로 하되, 특별한 결재 절차에 사용하는 기안문은 따로 정하여 사용할 수 있다.
③ 제1항과 제2항에 따른 별지 제2호서식과 별지 제4호 서식은 보고서, 계획서, 검토서 등 발신할 필요가 없는 내부결재문서에만 사용한다.

제4조(기안문의 구성) ① 제3조 제1항에 따라 기안문을 별지 제1호 서식으로 작성하는 경우 기안문은 두문, 본문 및 결문으로 구성한다.
② 제1항에 따른 두문(이하 "두문"이라 한다)은 행정기관명과 수신란으로 구성하되, 다음 각 호의 구분에 따라 표시한다. 이 경우 두문의 여백에는 행정기관의 로고·상징·마크·홍보문구 또는 바코드 등을 표시할 수 있다.
1. 행정기관명에는 그 문서를 기안한 부서가 속하는 행정기관명을 표시하되, 다른 행정기관명과 동일한 경우에는 바로 위 상급기관명을 함께 표시한다.
2. 수신란에는 다음 각 목과 같이 표시한다.
가. 수신자가 없는 내부결재문서인 경우에는 "내부결재"로 표시한다.
나. 수신자가 있는 경우에는 수신자명을 표시하고, 그 다음에 이어서 괄호 안에 업무를 처리할 보조기관이나 보좌기관을 표시하되, 보조기관이나 보좌기관이 분명하지 아니한 경우에는 ○○업무담당과장 등으로 쓸 수 있다. 다만, 수신자가 여럿인 경우에는 두문의 수신란에 "수신자 참조"라고 표시하고 제1항에 따른 결문(이하 "결문"이라 한다)의 발신 명의 다음 줄에 수신란을 따로 설치하여 수신자명을 표시할 수 있다.
③ 제1항에 따른 본문(이하 "본문"이라 한다)은 제목, 내용 및 붙임(문서에 다른 서식 등이 첨부되는 경우에만 해당한다)으로 구성한다.
④ 문서에 다른 서식 등이 첨부되는 경우에는 본문의 내용이 끝난 줄 다음에 "붙임" 표시를 하고 첨부물의 명칭과 수량을 적되, 첨부물이 두 가지 이상인 경우에는 제2조 제1항에 따라 항목을 구분하여 표시하

여야 한다.

⑤ 본문의 마지막에는 다음과 같이 "끝" 표시 등을 한다.

1. 본문의 내용(본문에 붙임이 있는 경우에는 붙임을 말한다)의 마지막 글자에서 한 글자 띄우고 "끝" 표시를 한다. 다만, 본문의 내용이나 붙임에 적은 사항이 오른쪽 한계선에 닿은 경우에는 다음 줄의 왼쪽 한계선에서 한 글자를 띄우고 "끝" 표시를 한다.

2. 제1호에도 불구하고, 본문의 내용이 표 형식으로 끝나는 경우에는 표의 마지막 칸까지 작성되면 표 아래 왼쪽 한계선에서 한 글자를 띄운 후 "끝" 표시를 하고, 표의 중간까지만 작성된 경우에는 "끝" 표시를 하지 않고 마지막으로 작성된 칸의 다음 칸에 "이하 빈칸"으로 표시한다.

⑥ 결문은 다음 각 호의 사항으로 구성한다.

1. 발신 명의

2. 기안자 · 검토자 · 협조자 · 결재권자의 직위나 직급(각급 행정기관이 6급 이하 공무원의 직급을 대신하여 대외적으로 사용할 수 있도록 정한 대외직명을 포함한다. 이하 제6조에서 같다) 및 서명(전자이미지서명과 전자문서서명을 포함한다. 이하 같다)

3. 「공공기록물 관리에 관한 법률 시행령」 제20조에 따른 생산등록번호(이하 "생산등록번호"라 한다) 및 접수등록번호(이하 "접수등록번호"라 한다), 시행일 및 접수일

4. 행정기관의 우편번호 · 주소 · 홈페이지주소 · 전화번호 · 팩스번호, 공무원의 전자우편주소와 공개 구분

*출처: 「행정효율과 협업촉진에 관한 규정」 [2016.07.11, 법제명변경 및 일부개정] 제3조, 제4조.

(3) 결재

문서는 기안한 후에 결재과정을 밟아야 한다. 문서의 결재란 기안문서에 관해 기관의 의사를 결정할 수 있는 권한이 있는 자가 승인·인정 등을 부여하여 기안문을 확정하고, 문서에 의한 기관의 의사를 결정짓는 것을 일컫는다. 그러므로 기관의 장 또는 기관의 위임전결규정에 의해 결재권을 위임받은 자의 의사결정을 받기 위해서 각급 보조기관을 거치는 것은 결재가

아니라 공람이다. 그러나 일반적으로 널리 통용되는 결재의 개념 속에는 이러한 공람도 포함된다.

결재에는 전결, 대결 및 후결이 있다. 전결이란 사안의 내용에 따라 각급 보조기관에게 위임하여 장을 대신하여 결재할 것을 인정하는 것이다. 대결이란 최종 결정자가 출장 중이거나 휴가·병가 등으로 부재중일 때 그 결재권자의 직무를 대리할 수 있는 자가 일시적으로 결재권자를 대신하여 결재하는 제도를 말한다. 후결은 긴급한 안건으로서 최종 결재권자가 일시적으로 부재중이거나 이석(離席) 중에 사무의 형편상 그가 돌아올 때까지 기다릴 수 없을 때 최종 결재권자의 차하위자의 결재로서 우선 시행케 하고, 사후에 최종 결재권자의 결재를 받는 제도이다.

후결과 대결의 차이점은 전자의 경우에는 정규 결재권자의 결재를 사후에 얻는다는 조건부로 대체한다는 점이다. 후결문서의 시행 후에도 만일 후결자가 결재를 할 때 내용에 수정을 가하는 경우에는 수정사항이 효력을 발생하게 되므로 그 수정된 내용을 관계자에게 지체 없이 통지해 주어야 한다.

이상에서 전결, 대결 그리고 후결을 포함한 결재에 대하여 설명했는데, 이러한 일련의 결재에 대한 사항의 규정은 「행정효율과 협업촉진에 관한 규정」 제10조와 「행정효율과 협업촉진에 관한 규정 시행규칙」 제7조에 명시되어 있다.

> 제10조(문서의 결재) ① 문서는 해당 행정기관의 장의 결재를 받아야 한다. 다만, 보조기관 또는 보좌기관의 명의로 발신하는 문서는 그 보조기관 또는 보좌기관의 결재를 받아야 한다.
> ② 행정기관의 장은 업무의 내용에 따라 보조기관 또는 보좌기관이나 해당 업무를 담당하는 공무원으로 하여금 위임전결하게 할 수 있으며, 그 위임전결 사항은 해당 기관의 장이 훈령이나 지방자치단체의 규칙으로 정한다.
> ③ 제1항이나 제2항에 따라 결재할 수 있는 사람이 휴가, 출장, 그 밖

의 사유로 결재할 수 없을 때에는 그 직무를 대신하는 사람이 대결하고 내용이 중요한 문서는 사후에 보고하여야 한다.

*출처: 「행정효율과 협업촉진에 관한 규정」 [2016.04.26, 일부개정] 제10조.

제7조(문서의 결재) ① 결재권자의 서명란에는 서명날짜를 함께 표시한다.
② 영 제10조 제2항에 따라 위임전결하는 경우에는 전결하는 사람의 서명란에 "전결" 표시를 한 후 서명하여야 한다.
③ 영 제10조 제3항에 따라 대결(代決)하는 경우에는 대결하는 사람의 서명란에 "대결" 표시를 하고 서명하되, 위임전결사항을 대결하는 경우에는 전결하는 사람의 서명란에 "전결" 표시를 한 후 대결하는 사람의 서명란에 "대결" 표시를 하고 서명하여야 한다.
④ 제2항과 제3항의 경우에는 서명 또는 "전결" 표시를 하지 아니하는 사람의 서명란은 만들지 아니한다.

*출처: 「행정효율과 협업촉진에 관한 규정 시행규칙」 [2016.07.11, 법제명변경 및 일부개정] 제7조.

(4) 발송

결재가 끝났더라도 결재된 문서가 시행되기까지는 성문(成文) 또는 발송의 단계를 순차적으로 밟아야 한다. 성문이란 결재된 문서를 정식문서로 하기 위해 정서(整書)하는 것을 말한다. 정서의 방법에는 타자·인쇄·등사·복사·필기 등이 있는데, 시행될 문서의 내용이나 성질 및 발송부수의 다소(多少)에 따라 합당한 것으로 해야 한다. 정서가 끝나면 결재문서와 대조해서 잘못이 있으면 수정을 하고, 대조가 끝난 후에는 대조한 자가 결재문서의 적당한 여백에 확인인(確認印)을 날인해야 한다. 그러고 나서 문서를 수신처에 발송하게 되는데, 발송인을 붉은 색 도장으로 찍고 발신번호와 발신 연·월·일을 기입하며 문서발송부에 기록한다.

외부에 발송할 때에는 조직의 장의 명의로 하되, 공문서의 경우에는 관인을 찍으며, 청 내에 발송되는 문서는 발신자가 서명한다. 또 인쇄된 것이나 경미한 내용의 경우에는 관인생략을 할 수도 있는데, 이때 발송문서 기관명 위 여백에 “관인생략”이라는 표시의 날인을 한다.

문서발송 관련 사항 역시 「행정효율과 협업촉진에 관한 규정」 제15조와 제16조 및 「행정효율과 협업촉진에 관한 규정 시행규칙」 제12조와 제13조에 명시되어 있는데, 그 내용은 다음과 같다.

> 제15조(문서의 발신) ① 문서는 직접 처리하여야 할 행정기관에 발신한다. 다만, 필요한 경우에는 행정조직상의 계통에 따라 발신한다.
> ② 하급기관이 바로 위 상급기관 외의 상급기관(바로 위 상급기관에 대한 지휘·감독권을 가지는 상급기관을 말한다)에 발신하는 문서 중에서 필요하다고 인정되는 문서는 그 바로 위 상급기관을 거쳐 발신하여야 한다.
> ③ 상급기관이 바로 아래 하급기관 외의 하급기관(바로 아래 하급기관의 지휘·감독을 받는 하급기관을 말한다)에 발신하는 문서 중에서 필요하다고 인정되는 문서는 그 바로 아래 하급기관을 거쳐서 발신하여야 한다.
> ④ 다음 각 호의 어느 하나에 해당하는 경우에는 해당 문서를 생산한 처리과의 장의 승인을 받아 이미 발신한 문서의 수신자를 변경하거나 추가하여 다시 발신할 수 있다.
> 1. 결재권자나 해당 문서를 생산하는 처리과의 장의 지시가 있는 경우
> 2. 수신자의 명칭이 변경된 경우
> 3. 착오로 인하여 수신자를 누락하였거나 잘못 지정한 경우
> 4. 해당 업무와 관련된 기관의 요청이 있는 경우
>
> 제16조(문서의 발신방법 등) ① 문서는 정보통신망을 이용하여 발신하는 것을 원칙으로 한다.
> ② 제1항에도 불구하고 업무의 성질상 제1항에 따른 발신방법이 적절하지 아니하거나 그 밖의 특별한 사정이 있으면 우편·팩스 등의 방법으로 문서를 발신할 수 있으며, 내용이 중요한 문서는 등기우편이나 그 밖에 발신사실을 증명할 수 있는 특수한 방법으로 발신하여야 한다.
> ③ 행정기관이 아닌 자에게는 행정기관의 홈페이지나 행정기관이 공무원에게 부여한 전자우편주소를 이용하여 문서를 발신할 수 있다.

④ 행정기관의 장은 문서를 수신·발신하는 경우에 문서의 보안 유지와 위조, 변조, 분실, 훼손 및 도난 방지를 위한 적절한 조치를 마련하여야 한다.

⑤ 결재권자는 비밀사항이거나 누설되면 국가안전보장, 질서유지, 경제안정, 그 밖의 국가이익을 해칠 우려가 있는 내용의 문서를 결재할 때에는 그 문서 내용의 암호화 등 보안 유지가 가능한 발신방법을 지정하여야 한다.

*출처: 「행정효율과 협업촉진에 관한 규정」 [2016.04.26, 일부개정] 제15조 내지 제16조.

제12조(문서의 발신) ① 문서는 처리과에서 발신하되, 영 제14에 따라 관인을 찍는 문서인 경우로서 전자문서인 경우에는 처리과의 기안자나 문서의 수신·발신업무를 담당하는 사람이 전자이미지관인을 찍고, 종이문서인 경우에는 관인을 처리하는 사람이 관인을 찍는다.

② 영 제15조 제4항에 따라 수신자의 변경이나 추가를 승인한 처리과의 장은 승인날짜를 업무관리시스템 또는 전자문서시스템으로 관리하여야 한다. 다만, 종이문서인 경우에는 기안문의 결재권자 서명란 오른쪽 여백에 서명을 하고 승인날짜를 적는 방법으로 표시하여야 한다.

제13조(문서의 발신방법 등) ① 영 제16조 제1항에 따라 업무관리시스템 또는 전자문서시스템 등을 이용하여 정보통신망으로 문서를 발신하거나 수신하였을 때에는 그 발신 또는 수신 기록을 전자적으로 관리하여야 한다.

② 영 제16조 제2항에 따라 우편·팩스 등의 방법으로 문서를 발신할 때에는 그 발신기록을 증명할 수 있는 관계 서류 등을 기안문과 함께 보존하여야 한다.

③ 결재권자가 영 제16조 제5항에 따라 암호화 등의 발신방법을 지정한 경우에는 문서 본문의 마지막에 "암호" 등으로 발신할 방법을 표시하여야 한다.

④ 영 제16조 제5항에 따른 문서 중 비밀로 분류된 문서는 수신자의 응답이 있는 경우에만 발신하여야 하며, 문서의 제목 다음이나 본문의 "끝" 표시 또는 "이하 빈칸" 표시 다음에 따옴표(" ")를 하고 그 안에

비밀등급을 표시하여 발신하여야 한다.

*출처: 「행정효율과 협업촉진에 관한 규정 시행규칙」 [2016.07.11, 법제명변경 및 일부개정] 제7조.

5) 업무관리시스템 활용 및 정보관리

(1) 업무관리시스템의 활용

업무관리시스템은 행정기관이 업무처리의 전 과정을 과제관리카드 및 문서관리카드 등을 이용하여 전자적으로 관리하는 시스템을 말한다. 이 시스템은 업무추진, 일정관리, 업무지원 분야로 구성되어 있으며, 이 중 업무추진 분야는 [그림 11-2]에서 보는 바와 같이 문서관리, 메모관리, 과제관리 그리고 지시요구의 기능을 제공한다.

업무관리시스템의 중요 구성요소인 문서관리카드란 공문서를 작성하거나 보고·협조 등을 처리하고, 처리과정에서 제기된 의견이나 관련자료, 의사결정 내용 등을 모두 기록해서 관리하는 카드를 말한다. 업무담당자가 보고서나 각종 문서를 작성하기 위해서는 업무관리시스템에서 문서관리카드를 작성해야 한다. 공문서를 작성한다는 의미는 업무관리시스템에서 문서관리카드를 작성한다는 말과 동일한 것이다.

문서관리	메모관리	과제관리	알림판
• 기안	• 메모작성	• 나의 과제	• 알림판
• 결재	• 처리할 메모	• 학교과제	• 개인 월간일정
• 공람	• 보고받은 메모	• 과제카드 관리	• 학교 월간일정
• 내문서함	• 보고한 메모	• 기능분류 체계	• 홍보관리
• 발송함	• 임시저장 메모	• 기록물 이관	• 공유설비 예약
• 접수함	• 메모서식 관리		
• 문서함	• 관리자 주요메모		
	• 삭제한 메모		

*출처: 김승희 외 3(2010). 알기 쉬운 교직실무. 고양: 공동체. p.235.

[그림 11-2] 업무관리시스템의 구조도

업무담당자는 업무관리시스템을 이용하여 기안과 결재는 물론, 문서발송을 처리할 수 있다. 따라서 예전처럼 문서를 출력하거나 출력물을 편철하여 보관할 필요가 없어졌는데, 업무처리의 변화에 대한 내용은 <표 11-3>과 같다.

〈표 11-3〉 업무처리의 변화

구분	내 용
과제관리	• 업무의 묶음단위를 개인주관에 따라 만들었던 기록물철 대신에 학교의 기능을 체계화한 기능별 분류체계에서 선택하여 관리 • 이에 따라 기존에 사용하던 개념 및 용어는 다음과 같이 변경 -단위업무 ⇨ 단위과제 -기록물철 ⇨ 단위과제카드
문서관리	• 전자문서시스템, 나이스, 에듀파인에서 각각 처리하던 결재업무를 업무관리시스템에서 일원화하여 결재처리
메모관리	• 관리자에게 구두나 수기로 보고했던 사항을 전자적으로 보고함으로써 보고 대기시간이 감축되고, 보고내용이 기록물로 관리
공문게시	• 담당업무의 연관성과 관계없이 접수하던 단순 홍보성 공문들은 공문게시판을 통해서 개인별로 관심 있는 분야에 대해서만 선택적으로 열람 가능

*출처: 이철웅(2011). 교직실무 이론과 실제. 고양: 서현사. p.369.

또한 이 시스템을 이용하여 보안결재한 문서를 제외하고는 다른 사람이 접수하거나 기안한 기관 내의 대부분의 문서를 열람할 수 있다. 업무관리시스템에 접속하기 위해서는 우선 학교 정보담당교사에게 문의하여 NIES 인증서를 발급받아야 한다. NIES 인증서를 발급받은 다음에 해당교육청 전자문서시스템에 접속해서 본인 아이디와 비밀번호를 입력하고 로그인을 하면 업무관리시스템 접속이 가능하다.

이상에서 업무관리시스템에 대해 간략하게 안내했지만, 이러한 업무처리 방법의 변화는 업무관리시스템의 구축·운영을 규정한 「행정효율과 협업촉진에 관한 규정」 제21조 내지 제25조 및 「행정효율과 협업촉진에 관한 규정 시행규칙」 제19조 내지 제22조에 근거한다.

제2절 업무관리시스템의 구축 · 운영

제21조(업무관리시스템) ① 행정기관의 장은 업무처리의 모든 과정을 효율적으로 관리하기 위하여 업무관리시스템을 구축·운영하여야 한다. 다만, 업무의 성질상 업무관리시스템의 구축·운영이 곤란하거나 그 밖의 특별한 사유가 있는 경우에는 그러하지 아니하다

② 중앙행정기관, 지방자치단체 또는 지방교육행정기관의 장은 제1항 본문에 따라 업무관리시스템을 구축·운영하는 경우에 그 소속기관 등을 포함하여 구축·운영할 수 있다.

③ 행정자치부장관은 제1항과 제2항에 따른 업무관리시스템의 구축·운영을 지원하기 위한 계획을 수립·시행할 수 있다.

제22조(업무관리시스템의 구성 및 운영) ① 업무관리시스템에는 행정기관 업무의 기능별 단위 과제의 담당자·내용·추진실적 등을 기록·관리하기 위한 카드(이하 "과제관리카드"라 한다)와 문서의 작성·검토·결재·등록·공개·공유 등 문서처리의 모든 과정을 기록·관리하는 카드(이하 "문서관리카드"라 한다) 등이 포함되어야 한다. 이 경우 문서관리카드는 다음 각 호의 사항을 포함하여야 한다.

1. 기안 내용
2. 의사결정 과정에서 제기된 의견, 수정 내용과 지시 사항
3. 의사결정 내용

② 제1항과 제2항에서 규정한 사항 외에 업무관리시스템의 구성 및 운영 등에 필요한 세부사항은 행정자치부령으로 정한다.

제23조(업무관리시스템 등과 행정정보시스템 간의 연계 · 운영) ① 행정기관의 장은 효율적인 업무수행을 위하여 업무관리시스템 또는 전자문서시스템을 기능분류시스템(행정기관의 업무를 기능별로 분류하고 관련 행정정보를 연계하여 전자적으로 관리하는 시스템을 말한다. 이하 같다) 등 행정정보시스템과 연계하여 운영하여야 한다. 다만, 업무의 성질상 연계하여 운영하는 것이 적합하지 아니하거나 그 밖의 특별한 사유가 있는 경우에는 그러하지 아니하다.

② 행정기관의 장은 업무관리시스템으로 관리한 업무실적 등을 효과적으로 활용하도록 노력하여야 한다.

제24조(업무관리시스템 등의 표준 고시) ① 행정자치부장관은 다음 각 호의 표준을 정하여야 한다. 다만, 「산업표준화법」에 따른 한국산업표준이 제정되어 있는 사항은 그 표준을 따른다.

1. 업무관리시스템의 규격에 관한 표준과 업무관리시스템을 이용한 전자문서 등의 유통에 관한 표준
2. 전자문서시스템의 규격에 관한 표준과 전자문서시스템을 이용한 전자문서 등의 유통에 관한 표준
3. 업무관리시스템 또는 전자문서시스템과 행정정보시스템 간 연계를 위한 표준

② 행정자치부장관은 제1항에 따른 규격·유통 및 연계에 관한 표준을 정하였으면 그 내용을 관보에 고시하고 인터넷에 게시하여야 한다. 그 표준을 변경하는 경우에도 또한 같다.

③ 행정기관의 장은 특별한 사유가 없으면 제2항에 따라 고시된 표준과 「공공기록물 관리에 관한 법률」 제39조에 따른 표준에 적합한 업무관리시스템이나 전자문서시스템을 구축·운영하여야 한다.

제25조(정부전자문서유통지원센터) ① 행정자치부장관은 전자문서의 원활한 유통을 지원하기 위하여 행정자치부에 정부전자문서유통지원센터(이하 이 조에서 "센터"라 한다)를 둔다.

② 센터는 다음 각 호의 업무를 수행한다.

1. 전자문서의 원활한 유통을 위한 지원과 유통 및 연계에 관한 표준 등의 운영
2. 전자문서의 효율적인 유통을 위한 프로그램의 개발 및 보급
3. 전자문서의 유통 시 발생하는 장애를 복구하기 위한 지원
4. 유통되는 전자문서의 위조·변조·훼손 또는 유출을 방지하기 위한 보호대책 마련

③ 제1항 및 제2항에서 규정한 사항 외에 센터의 운영에 필요한 세부사항은 행정자치부령으로 정한다.

*출처: 「행정효율과 협업촉진에 관한 규정」 [2014.04.26, 일부개정] 제21조 내지 제25조.

제2절 업무관리시스템의 구축 · 운영

제19조(업무관리시스템 구축 · 운영 지원) 행정자치부장관은 영 제21조 제3항에 따라 업무관리시스템의 구축 · 운영을 지원하기 위한 계획을 수립 · 시행하기 위하여 관계 행정기관의 장에게 관련 자료 및 필요한 의견의 제출을 요청할 수 있다.

제20조(업무관리시스템의 구성) ① 과제관리카드에는 표제, 실적관리, 접수관리, 계획관리, 품질관리, 홍보관리, 고객관리 부분과 그 밖에 필요한 사항이 포함되어야 한다.

② 문서관리카드는 문서정보, 보고경로, 시행정보, 관리정보 부분과 그 밖에 필요한 사항이 포함되어야 한다.

③ 행정기관의 장이 특별한 사유가 있다고 인정하면 제1항과 제2항에 따른 과제관리카드와 문서관리카드의 일부 사항을 제외할 수 있다.

제21조(업무관리시스템에 의한 기안 및 시행) ① 문서의 기안은 제3조에도 불구하고 별지 제6호 서식의 문서관리카드로 할 수 있다.

② 문서관리카드로 기안을 하는 경우에 검토자 · 협조자 및 결재권자는 제4조 제5항에도 불구하고 "끝" 표시 등을 생략할 수 있고, 제6조 제3항 및 제4항에도 불구하고 보고경로 부분의 의견 · 지시란에 의견을 표시할 수 있으며, 제7조에도 불구하고 "전결", "대결"의 표시를 생략할 수 있다.

제22조(정부전자문서유통지원센터의 운영 등) ① 행정자치부장관은 전자문서유통상의 장애가 발생하거나 업무관리시스템 또는 전자문서시스템 간의 문제가 발생한 경우에는 영 제25조 제1항에 따른 정부전자문서유통지원센터(이하 "센터"라 한다) 이용자에게 업무관리시스템 또는 전자문서시스템 등의 관련 정보를 요청할 수 있다.

② 제1항에서 정한 사항 외에 센터 운영에 필요한 세부 사항은 행정자치부장관이 따로 정한다.

*출처: 「행정효율과 협업촉진에 관한 규정 시행규칙」 [2016.07.11, 법제명변경 및 일부개정] 제19조. 내지 제22조.

(2) 학교정보의 관리

학교행정이나 학생지도에 필요한 정보에는 경영정보와 학생지도정보가 있으나 여기서는 교사를 대상으로 하고 있으므로 학생지도정보에 대해 살펴보기로 한다. 윤종건과 전하찬(1994)에 의하면 학생지도정보에는 학생 이해를 위한 정보, 지도방법의 개선을 위한 정보, 전문성 관리를 위한 정보가 있다.

① 학생 이해를 위한 정보

학생을 잘 가르치기 위해서는 먼저 학생을 바르게 이해하는 일이 앞서야 하고 학생을 바르게 이해하기 위해서는 이해를 돕는 정보가 바르고 새로워야 한다. 그러므로 교사가 학생을 잘 가르치기 위해서는 학생의 이해를 돕는 정보를 수집하고 해석하고 활용하는 데 최선을 다 해야 한다. 이와 같은 사실은 의사가 환자를 잘 고치기 위해서는 먼저 환자의 병력이나 건강 상태 등을 알아야 하는 것과 동일하다.

학생 이해를 위한 정보로는 학생이 현재 가지고 있는 개인적 특성을 이해하기 위한 정보가 있고, 과거에 학생이 성장하는 과정에 영향을 주었고 현재에도 영향을 주고 있으며 미래의 성장에까지 영향을 줄 환경에 대한 정보가 있다.

• 개인적 특성 이해를 위한 정보

이는 학생이 현재 가지고 있는 지적·정의적·신체적 능력이나 수준을 바르게 파악할 수 있는 정보를 말한다. 이러한 개인적 특성에 대한 정보는 학생지도를 위한 출발점행동의 수준을 판단하는 자료로 지도내용이나 지도방법을 결정하는 기초가 된다.

학생의 지적 특성을 파악하기 위해서는 선수학습의 수준이나 지능 등을 알아야 하고, 정의적 특성을 파악하기 위해서는 학생 개인이 가지고 있는 흥미나 성격을 알아야 하며, 신체적 특성을 알기 위해서는 발육상태와 건강

등을 파악하여야 한다. 지능이나 선수학습의 수준은 학교생활기록부의 내용을 분석함으로써 판단할 수 있고, 신체상의 특성은 건강기록부를 통해 파악할 수 있다. 그러나 정의적 특성은 관찰을 통한 방법이 가장 효과적이므로 전년도 담임교사의 관찰결과를 기록물이나 상담내용 등을 인계받아 지속적으로 계속 관찰하는 것이 바람직하다.

그러므로 교사는 학생의 개인적 특성 이해를 위한 정보를 얻기 위해서 학교생활기록부와 건강기록부의 기록내용을 항시 참고해야 하고, 학생 상담 결과 기록과 행동관찰 누가기록 등을 통해 개인적인 특성을 파악 및 정리해야 한다.

• 환경 이해를 위한 정보

학생들의 성장·발달에 영향을 주는 환경은 지역사회환경과 학교환경 그리고 가정환경으로 나누어서 생각할 수 있다. 그러므로 학생을 바람직하게 지도하려면 학생들의 과거와 현재와 미래에 영향을 주는 이들 환경에 대한 정보를 바르게 파악해야 한다.

지역사회환경의 파악을 위해서는 그 지역의 문화의 수준과 특수성을 그리고 학교환경의 파악을 위해서는 학교의 전통이나 물리적 환경들이 학생 이해를 위한 정보로 해석 및 정리되어야 한다. 그러나 이들 정보는 계획적으로 수립·분석하지 않더라도 그 지역에서 거주하고 그 학교에서 근무하는 동안 힘들이지 않고 파악할 수 있으므로 교사는 항상 환경정보에 대해 관심을 기울여야 한다.

가정환경은 학생의 성장에 가장 많은 영향을 주는 환경이다. 따라서 환경 이해를 위한 정보 중 가장 중요한 것은 가정환경에 대한 정보라고 할 수 있다. 그 중에서도 가장 큰 영향을 끼치는 것은 가정의 사회·경제적 수준과 학생에 대한 성취압력, 언어 모델 등이다. 가정의 사회·경제적 수준에 대한 정보는 가정환경조사를 통해 분석할 수 있고, 언어 모델 역시 부모의 교육 수준으로 파악 가능하다. 그러나 성취에 대한 압력은 가정환경조사서나 상담을 통해 파악하기가 어렵고 특별한 방법을 통해 조사하고 해석해야 하기 때문에 현실적으로 학교현장에서 일반화하기란 매우 어려운 일이다.

② 수업 개선을 위한 정보

학습자가 의도적 지식, 기능, 신념을 합리적으로 학습할 수 있도록 학습자의 내·외적 환경을 체계적으로 조정하는 과정을 수업이라고 한다. 여기서 말하는 내적 환경은 학생들의 동기형성 또는 주의집중 등을 말하고, 외적 환경은 수업내용의 선정과 자료준비 등을 말한다. 그리고 수업은 이러한 환경을 조정하는 과정이기 때문에 모든 수업에 동일한 방법이 적용되는 것이 아니라 대상이나 상황에 가장 알맞은 방법이 적용되어야 훌륭한 수업이 이루어질 수 있다. 따라서 교사는 수업의 개선을 위해 항상 노력해야 하고, 그러기 위해서는 개선을 위한 정보를 효과적으로 관리해야 한다.

수업 개선을 위한 정보는 체제를 갖추어 관리하기가 매우 어렵다. 그러나 교사가 교과의 내용이나 대상 또는 상황에 맞는 수업을 하기 위해 수업에 대한 이론이나 선행연구결과를 문헌을 통해 연구하거나 연구회 참가, 연구수업 참관을 통해 수업방법의 개선을 위한 정보를 수집·정리하는 일 등은 현장교사로서 손쉽게 할 수 있는 정보관리 방법이라고 할 수 있다.

③ 전문성 관리를 위한 정보

교직은 전문직이다. 그러므로 교사는 전문성 관리에 최선을 다해야 한다. 교육은 시대나 환경의 변화에 민감하게 적응하면서 발전을 유도하는 기능도 수행해야 하기 때문에 교사는 다른 전문직에 비해 항상 많은 정보를 필요로 한다.

또한 교사는 변화하는 사회환경에 적응하면서 학생들을 바르게 가르치기 위해 시대나 사회의 성격을 규정하는 문화적 특성을 이해해야 하고, 교육내용이나 상황에 적합한 지도방법이나 기술을 알고 있어야 한다. 그러므로 교사는 교사로서의 전문성을 유지하기 위해 학생지도에 필요한 문화적 정보나 기술적 정보를 효율적으로 수집·활용해야 한다. 그러기 위해서 교사는 교육 전문도서는 물론, 일반교양을 위한 도서를 많이 읽어야 하고 매스컴에도 관심을 가져야 한다.

제12장 교직의 발전과제

1. 교원행정의 당면과제

오늘날 우리의 교육계가 당면한 문제는 한두 가지가 아니지만 그 중에서도 가장 절실한 당면 과제는 우수한 인재들이 교직을 선택하게 하는 일이라고 말할 수 있다. 우수한 인재가 교사 양성기관에 입학할 수 있게 하고, 입학한 우수 인재를 유능한 교사로 양성시킨 후 교육활동에 헌신적으로 종사할 수 있는 여건 조성이 연계성을 갖고 추진되어야 한다. 그러나 현실적으로는 이러한 일련의 문제들이 해결되지 못하고 있는 실정인데, 그 주요 원인을 몇 가지(윤정일, 1994; 윤종건 · 전하찬, 1994) 살펴보기로 한다.

1) 전문성과 자질

가르치는 일이 쉽지 않다는 사실은 자기자녀나 친척을 가르쳐 본 사람이면 쉽게 실감하게 된다. 아무나 할 수 없는 직업, 전문적인 기술을 필요로 하는 직업이 교직이다. 그래서 교직을 전문직이라고 일컫는 것이다.

그런데 막상 현직 교원들에게는 전문적 소양이 부족하다는 비판을 많이 한다. 적어도 가르치는 일에 있어서는 타의 추종을 불허할 정도로 능숙해야 하지만, 실상은 별로 그렇지 못하다는 것이 사회적 인식이다. 사회인들이 그렇게 인식하는 까닭은 첫째로, 교원들의 학력 수준이나 지적 수준이 사회인들과 차이가 없거나 오히려 낮다는 점이다. 의사가 되려면 실력도 있어야 하거니와 의과대학 6년과 의사면허시험 그리고 수련과정 5년에 다시 전문의 시험을 치러야 한다. 또 법관이 된 사람은 최고의 실력을 갖추고 있음을 누구나 인정한다. 그러나 임용고사를 거쳐 교사로 임용되는 제도의 도입 이전에는 자신이 가르치는 과목에 대해 심도 있는 학력 수준을 유지하지 못한 교사들이 지탄의 대상이 되기도 했다.

둘째로는 전문적인 사범교육을 받지 않은 이른바 비사범계 출신이 많다는 점이다. 교원수급이 원활하지 못했던 1970~80년대에는 초등학교 교사의 30%, 중등학교 교사의 60% 이상이 비사범계 출신이었다. 따라서 일반 사회인들은 마음만 먹으면 누구나 교사를 할 수 있다는 생각이 남아 있으며, 더구나 정규 사범계를 나온 사람보다는 오히려 일반대학 출신자들의 실력이 높다는 인식을 하고 있는 실정이다. 예컨대 A대학교 사범대학 국어교육과를 졸업한 국어교사보다는 A대학교 문리대학 국어국문과를 졸업한 국어교사의 실력이 낫다는 인식을 하고 있는 것이다.

우리나라의 이야기는 아니지만 다음의 예는 우리나라의 경우도 통용될 수 있을 것이다.

> 일본의 ○○교육대학에서는 초등학교 학생을 가진 어머니들에게 "만약 1개월 후에 사정에 의해 꼭 직업을 가져야 한다면 당신은 어떤 일을 할 수 있으리라고 생각하십니까? 실제로는 자격이 없으면 못하는 일도 있습니다만 당신의 능력에 비춰볼 때 할 수 있다고 생각되면 선택해 주세요"라고 하면서 사무원, 타이피스트, 교사, 외판원, 점원, 의사, 변호사 등의 직업 중에서 가능하다고 생각되는 직업을 선택하게 했다. 그 결과, 교사의 전문성에 대한 평가는 끝에서 다섯 번째였으며 3할에 가까운 어머니들이 '교사의 일이라면 나도 할 수 있을 것 같다'라고 대답했다고 한다. 이 사례가 교사의 전문성을 부정하는 가장 단적인 예가 아닐까 한다.

사실 교원의 전문성이 논의의 대상이 되는 것은 사회인의 인식 때문이 아니라 교육력을 약화시키는 가장 큰 원인이 되기 때문이다. 가르치는 일을

업으로 삼는 사람들이 가르치는 전문가가 되지 못한다면 가장 심각한 문제가 아닐 수 없다. 물론 교사 스스로 전문성이 부족하다고는 실토하지 않는다. 그러나 학생들의 학업성취에 가장 큰 영향력을 미치는 사람이 교사인 점을 생각한다면, 아무리 여건불미(과밀학급, 준비도, 자료 및 시설의 미비 등)를 들어 변명을 하더라도 학력저하에 대한 책임을 면할 길 없다. 잘못 가르쳤기 때문이라고 단정하지 않을 수 없는 것이다.

교원의 전문성을 지적인 교육에서 중요한 측면이라면 교원의 자질은 정적인 교육의 측면에서 중요한 것이다. 교육은 지적인 면과 정의적인 면 모두 강조되어야 하며 그래야 비로소 전인교육이 된다. 정의적인 교육은 심성을 도야하고 인격을 연마하는 이른바 '사람을 사람답게' 만드는 교육적 측면을 말한다. 아무리 실력이 있고 유능하더라도 인품이 갖추어지지 않으면 제대로 사람대접을 못 받게 된다. 그런데 그러한 인간교육은 교사가 모범을 보임으로써 가능하다. 즉, 학생들에게 인격적 감화를 줄 수 있는 '사표'가 될 수 있어야 한다.

현실적으로 교사로서의 자질을 갖추지 못한 사람들이 교단을 지키고 있는 사례가 많은 것 또한 커다란 문제 중 하나로 지적되고 있다. 사회문제를 야기하는 예는 그리 많지 않으나, 내면적으로 볼 때 교사의 위신을 실추시키는 행위를 일삼는 교사가 적지 않은 것 같다.

교원의 자질이 당면 과제로 대두된 것은 교원양성과정과 선발 및 임용과정에 문제가 있는 까닭이다. 즉, 교직 희망자들의 인성을 고려하지 않았고 그들의 인격적 완성을 위한 보완교육 체제가 미흡했기 때문이다. 결국, 교원의 전문성과 자질이 문제점으로 지적되는 이유는 교원양성제도 및 선발제도에 허점이 있기 때문이라고 하겠다.

2) 인사제도

교원 인사제도의 문제점은 승진제도와 전직·전보제도의 주요 문제로 나누어 생각해 볼 수 있다.

(1) 교원 승진제도의 문제

① 관리·행정우위의 분위기를 조장하는 승진 구조

일반적으로 가르치는 일보다 행정우위의 풍토가 조성되어 있어 교사들이 수업보다 승진에 대한 관심을 더욱 기울이고 있는 일면을 부인할 수 없다. 이는 교원의 조직구조와 자격의 분화가 전문적 교직풍토를 조성·유도할 수 있는 체제를 갖추지 못한 데 그 원인이 있다. 프랑스나 독일의 경우, 수업에 전념하는 교사의 자격을 부여하고 이들을 최고의 지성인으로 대우하고 있는데, 이는 우리에게 시사하는 바가 크다.

② 평정점수의 배분 및 산출방식의 비합리성

현재의 교원 승진제도는 경력평정(90점), 근무성적평정(80점), 연수성적평정(30점) 및 가산점을 종합하여 승진후보자 명부를 작성하고 그 순위에 의해 승진후보자를 결정한다. 그런데 이러한 평정점의 배분 및 운용에 있어서 문제점이 자주 지적되고 있다. 즉 근무평정의 비율이 상대적으로 높고 연수성적이 경시되며, 연수성적이 변별력을 상실하는 경우가 많고, 근무성적평정이 실제로는 대부분 교장 1인에 의해 이루어짐으로써 객관성이 결여되고 있다는 점을 들 수 있다.

3) 사기저하

교원문제로 가장 크게 우려되는 것이 바로 교원들의 사기저하를 꼽을 수 있다. 사실 전문성이 좀 부족하고 우수한 교사가 못되더라도 의욕과 흥미를 가지고 열과 성을 다할 수만 있다면 희망은 있다. 그와 반대로 아무리 우수하고 유능한 교사들이 많이 있어도 그들이 의욕을 잃고 교사로서의 직무 수행에 성의를 보이지 않는다면 비관적이다. 더구나 능력도 자질도 부족하면서 의욕과 성의마저 없다면 그야말로 암담할 뿐이다.

최근의 한 뉴스레터에서 충청남도 지역에 근무하는 중등학교 교사들의 일부에게 교직에 대한 만족 여부를 조사한 결과 '만족한다'가 50.3%, '불만이다'가 24.9%로 예상보다 긍정적 반응을 보이고 있는 점이 다행스럽다고 보고한 기록을 읽었다. 그러나 이 조사결과는 교장과 교감, 교사를 합한 것이며 교장의 만족도(78.9%), 교감의 만족도(55.3%)를 제외하고 교사들의 만족도만 따지면 40.3%에 불과하다. 그리고 '그저 그렇다'라고 반응한 23.9%를 어디에 포함시키느냐에 따라 해석은 달라질 수 있다. 그리고 교사의 직무 만족도가 예상외로 높다고 희망적이라는 표현을 썼지만 사실은 교직에 대한 불만을 느끼는 비율도 전체의 1/4이라는 점은 결코 소홀히 할 수 없다. 적어도 45만 교직자 가운데 11만여 명은 불만이 있다는 소리이며 그것은 100명 중 25명이 불만을 느끼고 있음을 뜻한다.

직업에 대한 불만이 비단 교사들에게만 있는 것은 아닐 것이며, 또 다른 직종에 비해 불만족의 비율이 그리 높지 않을지도 모른다. 그러나 역시 단 한 명의 교사라도 의욕상실로 인해 교사로서의 본분을 소홀히 한다면 그 영향은 적어도 30명 내외의 학생들에게 파급되는 것이다.

교사들의 사기저하 원인은 분명하다. 교직 유인체제에서도 언급했듯이 보수가 낮고 사회적 지위도 낮으며 승진기회도 매우 낮은 점이 교사들의 사기를 떨어뜨리는 주범들이다. 또한 근무부담이 과중하고 책임은 크며 행정우위 풍토로 인한 자율성이 극히 제한되는 점 등을 사기저하의 원인으로 덧붙일 수 있다.

2. 교원행정의 개선책

교육현장의 문제를 교육주체인 교사 중심으로 논할 때 교원의 전문성과 자질, 교직 유인가 역할을 제대로 못하는 인사제도 그리고 교원의 사회·경제적 지위로 본 사기저하 등에 대하여 살펴보았다. 그 외에 교직이 점점 여성화되어 가거나 교권실추 사례가 빈발하여 존경받는 교사상 정립이 위협을 받고 있는 점 등도 문제점으로 상정해 볼 수 있는 점이다. 이러한 교원정책의 현안에 대한 대책을 윤종건과 전하찬(1994)의 논의를 토대로 다음과 같이 제시하고자 한다.

1) 전문성과 자질 향상 방안

전문직은 그 직무수행에 있어서 고도의 지적 수준을 요구하므로 장기적인 교육훈련을 필요로 하는 일생업이다. 그리고 전문직으로서의 교직훈련을 성공적으로 수행하려면 지적 능력이 우수해야 할 것이다. 기왕이면 지능지수가 높은 사람이 교직훈련을 성공적으로 수행할 수 있다고 본다. 따라서 교직의 전문성을 신장하고 자질을 향상시키기 위해서는 우선 I.Q가 높은 학생들을 선발하여 장기간 훈련할 것이 요청된다. 특히 선진국에서는 교사, 변호사, 성직자 등을 모두 대학원 수준까지 교육시킨다는 점을 생각할 때, 교직자도 6년 이상의 전문교육을 의무화해야 할 것이다. 그러나 문제는 과연 그처럼 지능이 높은 학생들이 그렇게 장기간 교육을 받으면서 여건이 좋지 않은 교직을 선택할 것인가 하는 점이다.

교직의 전문성과 자질 향상을 위해서는 교육내용도 소홀히 할 수 없다. 현재 교육대학이나 사범대학 또는 교직과정의 교육과정은 가르치는 기술에 치우쳐 있으며 그나마도 충분치 못한 실정이다. 또한 사범대학이나 교직과정 이수자 간에 실질적으로 아무런 차이가 없다. 문리대학 영어영문학과를 졸업하고 교직과목을 이수하여 교원자격증을 취득한 사람이 사범대학 영어

교육과를 졸업하여 교원자격증을 취득한 사람보다 더 환영을 받는 현실적 모순은 무엇 때문일까? 그 이유는 영어실력은 오히려 문리대 졸업생보다 뒤지면서 교사로서의 소양교육은 똑같이 받았다는 일반적 인식 때문일 것이다. 문리대 영문과에서는 영어학과 영문학을 학문적으로 공부하는 것이 당연하다. 그러나 사범대학 영어교육과에서는 중등학교에서 영어를 어떻게 가르쳐야 할 것인가를 공부해야 한다. 따라서 교과목도 중등학교 영어교재를 분석하고 영어교수법을 익히는 것이 중심이 되어야 한다. 그러나 영어를 가르치려면 우선 영어학과 영문학에 관한 기본 소양이 필요하다. 이런 관점에서 볼 때, 영어교사는 적어도 학부에서 문리대 영문과를 졸업한 사람들에게 대학원 과정에서 영어교수방법과 교직교양을 익히게 하는 방법이 가장 타당할 것으로 사료된다.

교직과목에도 문제가 있다. 우선 학점수가 너무 적다. 1985학년도부터는 20학점, 2009학년도부터는 22학점으로 상향 조정되긴 했으나 그것만으로는 부족하다. 만약 현 체제를 그대로 유지하여 학부에서 교사를 계속 양성한다면 교직과목을 부전공으로 하여 최소한 22학점 이상 이수하도록 하되, 교육실습은 학점에 산입하지 말고 별도로 부과해야 할 것이다. 또 사범대학의 경우는 교수법이나 교재연구는 전공과목에 포함시켜 이수하도록 하고 교사로서의 자질교육, 즉 인격교육에 힘써야 할 것이다.

특히 교육실습은 기간이 짧은 것도 문제이지만, 1개월간 모든 학과 교육이 중단되므로 그 손실 또한 크다는 점도 문제가 된다. 그보다 1학기 동안 주 1회 1일을 현장실습일(현재의 교직과정에서 요구하는 '교육봉사'와는 다른 개념)로 정하여 타 학과수업의 결손을 막는 방법도 검토해 볼만하다. 또한 교육실습 담당교사의 자질도 문제가 된다. 실제로 교육실습생 지도를 맡고 있는 교사들 중에는 잘 짜인 실습지도 프로그램대로 지도하지 않고 마치 기다렸다는 듯이 첫 주부터 실습생을 수업에 투입하는 사례가 있기도 하다.

교육실습 지도교사들은 실습생들의 교육관과 교직관을 형성하고 교사로서의 진로선택 여부를 최종적으로 판단하는 데 중요한 자원인사의 역할을 한다. 따라서 그 선발에 신중을 기해야 한다. 학교별로 교육실습생 수를 배정하지 말고 교육실습을 지도할 수 있는 교사의 수에 따라 1인당 5명 이내로 계산하여 배정한다거나 교육실습 지도교사를 위한 집단연수를 반드시 실시하고 교육경력이 5년 이상인 자 혹은 교육대학원 졸업자 등의 자격요건을 강화할 필요가 있다.

교직과목의 명칭도 재조정하여 유사과목은 통합하고, 기초과목인 교육학개론이나 교육사 및 교육철학 등은 교양강좌로 개설하여 일반학생들도 선택하게 한다. 이와 함께 교직과목을 이수하고자 하는 학생들에게는 이러한 과목을 교양필수로 부과하고 교직과목에서는 제외시키는 한편, 교직과목은 교육현장에서 실제적으로 적용될 수 있는 교육실천학 영역의 과목을 통합과정으로 재구성한다. 예컨대 교육심리·생활지도·발달심리 등을 묶어 '교사-학생 인간관계'로, 학교행정과 학급경영 등을 묶어 '교사와 수업관리' 등으로 바꾸는 것이다.

한편, 교원의 전문성과 자질문제는 양성기관운영을 개선하는 것만으로 해결되는 것이 아니다. 전문직일수록 계속교육 또는 재교육의 필요성이 크다. 우선 현직교원들의 기본학력 미달자 해소와 주기적인 보수교육은 반드시 필요하다. 교육부가 주기적으로 재교육을 실시하려는 내용 중에는 초등학교 교사들 중 기본학력 미달자들을 위해 한국방송통신대학에 초등교육과를 만들어 입학시키거나 상급자격 취득을 위한 자격연수의 방법을 개선하여 교육대학원이나 통신교육방법을 도입하고 있다. 중등학교 외국어 교원들의 자질을 향상시키기 위한 국내 및 해외의 특별연수를 확대 실시하고 있으며, 초·중등학교 교감자격 연수대상자 선발시험제도를 고쳐서 이론 위주의 객관식 시험을 주관식 논문형으로 바꾸고, 면접시험을 추가하기로 하는 동시에, 각종 자격 연수과정과 교수요목을 정립한 바 있다. 이밖에 학교별로 주 1회 2시간 정도를 학교장 주도로 연수케 하며, 승진 및 전보교원에 대한 임용 전 연수과정을 설치하고 출장비를 현실화하는 방안도 계속 추진해 나가도록 한다는 것이다.

또 구체적인 계획은 없으나 그 필요성을 인식하고 있는 '수습교사제' 도입, 초등학교의 '교과별 담임제', 재교육 기회확대를 위한 야간제 및 계절제 교육기관의 증설, 교원 해외연수의 확대, 연수원의 전임교원 확보, 연수시기 조정(혹한기 또는 혹서기 제외), 연수성적 평가방법 개선 등이 교원의 전문성과 자질 향상 방안으로 거론되고 있다.

사실 교원의 전문성과 자질은 무엇보다도 교사들이 자발적으로 계속적인 자아성장과 계발에 정진하려는 태도와 자세가 중요하다. 현재로서는 제여건이 불비한 탓이긴 하나 대체로 교사들이 교원연수를 기피하는 경향이 많으며 자발적 참여도 승진을 겨냥한 것 외에는 별로 없다. 이를 극복하고 진정으로 교원들의 발전에 도움이 되기 위해서는 주기적으로 교원들의 교육요구를 분석하여 필요에 따라 다양한 연수를 취사선택하여 받을 수 있게 하여야 한다. 뿐만 아니라 연수결과를 학점화하여 상급자격 취득이나 상급학교 진학에도 반영이 될 수 있도록 하고, 호봉과 승진에도 연수회수와 점수가 함께 고려되도록 하는 제도적 장치가 필요하다고 사료된다.

2) 인사제도의 개선방안

교원행정의 당면 현안 중에서 인사제도에 관한 문제점은 승진과 전직·전보에 국한하여 살펴보았는데, 이러한 문제에 대한 개선방안은 다소 포괄적이긴 하지만 서정화(1992)는 다음과 같이 논의한 바 있다.

(1) 교원승진제도의 개선방안

첫째, 새로운 승진개념을 정립해야 하겠다. 즉, 교직의 전문성 심화를 중시하며 그러한 분위기를 유도하는 직급직능 구조가 필요하다. 다시 말하면 행정관리직으로서의 수직적 상승에 연연해하는 의식구조로부터 탈피하여 해당 교과 또는 영역에 대한 전문성 심화에 관심을 두고 이에 따른 자격취득과 거기에 상응하는 대우를 보장하는 전문직 풍토로의 전환이 필요하다.

전문직은 상위자격을 취득함에 따라 전문적 책무성을 지님과 동시에 이에 상응하는 대우를 보장받는 것이 그 하나의 특징이라고 할 수 있다. 그러나 교직이 전문직이라고 인정은 하면서도 전문성을 인정받을 수 있는 직급·직능분화·처우·행정지원 등이 충분히 이루어지고 있지 못하다. 도리어 전문직이라는 이유로 수평적 조직을 원칙적으로 하여 전문적 책무성을 실감하지 못하게 되어 있고, 교원의 능력을 신장·발전시킬 수 있는 기회 제공과 유인장치가 결여되어 있다. 따라서 앞으로 보다 교원의 전문성을 제고·유도할 수 있는 교원조직 구조가 마련·정착되어야 할 것이다. 이러한 새로운 승진개념 정립의 필요성은 교육의 질적 향상을 위해 당연한 논리이기도 하지만 현실적인 요청이기도 하다.

둘째, 교수(teaching)직능 중심의 능력본위 인사체계가 확립되어야 할 것이다. 이 말은 교수활동을 실제로 담당하고 있는 평교사들에게 교육활동에 전념할 수 있는 여건을 조성해 주고 그들의 성취감과 발전가능성에 대한 기대감을 증진시킬 수 있도록 유도하는 교단교사 중시의 인사체계가 마련되어야 함을 의미한다. 이는 열심히 성실하게 잘 가르치는 교사를 최상으로 여기고 끊임없이 전문성 향상을 위해 노력하는 교사에게 이에 상응하는 자격과 처우의 혜택이 주어짐으로써 가능할 것이다. 그러나 현행제도는 전술한 바와 같이 가장 본질적이며 핵심적인 교단교사로서의 경험을 최대한 존중하고 대우해 주는 데 미흡한 것이 사실이다. 그리고 교사 개개인의 전문적 자질 및 능력에 따라 발전할 수 있는 가능성을 터주지 못하고 있다. 그러므로 일선 교단에서 가르치는 일을 성공적으로 수행하고 있는 교원에게 혜택이 부여되고 자질 및 능력이 수월한 자에게 이에 상응하는 자격과 대우가 주어져야 할 것이다.

뿐만 아니라 교원으로서의 성취감과 발전가능성에 대한 기대감을 증진시킬 수 있는 장치가 필요하다. 교단교사가 행정직으로의 방향을 전환하지 않고도 전문인으로서의 긍지를 가지고 만족스러운 교직생활을 보장받을 수 있도록 해 주는 일은 교원인사행정의 맥이다. 앞으로 이를 해결하기 위해 교원의 자격이나 직급 구분, 새로운 승진임용체계의 구안·정착이 절실히 요청된다.

셋째, 합리적·과학적이며 공정한 승진임용체계가 수립·운영되어야 할 것이다. 교원의 직무만족과 사기를 높이고 결과적으로 학교교육 목적달성의 극대화를 기하기 위해서는 현행 승진제도와 관련된 제반 법규를 과학적 인사행정 원칙에 입각하여 그 논리성과 객관성을 보장할 수 있도록 체계화해야 한다. 아울러 교단경험이 존중되며 능력본위의 원칙이 현재보다 더욱 가미된 승진임용체계를 구안·운용해야 할 것이다. 이를 위해 전술한 임용기준 및 절차, 승진체계 등과 관련된 불합리한 문제점들을 제거하고 근무의욕을 북돋워 줄 수 있도록 보다 공정하고 체계적인 인사관리가 이루어져야 한다.

(2) 전직 및 전보제도의 개선방안

첫째, 전직 요건의 강화를 들 수 있다. 현행 교육공무원은 교원과 교육전문직으로 구분되어 있지만, 이는 개념상의 분류일 뿐 직렬화되어 있지 않아 전직임용방식이 간편하여 독과현상이 성행할 소지가 있고 또한 교원직과 장학·연구직의 전문성을 약화시킨다고도 볼 수 있다. 이러한 전직은 ① 교원직으로부터 교육전문직으로 ② 교육전문직으로부터 교원직(주로 교감이나 교장) ③ 일반직에서 교육전문직 또는 교원직으로 바뀌는 것으로 볼 수 있다.

앞으로 교원직으로부터 장학, 연구, 편수 등의 업무를 맡는 교육전문직으로 전직하고자 할 때 그 임용은 원칙적으로 일정기간의 현장교육 경력을 가진 교사로서 공개경쟁시험에 의한 신규 채용방법을 검토할 필요가 있다. 아울러 특별채용제를 병행 실시함으로써 능력본위의 객관적인 시험제도에서 반영될 수 없는 경력을 충분히 반영할 수 있도록 할 수 있을 것이다. 이러한 특별 채용제도를 통해 교육적 소양과 업적이 뚜렷한 장기근속 교사와 대학원 수준 이상의 학위소지자를 우대하는 방향으로 나갈 수 있을 것이다. 이러한 채용고시는 교육전문직의 전문성을 제고하고 정실 인사를 배제하여 능력 본위의 전문적 장학, 연구, 편수체계 확립에 기여할 수 있을 것이다.

그리고 교육전문직에서 교원직으로 전직할 경우, 일정기간 연수를 받아서 전직하도록 할 수도 있을 것이다. 또한 일반직으로서 교장, 교감 또는 교육전문직으로 전직하고자 할 경우에는 반드시 일정기간의 현장 교단교사 경력을 갖춘 자 중에서 그 기회를 부여하도록 해야 할 것이다.

둘째, 현행 순환근무제도도 보완해 나가야 할 것이다. 현행 순환근무제도에 대한 교원들의 반응을 보면 80% 정도가 그 필요성을 인정하고 있다. 그러나 현재 경직화되어 있고 기계적인 운영이 지적되고 있는 바, 앞으로 생활근거지와 개인적 희망 등을 최대한 인정하는 방안이 모색되어야 할 것 같다. 예컨대, 비경합 지구의 경우 본인이 희망하고 해당 학교 및 지역사회의 발전을 위해 반드시 필요하다고 인정될 때는 일정기간 동안 연장근무가 가능하도록 할 수 있을 것이다.

그리고 제도의 경직성으로 인해 발생할 수 있는 가족별거, 교통수단의 불편, 문화시설의 낙후, 학교급지별 소요생활 경비의 차이 등에 따르는 제반 불이익을 보상해 줄 수 있도록 보전수단을 강구해 나가야 할 것이다. 또한 비경합 지구의 장기근속자 중 학식과 덕망이 있는 자에게 승진의 특혜를 부여하되, 제한된 지역에서만 효력을 발생하는 한지교장제를 도입하는 방안도 검토해 볼만하다. 그리고 시·도 간의 전보교류를 보다 원활하게 이루어질 수 있도록 하는 방안도 마련되어야 할 것이다.

(3) 사기앙양 방안

한국교육개발원이 전국의 각급학교 교사들을 대상으로 교직생활에서 가장 시급히 해결되어야 할 문제에 대한 의견을 조사한 결과, ① 보수개선 ② 자율성 보장 ③ 교육 외적인 잡무의 근절 ④ 주당 수업시간의 적정화 ⑤ 신분보장 ⑥ 승진기회의 확충의 순으로 나타났다. 이 중 보수에 대해서는 연령이 높을수록, 자율성에 대해서는 연령이 낮을수록 민감한 반응을 보였으며, 잡무에 대해서는 초등학교 교사들이 가장 민감하게 반응했다. 특이한 것은 승진에 대해 의외로 낮은 반응을 보였다는 점이다.

교원들의 사기를 높이려면 일차적으로 교원이 전문직자로서의 품위와 생활수준을 유지할 수 있는 적정선의 보수가 지급되어야 한다. 현대처럼 수입에 비례하여 사회적 평가가 달라지는 황금만능주의적 사회에서는 아무리 안빈낙도(安貧樂道)를 읊조리고 설득하고자 해도 소용없다. 교사도 엄연한 직업인이고 감정을 지닌 인간이기 때문이다. "돈"에 초연할 수는 없는 것이다. 더구나 최저생계비에도 못 미치는 보수를 받으면서 만족을 느끼고 의욕적으로 일하라고 강요할 수는 없다. 물론 교육재정의 영세성과 교육부 예산의 70% 이상이 인건비로 지출되고 있는 현실을 모르는 바는 아니다. 그러나 말로만이 아니라 교육의 중요성을 인식하고 교육에서의 교사의 영향력을 인정한다면 교사의 처우개선을 위한 투자에 인색하지 말아야 한다.

한편, 자율성에 대한 욕구가 커지고 있는 것은 교직의 전문성과 연계시켜 볼 때 당연한 주장이며, 이는 교육권 즉 가르칠 권리를 올바로 행사하려는 의지의 표출이라고 하겠다. 융통성 없는 교육과정의 운영, 획일화된 단일 교재, 주입식의 단순화된 교수방법을 강요하는 사회적 여건 등은 교사의 자율성을 송두리째 빼앗아 가버린 것이다. 교사들의 자율성을 보장하려면 먼저 "학교경영의 민주화", "교단 중심의 행정" 등을 구호에만 그치지 말고 보다 폭넓게 일선교사들이 학교경영에 참여할 수 있도록 해야 한다. 시키는 대로 고분고분 말을 잘 들으면 유능한 교사요, 소신껏 창의적으로 교육활동을 해나가는 교사는 문제교사로 지목되는 현실에서 자율성이 보장되기를 기대할 수는 없다. 이는 정치적 중립성과도 관계가 깊은 것이다.

교원들의 사기를 저하시키는 세 번째 이유로는 근무부담의 과중을 들 수 있다. 교사 1인당 학생 수가 단연 세계 제1위이며, 적정 수업일수에 있어서도 선진국에 비하면 많다. 게다가 당직과 기타 잡무는 어느 것이 본무인지 구별할 수 없을 정도로 많다. 교사들의 근무조건을 개선하고 근무부담을 줄이기 위한 노력도 계속되고 있다. 그러나 역시 예산부족으로 소기의 성과를 거양하지 못하고 있는 실정이다.

주요 대책으로 지적되고 있는 것을 열거해 보면 학급규모를 줄이는 일,

법정정원의 확보, 사무보조원의 배치, 공문서의 간소화, 각종 장부의 통·폐합, 사무처리의 기계화 및 전산화, 교재연구의 자율성 보장, 학습 보조자료의 개발·보급 등이다. 이 중에서도 교원의 잡무를 줄이기 위한 방안으로 공문서의 간소화와 각종 장부의 통·폐합은 계속적으로 강력한 시도를 해 오고 있으나 그 실효를 거두지 못하고 있다. 그 주요 원인을 분석해 보면 ① 교육행정기관이 학교를 불신하고 지시사항의 이행 여부를 반드시 공문서나 장부를 통해 확인하려는 사고방식 ② 학교경영자들이 형식 위주와 보이기 위한 장식적 취향에서 탈피하지 못하는 전근대적 의식 구조 ③ 학교를 정책실현과 실적 거양의 도구로 이용하려는 정부 각 부처의 권위주의적 발상 등이다. 결국, 학교가 자율성을 최대한 보장받고 정치적 중립성을 견지하지 않는 한 교원의 잡무를 줄인다는 것은 거의 불가능하다.

3. 교직단체와 교권옹호

1) 교직과 단체교섭

단체교섭은 노동조합의 대표자가 소속조합원의 노동조건과 기타 요구조건에 관해 경영자와 대등한 입장에서 교섭하는 것이라고 할 수 있다. 이렇게 보면 단체교섭은 조합의 기능을 수행하는 하나의 경로임을 알 수 있다. 즉, 단체교섭권이 인정되고 법률에 의해 보장됨으로써 조합이 하나의 사회세력으로서 자본가나 경영자 등 외부세력에 대해 자기의 권익을 보호할 수 있게 대응할 능력을 갖추는 것이다.

전문직은 전술한 바와 같이 자율성과 이에 따르는 책임성을 수반하는 직업집단이다. 하나의 직업이 전문직으로서의 구실을 하기 위해서는 직업적 행위를 자율적으로 행할 수 있도록 자율성을 보장받아야 되며 그에 따르는 책임을 명확한 한계 내에서 전문직인 자신이 져야 한다. 대부분의 전문직이

윤리강령을 갖추고 있는 이유가 여기에 있으며, 전문직으로서의 기능을 효과적으로 수행하고 전문직으로서의 권익을 옹호하기 위해서는 단체교섭이 필수적임은 틀림없는 사실이다. 전문직으로서의 교직이 갖는 단체교섭은 교사들이 교육에 관한 일을 상의하는 기회로서의 의미만을 갖는 것은 아니며, 교사들이 자신들의 권익과 힘을 신장시키는 데에 더 큰 의미가 있다. 즉 단체교섭은 교사의 힘을 증가시켜 주는 데 의의가 크다고 하겠으며, 교사의 힘이란 교사가 바라는 대로 남들이 행하게끔 하는 교사의 능력을 말한다.

R. E. Mayer(1992)는 교직에 있는 사람들이 단체교섭을 통해 협상해야 될 문제들이 수없이 많지만 대략 세 범주로 요약할 수 있다고 했는데, ① 교사의 복지문제 ② 서비스 문제 ③ 전문직적 문제가 그것이다. 이를 간단히 살펴보기로 한다.

첫 번째로 교사의 복지문제는 월급, 병가, 퇴직 연령, 근무조건, 보험에 관한 것들이며, 두 번째 서비스 문제로는 학생을 어떻게 하면 잘 도와줄 수 있는가에 관한 문제인데, 학구문제, 장학금, 교재, 도서관, 카운슬링, 보상 프로그램 등의 문제이다. 끝으로 전문직적 문제로는 직업집단으로서의 교직을 전문화시키는 문제들인데, 여기에는 교육위원회와 교직교섭단체와의 협상을 성문화화는 문제, 교사의 충원이나 선발평가 등을 교사들이 통제하는 문제, 현직 프로그램의 개발 문제 등이 포함된다. 교직이 전문직으로서 인정을 받고 또 전문직으로서의 기능을 제대로 발휘할 수 있으려면 이상과 같은 교직의 여러 문제들을 교사들 스스로 해결해야 하고 또 교직단체를 통한 단체교섭도 필수불가결한 것으로 판단된다.

2) 교원단체의 역할과 기능

사회의 각 분야에서 직업에 종사하는 사람들은 각기 자신들의 직업세계가 개선과 발전을 도모할 수 있도록 하기 위해 단체를 구성하며 그 업무의 권익을 신장시키게 된다. 그러므로 교원단체의 경우에도 나름대로의 역할과 기능을 갖고 있다고 할 수 있는데, 교원단체의 역할과 기능을 김종철(1995)은 다음과 같이 설명하고 있다.

(1) 교원단체의 역할

교원단체 결성의 가장 절실한 이유는 교원들이 개별적으로는 성취하기 어려운 조건으로서의 사회·경제적 지위향상을 교직단체를 통해 성취할 수 있으리라고 기대하기 때문이다. 여기서 사회적 지위란 교원이 다른 직업에 종사하는 사람들과 비교했을 때 상대적으로 어떠한 인정을 받는가 하는 점에서의 사회적 대우 또는 존경의 정도를 의미하며, 경제적 지위란 경제적 처우 면에서 타 직업 종사자와 대비된 상대적 위치를 뜻한다. 이러한 의미에서의 사회·경제적 지위는 교직에 대한 상대적 유인이 높고 낮음을 의미하며, 보다 유능한 젊은이들로 하여금 교직에 들어올 수 있도록 하는 데 결정적 요인이 됨은 두말할 나위도 없다. 유인체제의 강화 없이 우수한 인재를 교직에 확보하기란 어렵다는 논리와 더불어 교원의 사회·경제적 지위의 중요성은 제아무리 강조해도 지나치지 않는다.

이런 이유로 교원의 지위, 그 사회·경제적 지위를 향상시키는 일은 교원단체를 통해 달성하려는 기본 목표인 동시에, 이 목표를 효과적으로 이룩해야 한다는 기대는 그만큼 절실하다. 교원단체가 하나의 이익단체요, 압력단체로서 제구실을 다하기 위해서는 이 역할을 효과적으로 수행하지 않으면 안 되는 것 또한 당연한 논리이다.

다음으로 교원들이 교원단체에 대해 기대하는 것은 교원들 자신의 자질 향상을 위해 그들의 힘을 모으고 정책을 개선해 나가고자 하는 것이다. 교원들의 자질과 능력은 교육의 질을 결정하는 실질적 요인이다. 교원의 자질 향상 없이는 교육의 내실화와 질적 발전을 기대할 수 없으며, 이는 교원에 대한 처우개선과 사회·경제적 지위 향상을 위해서도 불가결한 선행조건이 된다. 자질이 우수한 교원은 사회에 대해 그만큼 높은 지위의 보장을 당당히 요구할 수 있으며 학부모나 사회 전반도 기꺼이 그런 요구에 응할 수 있다. 따라서 안으로 교원 자신의 자질을 향상시키는 것과 밖으로 교원의 사회·경제적 지위를 향상시키는 것은 서로 표리일체의 관계에 있으며 떼 놓을 수 없는 상호 보완의 관계에 있는 것이다.

교원의 자질은 크게 두 가지 측면을 내포하고 있다. 그 하나는 도덕적 인격적 차원의 자질이다. 본래 교육이라는 과업은 사람을 사람답게 길러내는 인간 형성의 작용이요, 인간교육·덕성교육이야말로 교육의 가장 본질적이고 가장 중요한 부분임을 상기할 필요가 있다. 뿐만 아니라 인간교육·덕성교육에 있어서는 좋은 본보기를 보여주는 일, 즉 솔선수범이나 사제동행의 정신이야말로 가장 값진 교육의 방법임을 잊어서는 안 된다. 따라서 교원들 자신이 도덕적으로 높은 자질을 갖지 못한다면 도덕적으로 성숙된 인간을 길러내는 데 어려움이 있을 것임은 자명한 일이다.

도덕적 자질과 더불어 학문적·기술적 측면의 능력 또한 교원의 자질을 논의할 때 빼놓을 수 없는 것임은 널리 알려져 있는 사실이다. 전자가 인간적·잠재적 성격이 강한 데 반해, 후자는 외향적·현재적 성격이 강해서 밖으로 나타나는 교원이 자질과 능력인 만큼 일반적으로 좋은 교원, 훌륭한 교원이라고 할 때 이러한 가시적·외형적 측면이 중요시되기도 한다. 국어교사가 국어를 얼마나 잘 가르치느냐, 과학교사가 과학을 얼마나 잘 알고 학생들에게 잘 가르치느냐 하는 경우 교사의 자질과 능력은 이러한 의미의 외형적 자질과 능력의 의미하는 것이 대부분이다.

도덕적 자질이든, 학문적·기술적 능력이든 간에 교원의 자질은 생득적인 것과 후습적인 것을 포함하며 교원이 교직을 수행하는 데 있어서 그 업무 수행의 질을 결정하고 교원의 지위 결정을 위한 내재적 요인으로서 중요한 것임은 제아무리 강조해도 지나치지 않는다. 그리고 그러한 자질과 능력이 후천적으로 습득되는 부분에 관한 한, 그것은 교직을 위한 준비과정으로서의 교원양성교육과 현직교원을 위한 연수과정으로서의 현직연수교육의 기본 관심사인 동시에 교원단체를 통한 공통의 관심과 책임사업의 하나임은 당연한 논리이다.

교원의 지위향상이나 자질향상은 다 같이 교육정책의 과제이다. 교육정책은 교원들에 있어서 두 가지 측면에서 중요한 의의를 가진다. 첫째는 앞에서 논의한 교원의 지위향상이나 자질향상도 교육정책의 중요한 관심 대상이며 교육정책의 뒷받침 없이는 그 성과를 기대할 수 없다. 이른바 교원정책이라고 하는 특정 부문의 교육정책은 교원의 처우·부담·임용 등은 물론, 교원의 양성과 연수 등에 관한 광범위한 문제를 관심 영역으로 내포하고 있으며 교원정책이 교원들의 핵심 관심사임은 너무나도 당연하다. 교원 개개인은 교원정책의 결정이나 집행 및 평가과정에 직접 개입하기에는 무력하기 때문에 교원단체를 통해 그 과정에 참여하고, 집단노력을 통해 스스로 바라는 방향으로 정책을 이끌어 나가야 하기 때문이다. 즉, 앞에서 논의된 두 가지 역할을 효율적으로 수행하기 위해서 교육정책에의 참여가 요청되는 것이다.

또 다른 이유는, 교원은 교육의 발전과 청소년의 복지향상에 대해 깊은 관심을 가지고 있으며 그것은 단순히 교원들 자신의 복지나 이해관계를 넘어서 교육정책에의 관심을 갖지 않을 수 없게 한다는 점이다. 교원들이 교원정책을 넘어서 교육정책에 대한 광범위한 관심과 애착에 기인하는 것이라고 하겠다. 특히, 교육정책은 교육의 운영과 발전에 관한 기본지침과 방향을 제시하는 것이며 따라서 교육정책이 어떤 방향으로 결정되느냐는 교육에 대한 관심이 클수록 더욱 커지게 된다. 교원들이 교원정책뿐만 아니라 교육정책 전반에 대해 관심을 갖고, 나아가서 교원단체를 통해 교육정책의 결정·집행·평가의 과정에 참여코자 하는 것은 그들이 스스로의 이해관계를 지키고 복리를 증진시키는 차원을 넘어서는 것이 아닐 수 없다. 즉, 교원들이란 교육을 떠나서는 살 수 없으며, 교육에 대한 가장 중요한 준거집단으로서의 교육의 계속적인 발전과 개혁에 개입하는 것이 당연한 권리로 인정받게 됨을 말하는 것이다.

UNESCO의 「교원의 지위에 관한 권고(Recommendation concerning the Status of Teachers, 1966)」에서 교원단체의 교육정책 결정과정에의 참여를 당연한

권리로서 인정해야 함을 강조하는 것은 이러한 논리를 여실히 반영하는 것이다. 일부 교육행정 당국의 관료들이 이 기본원리를 인정하는 데 주저하는 경향이 있음은 시대에 뒤떨어진 사고방식이 아닐 수 없다.

(2) 교원단체의 기능

앞에서 교원단체에 대한 교원들의 역할기대를 중심으로 교원단체의 역할을 논의하였다. 교원단체의 역할은 다시 교원단체의 기능을 규정하게 된다. 다만 여기서 기능이라 할 때 그것은 역할의 개념이라는 시각과 관점을 달리한다. 역할이 당위성에 입각한 기대라면, 기능은 현실성에 나타난 활동의 양상을 의미한다. 교원단체가 하나의 사회조직체로서 그 목표 및 기대되는 역할과 관련하여 현실적으로 전개하는 활동의 방향을 말할 때 우리는 그것을 기능이라는 용어로 부르기도 한다. 교원단체의 기능을 몇 가지 측면에서 분석적으로 살펴보면 다음과 같다.

① 조직의 유지관리를 위한 일반적 기능

이 범주에 속하는 것으로서는 교원단체 회원의 조직 및 그들의 유지관리에 관한 일반적 기능, 국내 유관기관과 단체 등은 물론 회원들에 대한 홍보의 기능, 외국의 교원단체 및 국제 교원단체와의 교류 등을 다루는 국제관계의 기능 등을 포함한다.

교원단체를 포함한 모든 단체와 조직체는 그 자체의 유지와 존속, 나아가서 가능하면 계속적인 발전을 위한 일반적 기능과 활동을 영위하지 않으면 안 된다. 그 핵심이 되는 것은 회원의 유지관리 및 그 조직체와 외부환경과의 우호적·생산적 관계의 유지와 개선을 위한 것이라고 할 수 있다. 특히 하나의 자원단체로서 회원들의 관심과 동기유발을 조직체의 유지·존속과 번영을 위한 기본 전제조건으로 삼을 수밖에 없는 교원단체의 경우, 회원조직의 유지 및 관리와 국내·외를 막론하고 외부환경과의 관계 개선을 위한 기능은 그 중요성이 가일층 높아질 수밖에 없다. 따라서 여기서 말하는 일반적 기능은 하나의 사회조직체로서 최소한의 공통 필요조건임을 인식해야 할 것이다.

② 지위향상의 역할을 수행하기 위한 기능

앞에서 논의한 바와 같이 교원단체는 무엇보다도 교원들의 권익을 옹호하고 그들의 사회·경제적 지위향상을 위한 역할을 수행해야 할 것으로 기대되며, 교원들을 위한 하나의 이익단체·압력단체로서 작용할 것이 기대되고 있다. 이와 같은 기대에 부응하기 위해 가장 본질적인 기능으로서 추구하려는 것이 곧 교권옹호의 기능이요, 교권신장의 기능이라고 할 수 있다.

교권의 옹호는 소극적 측면이며, 교권신장은 적극적 측면이다. 교권을 옹호·신장시킴으로써 교원들의 지위를 높이는 것은 교원단체의 존재이유 중 제1차적인 것임은 제아무리 강조해도 지나치지 않는다. 교원단체가 수행하는 다른 모든 기능이 이 본질적 기능에 귀착될 수도 있겠으나, 여기서는 교권옹호와 신장을 위한 본질적 기능에 국한시킨다.

③ 전문적 자질향상의 역할수행을 위한 기능

이 범주에 포함되는 것으로서는 교원연수 강화의 기능과 교원윤리 향상의 기능을 들 수 있다. 교원들의 자질향상과 능력개발은 이미 논의한 바와 같이 도덕적 측면과 학문적·기술적 측면의 양면을 포괄하여 교원들 자신의 내면적 역량을 강화하고 그들의 전문성을 신장하기 위한 광범위하고 여러 갈래의 문제영역과 활동영역에 관련되고 있다. 교원단체의 회원에 대한 연수 기능은 다양한 매체를 통해 수행될 수도 있고 교원들의 각종 회합, 예컨대 세미나·토론회·각종 행사 등에 의해 다양한 기회에 다양한 방법으로 추진될 수도 있다.

또한 교원윤리 향상의 기능도 사도헌장이나 사도강령 같은 윤리강령의 제정과 실천을 비롯하여 다양한 방법으로 추진된다. 이와 같은 기능은 교원단체, 특히 전문직 단체를 표방하고 있는 교원단체의 경우 그 본질적 기능의 일부를 이룬다.

④ 교육정책 참여에 관련된 역할수행을 위한 기능

교원단체는 그 본질적·핵심적 기능의 수행을 위해서 뿐만 아니라, 그들의 지대한 관심사인 교육의 끊임없는 발전과 혁신을 위해 교육정책에 참여해야 한다. 교육정책에의 효과적 참여를 위한 역할과 관련하여 교원단체는 주로 두 가지 관련된 기능을 수행한다. 그 하나는 교육정책의 연구개발 기능이고 다른 하나는 교육정책에 관한 교섭협의의 추진 기능이다.

교육정책은 교원정책과 기타 교육정책 일반을 포함하여 우리의 현실여건과 환경 속에서 적합하고 실현 가능성 있는 대안을 부단히 연구·개발할 필요가 있다. 이는 교원단체가 교육정책·행정당국이 주관하는 교육정책의 형성과정에 효과적으로 참여하기 위해 불가결한 조건이다. 또한 새로운 교육정책의 대안을 교육정책·행정당국에 제시하고 상대방으로 하여금 그것을 받아들여 정책결정에 이르도록 유도하거나 설득하기 위해서는 힘겹고 까다로운 교섭협의의 과정을 거쳐야 한다. 여기에 지름길이나 안이한 방법은 없다.

3) 한국 교원단체의 현황과 발전과제[1)]

(1) 개관

우리나라 교원단체는 전문직단체인 한국교원단체총연합회(이하 '교총'이라고 함)와 노동조합인 전국교직원노동조합(이하 '전교조'라고 함)과 한국교원노동조합(이하 '한교조'라고 함) 등 3개 단체가 설립·운영되고 있다.

교총은 1945년 해방과 더불어 자유·민주적 교원단체의 설립 필요성이 제기됨에 따라 1947년 '조선교육연합회'의 설립으로 시작되었다. 1948년 대한민국 정부가 수립되면서 '대한교육연합회'로 명칭을 변경했고, 1989년 회

1) 한국교원단체총연합회 편(2003). 교사론. 서울: 교육과학사. pp.313~318, pp.331~333의 내용을 재구성하여 전제함.

원의 권익신장과 학교교육 개혁을 위한 여러 가지 방안을 제시하면서 자체 기구와 기능을 보완하여 오늘날의 '한국교원단체총연합회'로 개칭했다. 1991년 「교원 지위향상을 위한 특별법」(법률 제13936호, 2016.02.03, "교원의 지위향상 및 교육활동 보호를 위한 특별법"으로 법제명변경 및 일부개정)의 제정으로 교원의 사회·경제적 지위향상과 전문성 신장에 관한 사항에 대해 정부와 교섭·협의할 수 있는 교섭권을 인정받았다.

한편, 전교조는 1987년에 민족·민주·인간화 교육을 기치로 '민주교육추진전국교사협의회'(전교협)를 결성했고, 1989년에는 '전국교직원노동조합'을 조직했다. 이후 전교조는 1998년 2월 노사정위원회에서 교원의 노동조합 결성권을 보장하기로 합의됨으로써 1999년 1월 29일 「교원의 노동조합 설립 및 운영 등에 관한 법률」이 법률 제5727호로 제정됨에 따라 합법화되었다. 동년 7월부터는 「교원노조법」이 시행되었는데, 이 법은 2006년 12월 30일에 법률 제8157호로 「교원의 노동조합 설립 및 운영 등에 관한 법률」로 그 명칭이 개정된 바 있다. 또한 한교조는 1999년 7월 설립되어 활동하고 있다.

이처럼 교원단체는 전문직단체와 노동조합으로 대별되나, 여기서는 교총에 관한 설명에 국한하기로 한다.

(2) 한국교원단체총연합회 현황

한국교총은 1947년 대한교연의 이름으로 창설된 이래 지금까지 한국의 통합된 교원단체 연합체로서 발전되어 왔는데, 그 현황을 간략하게 살펴보면 다음과 같다.

① 일반현황

한국교총은 1947년 비영리 사단법인으로 설립되었고, 우리나라에서 가장 오랜 역사를 지닌 교원단체이다. 현재 국내 최대의 교원단체로서 교육 및 교직의 발전에 큰 공헌을 하고 있다.

비록 「민법」 제32조에 의해 설립된 단체이지만, 「교육기본법」 제15조에 의해 별도로 설립근거가 마련되어 있다. 아울러 현행 「교원의 지위 향상 및 교육활동 보호를 위한 특별법」에 의해 교육부 및 시·도교육감과 교섭 및 협의를 보장받고 있다.

설립 목적은 "회원(교원) 상호 간의 강력한 단결을 통해 교원의 사회·경제적 지위 향상과 교직의 전문성 확립을 기함으로써 교육의 진흥과 문화의 창달에 기여하기 위함"에 있다.

교총 회원은 정회원, 준회원 그리고 명예회원으로 구분할 수 있다. 정회원은 「초·중등교육법」 제21조 및 별표와 「사립학교법」 제52조 그리고 「고등교육법」 제16조 및 제17조에 의한 자격기준을 갖추고 임용된 교원은 물론, 교육기관, 교육행정기관 및 교육연구기관의 장학직, 연구직을 포함한다. 준회원은 교육대학교 및 사범대학에 재학 중인 자와 대학(교)에서 교원자격을 취득하기 위한 과정을 이수하고 있는 자 또는 교원 임용요건을 갖춘 사람이 해당된다. 정년 또는 명예퇴직한 교원, 분회장 추천을 받은 학교운영위원 및 학부모는 명예회원으로 분류된다. 회원은 의결권과 피선거권 등의 권리를 가지며, 회비납부 및 정관 및 제규정 준수 등의 의무를 지니고 있다. 회원가입은 강제가 아니라 자율적으로 가입하는 방식을 택하고 있다.

한국교총은 지역조직, 직능조직 그리고 산하단체가 연합된 통합조직인데, 지역조직은 17개 시·도교원단체총연합회(시·도교총)가 있으며, 시·도교총은 190개의 시·군·구교원총연합회와 12,000여 개의 학교분회로 구성되어 있다. 또한, 지역별 조직과는 별도로 초등교사회, 중등교사회, 초등교장(교감)회, 중등교장(교감)회 그리고 대학교수회 등 직능별 단체와 학교급별·직위별·설립별·성별·전공별 산하단체가 연합되어 있다. 한국교원단체총연합회의 기구를 도시하면 [그림 12-1]과 같다.

한국교총의 최고 의결기관은 대의원회인데, 시·도교원단체총연합회별로 회원 600명당 1인씩 배정되는 대의원과 산하단체에 배정되는 대의원으로 구성된다. 대위원회의 주된 기능으로는 예산과 결산, 주요 사업계획과 정책사항 등의 심의결정, 임원선출 및 정관개정 등이 있다. 이사회는 대의원회가 위임한 범위 내에서 중요한 정책 집행에 관한 결정을 하며, 각 분야의 전문적인 심의를 위해 정책자문위원회와 조직자문위원회를 두고 있다.

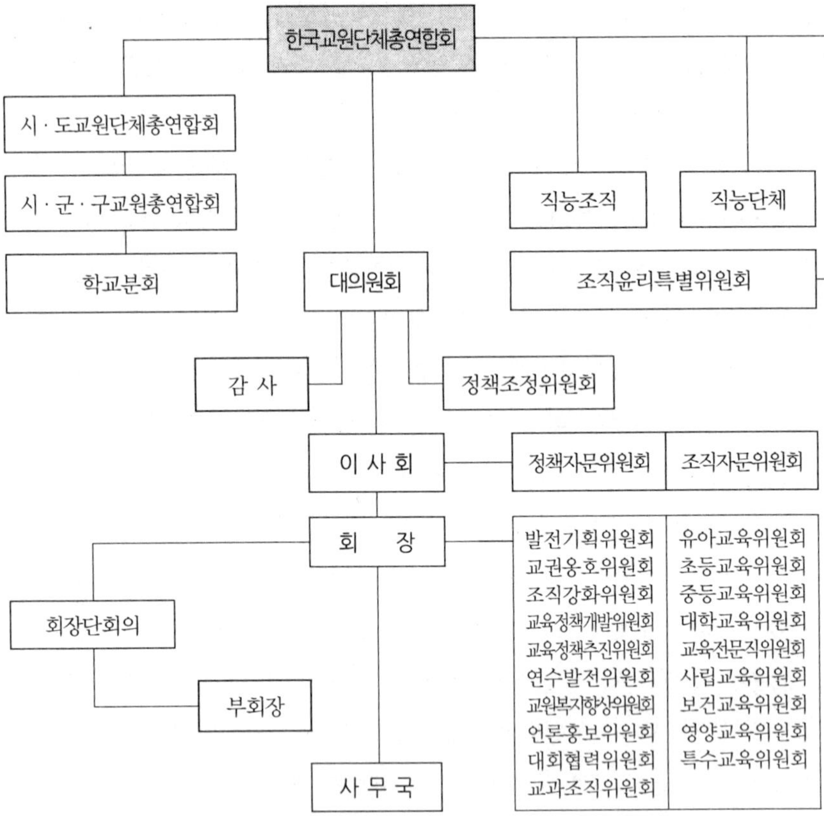

*출처: http://www.kfta.or.kr/guide/guide.asp의 자료를 저자가 재구성함.

[그림 12-1] 한국교총기구표(2016.08.17 현재)

② 성격과 이념

한국교총은 교원들의 필요에 의해 자율적으로 구성된 회원단체이다. 따라서 회원들의 자율적 의사결정에 의해 정관을 제정하고, 임원진을 선출 · 구성하며, 제반 사업을 독자적으로 추진한다. 현재 교총은 회원들의 회비를 근간으로 운영되고 있다.

교총의 단체성격은 이익단체로 구분되지만, 단순히 특정 집단의 이해관계를 반영하기보다는 교육이라는 공공적·공익적 활동을 중시한다는 점에서 다른 이익단체와는 차이점을 갖고 있다. 그래서 법률적으로는 민간단체이면서도 비영리 사단법인으로 분류된다. 또한 정부와의 단체교섭 및 협의권을 갖고 있는 점에서 노동조합적 성격도 일부 포함하고 있다. 이처럼 교총이 지니는 단체의 성격은 매우 독특한 것으로서 타 단체와 차별화되고 있는데, 설립 이후 지금까지 한국교총이 지향하고 있는 조직의 이념 4가지를 살펴보면 다음과 같다.

첫째, 전문직주의이다. 교직의 성격에 대한 여러 가지 논의가 있으나 한국교총은 일관되게 교직을 전문직으로 간주하고, 교육의 질적 향상과 이를 토대로 한 교원의 권익신장을 도모하고 있다. 즉, 교직을 단순히 계약이나 고용관계로 이해하기보다는 교원들의 부단한 가지연찬과 사회적 책무성을 실현하면서 이에 걸맞은 사회·경제적 지위 향상을 요구하고 권익 신장을 도모한다. 따라서 한국교총은 회원들의 전문성 향상을 위한 연수와 교육의 질 개선을 위한 연구활동 그리고 국가 차원의 교육정책 결정과정에의 참여 등 다양한 활동을 활발히 전개하고 있다.

둘째, 공동체주의이다. 한국교총은 교직에 종사하는 사람을 특정한 기준에 의해 구분하기보다는 교육과 교직발전을 위해 같이 협력하는 동지적 관계로 이해한다. 따라서 학교급별·직위별·설립별 구분 없이 모든 교육자가 조직운영에 함께 참여할 수 있는 체제를 지향하고 있다. 교육자가 분리되어 각각의 목소리를 내고 상호 간에 대립하기보다는 하나의 조직 속에서 합리적 의사결정을 통해 일치된 주장과 활동을 수행할 때, 사회·정치적 영향력이나 교육발전에 긍정적인 효과가 있기 때문이다.

셋째, 민주주의이다. 이는 앞의 공동체주의와 상보적 관계에 있다. 왜냐하면 공동체주의 구현을 위해서는 민주적 조직구성과 운영이 확보되어야 하기 때문이다. 한국교총은 미국의 교원단체인 전국교육연합회(NEA)와 유사하게 자율과 분권을 지향하는 민주주의 이념에 입각한 조직운영을 기본 원칙으로 하고 있다. 현재 각 시·도교총은 한국교총과는 별도의 법인으로 자율성을 갖고 운영되고 있지만, 교원 전체에 대한 중요한 결정은 중앙의 교총과 긴밀한 협조하에 이루어지고 있다. 조직형태뿐만 아니라 조직운영에 있어서도 민주주의 구현을 위해 지속적인 개선을 추진하고 있다.

넷째, 자주주의이다. 전술한 바와 같이 한국교총은 독특한 단체의 성격을 지니고 있다. 또한 교육이 특정한 집단의 이해관계나 정치적 당파성에 좌우되어서는 안 되기 때문에 조직활동의 자주주의를 견지하고 있다. 그래서 조직 차원에서 특정한 단체에 소속되거나 활동에 제산을 받는 것을 지양하고 있다. 다만, 최근에 시민단체 등의 활동이 활성화되면서 교육과 관련된 사안에 대해 타 단체와의 협력 및 연대활동을 활발히 전개하고 있다.

(3) 발전방향과 과제

한국교총의 발전방향과 과제를 세 가지로 제시하면 다음과 같다.

① 교원단체의 이념 정립

교원단체의 설립목적은 교원의 사회·경제적 지위와 권익 향상 및 교직의 전문성 신장과 교육발전을 도모하는 데 있다. 이러한 목적을 실현하기 위한 교원단체의 운영과 활동에는 교원과 교직 및 학교교육의 특성과 여건, 교원과 학교가 속해 있는 사회와 국가적 현실, 시대적 환경변화 등 다양한 요인들이 작용한다. 특히, 현재 전문직단체와 교원노조의 이원적 복수체제의 상황, 학교교육에 대한 국민적 기대와 요구의 다양성, 지식정보화 사회의 시대적 환경변화를 감안할 때, 무엇보다 교원단체는 그 목적과 성격에 부합하는 대내외적 역량의 제고 그리고 새로운 환경에 적응하고 그것을 주도해 나가는 역할과 기능을 수행해야 한다.

교원단체의 이념은 교직의 전문직으로서의 속성에 부합하면서도 우리나라의 특수한 문화와 교육의 특성 및 시대적 환경에 걸맞은 신전문직주의(New Pro-fessionalism)와 교육공동체주의(Educational communitarianism)에 기초해야 할 것이다. 신전문직주의는 전문직주의의 수정 및 발전의 의미로서, 제도적으로는 교원의 전문성 향상을 지원하는 새로운 정책을 창안하고 학교 단위에서는 교원들의 교육적 리더십과 집단적 책무성 신장을 통해 범교과적 전문공동체를 구현하는 데 그 의의가 있다. 아울러 교육공동체주의는 교원, 학부모, 학생 등 학교공동체의 구성원들이 교육목표에 대한 비전과 원칙을 공유하고, 상호 신뢰와 협력을 바탕으로 역할과 책임을 다함으로써 교육의 질적 향상을 도모해 나가는 것을 말한다.

② 교원지위의 향상과 단체교섭력 강화를 위한 관련 법률의 제 · 개정

• 교원단체 설립에 관한 별도의 법률 제정

교원지위의 특수성과 헌법에서 보장하는 교원지위 법정주의의 정신을 충실히 반영하기 위해서는 교원단체 설립에 관한 규정을 「교육기본법」에서 대통령령으로 위임할 것이 아니라, 교원단체의 설립과 운영에 관한 별도의 법률을 제정하여 법률 수준에서 교원단체가 운영되도록 해야 할 것이다. 아울러 교원의 신분, 복무 등을 일반직 공무원과 통합적으로 운영할 것이 아니라, 일반직과 다른 교직의 특수성과 전문성을 살릴 수 있는 별도의 법 체제를 갖추어야 할 것이다.

• 「교원 지위향상을 위한 특별법」의 개정 또는 「교원단체의 단체교섭에 관한 법률」의 신설

교원단체의 단체교섭력을 강화하기 위해서는 현행 「교원 지위향상을 위한 특별법」을 개정하거나 또는 한국교총과 교원노조의 교섭제도를 일원화하는 별도의 법(가칭 「교원단체의 단체교섭에 관한 법률」)을 마련할 필요가 있다. 그리하여 교섭대상 및 내용의 이중성에서 오는 비효율성을 개선해야 할 것이다.

이런 견해와 같은 맥락에서 최근 「교원의 지위 향상 및 교육활동 보호를 위한 특별법」(법률 제13936호, 2016.02.03, 법제명변경 및 일부개정)이 수립됨에

따라 이에 나름대로의 법 체제를 갖추었다고 하겠다. 「교원의 지위 향상 및 교육활동 보호를 위한 특별법」의 제11조, 제12조 그리고 제13조 등에서 '교섭', '협의' 등의 용어를 사용하여 그 개념을 명확히 함으로써 교원의 지위 향상을 위한다는 관점에서는 진일보한 점을 확인할 수가 있는데, 위에서 적시한 법률내용은 다음과 같다.

> **교원의 지위 향상 및 교육활동 보호를 위한 특별법**
>
> 제11조(교원의 지위향상을 위한 교섭·협의) ①「교육기본법」 제15조 제1항에 따른 교원단체는 교원의 전문성 신장과 지위 향상을 위하여 특별시·광역시·특별자치시·도 및 특별자치도(이하 "시·도"라 한다)교육감이나 교육부장관과 교섭·협의한다.
> ② 시·도 교육감(이하 "교육감"이라 한다)이나 교육부장관은 제1항에 따른 교섭·협의에 성실히 응하여야 하며, 협의된 사항을 시행하기 위하여 노력하여야 한다.
>
> 제12조(교섭·협의사항) 제11조 제1항에 따른 교섭·협의는 교원의 처우개선, 근무조건 및 복지후생과 전문성 신장에 관한 사항을 그 대상으로 한다. 다만, 교육과정과 교육기관 및 교육행정기관의 관리운영에 관한 사항은 교섭·협의의 대상이 될 수 없다.
>
> 제13조(교원지위향상심의회의 설치) ① 제11조 제1항에 따른 교섭·협의 과정에서 당사자로부터 교섭·협의 사항에 관한 심의요청이 있는 경우 이를 심의하기 위하여 교육부와 시·도에 각각 교원지위향상심의회를 두되 교육부는 7명 이내, 시·도는 5명 이내의 위원으로 구성한다. 다만, 위원장을 제외한 위원의 2분의 1은 교원단체가 추천한 사람으로 한다.
> ② 교원지위향상심의회의 운영과 위원의 자격 및 선임에 관하여 필요한 사항은 대통령령으로 정한다.

*출처: 「교원의 지위 향상 및 교육활동 보호를 위한 특별법」 [2016.02.03, 법제명변경 및 일부개정] 제11조 내지 제13조.

③ 전문직 교원단체로서의 위상 및 역할 강화

• 교원의 전문성 신장 및 교육의 질 향상을 위한 활동 강화

교원단체는 앞으로도 그 본질적 기능에 해당하는 교원의 전문성 신장을 위한 활동을 강화해야 한다. 교원으로 하여금 수업의 질 제고를 위해서는 교과연구, 직무연수 및 자율연수, 수업지도안 등 교수·학습자료의 개발 기능을 확대해야 한다. 아울러 교원이 교육의 질 향상을 위한 교육개혁의 실질적인 중심 주체로서의 역할을 수행해야 할 것이다. 이것이 실효를 거두기 위해서는 교원단체의 노력도 필요하지만, 정부의 행·재정적 지원이 동시에 이루어져야 한다.

• 전문직에 걸맞은 교직문화의 창조

교원단체의 발전을 도모하기 위해서는 교직사회에 전문직에 부합하는 문화를 창조해야 한다. 교원의 전문성을 신장하고 학교교육의 역할을 제고하기 위해서는 학교조직 내에서 교직의 특성에 부합하는 교원들의 실천적 생활문화가 형성되어야 한다. 여기에는 학생의 학습성취 향상에 초점을 맞추고, 학교운영 개선에 실질적 책임을 갖는 규범의 공유가 선행되어야 하며, 교원 상호 간의 반성적 대화와 협동, 교육실천의 탈개인화 등 교직문화의 정착이 필요하다. 이러한 교직특성에 적합한 교원의 전문직적 문화창조를 위해 교원단체의 구체적인 실천적 노력이 필요하다.

• 회원 수 확대 및 조직기반의 강화

전문직단체이든 교원노조든 간에 교원단체가 정부와의 교섭력 및 대외적 역량을 확대하기 위해서는 기본적으로 회원가입률 제고를 비롯한 조직기반을 확충해야 한다. 그 보완책으로 상위법 또는 관계 법률을 개정하여 비회원의 경우, 미국에서와 같이 거의 회비수준에 해당하는 교섭비용(agency fee, 일종의 의무부담금)을 징수할 수 있도록 해야 할 것이다. 물론, 여기에는 개별 단체들의 내적인 노력이 필수조건이다.

• 국가발전을 위한 사회참여 활동 제고 등 역할 확대

새로운 시대적 환경과 교직 및 교육운영 체제의 변화를 고려할 때, 교원단체는 교직 내부의 이익적 활동에 국한할 것이 아니라, 학부모 등 국민들의 광범위한 공감과 지원을 기반으로 학교가 속한 지역사회에 대한 봉사 및 국가적 중요 과제들에 대해서도 적극적인 참여활동을 전개함으로써 그 역할과 활동의 폭을 넓혀야 할 것이다.

참고문헌

1. 국내문헌

강경석 · 최기만(2003). 학교 · 학급경영의 실제: 21세기의 총체적 학교 질 경영(TQMOS) 지침서. 서울: 도서출판 원미사.

강기수(2000). 교사교육론. 서울: 세종출판사.

강기수 · 김희규(2012). 최신교사론: 교직실무 · 실습의 길잡이. 서울: 동문사.

강봉규 · 강명희(2011). 새로운 교직실무. 서울: 태영출판사.

강성빈(2010). 교사론: 교사의 전문성 함양을 위한. 부산: 경성대학교출판부.

강영삼(1988). 자율과 책임의 전제. 새교육. 12월호. 서울: 대한교육연합회.

______(1994). 장학론. 서울: 세영사.

강재태(1993). 교사양성제도로서의 사범대학의 위상 및 그 개혁방안. 중등교육연구, 5. 경상대학교 사범대학 중등교육연구소. 23-24.

강환국(1995). 교사교육론. 서울: 교학연구사.

고영희(1979). 수업기술. 서울: 교육과학사.

고 전(2002). 한국교원과 교원정책. 서울: 하우.

교육과학기술부(2011). 초 · 중등학교 교육과정–총론-. 교육과학기술부고시 제2011-361호 [별책 1].

교육부(2016). 2016 교육통계자료.

교육부 교원복지연수과(2016). 2016년도 교원자격검정 실무편람. 세종: 경성문화사.

교육학사전편찬위원회 편(1965). 교육학사전. 서울: 대한교육연합회.

곽병선(1986). 초 · 중등교육의 질 개선. 서울: 한국교육개발원.

권기욱(2006). 교사론. 서울: 보현사.

기순신(2002). 교사론. 서울: 학지사.

김남성 · 김현철 · 박 헌 · 양정호 · 유재봉 · 정덕희(2005). 교사교육론. 서울: 학지사.

김명순(1991). 교원의 사회 · 경제적 지위에 관한 연구. 서울: 한국교원단체총연합회.

김명한 · 박병량 · 박종렬 · 이문용(1988). 신간 교육행정 및 경영. 서울: 문음사.

김병찬(2003). 중학교 교사들의 교직문화에 대한 질적 사례연구. 교육행정연구, 21(1). 한국교육행정학회. 1-28.

______(2004). 현직교원교육의 변화 동향 고찰. 한국교원교육연구, 21(3). 한국교원교육학회. 363-388.

김봉수(1983). 학교와 학급경영. 서울: 형설출판사.

김선종・윤형원・금형립・금영철・이재학・한복수(1991). 교원의 근무여건 향상 방안 연구. 서울: 한국교원교육연구회.

김승희・이성주・전희정・이순덕(2010). 알기 쉬운 교직실무. 고양: 공동체.

김영우(1989). 한국 중등교원 양성교육사. 서울: 교육과학사.

김용주・임우섭・강순진・도순남(2006). 학교 및 학급경영의 이해. 파주: 양서원.

김윤태・서정화・노종희(1984). 교사와 교직사회. 서울: 배영사.

김재은(1981). 교육・심리・사회연구방법. 서울: 교육과학사.

김정규・권락원(1994). 교사와 교육. 서울: 형설출판사.

김정한・최청일・이광원・박종철(1997). 교육행정론. 서울: 형설출판사.

김종서(1982). 교원 현직교육의 제도에 관한 연구. 새교육. 서울: 대한교육연합회.

김종철(1985). 교육행정학 신강. 서울: 세영사.

______(1989). 한국교육정책연구. 서울: 교육과학사.

______(1994). 교육행정의 이론과 실제. 서울: 교육과학사.

______(1995). 한국교육행정연구. 서울: 교육과학사.

김종철・김종서・서정화・정우현・정재철・함종규・김선양(1992). 교수론. 서울: 교육과학사.

김종철・김종서・서정화・정우현・정재철・김선양(1995). 최신 교사론. 서울: 교육과학사.

김종철・이종대(1994). 교육행정의 이론과 실제. 서울: 교육과학사.

김진한(2009). 교사를 위한 교직실무. 서울: 학지사.

김창걸(1986). 교육행정학. 서울: 박문각.

김학수(1981). 현대 교수・학습론. 서울: 교육과학사.

김호권(1974). 완전학습의 원리. 서울: 익문사.

______(1975). 교수이론. 서울: 교육출판사.

______(1981). 현대교수이론. 서울: 교육출판사.

남억우・박준희・백현기・서명원・성래운・정우현・함종규・황정규(1988). 최신 교육학 대사전. 서울: 교육과학사.

남정걸(2001). 교육행정 및 교육경영. 서울: 교육과학사.

노종희(1986). 교원 승진개념 정립을 위한 발전과제. 새교육. 9월호. 대한교육연합회. 61.

______(1993). 교원의 전문성 확립. 교육개발, 14(2). 한국교육개발원. 22-27.

______(1994). 교사교육체제와 질 관리. **교육학연구**, 32(4). 한국교육학회. 115-136.
______(1997). 한국 교사교육정책의 현황과 과제. **교육행정학연구**, 15(3). 한국교육행정학회. 42-62.
류동훈(2004). **교사론**. 서울: 창지사.
박종국(2000). 교원연수제도의 개선에 관한 연구. 호남대학교 대학원 석사학위논문.
박종렬・권기욱・김순남・박남기・박상완・신상명・임연기・정금현・정수현(2010). **학교경영론**. 서울 : 교육과학사.
배장오(1995). **교육학개론**. 서울: 생각하는백성.
______(1996). **교사론**. 서울: 생각하는백성.
______(2001). **교육학의 본질과 전망**. 서울: 코람데오.
______(2012). **학교경영과 학급경영**. 고양: 서현사.
백승관(2003). 교사의 발달과정에 관한 탐색모형. **교육행정연구**, 21(1). 한국교육행정학회. 29-51.
서명원(1976). **교직과 교사**. 서울: 한국방송통신대학교출판부.
서울대학교 교육연구소(1998). **교육학 대백과사전**. 춘천: 하우동설.
서울대학교 사범대학 교육연구소(1981). **교육학 용어사전**. 서울: 배영사.
서재복・권정숙・김양자・김태호・순충기・신붕섭・유평수・이석열・이호섭・한상훈(2016). **교사교육론(증보개정판)**. 서울: 태영출판사.
서정화(1992). **교직유인체제 강화 방안**. 서울: 한국교원단체총연합회.
______(1995). **교육인사행정론**. 서울: 하우출판.
손인수・강환국・석태종・권이종・김삼랑(1988). **교육신서**. 서울: 배영사.
손충기(1994). 교사의 수업행동 진단척도 개발과 그 타당화 연구. 인하대학교 대학원 박사학위논문.
신극범 편(1996). **교원교육의 좌표**. 서울: 백남문화사.
신현석(2002). 교원자격제도의 개편방안 연구. **한국교원교육연구**, 19(1). 한국교원교육학회. 113-135.
안세근・김현욱(2011). **교직실무**. 서울: 신정.
안창선・남경현・이욱범(2002). **교사론**. 서울: 교육과학사.
오천석(1972). **스승**. 교육신서. 제3권. 서울: 배영사.
오천석(1973). **교육철학 신강**. 서울: 교육과학사.
윤정일(1994). **교육행정학 원론**. 서울: 학지사.
윤정일・송기창・조동섭・김병주(2005). **교육행정원론**. 서울: 학지사.

윤정일 · 이훈구 · 주철안 공역(2006). 교육 리더십. 서울: 교육과학사.
윤종건(2006). 한국의 교육과 교육행정: 과제와 전망. 서울: 원미사.
윤종건 · 전하찬(1985). 교사론. 서울: 정민사.
______(1994). 교사론. 서울: 정민사.
이돈희(1980). 교육철학개론. 서울: 박영사.
______(1995). 교육정의론. 서울: 고려원.
이돈희 · 이홍우(1978). 현대교육의 이해. 서울: 교육과학사.
이범웅 · 허 숙(2015). (교육이론과 현장 실제의 만남) 교사와 교직생활. 서울: 지식과감성#.
이영덕 · 정원식(1994). 생활지도의 원리와 실제. 서울 : 교육과학사.
이용걸(1977). 학습의 기초. 신교육학전서 제7권. 서울: 배영사.
이윤식(2000). 교원연수제도 개선방안. 한국교육행정학회 제116차 학술세미나 발표논문. 한국교육행정학회.
이윤식 · 한만길 · 유현숙(1992). 교사 신규채용 및 전보제도 개선 연구. 수탁연구 RR92-32. 서울: 한국교육개발원.
이윤식 · 유현숙 · 최상근(1993). 교원 연수제도 개선방안 연구. 연구보고 RR93-09. 서울: 한국교육개발원.
이윤식 · 김병찬 · 김정휘 · 박남기 · 박영숙 · 송광용 · 이성은 · 전재상 · 정영수 · 정일화 · 조동섭 · 최상근 · 허명기(2007). 교직과 교사. 서울: 학지사.
이장호(1983). 상담심리학 입문. 서울: 박영사.
이철웅(2011). 교직실무 이론과 실제. 고양: 서현사.
이칭찬(2005). 신 교사론. 서울: 태영출판사.
이형행(1993). 교육학개론. 서울: 양서원.
______(2011). 교육학개론(전정3판). 서울: 양서원.
장혁표(1995). 생활지도의 이론과 실제. 서울: 형설출판사.
전용한(2010). 교육리더십. 서울: 동문사.
정범모(1962). "교직의 전문성." 교육과 교사. 오천석 편. 서울: 현대교육총서출판사.
______(1977). 교육과 교육학. 서울: 배영사.
______(1991). 교육과 교육학(증보판). 서울: 배영사.
정우현(1982). 교원교육의 세계적 동향. 문교행정. 4월호. 서울: 문교부.
______(1993). 사회교육론. 서울: 교육과학사.
______(1995). 교사론. 서울: 배영사.

정인석(1990). 현대심리학개론: 행동과 경험의 탐구. 서울: 교육출판사.
정일환 · 권상혁(1996). 교사론. 서울: 교육출판사.
정재철(1985). 일제의 대한국 식민지교육정책사. 서울: 일지사.
정진곤 · 황규호 · 조동섭(2005). 교원양성체제 개편 종합방안 연구. 서울: 교육인적자원부.
조연순(1994). 한국 초등교육의 기원: 상고시대에서 일제시대까지. 서울: 학지사.
조동섭 · 이도영 · 박승규(2004). 초등교원 양성교육의 문제와 개선방안. 교육논총, 23. 경인교육대학교 초등교육연구소. 403-428.
조동섭 · 최희선 · 한진수 · 구정화 · 신영준(2005). 초등교원 양성체제 운영 개선방안. 인천: 경인교육대학교.
주삼환(1999). 교육행정강독. 서울: 원미사.
주삼환 · 천세영 · 명제창 · 신붕섭 · 이명주 · 이석열(2000). 교육행정 및 교육경영. 서울: 학지사.
진영은 · 조인진(2006). 예비교사 워크북. 서울: 학지사.
진정태(2005). 교육과 교사. 서울: 학이당.
최희선(2000). 교원의 질 높이기 위해 교육전문박사 필요. 새교육. 2000. 8월호. 한국교육신문사.
표시열(2000). 21세기 교사의 법적 · 사회적 지위. 한국교사교육, 17(1). 한국교원교육학회. 119-145.
한국교원교육학회 편(2001). 교육실습의 이론과 실제. 서울: 교육과학사.
한국교원단체총연합회(1990). 교원의 지위향상과 국가발전: 교원지위법 제정 촉구를 위한 전국교원 대표자 대회. 서울: 한국교원단체총연합회.
한국교원단체총연합회 편(1997). 예비교원을 위한 교사론. 서울: 교육과학사.
한국교원단체총연합회 편(2002). (알아두면 도움이 되는)교원과 법률. 서울: 한국교원단체총연합회.
한국교원단체총연합회 편(2003). 교사론. 서울: 교육과학사.
한국대학교육협의회 편(1989). 교육대학의 발전모형과 평가체제 개발에 관한 연구. 연구보고 제88-16-47호. 서울: 한국대학교육협의회.
한기언(1980). 교육사회. 서울: 세광공사.
함종규(1984). 학습지도의 이론과 실제. 서울: 숙명여자대학교출판부.
황기우 역(1999). 교사의 권력. 서울: 원미사.
황응연(1977). 생활지도. 현장교육전서 제7권. 서울: 배영사.

황응연 · 윤희준(1983). **현대 생활지도론**. 서울: 교육출판사.

Brubacher, J. S. 저, 이원호 역(1984). 교육사: 교육문제 변천사. 서울: 문음사.

국가법령정보센터 http://www.law.go.kr/
한국교원단체총연합회 조직 http://www.kfta.or.kr/guide/guide.asp

2. 국외문헌

Andrew, M, D. (1997). What Matters Most for Teacher Educations. *Journal of teacher Education, May-Jun. 48*(3).

Boyer, E. L. (1983). High school : A report on secondary education in America. The Camegie Foundation for the Advancement of Teaching. New York: Harper & Row.

Burden, P. R. (1983). Implication of teacher career development: New role for teachers, administrators, and professors. *Action in Teacher Education. 5.*

Carnegie Forum on Education and Economy(1986). *A nation prepared: Teachers for the 21st century: the report of the Task Force on Teaching as a Profession.* Washington, DC: Carnegie Forum On education and Economy, Task Force on Teaching as a Profession.

Clark, R. W. (1999). Effective Professional Development Schools. *Agenda for Education in a democracy, 3.* San Francisco: Jossey-Bass Publischers.

Darling-Hsmmond, L. (Ed.) (1998). *Model standards for beginning teacher licensing and development: A resource for state dialogue.* Unpublished draft, Interstate New Teacher Assessment and Support Consortium, Council of Chief State School Officers. Washington, DC.

Darling-Hammond, L. (1999). *Reshaping Teaching Policy, Preparation, and Practice: Influences of National Board for Professional teaching Standards.* NW: AACTE Publications.

Darling-Hammond, L. (Ed.) (2000). *Studies in Excellence in Teacher Education: Preparation in a Five-Year Program.* NW: AACTE Publications.

Dave, R. H. (1976). *Foundations of lifelong education.* Paris: UNESCO Institute for Education.

Dewey, J. (1916). *Democracy and Education.* New York: Macmillan, 76.

Feiman-Nemser, S. (1990). "Teacher Preparation: Structural and Conceptual Alternatives," in W. Robert Houston(Ed.). *The teacher Educator's Handbook: Building a Knowledge Base for the Preparation of Teachers.* San Francisco: Jossey-Bass Publishers.

Ginott, H. G. 저, 편영자 · 이현림 공역(1986). (부모와 교사를 위한)부모와 자녀. 서울: 학문사.

Ginott, H. G. 저, 김은산 역(1990). 아동교육론: 부모와 교사를 위한. 현대아동교육전서. 3. 서울: 학문사.

Hilgard, E. R. (1987). Theories of learning. 2nd ed.. in J. A. Glover & R. R. Roning. (eds.). *Historical foundations of educational psychology.* N.Y. : Plenum.

Holms Group Executive Board(1986). *Tomorrows Teachers: A Report of the Holms Group, East Lansing.* Mich.: Holms Group.

Hosford, P. L. (1973). *An instructional theory: A beginning.* Englewood Cliffs: Prentice-Hall.

IMD(2002). *The World competitiveness year book.* Lausanne: International Institute for Management Development.

Joice, B. R., Weil, M., & Showers, B. (1992). Models of Teaching, 4th ed. Prentice-Hall. Englewood Cliffs: a New Jersey.

Jones, A. J. (1951). Principles of Guidance. New York: McGrow-Hill Book Co..

Kaplan L., & Roy A. E. (Ed.) (1996). *Teachers for the new millennium: Aligning teacher Education, 34*(3) 3-9.

Koppich Julia E et. al.. (2000). *Studies of Excellence in Teacher Education.* Washington, DC: AACTE.

Lawton. D. (1994). *The Tory Mind on Education, 1979-94.* London: The Falmer Press.

Lieberrman, M. (1956). *Education as a Profession.* New York : Prentice Hall Inc..

Lieberrman, A., & Miller, L. 저, 황기우 역(2009). 교사 리더십. 서울: 학지사.(원전 2004).

Lortie, D. C. 저, 진동섭 역(2002). 교직사회: 교직과 교사의 삶. 서울: 양서원.

Mayer, R. E. (1992). *Thinking, Problem, Solving, Cognition*(2nd). New York: Freeman.

McIntyre, D. J., & David, M. B. (2000). *Research on effective Models for Teacher education.* Teacher education yearbook. 8. Thousand Oaks, Calif.: Corwin.

Morgon, C. T., & King, R. A. (1971). *Introduction to Psychology.* New York: McGraw-Hill Book Co..

Neill, A. S. (1937). 김은산 역(1992). 행복한 학교－서머힐. 서울: 양서원.

Nevo, D. (2000). "School Evaluation : Internal or External?" 학교 평가 효과성에 관한 국제세미나. 연구자료 RM 2000-08. 한국교육개발원. 67-70.

OECD(2001). PISA 2000 결과 분석.

Parker, J. C. (1957). "Guidelines for In- Service Education." in Nelson B. Henry de. *In-Service Education.* Chicago: The University of Chicago Press.

Prichar, K. W., & Buxton, T. H. (1973). *Concepts and Theories in Sociology of Education.* Lincoln: Professional Educations Publication.

Shertzer, B., & Stone, S. C. (1974). Foundation of Counselling. 2nd. ed.. Houghtoe Mifflin Company Boston.

Stake, R. E. (1975). *Evaluating the Arts in Education: A Responsive Approach.* Columbus, O.H.: Chrles E. Merrill.

Steller, A. W. (1983). *Curriculum planning.* Acsd. 1983. Yearbook Committee.

Strang, R. (1949). *Counselling Techniques in College and Secondary School.* Rev. ed.. New York: Haper & Brother.

Traxler, A. E. (1957). *Techniques of Guidance.* Rev. ed.. New York: Haper.

Waller, W. (1932). *The Sociology of Teaching.* New York: Wiley.

White, L. D. (1955). *Introduction to the Study of Public Administratio*n. 4th. ed. New York: Macmillan Co..

Whitehead, A. N. (1929). The Aims of Education and other Essays. 오영환 역(2006). 교육의 목적. 서울: 궁리.

Wolf, R. M. (1963). *The identifications and measurement of environmental process Variable related to intelligence.* Unpublished ph. D. Dissertation. Univ. of Chicago.

Zeichner, K. M. (1983). Alternative Paradigms of Teacher Education. *Journal of Teacher Education, 34*(3). 3-9.

찾아보기

◇ 인명

◇ 내용

3

7

ㄱ

ㅈ

ㅊ

저자 소개

배장오(裵長吾)

마산교육대학 졸업
강남대학교 교육학과 졸업
연세대학교 교육대학원 졸업(교육학 석사)
세종대학교 대학원 졸업(교육학 박사)
마산중앙 · 성호초등학교 근무(교사 · 주임교사)
(서울)경복초등학교 교사(교사 · 부장교사)
[현] 강남대학교 교육학과 교수
강남대 교양학부장 · 교양교수부장 · 교수학습지원센터 교수부장 · 평생교육원장 · 학생처장 · 기획처장 · 경영부총장 역임
전국현장교육대회 심사위원,
전국교육자료전 심사위원,
한국교원단체총연합회 연구위원,
EBS연구대회 논문부문 심사위원,
한국교육개발원 초 · 중등학교종합평가 위원,
한국대학교육협의회 대학종합평가 방문평가 단장,
경기도 대학발전협의회 부회장,
2015 대학구조개혁 평가위원 역임

【논문 및 저서】
사회성의 매개효과에 기초한 중학생의 진로결정이 학교생활 적응역량에 미치는 영향(2016) 외 30편
(남북 및 남남 갈등시대의)통일교육론(2015) 외 21권

교사교육론

2016년 8월 25일 1판 1쇄 인쇄
2016년 8월 31일 1판 1쇄 발행

지은이 | 배장오
펴낸이 | 조재성
펴낸곳 | 서현사

주 소 | (10447) 경기도 고양시 일산동구 중앙로 1055, 레이크하임 206호
전 화 | 031-919-6643
팩 스 | 031-912-6643

등 록 | 2002년8월14일 제03-01392호
ISBN | 978-89-94044-89-7 93370
정 가 | 16,000원